JN251611

情報ネットワークによる組織の意思決定

城川　俊一 著

東洋大学出版会

前　書　き

　今日の情報社会では，人々は，社会生活において，携帯電話の普及率を上回ったスマートフォンを使い，日常的に誰かといつでも情報を伝達し合っている．企業社会においても，仕事の方法が劇的に変わり，組織内でもプロジェクト単位になり，組織間でも仮想的企業で仕事をするのが当たり前になりつつある．また，イノベーションの促進でも，従来のように自社開発や内製化にこだわっていてはスピードに負けてしまうので，オープンイノベーションのように，外部の経営資源を取り入れて，迅速で効率的に新製品の開発が行われるようになった．そのような状況では，ますます，情報ネットワークを使った集団意思決定の重要性が増してきている．そこで，本書では，情報ネットワークによる組織の意思決定の研究の現状と課題を取り上げた．本書は，以下のような構成になっている．

　第 I 部「情報ネットワークと組織」において，第 1 章「情報ネットワークとコミュニケーション」では，コミュニケーションの観点からの情報ネットワークに関するいくつかの数理モデルを述べ，特に，従来この分野の研究ではあまりみられなかった情報の質的側面を取り扱かった城川のモデルを紹介した．そこでは，各メンバーが異なる情報をもっており，かつ，各メンバー間の通信が可能なときに，どのような条件のときに，すべてのメンバーが完全情報をもつまでの時間が最小になるかを分析した．さらに，第 2 章「組織の相互作用と情報」では，城川が開発した構成メンバーの認知的誤りに焦点を当てて，情報ネットワークにおけるコミュニケーション過程の信頼性分析を示した．次に，第 3 章「仮想的組織と企業間情報ネットワーク」では，アメリカのシリコンバレーのベンチャー企業で有名になった仮想的組織とはいかなる特徴をもった組織であるかを述べ，なぜ仮想的組織が現在有効な組織形態になったのかを，取引コスト理論から解明した．

　第 II 部「情報ネットワークにおける問題解決と合意形成」においては，大きく 3 つの観点からこの問題にアプローチしている．1 つ目は，第 4 章「協調分散問題解決（CDPS：cooperative distributed problem solving）モデルと情報処

理モデル」で，協調分散問題解決のためのソフトウエア・システムから導出した協調分散問題解決モデルと従来からよく研究されている情報処理モデルを対比して，協調分散問題解決モデルが組織のダイナミズムをうまくモデル化し，具体的な各種アーキテクチャーを与えた点が，静的モデルである情報処理モデルに対して優位にある点を示した．この章の合意形成における位置づけとしては，CDPSモデルが，合意形成を自律分散したエージェントとしてのステークホルダーが互いに協調してある目標の達成（この場合は問題解決）するものとみる視点から考察されたことである．2つ目は，第5章「情報ネットワークにおける合意形成」で，合意形成の社会心理学的考察および合意形成の各種モデルを通じて，合意形成を行うためにルールと制度をどのように設計するのが望ましいかを議論し，そこで得られた知見を第Ⅲ部「情報ネットワークにおける集団意思決定」以下の集団意思決定支援システム（GDSS：group decision support system），電子会議システム（EMS：electronic meeting system），およびコンピュータ支援協調作業（CSCW：computer supported cooperative work）などのモデル化のための準備段階としたことである．3つ目は，第6章「情報ネットワークとナレッジ・マネジメント」で，情報ネットワークとナレッジ・マネジメントの観点から，企業間関係の統合化とモジュール化を論じ，特に日本の組織間関係の情報ネットワークが統合型である点に新たなイノベーションを生んでいることからも優位性があることを示したことである．

　第Ⅲ部「情報ネットワークにおける集団意思決定」においては，まず，第7章「集団意思決定支援システム（GDSS）によるコラボレーション」で，GDSSの数学モデルを提示した．このモデルによって，遠隔意思決定システムを用いて，「集団的自動車購入問題」を解決することが課題である．そのために，メンバーはおのおの別々にM種の自動車に対する効用値をもっており，メンバー間での相互作用を通して，各メンバーの効用ベクトルからネットワークの状態空間の推移をマルコフ連鎖でモデル化し，過渡的状態から平均吸収時間および平均吸収時間の分散を計算した．さらに，数値例を使って具体的に計算することで，ネットワークの状態の間には，平均吸収時間に関して部分順序関係をつけることができることを示した．第8章「電子会議システム（EMS）における集団意思決定」では，従来，集団意思決定の分野で行われてきたコミュニケーション理論と社会心理学的アプローチの知見をふまえて，「修正螺旋収

束モデル」および「評判理論」を提示し，両理論を電子会議システム（EMS）における合意形成メカニズムの解明に適用して，5種類のEMSのアーキテクチャーを提案し，数値解析とマルチエージェントシステム（MAS）によるシミュレーションによってその特性を明らかにした．第9章では，CSCWの中でのコンフリクトの生起・効用・発展・管理と解決における各命題を各種の文献をレビューすることで整理し，コンフリクト解決のために設計上考慮すべき重要な要素を析出した．しかし，各命題は，状況次第で成立したり，しなかったりすることがわかった．したがって，CSCWを設計するうえで，どのような状況のもとでもコンフリクト解決を容易にするシステムの設計ができるか否かは，あるいはコンフリクト状況に合った目的別のシステム設計が必要かは，今後の研究課題として残るが，ここでの議論から，少なくとも，事前にコンフリクトが起こりうる状況を予測することは可能であると考えられ，したがって，今後，実際にコンフリクトが起こりうる状況に対処するシステムを設計し，かつCSCWの有効性を実際のコンフリクト状況でテストする必要性が確認できた．次に，第10章「集団意思決定における討議倫理学と公共性」では，集団意思決定の現象を，ハーバマースの討議倫理学に準拠して，「言語空間」として解釈し，現在の社会経済システムが抱える種々の問題群を解決する際に，価値観を異にする複数のステークホルダーがどのように協議し，合意形成に至るのが正当性を獲得するプロセスなのかを地球環境政治の事例を通じて考察した．さらに，第11章「集団意思決定の社会的構成主義による考察」では，組織における集団意思決定をより哲学的に考察するために，最近注目されている社会的構成主義の視点から，集団意思決定を再構成する先行研究にないまったく新しい試みである．第III部の第9〜11章は，それ以前の章での数理モデルでは扱えなかった「コンフリクト」，「公共性および討論倫理」，および「社会的構成」などの定性的なテーマを扱っている点が，特徴である．

この本の出版には，東洋大学出版会の助成を受け，感謝申し上げます．

目　次

第Ⅰ部　情報ネットワークと組織

第1章　情報ネットワークとコミュニケーション ······················· 2

1.1 はじめに　**2**

1.2 情報ネットワークの数理モデル　**2**

1.3 組織的情報創造と情報ネットワーク　**6**
　　交流　**8**　　新商品開発・共同事業　**8**

1.4 社会的変容と情報ネットワーク　**9**

1.5 まとめと今後の展開　**11**

第2章　組織の相互作用と情報 ································· 13

2.1 はじめに　**13**

2.2 組織における情報　**14**

2.3 情報ネットワークによる組織間相互作用　**15**

2.4 組織の情報ネットワークの信頼性分析　**19**
　　組織の情報ネットワークの信頼性とは　**19**　　情報ネットワークにおけるコミュニケーション過程　**19**　　情報ネットワークの信頼性分析　**20**

2.5 まとめと今後の展開　**25**

第3章　仮想的組織と企業間情報ネットワーク ····················· 26

3.1 はじめに　**26**

3.2 仮想的組織とは何か　**27**

3.3 仮想的組織に対する取引用アプローチ　**29**
　　仮想的組織における調整費用　**30**　　仮想的組織における動機づけ費用　**31**

3.4 仮想的組織における取引の次元　**36**
　　投資の特異性　**37**　　頻度と継続性　**39**　　不確実性と複雑性　**39**　　業績測定の困難性　**39**　　他の取引との連結性　**40**

　　3.5 仮想的組織のダイナミズムを生むメカニズム　**42**

　　3.6 まとめと今後の展開　**44**

第Ⅱ部　情報ネットワークによる問題解決と合意形成

第4章　協調分散問題解決モデルと情報処理モデル……………**48**

　　4.1 はじめに　**48**

　　4.2 協調分散問題解決モデルとは何か　**48**

　　アクターモデル　**49**　　黒板モデル　**50**　　ATMSを用いたモデル　**51**　　分散航空管制モデル　**52**

　　4.3 情報処理モデルとは何か　**52**

　　4.4 情報処理モデルと協調分散問題解決モデルの対比　**53**

　　環境の不確実性　**54**　　コミュニケーションの制約　**56**　　統合の度合い　**56**　　時間指向　**58**　　エージェントに可能なオプションの多様性　**58**　　解空間の密度　**59**

　　4.5 まとめと今後の展開　**60**

第5章　情報ネットワークにおける合意形成…………………………**61**

　　5.1 はじめに　**61**

　　5.2 合意形成の社会心理学的考察　**62**

　　方法論的個人主義の潮流　**63**　　個人主義批判と相互作用主義　**65**　　方法論的全体主義の再構築　**71**

　　5.3 合意形成のためのルールの決定や制度の設計　**86**

　　5.4 合意形成のモデル化　**88**

　　意見の相対的魅力を考慮した同調行動モデル　**89**　　Frenchとハラリーのモデル　**91**　　選挙とマスコミのモデル　**93**

　　5.5 まとめと今後の展開　**98**

第6章　イノベーションにおける集団意思決定を促進するための
　　　　ナレッジマネジメントと組織におけるアーキテクチャー
………………………………………………………………**100**

　　6.1 はじめに　**100**

6.2 知の創造プロセスと SECI モデル　**101**

　野中の SECI モデル　**101**　　オープン・イノベーションと SECI モデル　**104**

6.3 アーキテクチャーにおけるインテグラル化とモジュール化　**112**

　アーキテクチャーによる産業分類　**112**　　組織のアーキテクチャー（組織能力）のインテ
グラル化とモジュール化　**120**　　組織間アーキテクチャーのインテグラル化とモジュー
ル化　**122**

6.4 まとめと今後の展開　**125**

第Ⅲ部　情報ネットワークと集団意思決定

第7章　集団意思決定支援システムによるコラボレーション ‥**128**

7.1 はじめに　**128**

7.2 GDSS とは何か　**128**

7.3 GDSS の数学モデル　**131**

7.4 数値例　**136**

7.5 GDSS の数学モデルの組織論的意味と限界　**144**

　有機体としての組織　**144**　　脳としての組織　**145**

7.6 まとめと今後の展開　**150**

第8章　電子会議システムにおける集団意思決定 ……………**151**

8.1 はじめに　**151**

8.2 集団意思決定の理論　**153**

　コミュニケーション理論と修正螺旋収束モデル　**154**　　自己カテゴリー理論と評判理論
155

8.3 電子会議システムの構造

　電子会議の構成　**158**　　電子会議の特徴　**159**　　情報と意見の交換のセッション
160　　行動のための提案開発セッション　**160**　　行動に向けての提案に対するコメン
ト作成セッション　**161**　　優先順位についての投票セッション　**162**

8.4 電子会議システムにおける合意形成のマルコフ連鎖モデル　**163**

　電子会議システムの構成要素と意見更新のマルコフ連鎖モデル　**166**　　電子メール型（E
型）電子会議システムのマルコフ連鎖モデル　**170**　　黒板型（B型）電子会議システムの
マルコフ連鎖モデル　**187**

8.5 タイプの電子会議システムの数値例による比較　**199**

8.6 電子会議システムのマルチエージェントシステムによる分析　**202**
はじめに　**202**　　電子会議システムのマルチエージェントシステムによるシミュレーション　**203**

8.7 電子会議システムのマルチエージェントシステムによるシミュレーションの考察　**211**

8.8 電子会議の進化系としての Web 会議システム　**212**

8.9 まとめと今後の展開　**217**

APPENDIX　**218**

第 9 章　コンピュータ支援協調作業による集団意思決定における
コンフリクト解決 …………………………………………… **221**

9.1 はじめに　**221**

9.2 コンフリクトとは何か　**223**
コンフリクトの分類　**223**　　コンフリクトを扱う学問分野　**225**　　理論的パラダイム
226　　コンフリクトに関する命題　**226**

9.3 コンフリクト解消のための技法としての「天の邪鬼法」、「複数の主張」、
および「弁証法的探索」　**242**
単純な天の邪鬼法　**243**　　複数の主張　**244**　　弁証法的探索　**244**

9.4 コンフリクトにおける交渉　**247**
企業内の製品開発におけるコンフリクトの交渉（ミクロレベル・企業レベル）　**249**　　所
沢市の環境問題におけるコンフリクトの交渉（メゾレベル・市レベル）　**250**　　日米自動
車交渉におけるコンフリクトの交渉（マクロレベル・国際間レベル）　**251**

9.5 CSCW システムの中のコンフリクト現象　**252**
コンピュータ支援のコミュニケーションシステム　**252**　　情報共有ツール　**253**　　概
念展開ツール　**255**　　集団意思決定支援システム　**256**　　コンピュータ支援会議環境
257　　共同執筆支援ツール　**257**

9.6 集団意思決定と階層分析法　**258**

9.7 まとめと今後の展開　**258**

APPENDIX　**260**

第10章　集団意思決定における討議倫理学と公共性 ············· 264

10.1 はじめに　264

10.2 公共性とは何か　265

10.3 間主観性と公共空間における会話　265

10.4 コミュニケーション的行為と討議倫理学　269

10.5 コミュニケーション的行為における合意のための妥当要求　272

10.6 公共性と権力　273

10.7 環境政治における討議倫理学　275

10.8 まとめと今後の展開　278

第11章　集団意思決定の社会的構成主義による考察 ············· 280

11.1 はじめに　280

11.2 社会的構成主義とは何か　282

社会的構成主義の前提　282　　社会的構成主義とディスコース　284　　社会的構成主義と活動理論　286　　社会的構成主義としてのアクターネットワーク理論とゴミ箱モデル　291

11.3 新制度主義における社会的構成主義の位置づけ　294

11.4 まとめと今後の課題　297

参考文献 ·· 298

図表目次

図表 1-1 警察のコミュニケーション・ネットワーク **3**
図表 1-2 Type ①②③の平均, 標準偏差 (S・D) による比較 **5**

図表 2-1 HPCI の構築 **17**
図表 2-2 組織のヒエラルキー **20**
図表 2-3 組織のヒエラルキー (ケース 1) **21**
図表 2-4 組織のヒエラルキー (ケース 2) **22**
図表 2-5 式(2)の導出のための図 **22**
図表 2-6 図表 2-5 における各メンバーの保持情報状態のパターン **23**
図表 2-7 組織のヒエラルキー (ケース 3) **23**
図表 2-8 式(3)の導出のための図 **24**
図表 2-9 各メンバーの保持情報状態のパターン **24**
図表 2-10 3 ケースの比較 **24**

図表 3-1 Oracle からの主なスピンアウト (社名の横は起業した年) **42**
図表 3-2 Google からの主なスピンアウト **43**

図表 5-1 コミュニケーション・ネットワークの型 **87**
図表 5-2 W_{01} の関数の変化 **90**
図表 5-3 マイケルズ社のコミュニケーション回路 **91**
図表 5-4 各候補者の支持者の定常密度 ($t \to \infty$ の場合) **97**
図表 5-5 各候補者の支持者の定常密度 ($t \to \infty$ の場合) **98**
図表 5-6 各候補者の支持者の密度の時間変化 (過渡的状態の場合) **98**

図表 6-1 SECI モデル **102**
図表 6-2 クローズド・イノベーションとオープン・イノベーションの比較 **105**
図表 6-3 40 インチ以上の LCD パネルの, 四半期別出荷量 (単位：1,000 台) **111**
図表 6-4 50 インチ以上の LCD パネル市場の年間展望(単位：1,000 台, 1,000 米ドル) **112**
図表 6-5 2 タイプのアーキテクチャーの「構造―機能関係」 **114**
図表 6-6 製品アーキテクチャーの基本タイプ **115**
図表 6-7 モジュール化とインテグラル化の関係 **118**
図表 6-8 時間・投入資源と絶対的パフォーマンス水準の影響 **118**
図表 6-9 システムの複雑性の増大の影響 **119**

図表 6-10　複雑性処理能力の影響　**120**
図表 7-1　GDSS に対する DeSanctis & Gallupe の分類　**129**
図表 7-2　GDSS のモデル　**130**
図表 7-3　SDS の例　**133**
図表 7-4　3 つの社会的決定ルールに対する d_{ij} の例　**134**
図表 7-5　吸収状態　**139**
図表 7-6　吸収状態に吸収されるまでに平均 1 単位時間かかる過渡的状態　**139**
図表 7-7　吸収状態に吸収されるまでに平均 2 単位時間かかる過渡的状態　**140**
図表 7-8　吸収状態　**142**
図表 7-9　吸収状態に吸収されるまでに平均 3 単位時間かかる過渡的状態　**142**
図表 7-10　吸収状態に吸収されるまでに平均 21/4 単位時間かかる過渡的状態　**143**
図表 7-11　吸収状態に吸収されるまでに平均 45/8 単位時間かかる過渡的状態　**143**

図表 8-1　コミュニケーションの修正螺旋収束モデル　**155**
図表 8-2　電子会議の基本セッションの流れ　**159**
図表 8-3　EMS への評判の影響　**164**
図表 8-4　EMS の電子メール型（E 型）　**167**
図表 8-5　電子メール型（E 型）の EMS の完全結合ネットワーク　**167**
図表 8-6　EMS の黒板型（B 型）　**167**
図表 8-7　EMS のマルコフ連鎖モデルの分類　**170**
図表 8-8　E-C-1 型の EMS の各エージェント間相互作用パターン
　　　　　（ $|X| = 2,\ |N| = 3$ ）　**173**
図表 8-9　E-C-1 型の EMS の状態 Σ_1 における各エージェントの相互作用
　　　　　（ $|X| = 2,\ |N| = 3$ ）　**175**
図表 8-10　E-C-1 型の EMS の各ケースごとのステップ数の平均とその標準偏差およ
　　　　　び各自動車の平均採用確率（ $|X| = 2,\ |N| = 3$ ）　**176**
図表 8-11　E-C-2 の EMS の状態 Σ_2 における各エージェントの相互作用
　　　　　（ $|X| = 2,\ |N| = 3$ ）　**179**
図表 8-12　E-C-2 型の EMS の各ケースごとのステップ数の平均とその標準偏差およ
　　　　　び各自動車の平均採用確率（ $|X| = 2, |N| = 3$ ）　**180**
図表 8-13　E-O 型の EMS の各エージェント間相互作用のパターン
　　　　　（ $|X| = 2,\ |N| = 3$ ）　**182**
図表 8-14　E-O 型の EMS の状態 Σ_1 における各エージェントの相互作用のパターン
　　　　　（ $|X| = 2,\ |N| = 3$ ）　**183**
図表 8-15　E-O 型の EMS の各ケースごとのステップ数の平均とその標準偏差，およ
　　　　　び各自動車の平均採用確率（ $|X| = 2, |N| = 3$ ）　**184**
図表 8-16　E-O 型の EMS の各エージェント間相互作用のパターン

（$|X| = 3$,　$|N| = 2$）　**185**

図表 8-17　E-O 型の EMS の状態 Σ_7 における各エージェントの相互作用のパターン
　　　　　　（$|X| = 3$　$|N| = 2$）　**186**

図表 8-18　E-O 型の EMS の各ケースごとのステップ数の平均とその標準偏差および
　　　　　　各自動車の平均採用確率（$|X| = 3$, $|N| = 2$）　**187**

図表 8-19　B-C 型のエージェントの状態推移（$|X| = 2$）　**190**

図表 8-20　B-C 型の異なる初期値からの合意形成までのステップ数（$|X| = 2$）　**192**

図表 8-21　B-O 型の各エージェントの相互作用のパターン（$|X| = 2$）　**193**

図表 8-22　B-O 型の異なる初期値からの合意形成までのステップ数（$|X| = 2$）　**195**

図表 8-23　B-O 型の各エージェントの状態推移（$|X| = 3$）　**196**

図表 8-24　B-O 型の異なる初期値からの合意形成までのステップ数（$|X| = 3$）　**197**

図表 8-25　B-O 型の 2 状態均衡解での各自動車の選択確率（$|X| = 3$）　**198**

図表 8-26　EMS の各種モデルの合意形成までの平均スッテプ数の比較
　　　　　　（$|X| = 2$）　**199**

図表 8-27　EMS の E-O 型と B-O 型の合意形成までの平均ステップ数の比較（$|X|$
　　　　　　$= 3$）　**200**

図表 8-28　空間の広さ（50×50）の初期画面　**203**

図表 8-29　空間の広さ（50×50）の打ち切りシェア 80％の最終画面　**204**

図表 8-30　打ち切りシェア 80％の a, b, c- 自動車が 1 位のシェアの時系列グラフ　**204**

図表 8-31　電子メール型の EMS の各エージェント間相互作用のパターン
　　　　　　（$|X| = 2$）　**205**

図表 8-32　2 種類の自動車，エージェント総数 60 人，格子モデル，打ち切りシェア
　　　　　　100％の平均ステップ数　**206**

図表 8-33　2 種類の自動車，エージェント総数 60 人，六角形モデル，打ち切りシェア
　　　　　　100％の平均ステップ数　**206**

図表 8-34　2 種類の自動車，エージェント総数 120 人，格子モデル，打ち切りシェア
　　　　　　100％の平均ステップ数　**206**

図表 8-35　2 種類の自動車，エージェント総数 120 人，六角形モデル，打ち切りシェ
　　　　　　ア 100％ の平均ステップ数　**207**

図表 8-36　電子メール型の EMS の各エージェント間相互作用のパターン
　　　　　　（$|X| = 3$）　**207**

図表 8-37　3 種類の自動車，エージェント総数 60 人，格子モデル，打ち切りシェア
　　　　　　80％の平均ステップ数　**208**

図表 8-38　3 種類の自動車，エージェント総数 60 人，六角形モデル，打ち切りシェア
　　　　　　80％の平均ステップ数　**209**

図表 8-39　3 種類の自動車，エージェント総数 60 人，格子モデル，棲み分けの場合
　　　　　　の平均ステップ数　**209**

図表 8-40　3 種類の自動車，エージェント総数 60 人，六角形モデル，棲み分けの場合の平均ステップ数　**209**

図表 8-41　3 種類の自動車，エージェント総数 120 人，格子モデル，打ち切りシェア 80％の平均ステップ数　**210**

図表 8-42　3 種類の自動車，エージェント総数 120 人，六角形モデル，打ち切りシェア 80％ の平均ステップ数　**210**

図表 8-43　3 種類の自動車，エージェント総数 120 人，格子モデル，棲み分けの場合の平均ステップ数　**210**

図表 8-44　3 種類の自動車，エージェント総数 120 人，六角形モデル，棲み分けの場合の平均ステップ数　**211**

図表 8-45　従来のテレビ会議システムと Web 会議システムの違い　**213**

図表 8-46　ビデオ会議・Web 会議・音声会議・多地点接続装置の市場規模　**215**

図表 8-47　ビデオコミュニケーション市場（ビデオチャット）予測（国内）　**216**

図表 9-1　CSCW の設計上のコンフリクトの取り扱い　**222**

図表 9-2　基本的な刺激―反応・葛藤の範例　**224**

図表 9-3　集団変質の渦巻き　**228**

図表 9-4　コンフリクトのプロセス　**235**

図表 9-5　独断と協調のモデル　**239**

図表 9-6　各命題とコンフリクトの関係　**241**

図表 9-7　距離と人数による分類　**256**

図表 9-8　GDSS のレベル　**256**

図表 9-9　GDSS の取り扱うタスク　**257**

図表 A-1　AHP の分析プロセス　**260**

図表 A-2　AHP の階層構造　**260**

図表 A-3　株の銘柄の選定に関するレベル 2 の各要因のペア比較　**261**

図表 A-4　レベル 3 のペア比較　**261**

図表 A-5　3 つの選定要因に関する各代替案のペアの比較　**262**

図表 11-1　3 つの新制度主義：コンフリクト vs. コーディネーション／計算 vs. 文化　**295**

第 I 部

情報ネットワークと組織

第1章
情報ネットワークと
コミュニケーション

1.1 は じ め に

　本章では，新しい情報ネットワークモデル作りのための布石として，先行研究から情報ネットワークに関する数理モデルを述べ，先行研究では検討されてこなかった情報の質的側面を取り扱かった城川（1988）のモデルを紹介する．

　本章の構成は，1.2節「情報ネットワークの数理モデル」で，コミュニケーションの観点からの情報ネットワークに関する先行研究から Kemeny & Snell（1962）の数理モデルを述べ，それらをふまえたうえで，情報の質的側面を取り扱かった城川(1988)のモデルを紹介する．1.3節「組織的情報創造と情報ネットワーク」で，情報創造の問題を企業内部における組織内，組織間，および企業間での情報ネットワークの関連で検討する．特に，日本における典型的な情報ネットワークの1つである異業種交流グループについて解説する．1.4節「社会的変容と情報ネットワーク」で，情報ネットワークの社会的コミュニティにおける役割と特性について論じ，最後に1.5節「まとめと今後の展開」を述べる．

1.2　情報ネットワークの数理モデル

　Kemeny & Snell（1962）は，コミュニケーションに関して次のようなモデルを提案した．図表 1-1 は，警察のコミュニケーション・ネットワークを示している．C は巡回中の巡査，d は中央司令，r は無線車の巡査，s はデスクの警部，そして l は当該地区担当の主任警部である．このネットワークの中の各人のもつ重要性を，各人を通る通信の割合によって測定するものとする．今，例えば，図表 1-1 の主任警部から送られる情報を考えると，それを受けた受け手は，また図表 1-1 に示された通路で情報を送るとする．別の情報をもっているわけで

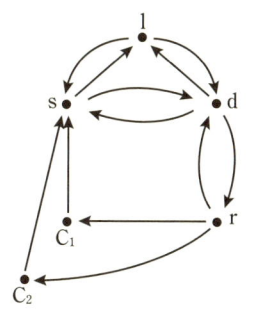

図表 **1-1** 警察のコミュニケーション・ネットワーク
［出典：Kemeny & Snell, 1962］

はないから，さらに，受け手は通信可能な，どの相手に対しても等しい割合で情報を送ると仮定する．これにグラフ理論とマルコフ連鎖モデルを応用して，警察のネットワークに対する推移行列を求めると，この行列はエルゴード連鎖であるので，各点に情報が行く確率は極限値をもつ．その値は初期状態には依存せず，この推移確率行列の固有ベクトルによって与えられる．Kemeny & Snell はこの固有ベクトルを計算して $\alpha = 1/90[22,\ 26,\ 27,\ 3,\ 3,\ 9]$ を得た．第 1 要素は l，第 2 要素は s，第 3 要素は d，第 4 要素は C_1，第 5 要素は C_2，第 6 要素は r に対する値である．この値によって，警察の制度は中央司令が最も重要で，パトロール巡査が最も重要でないという直観的に妥当な結論を導いている．

　狩野（1960）は，グラフ理論によって集団構造強度の測定法を提案し，コミュニケーション・ネットワークの稠密性の測度とした．詳しくは白樫（1988）を参照していただきたい．（注：本章では，情報ネットワークとコミュニケーション・ネットワークを区別しない．）

　以上のモデルはいずれも，情報の種類あるいはパターンをモデルの中で明示的に述べていない．そこで，城川（1988）は，情報の質的側面を取り扱かった．そこでは，情報ネットワークのメンバー集合を $X = \{A_1,\ A_2,\ \cdots,\ A_n\}$ とする．この場合，メンバーは個人でも組織でもよい．これはグラフにおけるノード（結節点）である．X と X の積集合の部分集合を $\Gamma \subset X \times X$ とする．A_i から A_j へ情報が伝達できれば，A_i から A_j へチャネルがあるといい，$(A_i,\ A_j) \in \Gamma$ と書く．これはグラフにおけるアークである．すると，情報ネットワークは有向グラフ

(directed graph) となり，$N = (X, \Gamma)$ と記述できる．

　われわれは，ここで，情報の定義として梅棹（1988）による「情報は，人間と人間との間で伝達されるいっさいの記号系列である」，あるいは，この定義をもう少し機能的にしたもので，今田（1988）の「情報とは広い意味で記号と同じであり，また記号の本質は，差異にある．したがって，情報を差異と呼びかえることにすれば，差異とはシステムの不確実性を減少させるもの，という機能的定義がえられる」を採用する．しかし，それはいわゆる POS などが扱う単なる数値やデータなどの形式情報でなく，人間の思考や知識などの意味情報（野中, 1988）であると考える．

　情報ネットワークに存在する情報の集合を $Y = \{1, 2, \cdots, n\}$ とする．情報ネットワークの初期状態では n メンバーは異なる情報をもつ．つまり，A_i は集合 $\{i\}$ をもつとする．A_i から A_j へ情報を伝達する確率を p_{ij} とする（ただし，$i = j$ の場合は，A_i が情報を発信しない確率と考える）．この確率の意味を次に説明する．今井＆金子（1988）は，確率とネットワークの関係を次のように述べている．「ネットワークという概念が注目されている背景には, deterministic（決定論的）な見方の枠組みから stochastic（確率論的）な見方の枠組みへの移行がある．構成員各自の主体的な選択を前提としているわれわれのネットワークにおいては，選択が固定的なものでなく幅があることが stochastic の原点である．……さまざまな葛藤を含む主観的選択は分水嶺上のような本質的不安定性を含み，ちょっとした揺れが決定的な変化（つまり，右の谷に落ちるか左の谷に落ちるか）をもたらすという非連続性をもつから，一通りの道筋だけを考える決定論的アプローチは適当でない．……構成員間の関係を固定的にとらえ，各々の構成員の行動を確定したものと仮定するかぎり，意外な結果，新しい関係の自発的発生の可能性はない.」この説明で「構成員各自の主体的な選択」がメンバー各自が決める確率 p_{ij} そのものである．また，彼らは「組織論において，不確定要素を含む枠組みを採用しなければならないという認識に至ったことは，それ自体明らかに 1 つの前進である．現在のところ，しかし，ネットワークや情報という文脈で不確定要素を含むシステムを記述・分析するための理論や方法論は十分確立していない.」とも述べている．われわれのモデルがそれへの 1 つの回答になることを期待している．

　以上の仮定のもとで，情報ネットワークの設計論の立場から次の 3 タイプの

伝達条件を考察の対象とする.

　　Type ①：毎期１回に１メンバーしか発信が許されない（半二重通信方式
　　　　　　に対応）.

　　Type ②：毎期１回に何メンバー間でも同時通信が可能である.

　　Type ③：毎期１回に，メンバーの中の２メンバー間のみの同時通信が可能.

　　　　　　（Type ②，③は全二重通信方式に対応）.

　　情報ネットワークの伝達条件のタイプを評価する基準として，全メンバー

図表 1-2　Type ①②③の平均，標準偏差（S・D）による比較

CASE Type		CASE ⓐ	CASE ⓑ	CASE ⓒ
Type ①	平均	13.31(3.1)	9.86(3.2)	44.38(3.0)
	S・D	5.85(3.7)	4.03(4.0)	21.99(3.1)
Type ②	平均	4.34(1.0)	3.13(1.0)	14.74(1.0)
	S・D	1.60(1.0)	1.00(1.0)	7.00(1.0)
Type ③	平均	6.26(1.4)	4.50(1.4)	21.85(1.5)
	S・D	2.53(1.6)	1.55(1.6)	10.66(1.5)

Type ①：３メンバーでメンバー間の同時通信を許さない場合

Type ②：３メンバーでメンバー間の同時通信を許す場合

Type ③：３メンバーでその中の２メンバー間の同時通信を許す
　　　　　場合

CASE ⓐ：$p_{ij} = 1/3 \,(i, j = 1, 2, 3)$

CASE ⓑ：$\begin{cases} p_{11} = 0.10, & p_{12} = 0.45, & p_{13} = 0.45 \\ p_{21} = 0.45, & p_{22} = 0.10, & p_{23} = 0.45 \\ p_{31} = 0.45, & p_{32} = 0.45, & p_{33} = 0.10 \end{cases}$

CASE ⓒ：$\begin{cases} p_{11} = 0.80, & p_{12} = 0.10, & p_{13} = 0.10 \\ p_{21} = 0.10, & p_{22} = 0.80, & p_{23} = 0.10 \\ p_{31} = 0.10, & p_{32} = 0.10, & p_{33} = 0.80 \end{cases}$

CASE ⓐ′：$p_{11} = p_{22} = p_{33} = 1/3$　その他 2/3

CASE ⓑ′：$p_{11} = p_{22} = p_{33} = 0.10$　その他 0.90

CASE ⓒ′：$p_{11} = p_{22} = p_{33} = 0.80$　その他 0.20

$\left[\begin{array}{l} \text{ただし，Type ①，②のときは，始動発信者選択確率 } r_i = \\ 1/3\,(i = 1, 2, 3) \text{ とする. また，Type ③のときは，２メンバー} \\ \text{選択確率 } r_i = 1/3\,(i = 1, 2, 3) \text{ とする. また，Type ③につ} \\ \text{いては，CASE ⓐ′，ⓑ′，ⓒ′ に対して計算される. また，} \\ (\ ) \text{ の中は Type ②を 1.0 としたときの比である.} \end{array} \right]$

A_i ($i = 1, 2, \cdots, n$）が完全情報 Y を得るまでにかかる期間の平均および標準偏差（S·D）をとり，伝達条件のタイプによる効率の違いを，組合せ論とマルコフ解析を使って調べた結果をまとめると，図表 1-2 のようになる．ただし，メンバー数 $n = 3$ とする．

　図表 1-2 から Type ②の伝達条件が平均，S·D のいずれの基準でも最小であり，Type ①は平均で Type ②の約 3 倍，S·D で約 3〜4 倍であり，Type ③は平均で Type ②の約 1.4 倍，S·D で約 1.5 倍であり，それらの比の値が，確率 p_{ij} の値が変化しても比較的安定であることは，興味深いことである．これはシステムに固有の性質のようであるが，その理由は今のところ説明がつかない．n が 3 以上の場合も原理的には同じ手法が適用可能だが，推移行列の大きさが大きくなるので，$n = 3$ のパターンがモザイク状に組み合わされてネットワークを構成するなどの工夫がいるであろう．

1.3　組織的情報創造と情報ネットワーク

　経営における情報創造過程の研究は，従来トップ・ダウンあるいはボトム・アップ方式が研究されてきたが，野中（1988）が第三の方法としてミドル・アップダウンという過程の有効性を指摘した．これは，トップマネジメントが作り出す壮大な抽象的コンセプトを企業家的ミドルが，グループ内のコミュニケーションと問題直視型対話を通じて，より具体的なコンセプトを創造する方法である．これは 4 段階のプロセスから成立している．第 1 段階：創造的カオスの創造．第 2 段階：混沌から新たな秩序・情報創造を行う自己組織化集団の形成．その集団は，①自律性をもち，②異種混合的であり，③挑戦すべき目標が与えられる．第 3 段階：コンセプト実現における同期化．この集団は，中心をもたず相互に異質な線が交錯し合う網状組織に近いという点でリゾーム的である．第 4 段階：学習の移転と棄却．組織の内部における情報創造が従来から中心的な役割を担ってきたが，それに加えて最近は，オープンイノベーションの文脈で，技術開発面におけるノウハウの獲得について国内外の他企業との多様な情報ネットワークーが活用されている．例えば，1981 年から実施されているイギリスの RANK XEROX（米ゼロックス社のイギリス現地法人の 100％子会社）社の実験（Judkins *et. al.*, 1985）がユニークである．ランク・ゼロックス社は，LAN を使った情報通信ネットワークによって本社のコア・マネジャー，

社内の半自律的作業集団（社内企業家），ランク・ゼロックス社から独立した「ネットワーカー」と呼ばれる社外の企業家などの異質なグループが連結され，さらに，ネットワーカーと社内企業家の間には本社が直接関与しないリンク（"Xanadu" と呼ばれる）が形成され，ネットワークに参加している．このようなネットワーク型組織によって，多様な事業展開が可能になっている．

　上の例のような企業の形態はとっていないが，もっとやわらかな情報ネットワークの例として，次に，金井（1988）が報告している，ボストン近郊で繰り広げられている「企業者ネットワーキング」（entrepreneurial networking）を取り上げてみる．これは，次節で取り上げる社会的ネットワークにも分類できるものである．金井は，128 ベンチャー・グループ，MIT エンタプライズ・フォーラム，BCS（ボストン・コンピュータ・ソサエティ），SBANE ダイアローグ会の４つのネットワークをあげ，最初のグループをサークル型の性格の強いネットワーク，最後のグループをクラブ型の性格の強いネットワークで，残りがその中間型であると分類している．これらのネットワークの機能には，「知らない顔を探す」，「新たな意味を見つける」，「わかっている意味をわからなくする」，「資源を動員する」などがあるという．情報ネットワークによる情報創造の面からは，最初の２つの機能が重要であると考えられる．

　日本における典型的な情報ネットワークの１つである異業種交流グループについて，次に取り上げてみる．異業種交流は，昭和50年代より初期段階の「交流」に始まり，新たな製品，技術やサービスを生み出すための「研究開発」を経て，「事業化（試作）から販売（量産）」へと進んだ例は多くある．特に，昭和63（1988）年に「異分野中小企業者の知識の融合による新分野開拓の促進に関する臨時措置法」が施行されてから活発な活動になり，現在3,000グループあまりが活動しているといわれている．異業種交流とは，その名のとおり，自社の業種を超えた企業・グループとの交流を行うもので，交流を通じて自社の不足する人材・資金・技術・情報・ノウハウなどの経営資源を補う事業連携などにつなげ，自社の経営革新を果たすための１つの手段ともなりうるものである．

　異業種交流会では，主に次のような活動が行われている（支援機関・関連団体リンク集, 2015a）．

1.3.1　交　流

　その名のとおり，人的交流，情報交換である．人的交流，情報交換といって
も，その方法はさまざまである．例えば，会場を借りて定例会を開き，発表会
のように行う形もあれば,飲食をしながら歓談する形式もある．まずは,コミュ
ニケーションを図って，相手がどのような人物，企業かをみることが重要であ
る．情報創造の面から重要なことは，第一に参加企業の異業種交流活動に対す
る理解，取り組み方が統一されていること，第二に参加企業の業種構成が異種
混合的であることである．この段階で,具体的な活動テーマの選定がなされる.
企業内のみでの情報創造の場合は，これはトップが行う仕事であるが，異業種
交流グループにおいては，個々の企業からの提案をもとに議論を通して選定さ
れるケースが多い．つまり，これは目標設定に関しても自律性をもった集団で
あることを示している．この際，外部の機関・人のアドバイスを参考にしてい
る場合が多い．

1.3.2　新商品開発・共同事業

　自社の得意分野と相手の得意分野を融合して,新たな新商品開発（技術・サー
ビスを含む）を行っている団体もある．また，共同受注，展示，販売などの
共同事業を行っている団体もある．これが発展して，事業協同組合などを結成
する例もある．このような活動に発展させるためには，交流を通じて相手企業
をよく理解することが重要である．異業種交流会への参加方法は，自ら異業種
交流会の情報を収集して,交流会があったら積極的に参加することから始まる.
また，(財)中小企業異業種交流財団では，異業種交流に関する情報を提供して
いる．さらに，地元の商工会・商工会議所や都道府県などの中小企業支援セン
ター，地域中小企業支援センターにおいても情報提供している．異業種交流会
の効果として，補完効果と相乗効果があげられる．つまり，異なる企業が結び
つくことで，技術・情報・ノウハウといったソフトな経営資源をもち寄って交
流し，その補完効果と相乗効果によって，自社の経営資源を質的に高め，総合
的な経営力の強化を図ることが可能となる．例えば，

- ① 公設試験研究機関主催の異業種交流会で，中小企業数社と公設試験研究
  機関の研究員とが共同で開発した新製品が収益向上に役立った事例
- ② 異業種交流会から産学連携に発展し，大学と共同で試験開発する過程に
  おいて，自社の技術向上を果たした事例

③ 1企業では無理でも複数の企業が集まることで，第一線で活躍する経営者やコンサルタントを招聘して講演会の開催，優良企業の工場見学会の開催を実現し，会員の経営者同士が交流し合い，そこで学んだことを自社の経営に活かしている事例

などがある（支援機関・関連団体リンク集, 2015b）．

この段階で重要なことが，野中（1988）のいう「組織レベルでの競争的資源配分」の問題である．各企業の資源依存関係の不均衡から，各メンバーの自律性が失われたり，グループから脱退する企業が発生する．したがって，各企業の資源配分の構造が情報創造のあり方を測定するものといえる．異業種交流会は，自分が情報を得ようと受け身でいるだけでは成立しない．自ら情報発信することが重要である．これはどのような交流会でもいえることだが，ギブ・アンド・テイクが大切である．自分の利益だけを考えるのではなく，他人のために自分はどのような貢献ができるかということも念頭において参加することが必要である．

以上のような情報ネットワークの企業内における効用を「ゆらぎ発生装置」（日本経済新聞, 1988）としてみる研究，「経営組織の創造性」を高める方法とみる研究（山田, 1988）などがある．また，企業内にとどまらず組織や専門を超えた交流の効用として「クッション効果」，つまり相手に直接メッセージを送らず，情報を一度ホストコンピュータのファイルという中間的な「場」に蓄積後，相手がそれを受け取ることによる心理的な緩衝効果に注目した文献（会津, 1986）もみられる．

また，情報ネットワークが問題解決や情報創造などに有効に利用されるために注意しなければならないいくつかのポイントがある．第一は，一般のフェイスツーフェイスの会議ではあまり気にならない極端な非人間性が現れないように，それを防ぐための"息ぬき"のための方策が必要である（山田, 1988）．第二は，主催者，モデレータの役割が，電子会議の場合は特に重要になる（会津, 1986）．

1.4　社会的変容と情報ネットワーク

前節が企業における情報ネットワークを組織的情報創造の面から述べたのに対して，本節では社会的な広がりのもとでの情報ネットワークの役割と特性を

個人と個人の相互関係によって生ずる社会的協同性を通してみていくことにする.

　Lipnack & Stamps（1982）は，その著書「ネットワーキング」で，共通の目標や価値観のもとに市民同士が自主的に作ったグループや団体の互いにネットワーク的に結ばれた目に見えない「もう1つのアメリカ」をウォーム・ハートで報告している．この情報ネットワークは，前節で取り上げた経済性の追求を目的にした情報ネットワークと異なり，人間的成長，地球と人類の将来を問題にしていこうとする社会的活動の新しい広がりの可能性を模索している．Lipnack & Stamps は具体的事例を整理した後，それらが共通してもつ特性を10に要約して抽出した．それらの特性のいくつかは「草の根市民連合」としての情報ネットワークのみでなく，もっと広く社会・経済的情報ネットワークにも適用可能なものである．10の特性のうちはじめの5つは構造に関するもので，残りの5つはネットワークの形成の過程に関するものである．列挙すると，[構造]：①部分と全体の統合，②さまざまなレベル，③分権化，④複眼的，⑤多頭的，[過程]：①種々の関係，②境界の不明瞭性，③結節点とリンク，④個人と全体，⑤価値観である.

　この中に1.2節の情報ネットワークの数理モデルに対して示唆的な特性がいくつかあるので，取り上げてみたい．第一に，構造の②「さまざまなレベル」では，他の組織と同様に，4つのレベルが指摘されている．[レベル1]：個人的ネットワーク（つきあいの輪）．[レベル2]：経験をもとにし情報を交換するコミュニティやビジネスあるいは専門分野における友人たちのグループ．[レベル3]：事務所や備品やスタッフを有しているネットワーク．[レベル4]：ネットワークのネットワーク（メタ・ネットワーク）．このレベルの概念を1.2節における情報ネットワークの数理モデルに適用すると，情報ネットワークを入れ子的に構造化させることができ，上のレベルへいくほど情報が集約的なものになるようなモデルが考えられる．これはちょうど脳の情報処理機構と同じメカニズムである．構造の⑤「多頭的」に関しては，ネットワーク組織とリーダーシップの問題が発生する．寺本(1988)は，ネットワーク内部の交換関係とパワーの生成のメカニズムを次のように説明している．「ネットワーク組織内部のパワーは，それぞれの交換関係での資源依存性と資源の価値の不均衡から生ずる．すなわち，パワーは，①希少資源の代替的源泉へのアクセスならびに，②各メ

ンバーにとっての資源の相対的な価値，の2つによって規定される.」ここで，
資源を情報といいかえれば，情報ネットワークにおけるパワーの問題に対して
もこの説明が成り立つものと考えられる．また，パワーの問題に関して，次の
ような記述も参考になる．「三者以上のメンバーが参加しており，それらの間
に複数の交換関係が含まれているようなネットワーク組織の場合，パワー均衡
メカニズムとして，①脱退，②ネットワーク拡大，③地位供与，④連携形成な
どがある．今，1つのネットワーク内でAがxという資源をもち，Bがyとい
う資源をもって相互にそれらを交換し合っており，資源交換をめぐる依存関係
の不均衡からBの方がパワー優位にある状態を考えてみよう．……」という
ことで，①，②，③の方法でBのパワーを低下させることができると寺本は
説明している．

　最後に，Lipnack & Stamps（1982）の「ネットワーキング」における10の特
性のうちの「過程」の⑤「価値観」について考えてみよう．ネットワークを結
合しているものは価値観である．前節で述べた情報ネットワークはいずれも経
済的最適化あるいは経済的合理性を結合の価値観にもっている．一方，本節で
取り上げた「もう1つのアメリカ」というメタ・ネットワークの価値観は，治療，
学習，成長，（個人に関するもの），共有，資源利用，進化，（全体に関するもの），
新しい価値観，（人間が価値を作り出すプロセスに関するもの）である．

1.5　まとめと今後の展開

　コンピュータを利用した情報ネットワークが，今後，今までネットワーカー
を悩ませていた多くの問題を解決すると期待されている．本章では，1.2節の
「情報ネットワークの数理モデル」で，人間のコミュニケーションに対する情
報ネットワークの数理モデルを，メンバーの重要度，集団構造強度，および異
種な意味情報の伝達に関して述べた．1.3節「組織的情報創造と情報ネットワー
ク」では，経営組織内および組織間における情報創造に対する情報ネットワー
クの役割と特性を論じ，特に日本における典型的な情報ネットワークの1つで
ある異業種交流グループについて解説した．1.4節「社会的変容と情報ネット
ワーク」では，情報ネットワークの社会的コミュニティにおける役割と特性
について，特にLipnack & Stamps（1982）の「ネットワーキング」の「もう1
つのアメリカ」というメタ・ネットワークを取り上げ論じた．

　今後の展開としては，1.3 節「組織的情報創造と情報ネットワーク」で論じた，オープン・イノベーションは，アベノミックスの成長戦略においても重要な施策として取り上げられており，技術開発面におけるノウハウの獲得について，国内外の他企業との多様な情報ネットワークの研究が必要である．

第2章
組織の相互作用と情報

2.1 は じ め に

　情報化社会は，ダニエル・ベルにより工業社会の次に来る社会（脱工業化社会：post industrial society）だといわれている．情報化社会が工業社会と大きく異なる点は，経済活動において相対的に「もの」よりも「情報」の比重が大きくなることである．つまり，これまでの社会では物資とエネルギーが情報の力を借りて価値を生み出していた．それが，情報化社会では情報が物資とエネルギーの力を借りて，価値を生むのである．

　そして，これまでの「もの」中心の経済では，すべての経済主体（ここでは，特に組織を考察の対象とする）は，必要な情報をすべてコストなしで自由に手に入れることができるということを前提として行動してきた．しかし，「もの」と「情報」の比重が逆転したことによって，組織は「情報コスト」を生産活動の重要な要素と考えなければならなくなった．以下で組織間における相互作用を情報の立場から検討し（城川, 1994），さらに，情報ネットワークにおけるコミュニケーション過程の信頼性を高める設計と解析について論ずる（城川, 1993）．

　本章の構成は，2.2節「組織における情報」で，Hayek の情報のとらえ方，情報コストの概念を提示した Stigler と Alchian それぞれの主張を紹介する．2.3節「情報ネットワークによる組織間相互作用」で，アルデール・プレッサンによる4種のネットワークの分類を紹介した後，国の共同利用ネットワークとして，HPCI（革新的ハイパフォーマンス・コンピューティング・インフラ）を解説する．2.4節「組織の情報ネットワークの信頼性分析」で，構成メンバーの認知的誤りに焦点を当てて，情報ネットワークにおけるコミュニケーション

過程の信頼性を議論する．2.5 節「まとめと今後の展開」を述べる．

2.2　組織における情報

　はじめに，情報の定義をしておこう．今井（1989）によると，情報は 2 種類あり，人間関係を深めていくセマンティック（意味論的）な情報とコンピュータに乗るようなシンタック（構文的）な情報である．これは，別の言葉でいえば「ノンデータ情報とデータ情報」の区別である．

　われわれにとっては，データ化されていない情報の方がはるかに重要である．これまでの経済学者の中で，いち早く情報の意味を強調したのは Hayek である．

　Hayek は，純粋理論としての「均衡理論」は諸前提を変形して反復している理論でしかなく，その意味において単なる「トートロジーの体系」であるとし，そのような性格の均衡理論は，「市場に参加している人々が例外なしに，「完全な知識」を持っている」とか「完全市場」とか「完全競争」とかの，およそ非現実的なことを前提としていると批判した (Hayek, 1948)．

　ここで，Hayek は「知識」と「情報」という言葉を同じ意味で使っている．Hayek はいわゆる「限定合理性」(bunded rationality ; Simon, 1978）が経済学にとって重要な事項であることを示した．つまり，「完全な知識」をもっている人間など存在せず，あらゆる「知識」は不可避的に「不完全」であり，また「相互に矛盾」すらしていること，さらに「知識」は 1 カ所に「集中」されたり「統合」されたりしては存在せず，「分散」して存在していること，したがって，重要なのは「現場にいる人」(man on the spot）しか知ることができない「知識」(on the spot information）であるというわけである．

　Hayek は「価格機構こそ各人が必要とする情報を，相互に伝達し合うことを可能にしてくれるメカニズム」であると考えた．しかし，Hayek は「競争のおかげで情報はコストなしで価格機構を通じて伝達されるようになる」とも考えた．すなわち，自由競争は「情報」を「自由財」にすると考えた．これに対して，「情報はコストを必要とする『経済財』である」としたのはシカゴ大学の Stigler であった（1962）．

　Alchian はこれを受けて，労働市場だけでなく経済一般に「情報の経済学」を発展させた（1969）．つまり，Stigler と Alchian それぞれの主張は，次のよ

うに要約できる（西山, 1991）.

　価格機構を通じて伝達される諸価格や賃金は，需要の変動を瞬時に完全には反映しない. そのため，諸価格や賃金の下方硬直性（downward rigidities）が現れる. それで，ケインズ派が主張する非自発的失業が発生する. それを解決する政策として，ケインズは「赤字財政政策」を唱えた. しかし，なぜ諸価格や賃金の下方硬直性が生じるかは説明しなかった. Stigler と Alchian は，諸価格や賃金が需要の変動を瞬時に完全には反映しないことの説明として，求職者は賃金や仕事の内容に関する情報の「探索（search）」活動を行い，一方，求人側も「説明会」「面接」などで時間と経費を使うなど「情報コスト」がかかるためであるとした. また，Alchian は在庫の情報的機能に注目して，「在庫が資源の遊休化や過剰発注の結果のようにみえるかもしれないが『在庫は情報コストを節約できる』ひとつの手段である」と説明した. つまり，在庫がなくて需要が急に増大すれば，機会損失を発生させる危険がある. それを避けるための「マーケティング」の情報コストが「在庫コスト」を上回れば，「在庫」は経済合理性にかなう. しかし，1990 年代に入り，「情報ネットワーク社会」の進展による「需要の変動に対する予測の精度」の向上により，情報コストが相対的に低下して「在庫比率」が減少するという，逆の現象が起こった.

2.3　情報ネットワークによる組織間相互作用

　「情報の経済学」，「連結の経済学」（宮沢, 1988）などでは，組織が情報ネットワークを通して「外部情報」を収集し処理し伝達する問題をその分析の対象としてきた. Hayek による価格機構に関する説明も，基本的には「外部の各種情報（諸価格やそれの変動の情報）の伝達網」としてであった. しかし，需要者側にとってより重要な情報である，財・サービスの質，性能，アフターケアの良し悪しや有無，納期に関する信頼度などに関する情報は価格機構を通じては入手できないものであり，もしこれらの情報を世界的な規模で手に入れようとすれば，多くの「時間」と多額の「情報コスト」がかかる. 一方，生産者側では，今日の技術革新時代において新しい財・サービスの開発を低コスト，高品質で世界的に生産・販売するためには，グローバルな情報ネットワークで伝達することが不可欠である.

　中谷（1991）の日米の調査によると，アメリカの大企業の経営者は，特定の

企業と取引をするときに重視するファククーは品質と価格というマーケット情報で十分だと考えているが，一方，日本の経営者は，もちろん品質・価格は重要だが，その前提には長期にわたる体制あるいは品質管理についての共通の認識があるかどうかが重要であると考え，日米の差を際立たせた．

このような事例として，中谷はトヨタのカンバン・システム，ジャスト・イン・タイム・システムをあげ，このような長期のきわめて面倒な協力システムが可能な理由として，長期的関係がある意味で保証されていることをあげている．アメリカのマーケット中心主導なところではそのような保証はない．それらに加え，中谷はまた，日本の研究開発における協力的ネットワーク体制についても述べている．半導体の開発でも，最近はデザイン・インといって，設計の段階から顧客とメーカーが共同開発する事例が出てきた．また，八幡（2002）は，イタリアがオイルショックを契機として，戦後の経済発展を支え第2の奇蹟と呼ばれたミラノ，トリノ，ジェノバといった北部および北西部の3都市の大企業や国営企業による重工業を中心とした発展から，第3のイタリアと呼ばれる中部・北東部の各地域を中心として発展してきたことを論じている．第3のイタリアと呼ばれた州地域に集積する中小企業群は，地域内での緩やかなネットワークによる分業体制により市場に製品を供給して，高い成果を上げている（Balestri, 1982）．

このような情報ネットワークを，アルデール・プレッサンは4種のネットワークに分類した（今井, 1989）．

① 企業内〔イントラコーポレート〕ネットワーク：企業内の分配およびデータ管理システム．これには，例えば企業資源計画／経営資源計画（ERP：enterprise resource planning）がある．

② 企業グループ内〔トランスコーポレート〕ネットワーク：複数企業間の共同データシステム．これには，例えば EDI（電子データ交換）がある．

③ 企業間〔インターコーポレート〕ネットワーク：合弁事業や戦略的協調関係．これには，例えば付加価値通信網（VAN：value-aidded net work）がある．

④ 上位〔メタコーポレート〕ネットワーク：ビジネスロビーおよび民間の標準設定のための組織．これには，例えば COS（the Corporation for Open System）や OSI（the Open Systems Interconnection）などがある．

　これ以外に，国の共同利用ネットワークとして，革新的ハイパフォーマンス・コンピューティング・インフラストラクチャー（HPCI：high performance computing infrastructure）がある．

　2013年度の政府による概算要求額168億6500万円の中にHPCIの構築（予算額23億1900万円）が入っている（文部科学省，2012a）．HPCIは，スーパーコンピュータ「京」や東京大学などの全国の9つの大学が保有するベクトル型を含むスーパーコンピュータや大規模ストーレジシステムをネットワークで結ぶとともに，これらのスーパーコンピュータ等を1つのユーザアカウントにより利用することなどができるように新たなシステムを構築するもので，「京」とともに2012年9月28日から共用を開始している（図表2-1）．

　これにより，全国の多様な利用者（大学，独立行政法人，企業など）が当該ネットワークを通じて「京」やベクトル型を含むスーパーコンピュータなどが

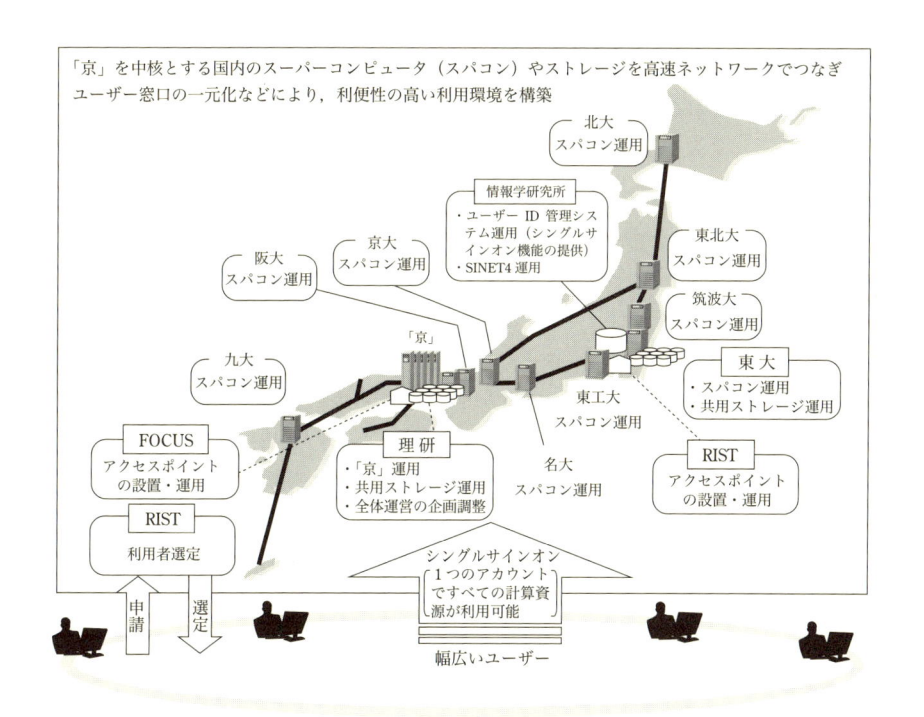

図表　2-1　HPCIの構築
［出典：文部科学省，2012b，一部改変］

利用できるようになり，HPCI 上のスーパーコンピュータで計算したデータを共有したり，共同で分析したりすることなどができるようになるなど，多様なニーズに応えられるものとなる．

　また，HPCI システムの整備・運用については，計算科学技術に関わる開かれた場である，「一般社団法人 HPCI コンソーシアム」と協力しながら実施する．このコンソーシアムは，計算科学技術に関わるコミュニティの幅広い意見集約の場として，HPCI システムの整備・運用方針やわが国の計算科学技術の振興策ならびに将来のスーパーコンピューティングなどについて検討し，国や関係機関に提言することを目的として，2012 年 4 月 2 日にが設立された．

　＜経過＞

2010 年 7 月　　　　　HPCI 準備段階コンソーシアム発足：HPCI の構築・運用とコンソーシアムの形成に向け検討

2012 年 1 月 30 日　最終報告を取りまとめ

2012 年 4 月 2 日　一般社団法人の設立

　期待される効果としては，「京」は 2011 年 11 月に世界に先駆けて演算性能 10 ペタフロップスを達成し，2011 年 6 月および 11 月において世界スーパーコンピュータ性能ランキングにおいて 2 期連続で 1 位となった．このことにより，世界各国が激しい開発競争を展開している中で，わが国の技術力の高さを示すことができた．具体的には，10 ペタフロップスという高い演算性能に加え，ネットワークの性能，メモリーの性能が強化されており，多くのユーザーにとって利便性の高いスーパーコンピュータとなった．産業界における利用については，スーパーコンピューティング技術産業応用協議会などを通じて産業界の意見も聞くことにより，スーパーコンピュータの利用についての情報提供や支援体制の不足，ネットワークが不便などの課題があることを把握するとともに，これに対応して，

- 一元的な情報提供や事前相談などを行う体制の構築
- 研究開発に係る機密保持に配慮した利用環境を備え，「京」とネットワークでつながるアクセスポイントを東京と神戸に設置
- 産業利用の開拓に向けた，波及効果が高い課題を選定する産業利用課題枠の設定

など，産業界に配慮した環境の構築を進めている．

　なお，産業利用課題枠には「京」の計算資源の5％を当てることを目安としているが，利用の状況もふまえ，その割合については柔軟に対応していく．2016年6月，最も高性能なスーパーコンピュータのランキングTOP500が発表された．初登場の中国「神威太湖之光」（Sunway Taihu Light）が首位に立った．2013年6月から首位を守ってきた中国「天河2号（Tianhe-2）」の3倍の能性をもつ．これまで4位だった日本の「京」は5位になった．

2.4　組織の情報ネットワークの信頼性分析

2.4.1　組織の情報ネットワークの信頼性分析とは

　組織コミュニケーションの研究は古くから行われているが，特に組織論の枠組みで論じられることが多い．本節でも同様な視点から，組織コミュニケーションの種々の問題領域のうち，情報ネットワークにおけるコミュニケーション過程の信頼性を高める設計と解析に焦点を絞って論じる．従来，この分野の研究はノードやリンクの故障によって情報ネットワークの信頼性がどう影響を受けるかの研究が主であった（Malone & Smith, 1988）．本節では，構成メンバーの認知的誤りに焦点を当てて，情報ネットワークにおけるコミュニケーション過程の信頼性を解析する．

2.4.2　情報ネットワークにおけるコミュニケーション過程

　情報ネットワークでは，送り手と受け手の関係のパターンが問題となる．例えば，Katz & Kahn (1966) は，①ループの大きさ，②回路における「反復」対「修正」，③フィードバック，あるいは回路の開放性または閉鎖性，④仕事にとっての回路の能率，⑤コミュニケーション回路とシステムの機能化との間の適合，の5つをあげている．本節では，特に②の回路における「反復」対「修正」を情報ネットワークにおけるコミュニケーション過程の信頼性問題として取り上げてモデル化を行う．

　次に問題となるのは，送り手と受け手の間の次のような要素的関係である（青井, 1988）．第一は，送り手と受け手がおのおの単数か複数かの量的関係の組合せのパターンの区別である．第二は，送り手と受け手の地位関係とコミュニケーションの方向の問題である．第三は，送り手と受け手の間の能動的役割の組合せのパターンの区別である．第四は，情報の内容の質をもとにした区別である．

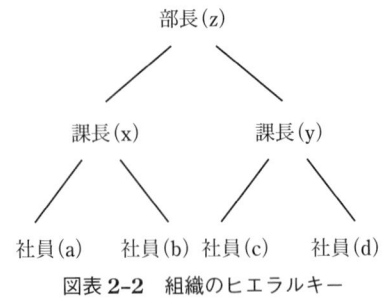

図表 2-2　組織のヒエラルキー

　本節でモデル化する情報ネットワークの具体的対象は，図表 2-2 に示したような組織のヒエラルキーをもつ情報ネットワークである．したがって，まず上述の第一の送り手と受け手の量的関係の構成パターンとしては，送り手 1 人，受け手複数の場合であり，同じことをシステムのインプット・アウトプットの量的関係のパターンとしてみれば，1 インプット＝複数アウトプット〈分岐〉のパターンを分析の対象とする．上述の第二の送り手と受け手の地位関係とコミュニケーションの方向については，垂直的コミュニケーション（vertical communication）と水平的コミュニケーション（horizontal communication）を含む組織を考える．上述の第三の送り手と受け手の能動性と受動性に関しては，Grochla（1977）のコミュニケーションの方向の分類における下方 1 方向性を特にモデルでは扱うが，一部水平双方向も考察の対象とする．ここで，下方コミュニケーションの内容としては，① 特定の仕事の指示・命令，② 仕事の理論的根拠についての情報，③ 組織の手続き・慣行についての情報，④ 部下の遂行に対するフィードバック，⑤ 目標の教化 の 5 つが考えられる．上述の第四の情報の内容の質として Guetzkow（1965）が取り上げている，① オーソリティ，② 情報交換，③ 職務専門知識，④ 友人関係，⑤ 地位，などとともに，本節では，主に情報が正しく組織の構成メンバーに伝達されたかどうかの質を分析する．

2.4.3　情報ネットワークの信頼性分析

　本節では，2.4.2 項で説明したような構造をもった組織の情報ネットワークにおけるコミュニケーション過程の信頼性分析を行う．本節では，モデルを単純化するために図表 2-2 の組織のヒエラルキーにおけるコミュニケーション信頼度を部長—社員間のコミュニケーション信頼度，つまり部長からある特定の社

員への正しい情報の伝達の確率として定義する.

ここで,モデル定式化のためにいくつかの仮定をする.

① 情報ネットワークのノードとリンクにおける故障はない.

② 情報伝達の誤りは受け手の認知的誤りのみであり,受け手が受け取った情報を正しく認知する確率は p であり,受け手の認知的誤りの確率は $q = 1-p$ である.ここで,正しく認知された情報を記号1で,誤認された情報を記号0で表す.

③ 正しい情報を受け手が誤認しても,他のルートでの正しい情報によって修正される.つまり,受け手は誤った情報と正しい情報との比較で正しい情報が判別できる.

④ 誤認された情報は,③で修正されないかぎり自然に正しい情報には戻らない.

以上の仮定のうち,③と④は,(受け手がもっている情報,他のルートからの情報)とすると,$(0,0) \rightarrow (0,0)$,$(0,1) \rightarrow (1,1)$,$(1,0) \rightarrow (1,0)$,$(1,1) \rightarrow (1,1)$ の推移のみが可能であることである.

以上の仮定に基づいて,次に3つのケースを考察する.

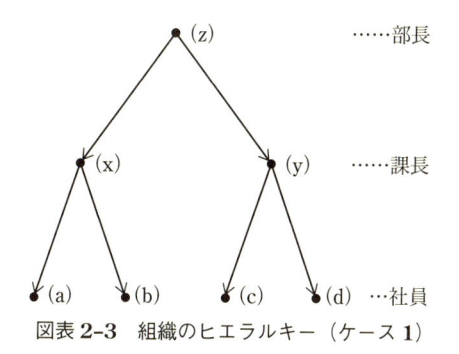

図表 **2-3** 組織のヒエラルキー(ケース **1**)

ケース1:課長 x, y 間にリンクがない場合

図表2-3のように,課長 x, y 間にリンクがない組織のヒエラルキーの場合,部長 z が正しい情報1を発信したとき,社員 a(b, c, d も同様)が正しい情報1を受け取る確率 $R_1(p)$ は

$$R_1(p) = p^2 \qquad\qquad \cdots\cdots (1)$$

である.

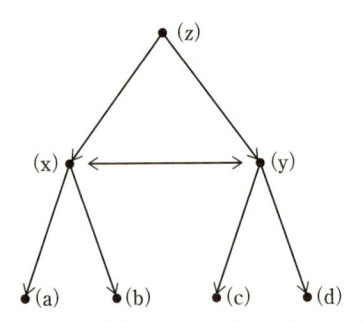

図表 **2-4**　組織のヒエラルキー（ケース**2**）

ケース2：課長 x, y 間にリンクがある場合

　図表2-4のように，課長 x, y 間にリンクがあり水平双方向の情報伝達が可能である組織のヒエラルキーの場合，部長 z が正しい情報1を発信したとき，社員 a（b, c, d も同様）が正しい情報1を受け取る確率 $R_2(p)$ は，

$$R_2(p) = p^2(2-p) \qquad \qquad \cdots\cdots (2)$$

である．

　式(2) の導出を図表2-5で説明する．図表2-5において各メンバーの保持情報状態のパターンを図示すると，図表2-6の3パターンになる．各図の生起確率は（α）については p^3，（β）については $p^2(1-p)$，（γ）については $p^2(1-p)$ である．ただし，図中の (1) は，課長 x の0が，課長 y の1によって修正されたことを表すとする．式(2) は，以上3パターンの生起確率を加え整理して求められる．

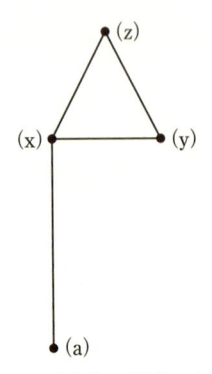

図表 **2-5**　式(**2**) の導出のための図

ケース3：課長 x, y 間にリンクがあり，かつ課長 x, y 間と社員 a, b, c, d の間にもリンクがある場合

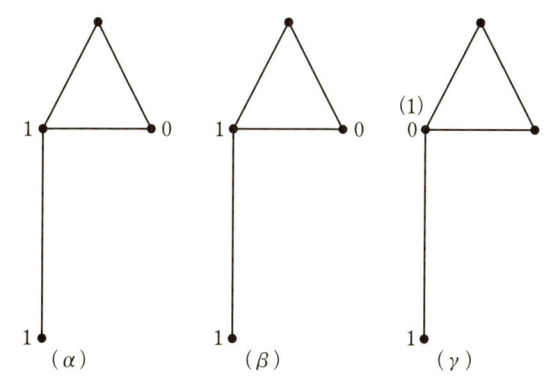

図 2-6　図表 2-5 における各メンバーの保持情報状態のパターン

このケースは図表2-7のような組織のヒエラルキーの場合である．そのとき，部長 z が正しい情報を発信したとき，社員 a (b, c, d も同様) が正しい情報 1 を受け取る確率 $R_3(p)$ は，

$$R_3(p) = R_2(p) + p^3(-P) + 2p^2(1-p)^2$$
$$= p^2(2-p)^2 \qquad\qquad\qquad \cdots\cdots (3)$$

である．

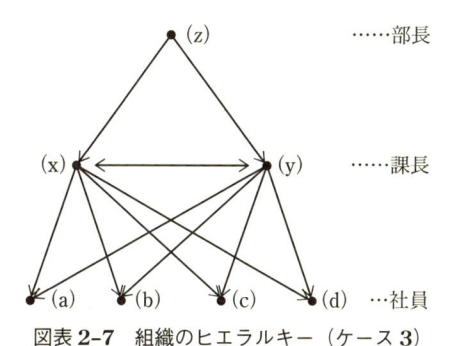

図表 2-7　組織のヒエラルキー（ケース3）

式(3) の導出を図表 2-8 で説明する．図表 2-8 において図表 2-6 以外の各メンバーの保持情報状態のパターンを図示すると，図表 2-9 の3パターンになる．各図の生起確率は，(α') については $p^3(1-p)$，(β') については $p^2(1-p)^2$，(γ') については $p^2(1-p)^2$ である．式(3) は，$R_2(p)$ と以上3パターンの生起確率

を加え整理して求められる.

　以上の3ケースの確率を図示すると，図表2-10のようになる．図表2-10から，すべてのpの値で$R_1(p) < R_2(p) < R_3(p)$となることがわかる.

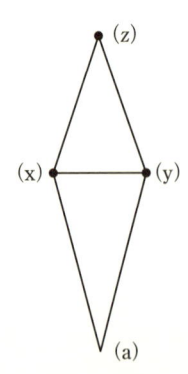

図表2-8　式(3)の導出のための図

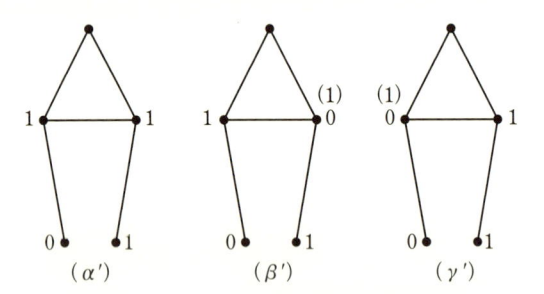

図表2-9　各メンバーの保持情報状態のパターン

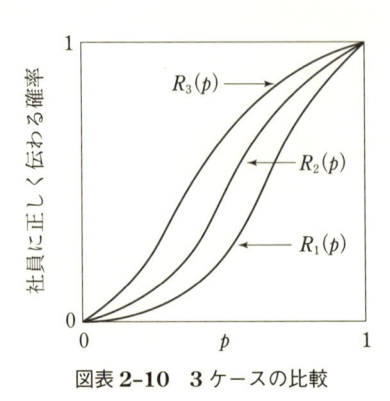

図表2-10　3ケースの比較

　本節では，情報ネットワークにおいて，構成メンバーがコミュニケーション過程で，認知的誤りを起こす場合のネットワークの信頼性を，特に3階層のヒエラルキーをもつ組織について解析し論じた．そして，結論として従来から定性的にいわれていたネットワーク型組織が高い信頼性をもつということを，いくつかの仮定のもとで定量的に解明した．

2.5　まとめと今後の展開

　情報化社会が工業社会と大きく異なる点は，経済活動において相対的に「もの」よりも「情報」の比重が大きくなることである．まず，2.2節「組織における情報」で，「情報」の意味について，Hayek，Stigler，およびAlchian らの考察を述べた．次に，2.3節「情報ネットワークによる組織間相互作用」で，中谷の日米の調査によるアメリカの大企業の経営者と日本の大企業の経営者の情報に対する考え方の違いを述べた．次に，プレッサンによる情報ネットワーク4分類を述べ，それ以外の情報ネットワークとして日本の共同利用ネットワークHPCIを紹介した．次に，2.4節「組織の情報ネットワークの信頼性分析」で，構成メンバーの認知的誤りに焦点を当てて，情報ネットワークにおけるコミュニケーション過程の信頼性を議論した．結論として，従来から定性的にいわれていたネットワーク型組織が高い信頼性をもつということがいくつかの仮定のもとで定量的に解明された．

　今後の展開としては，①階層数，ノード数が増加した場合の信頼性計算のアルゴリズムを開発すること，②構成メンバーのコミュニケーション過程での認知的誤りを減らす方策を探求すること，などである．さらに，経済システムにとって重要なファクターがものとものとの関係からサービスになり，通信・情報へと変化してきた中で，情報ネットワークによる組織間の相互作用が，経済の運営や組織の行動にどう影響するかを解明することは，今後の経済学に課された大きな課題である．そのための1つの方向が，「情報の経済学」あるいは「ネットワークの経済学」の研究である．

第**3**章
仮想的組織と
企業間情報ネットワーク

3.1 は じ め に

　現在，世界経済はグローバル化に伴う大競争時代に入り，ますます不確実性と流動性を増加させている．しかも，その競争は他の企業や他の国との競争だけではなく，時間との競争にもなってきた．したがって，各企業は他の企業から競争優位を得るためには，より迅速な新製品開発や高付加価値市場，特に最近は新興国へのより早い新製品導入を図らなければならなくなってきた．しかし，現在そのような競争優位を１企業のみの能力や資源で達成することはもはや不可能になりつつある．そこで，企業の戦略として，企業は自社のもつコア・コンピタンス（中核的能力）を明確にし，それを常に強化発展させるとともに，それらを他の企業がもつ補完的な能力や資源とうまく融合させることが重要になってきた．伝統的な企業間の協力関係のアプローチは，カンターのアライアンスの３分類（Kanter, 1990）に従うと，次のようになる．

① 複数の企業のサービス・コンソーシアム，例えば，R & D でのコンソーシアム．

② 特定の状況の優位性を得るためになされる機会主義的アライアンス，例えば，多くのジョイント・ベンチャー（合弁事業）．

③ 直接の利害関係のアライアンス，これは他の研究者によっては垂直的アライアンスと呼ばれているもので，供給業者と生産者の補完的提携など価値連鎖の異なる部分にいる企業間アライアンスである．具体的には，中小企業とのライセンス契約か OEM（相手先ブランド生産）契約を通じた製品の導入などである．

しかし，最近注目されている企業間協力関係のアプローチは，以上の従来か

らある形態とは異なる特徴をもつ仮想的組織アプローチである（城川, 1998）.

　本章の構成は，まず3.2節「仮想的組織とは何か」で，仮想的組織とはいかなる特徴をもった組織であるかを述べ，3.3節「仮想的組織に対する取引費用アプローチ」で，なぜ仮想的組織が現在有効な組織形態になったのかを，取引費用理論から解明する．3.4節「仮想的組織における取引の次元」で，取引費用アプローチにおける5種類の取引特性（条件）（ミルグロム＆ロバーツ, 1997)について考察する．3.5節「仮想的組織のダイナミズムを生むメカニズム」で，新製品・新サービスを継続的に提供する能力のあるベンチャー企業を生み出すメカニズムとして,成功した企業からのスピンアウトを解説する．最後に, 3.6節で「まとめと今後の展開」を述べる.

3.2　仮想的組織とは何か

　われわれは，かなり長い間大量生産システムによって支えられる近代産業企業によって製品・サービスを生産し，それを消費する生活を当然のものとしてきた．この近代産業企業は，大量生産システムによる規模の経済性・範囲の経済性を享受してきたが，それは組織的には，垂直的統合，中央集権的管理，階級的組織によって可能であった．大量生産システムにおいては，これらの組織形態により長期にわたって画一的製品・サービスが生産された．このような生産方式が可能であったのは，製品・サービスの需要を決める市場環境が安定していたからであった．しかし，今日，市場環境は，頻繁に，急速に，予想をはるかに超えた形で変化し，かつ新たな情報・通信技術，それがコンピュータ制御の生産技術と強く結びつくことによって製品・サービスも大いに差別化・個性化し，製品寿命も短縮してきた．こうした製品・サービスに共通している特徴は，顧客の要求を即座に満たし，しかもコスト効率が高いことである．これらはさまざまな場所，時間帯に存在する組織・機能横断的なメンバーによって多様な型や形式で設計・製造・販売される．このような製品をバーチャル製品と呼んでいる論者もいる（ダビドゥ＆マローン, 1995, p.13）．バーチャル製品を作るためには，企業は今までとは異なる高度な情報を扱い，新たな組織構造と製造技術と企業文化を獲得しなければならない．その過程を経て出現した企業組織が仮想的組織あるいはバーチャル・コーポレーションである．ここでは仮想的組織で統一する.

　仮想的組織とは，どのようなものであろうか？　外部の観察者の目には，企業，サプライヤー，顧客の間でほとんど境界がなく，浸透性があり，常に変改する接点をもつものと映るだろう．企業内から観察すれば，従来のオフィス・課・経営部門が必要に応じて形を変えるという，同様に明確な形のないものにみえるだろう（ダビドゥ＆マローン，1995, p.16）．仮想的組織を情報面と関係面からみると，次のようになる（ダビドゥ＆マローン，1995, p.17）．バーチャル製品の製造には，次のことが要求される．まず，市場や顧客のニーズに関するデータを集め，高度な情報ネットワークを構築する．次に，そのデータと最新の設計方法および生産工程をコンピュータが管理するシステムとを連携させる．そして，そのシステムを高度に熟練した従業員だけでなく，サプライヤー，流通業者，小売業者，顧客をも結ぶ統合ネットワークの中で運用していくのである．大企業における仮想的組織の例として，IBM の子会社 Ambre がある（ゴールドマン＆ネーゲル＆プライス，1997, p.63）．同社は協力企業グループのコア・コンピタンスをまとめ上げて，企業内で「IBM-PC」のクローンを生産した．Ambre の売り物の 1 つは，顧客にコストなしに自由に仕様設定を許した点である．ノースカロライナ州ローリにある Ambre の本社にいる 80 人のスタッフが，5 つの企業活動，つまり Ambre コンピュータの設計，生産，市場化，流通，そしてサービスの調整を行った．他のメンバー企業として，シンガポールのワーンズ・テクノロジーズが必要に応じてエンジニアリング・デザイン・サービスとコンポーネント・システムの開発を行い，また SCI システムは，自社の組立工場でこれらのコンポーネントから PC を製造した．それらは完全に注文生産で，顧客からの発注データは AI 社から受け取っていた．AI 社は全国的なテレマーケッティング企業である Insight Direct の子会社で，フリーダイアル電話で受け付けた Ambre の注文を SCI 社に流した．そして，Meicer が，Ambre の製品を顧客に納品した．最後に，別のメンバー企業である IBM の子会社がフィールドサービスと顧客サポートを担当した．

　中小企業における仮想的組織の例としては，インディアナ州の産業横断的な企業集団である Flexcell・セル・グループがある（ゴールドマン＆ネーゲル＆プライス，1997, p.65, p.128）．この小規模な仮想的組織は，会員企業が期間限定で集まり，垂直に統合された生産能力を形成している．ある例では，金属加工の型と工具の製造者，機械エンジニアリング企業，プラスチック射出成型

の型と器具の生産者, プロトタイプ製作工場, 請負機械工場が一緒になって, 1社だけでは不可能な契約を実現している.

3.3 仮想的組織に対する取引費用アプローチ

まず, 取引費用アプローチの基礎をなしているコースの定理を述べる (ミルグロム＆ロバーツ, 1997, p.41).

(1) コースの定理

「当事者たちが交渉によって, 彼らにとって効率的な合意に達し, そして彼らの選好に資産効果が存在しなければ, 彼らが同意する価値創出活動 (y) は, 当事者たちの交渉力あるいは交渉が始まったときに各自が所有する資産額に依存することはない. 効率性だけが, どの活動が選択されるかを決定する. 他の要因, 例えば当事者たちの交渉力が影響を及ぼすのは, 費用と便益の配分 (x) に関してだけである.」

ここで, 資産効果 (wealth effect) とは資産額の変化に基づく選好の変化のことである. 意思決定者がある意思決定を行うとき, 次の3つの条件が該当する場合, 資産効果がないという (ミルグロム＆ロバーツ, 1997, p.38).

① どんな2つの選択肢 y_1 と y_2 が与えられた場合でも, 意思決定が y_1 から y_2 (あるいは y_2 から y_1) に変更されるために必要な補償額 x が明確に定義できること.

② 意思決定者が追加的な資産を与えられたとしても, 意思決定を y_1 から y_2 に変えるために必要な補償額が影響を受けないこと.

③ 意思決定者は, 望ましくない選択肢からより望ましい選択肢に変更することにともなう補償額の減少を十分吸収しうるだけの資産をもっていること.

以上の3条件である.

また, 効率性原理とは次のような原理である (ミルグロム＆ロバーツ, 1997, p.26).

(2) 効率性原理 (The Efficiency Principle)

「人々が十分に話し合うことができ, その決定をきちんと実行し強制できるならば, (少なくとも話し合いに参加した人たちにとって) 経済活動の結果は効率的である.」

資産効果がなく，かつ資源配分が効率的であるなら，次の価値最大化原理が成立する（ミルグロム＆ロバーツ, 1997, p.39）.

(3) 価値最大化原理

「人々の選好に資産効果が存在しない場合，1つの集団内部での資源配分が効率的になるのは，当事者たちの総価値が最大化される場合に限られる．逆に，資源配分が非効率な場合，当事者すべてが厳密に選好する別の（総価値を最大化する）資源配分が存在する.」

取引費用アプローチを企業間および企業と顧客との間の関係に適用する場合，このアプローチは，当事者間で配分できる総資産をできるだけ高める試みであると考えられる．ここで，このアプローチを適用する場合に注意しなければならないことは，コースの定理とその意味が，選好についての諸仮定と当事者が無制限の資産移転能力をもっているという仮定に依存していることである．しかし，一般には，当事者の価値創造 (y) の選択や費用と便益の配分 (x) は，当事者にとって無視できない問題である.

次に，取引費用として調整（コーディネーション）費用と動機づけ費用について考える.

3.3.1 仮想的組織における調整費用

調整費用は，プロジェクトを推進する母体であるチームに参加している個々のコンサルタントや別会社の契約社員などの分散ユニットである参加メンバー間での調整，具体的にはこれらの参加メンバー間で行われる情報ネットワークを介しての情報，アイデア，意見の交換（共有）などにともなう費用である．例えば，世界中の 12 の時間差帯に散らばった科学者，設計者，生産の専門家，顧客から編成される 50 人の仮想的組織のチームの調整のために，コンピュータのデータベースをはじめ作業を支援するグループウエアなどのシステム体系が不可欠である．グループウエア・システムは，共通の業務に取り組む 2 人以上のユーザーを支援するコンピュータ技術に基づくシステムである．グループウエアは強調と調整を促進し，助長するものである.

シリコンバレーにおける仮想的組織にとって重要な調整機能をもつものに，ベンチャー・キャピタルがある．彼らは，コンサルティング企業が提供するスキルとしての戦略作成，組織調整，マーケティング，チャネル管理，人事管理，財務管理など多面的な仕事を遂行する．さらに，彼らが参加するベンチャー

企業に対して自らがもっている人的ネットワークを紹介し，彼らが蓄積した膨大な失敗情報を，彼らが属する仮想的組織の組織知能の一部にする（末松, 1997, pp.23-40）．仮想的組織のメンバーは，パートナー関係を結ぶ．これらのパートナーは仮想的組織に参加が認められた企業，個人である．仮想的組織には，日本の系列のようにメンバー固定制の組織とメンバー変更が自由な組織がある．仮想的組織のパートナー選択のためのメカニズムが必要であるが，その機能は，例えばシリコンバレーのベンチャー・キャピタルやシリコンバレー・ネットワークの中のスマートバレー公社など仮想的組織を束ねる役割を有するメンバーがもっていることが多い．仮想的組織のパートナー選択の基準は，パートナーになる可能性のある企業・個人の組織への貢献度，仮想的組織内に生ずる相乗効果の質，能力や資源の質などが検討される（ゴールドマン＆ネーゲル＆プライス, 1997, p.293）．しかし，シリコンバレーの仮想的組織に対する調査（末松, 1997, pp.23-40）などからいえることは，これらの能力の中で特に重要な能力は，他のメンバーとコラボレーションがとれるかどうかの能力や信頼関係を維持できるかどうかの能力である．

3.3.2　仮想的組織における動機づけ費用

　動機づけ費用は，仮想的組織がプロジェクトを遂行するために，個々のメンバーが自らの役割（各自のコア・コンピタンスを十分に発揮すること）を積極的に果たすことを保証する費用である．この保証は，互いの協力の利益を認識し，互いの利益増大のために行動を調整することに同意するメンバー間で結ばれる協定あるいは契約によって実現する．この合意内容には次のような事項が入る．

① 仮想的組織の目標・目的．
② 予期しない事態が発生したとき何をすべきかを決定する基準．
③ 各メンバーが行える行動と責任の範囲．
④ 意見が分かれた場合の紛争解決法．
⑤ 機能横断的な業績評価基準とその測定基準．
⑥ 利益を分配するためのルール．
⑦ 仮想的組織で発生した知的財産権の帰属．
⑧ 仮想的組織における製造物責任の範囲．
①から④は全般的に適用される一般性のある事項である．また，⑦と⑧に関

しては今後の問題としてここでは論じない．ここでは，特に⑤と⑥を中心に，以下で細かくみていくことにする．しかし，以上のような仮想的組織とそこに属するメンバー間で取り結ばれる協定による合意事項は，人間における限定合理性（bounded rationality）によって，「契約の不完備性」をもたざるを得ない．仮想的組織に限らず企業間関係においては，そのような「契約の不完備性」に対処する手段として，関係的契約（relational contract）がある．これは，将来における予測不可能な状況を詳細に想定するのでなく，上述したような合意事項を含む仮想的組織と各メンバー間の関係の枠組みに関してのみ合意するものである．

(1)　機能横断的な業績評価基準とその測定基準

　インセンティブを与えるためには，仮想的組織に属するメンバー（個人あるいは企業）の報酬をそのメンバーの業績にリンクさせなければならない．その際，業績指標依存という形で入り込む報酬の不確実性によるリスクをメンバーが回避できなくてはならない．以下の説明は，主にミルグロム＆ロバーツ(1997, pp. 230-240) に従っているが，ここでの説明はその拡張（メンバーを n 人に拡張している）になっている点が異なる．ここで説明する文脈では，メンバーがリスク回避的であるとする．つまり，確実に所得 I を受け取る方が平均は $\bar{I}$ だが不確実な所得を受け取るより望ましいと思うと仮定する．後者から前者へと乗り換えるために支払ってもよいと思う金額の最大値を，変動所得に対するリスク・プレミアム（risk premium）という．所得の平均値からリスク・プレミアムを差し引いた残りが，変動所得に対する確実同値額（certainly equivalent）である．確実同値額は $\bar{I}-(1/2)r(\bar{I})\mathrm{Var}(\bar{I})$ と近似的に書ける．ここで，$\bar{I}$ と $\mathrm{Var}(\bar{I})$ は確率変数である所得 I の平均と分散であり，$r(\bar{I})$ は平均 $\bar{I}$ のギャンブルに対する絶対的リスク回避度（coefficient of absolute risk aversion）という．上式の第 2 項がリスク・プレミアムである．$r=0$ のとき，そのメンバーはリスク中立（risk neutral）といい，$r>0$ のメンバーをリスク回避的という．ここでの分析には価値最大化原理を用いる．この原理のもとでは資産効果がないことを仮定しているので，今の場合では $r(\bar{I})$ は $\bar{I}$ に依存しない，ということである．したがって，以下 $r(\bar{I})$ を r と記す．この仮定のもとでは，基本関係式は

期待所得 $= \bar{I}$

リスク・プレミアム $= (1/2)r\mathrm{Var}(\bar{I})$

確実同値額 $= \bar{I} - (1/2)r\mathrm{Var}(\bar{I})$

となる.

1) インセンティブ報酬モデル

今, n 人のメンバーの中のメンバー i がプロジェクト遂行のために選択する努力水準 e_i は数値—例えば労働時間など—で表せるとするが, 仮想的組織(ここでは, 例えばシリコンバレーのベンチャー・キャピタルやシリコンバレーネットワークの中のスマートバレー公社など仮想的組織を束ねる役割をもつメンバーを想定する)からは直接観察できないとする. しかし, 仮想的組織は e_i に関してノイズ(x_i)を加えた指標でなら観測可能とする. つまり, $z_i = e_i + x_i$ が観測できる. さらに, 指標 y があり, x_i と統計的に相関関係があるとする. 例えば, z_i が仮想的組織の中の販売部門を受けもつメンバー企業の総売上(販売努力 e_i とその製品市場の潜在的な需要 x_i との和)であり, y はその仮想的組織が属している産業全体に対する需要であると考えるとわかりやすい. ここで, 考察の対象とする報酬ルールは線形報酬関数に限定し, w_i を報酬したとき, 次式の形に書けるものとする.

$$w_i = \alpha + \beta(e_i + x_i + \gamma y)$$

ここで, α はメンバー共通の基本報酬部分, β はメンバーに共通に与えられるインセンティブ強度(intensity of the incentives)であり, β が大きいとより強いインセンティブが与えられる. パラメータ γ は報酬決定の際に変数 y がもつ情報の相対的な比重, あるいは仮想的組織が属する産業全体の需要に対する当該組織がもつ割合を示す. リスト(e_i, α, β, γ)を 1 つの契約と考える. この契約のメンバーに対する確実同値額は, (報酬の期待値)−(努力に要する費用)−(リスク・プレミアム), つまり,

$$\alpha + \beta(e_i + x_i + \gamma y) - C(e_i) - \frac{1}{2}r\mathrm{Var}[\alpha + \beta(e_i + x_i + \gamma y)]$$

である. ここで, x_i, y はそれぞれ x_i, y の期待値, r はメンバー共通の絶対的リスク回避度である. また, $C(e_i)$ はメンバー i の努力水準を e_i としたときのメンバー i の私的費用とする. 上式に分散公式を使って変形すると,

$$\text{メンバー } i \text{ の確実同値額} = \alpha + \beta e_i - C(e_i) - \frac{1}{2}r\beta^2\mathrm{Var}(x_i + \gamma y) \quad \cdots(1)$$

となる. 一方, 仮想的組織に関しては,

$$\text{仮想的組織の確実同値額} = P(\textstyle\sum e_i) - \textstyle\sum (\alpha + \beta e_i) \qquad \cdots\cdots (2)$$

となる．ここで，$P(\sum e_i)$ は 仮想的組織の利潤が各メンバーの努力水準 e_i の和に依存することを示している．上式は仮想的組織が近似的にリスク中立であることを仮定している．したがって，価値最大化原理を適用して，効率的な契約はメンバーと仮想的組織の確実同値額の和を最大にするものとなる．つまり，

$$\text{総確実同値額} = P(\textstyle\sum e_i) - \textstyle\sum C(e_i) - \frac{1}{2} r\beta^2 \textstyle\sum \mathrm{Var}(x_i + \gamma y) \qquad \cdots\cdots (3)$$

を最大化することになる．

　次に，契約の実現可能性について考察する．そこで，メンバー i の努力水準 e_i の選択を決めるのは，式(1) で与えられるメンバー i の確実同値額を最大化する努力水準である．そこで，式(1)を e_i について微分してゼロとおく．つまり，

$$\beta - C'(e_i) = 0 \ (i = 1, 2, \cdots, n) \qquad \cdots\cdots (4)$$

である．式(4) をメンバーのインセンティブ制約と呼び，実現可能な報酬ルールは必ずこの条件を満たしていなければならない．

　β は報酬の限界収益であり，$C'(e_i)$ は限界費用であるので，式(4) はメンバー i の限界収益が限界費用に等しくなるように e_i を決めることを示している．このような契約を「インセンティブ両立的」という．

　以上から，仮想的組織とメンバーとの契約が効率的であるための必要十分条件は，契約が式(4) を満たす，つまり，インセンティブ両立的で，かつ契約のリスト $(e_i, \alpha, \beta, \gamma)$ が式(3)で表される総確実同値額を最大にするように選ばれることである．ここで，$x_i + \gamma y$ は e_i の推定量と考えられる．つまり，e_i の推定量はノイズ (x_i) と産業全体の需要のうち，当該仮想的組織の取り分 γy の和であると考えられる．γ に関しては，e_i の推定量である $x_i + \gamma y$ の分散 $\mathrm{Var}(x_i + \gamma y)$ を最小にするように γ が選ばれる．これは次のインフォーマティブ原理の 1 例である（ミルグロム＆ロバーツ，1997, p.241）.

インフォーマティブ原理（The Informative Principle）

　「報酬関数を設計するうえで，メンバーによる行動の推定にともなう誤差を縮小させるような業績指標を報酬の決定に（適切なウエイトのもとで）追加し，また，誤差を増大させるような指標（メンバーがコントロールできない確率的

要因のみを反映している指標がその例である）を除外すると，総価値は常に増加する.」

しかし，式(3)からαが総確実同値額には無関係であることがわかる．αは仮想的組織と各メンバーとの間で総価値がどのように配分されるかを決めるものである．そのためには，配分に関する別のメカニズムが必要である．利益配分に関してはこの項の2）で論じる.

上のインフォーマティブ原理の応用として，次のような問題を考える（ミルグロム＆ロバーツ, 1997, pp.242-243）．メンバーの業績を評価するとき，その業績を何か不変な尺度に照らして絶対値で測定するか，あるいは他人や他企業の業績と比較して相対値で計るかという問題である．相対的価値で計る比較業績評価方式の問題は，コントロールの可能性に関するものである．ここでは，メンバーによる業績の指標は，メンバーの努力，そのメンバーだけに影響する確率事象，そして同じ業種に属する他の個人や企業すべてに影響する確率事象の3つに依存するものとする.

今，仮想的組織に属するメンバーAとAと同じ業種に属する他の個人や企業Bを考える．Aの業績指標は$z = e_A + x$と書けるものとする．ここで，e_AはAの努力水準，xは2つの独立な確率変数の和$x = x_A + x_C$とする．このとき，x_AはAの業績のみに影響する確率項で，x_CはAとB両方の業績に影響する確率項とする．同様に，Bの業績指標は$y = e_B + x$と書けるものとする．x_A, x_B, x_Cは互いに独立な確率変数とする．そこで，Aに対する報酬は，絶対的業績指標$z = e_A + x_A + x_C$と相対的業績指標$z - y$のどちらに基づいて決定するのがよいのであろうか．ここで，絶対的業績指標に関するe_Aの推定量の分散は$\mathrm{Var}(x_A) + \mathrm{Var}(x_C)$であり，相対的業績指標に関する$e_A - e_B$の推定量の分散は$\mathrm{Var}(x_A) + \mathrm{Var}(x_B)$である．インフォマティブ原理により，$e_A - e_B$の推定量の分散が$e_A$の推定量の分散より小さければ，つまり$\mathrm{Var}(x_B) < \mathrm{Var}(x_C)$ならば，相対的業績指標の方がよい．換言すると，業績に影響する確率要因のうち，各個人や各企業に固有な確率事象から発生する業種の変動が，共通要因の変動よりも小さければ，比較業績評価は個別業績評価よりも望ましい.

しかし，最近は比較業績評価でも比較するべき対象の個人や企業のうち最も優れているものと比較する，つまりベスト・イン・クラスの個人や企業との比較によって業績評価を行う方式が一般的になりつつある（ゴールドマン＆ネー

ゲル＆プライス, 1997, p.424). この場合, 比較業績評価が個別業績評価よりも望ましい条件は, 上述のモデルにおいて $x_B = \max\{x_i : i = 1, 2, \cdots, n\}$ とすると, $\mathrm{Var}(x_B) < \mathrm{Var}(x_C)$ となる.

2)　利益を配分するためのルール

ここでは, ペンシルバニア州北西部にある中小企業のネットワークであるアジル・ウェブが採用している利益配分のガイドラインを示す（ミルグロム＆ロバーツ, 1997, p.287).

① あるメンバーがよりよい仕事をした場合には, 仮想的組織のすべてのメンバーが利益を得る.

② 1つの仕事に（支援サービスも含めて）貢献したすべてのメンバーは, 同じ1つの集団に属しており, 利益の分配を受ける.

③ 各メンバーに対する収益の分け前は,（提供者に支払う間接費を含めた）基準原価に分配されるウェブ利益を加えた金額で決定される.

④ ウェブの利益は, 各メンバーが保持する作業伝票の数を基準として分配される. 集団のメンバーへの作業伝票の分配は, 公正に行われる.

⑤ ウェブの仮想的組織が結成されるたびに, 業務の比率と役割の詳細を含んだ標準的な内部作業合意書に所定事項を記入する.

3.4　仮想的組織における取引の次元

次に, 取引費用アプローチにおける5種類の取引特性（条件）について考える（ミルグロム＆ロバーツ, 1997, pp.33-36). これらの取引特性によって, どのような組織形態がより効率的かが決まる. 次の5種類の取引特性が, 以下の分析で重要な役割を演じる.

① 取引を行うのに必要な投資の特異性（specificity）

② 同じ取引が生じる頻度（frequency）と取引が繰り返される継続期間（duration）

③ 取引にともなう複雑性（complexity）と将来についての不確実性（uncertainty）

④ 取引における（参加者の）業績測定の難しさ（difficulty of measuring performance）

⑤ ある取引と第三者を含む別の取引との連結性（connectedness）

3.4.1　投資の特異性

　仮想的組織に属するメンバー（個人や企業）に必要な投資の特異性は，仮想的組織の目的が機会中心主義に基づくコア・コンピタンスの提携であることから帰結されることである．これらコア・コンピタンスに関係する技術に対する投資の特異性は，それにともなう人的資本（human capital）の特異性に反映される．人的資本とは，その人がもつ知識や取得した技能などであり，経済価値をもつ活動を行う能力を高めるものである．投資の特異性を論じる際，人的資本を企業特殊的（firm-specific）なものと汎用的（general-purpose）ないしは非特殊的（nonspecific）なものに分けることが有益である．前者は特定の企業にとってのみ役立つ技能と知識，後者はいくつかの異なる企業のどこで働いても，その人の生産性を高める技能と知識に関するものである．通常の経済学のテキストでは，労働者の移動性が高ければ，企業特殊的資本への投資水準は低くなると教えている．しかし，非常に流動性の高い仮想的組織においては，企業特殊的資本への投資は高い．なぜならば，仮想的組織が売る製品・サービスは，注文生産の場合が多く，したがってその製品は非常にカスタマイズされているからである．そのような場合，その製品の開発は，企業特殊的になる．例えば独 SAP（クライアント型のシステム環境に特化した統合業務パッケージ（ERP）群を開発・販売している企業）は，その汎用パッケージソフトを顧客企業の国やその企業独特な企業組織・文化に合わせるようにカスタマイズして提供している．具体的には，例えば，クライアント企業が使用するコンピュータや決算システムの特異性，その企業で用いられる言語や固有の用語や手続き，その企業の特殊なニーズなどに合わせて統合業務パッケージ群をカスタマイズする．独 SAP はパートナー企業戦略をとっている．これは，ここで論じている仮想的組織といえる．例えば，独 SAP と富士通は 2010 年 4 月に，SAP が提供する SaaS（サービスとしてのソフトウエア）型情報分析サービス「SAP Business Objects BI On Demand」の日本語版を共同開発し，富士通のクラウドコンピューティング基盤から国内市場に提供することで合意した．SAP Business Objects BI On Demand は，社内外に分散した経営情報を集め，組み合わせて分析・共有することで，経営の見える化を実現するビジネスインテリジェンス（BI）ソフトを SaaS として提供するサービスである．SAP は 2006 年から同サービスを提供しており，すでに世界中で 26 万人が利用している．

新たに富士通と共同で日本語化し，富士通が群馬県館林市にもつデータセンターから国内企業に提供することにした．両社はグローバルパートナーとして，これまで ERP 分野で協業を進めてきたが，今回の提携を通じて今後は BI 分野でもグローバルな戦略的パートナーとして協業を深めていく方針である．その一環として，国内市場に向けた BI のクラウドサービス展開については，SAP が富士通のデータセンターの堅牢さなどを評価し，日本語版の共同開発と合わせて手を組んだ格好だ．グローバルで ERP 最大手の SAP は，今や CRM，SCM など幅広い分野をカバーする総合ビジネスソフトベンダーである．2007 年には Business Objects（BO）を買収し，BI 分野へも本格的に進出した．ERP が屋台骨であることに変わりはないが，BI は ERP をはじめとした手持ちのビジネスソフトの普及に相乗効果を生み出せるとあって，このところ相当注力しているようだ．なぜ SAP が富士通のクラウドコンピューティング基盤を使うことを決定したのか．それは，SAP の ERP 製品の開発における企業特殊的かつローカルなパートナー戦略があるからだ．SAP は富士通のクラウド基盤を活用することで，社内の機密情報を国内にとどめたいとする日本企業のニーズに対応したとみられる．日本企業には，機密情報は日本のデータセンターにおきたいというニーズが強い．海外で情報漏えいなどの問題が起こった場合，外国法（例えば，アメリカの愛国者法）が適用されるなど対処に手間がかかる可能性があるからだ．そこで，SAP がパートナーとして選んだのが，ERP 分野でグローバルに協業を進めている富士通だった．そこには，顧客に安心感を与えるクラウド基盤が提供できるとともに，強い販売力をもつパートナーと組むという同社としてのねらいがあったとみられる．これは ERP のクラウドサービス化の布石ともみてとれる．一方，SAP は NEC とも ERP 分野で緊密な提携関係にあることから，ERP のクラウドサービス化については NEC との関係強化の動きもあるかもしれない．こうしてみると，SAP はローカルの有力なデータセンターを活用しながら，同社ならではのクラウド時代のパートナー戦略を構築していこうという意図があるようだ．このように，今や 120 を超える国に 9 万 5000 社以上の顧客企業を有する SAP は企業特殊性に対応している．仮想的組織がその参加メンバーのコア・コンピタンスに大きく依存しているからといって，またそのコア・コンピタンスがいかに特殊であっても，仮想的組織が変化の早い競争環境で成功し続けるためには，それぞれの参加メンバーのコア・

コンピタンスもそれに合わせてダイナミックに変化しなければならない．しかも，そのコア・コンピタンスはあらかじめ定義されたカタログ型の製品を作る能力でなく，収益の大きなバージョンアップ（グレードアップ）用の構成部品や顧客を豊かにするサービスを継続的に提供する能力である（松岡, 2010）．

3.4.2　頻度と継続性

　仮想的組織のおいては，短命なワークチームの編成が前提である．仮想的組織に属するメンバーは，研究所，工場，そして顧客である場合もある．最近の「フォーチュン」誌の調査によると，典型的なチームの大きさは6〜10人でチームの3/4は3年以下の寿命で，過半数は2年以下しか続かないことがわかった．シリコンバレーのようなネットワーク社会では，あるプロジェクトは短命でも，次から次へと新しいプロジェクトが別の仮想的組織で発生し，メンバーはそのような新規プロジェクト間を渡り歩く職人やグループのような性質をもつ．その意味では，仮想的組織のメンバーに対する管理メカニズムとしての評判がより有効となる可能性がある．評判については，以下の業績評価の困難性のところで再度考察する．

3.4.3　不確実性と複雑性

　仮想的組織が直面する不確実性と複雑性は，現在の経済環境の中では将来の可能性が予想できないことから出てくる．この不確実性と複雑性は，サプライヤー，顧客，競争者，規制当局，金融市場からくる（Miles & Snow, 1978）．しかし，需要つまり顧客が何を望んでいるか，顧客をより豊かにするために何をすればよいかに関する不確実性に対処するには，企業の組織形態が従来のような垂直的組織ではうまく対応できず，仮想的組織のような自律分散的な組織が必要である．

3.4.4　業績測定の困難性

　仮想的組織は，参加メンバーの善良かつ誠実な行動に依存しなければならない．メンバーである企業や個人が，契約時の目標や目的を達成しなかったことにより仮想的組織に損害を与えた場合，その企業や個人は，状況次第では再契約されない可能性が大きくなる．これは，通常の企業における解雇に当たる．したがって，問題は，メンバーが仮想的組織の目標や目的を達成しないことを阻止する手段となる条件が何かということである．その答えを得るために，ここではシャピロ・スティグリッツのモデルを参考にする（ミルグロム＆ロバー

ツ, 1997, pp.277-281). このモデルで考慮される要素は, メンバーが契約を守らないことによって得る利益, 例えば怠惰・手抜き, あるいはメンバー企業の社員や個人メンバーの技術的能力を向上させるための教育訓練や再教育のためのコストを負担しないで他のことへ資源を振り分けることによる利益（価値）(g), 再契約されなかったことが他の企業に知られずに評判を落とすこともない確率 (p), 仮想的組織が遂行するプロジェクトが成功する確率 (q), 仮想的組織が成功時にメンバーに支払う利益分配金 (w), メンバーが他の仮想的組織のプロジェクトに参加することによって得る利益分配金 ($\bar{w}$), 再契約の頻度 N（再契約されなければ $N = 1$ となる. しかし, 再契約が可能なら N は 1 より大きくなる）である. つまり, 次式が成立するとき, メンバーはよい仕事をするインセンティブをもたない.

$$g > qp(w - \bar{w})N$$

以上の仮想的組織のメンバーに対するインセンティブ・モデルは, ある意味で仮想的組織とメンバー間のプリンシパル・エージェント問題ととらえられていて, どのようなメンバーがどの基準で選ばれているかには答えていない. つまり, 再契約の頻度 N を決めている要因は何かという問題である. この答えが, 前にも述べた「信頼 (trust)」である. シリコンバレーのような地域で行われている仮想的組織では, 悪い噂が立つだけでも, その企業や個人にとって致命的である. 評判によってインセンティブをコントロールするコストは, 当事者である仮想的組織のメンバーに与えられている外部機会にも依存する. つまり, もしある仮想的組織のプロジェクトでの失敗や悪い評価が外部機会に影響しなければ, そのメンバーにとって当該プロジェクトの失敗や悪い評価による損失は小さい. したがって, そのようなメンバーをやる気にさせる費用は, 高くつく. これに対して, シリコンバレーのようなネットワーク社会では, 互いに人物についての情報を共有する機会に恵まれていて, 少数の仮想的組織に契約の機会が限定されていれば, 評判の失墜につながる失敗や悪い評価によって将来の価値ある取引が失われることをメンバーはたいへん恐れる.

3.4.5　他の取引との連結性

　他の取引との連結性こそ仮想的組織を成立させている条件である. 仮想的組織が従来のジョイント・ベンチャー, 合弁, ロイヤリティー契約, ライセンス契約, OEM などと違う点は, 複数のメンバー（企業, 個人）が 1 つの目的（プ

ロジェクト）のためにインフラストラクチャ，リスク，知識（暗黙知），コストなどを共有することによって，各自のコア・コンピタンスを発揮しつつ，共生する点である．そこには，信頼という目には見えないがしっかりとした糸で連結されている．連結は現在，エコシステムにも拡張されている．例えば，イノベーションのメッカとして知られるシリコンバレーは，Hewlett Packard, Intel, Oracle, Salesforce.com, Apple, Yahoo, Google, Facebook などの世界企業を輩出した．シリコンバレーがこれほどイノベーションの中心であり続ける鍵はそのエコシステムにある．

シリコンバレーには，ベンチャー企業，投資家，専門家（弁護士や会計士など），大学，非営利団体，大企業のラボ，などが密集している．それぞれがコア・コンピタンスをもっている．ベンチャー企業が急成長して上場したり大企業に買収される（出口戦略）ことにより，成功者には大きな利益がもたらされ，同様に成功を夢見る起業家が次々と現れる．成功の出口（上場や買収）がみえているから，投資家も積極的にチャレンジャーに投資する．投資リターンが大きいから，金融機関からの資金がさらに流入し潤沢な資金をもつベンチャー・キャピタルが栄える．ベンチャー企業が成功することによって，そこに関わる人たちも恩恵を受けることが明確にみえているので，それぞれの知恵が惜しみなく共有される．このように，シリコンバレーは，人・知恵・金の流れの循環ができ上がっている．

エコシステムが有効に働く根本的な要素は，そこに集う人々を結びつける社会的資本（social capital，人的ネットワーク）にある．その社会的資本の形成に貢献した個人として代表的な人物に，インテルに投資したアーサー・ロック，アプライド・マテリアルズに投資したジーン・クライナーとトム・パーキンスらがいる．（ちなみに，現在インテルは世界一の半導体メーカーであり，アプライド・マテリアルズは世界一の半導体製造装置メーカーである．クライナーとパーキンスは後に世界一のベンチャー・キャピタルを築いた．）彼ら以外にも，ブルペン・キャピタルは，ポール・マーティノ，ダンカン・デイビッドソン，リチャード・メルモンというそれぞれシリコンバレーのエコシステムの中枢にいる3人により創業された．メルモンは，インテルやアップルの黎明期に関わり，その後エレクトロニック・アーツを共同創業したシリコンバレーの重鎮であり，デイビッドソンは経営コンサルタントを経てベンチャー企業を創業し2

つの大成功を収めている．マーティノはソーシャルネットワーク分野の草分け
であり，2つのベンチャー企業創業を通じて，数々の人的ネットワークを築い
た．そのネットワークの仲間たちが，現在のソーシャルネットワーク系，イン
ターネット系,スマートフォン系の新しい市場創造の中心にいる．このように,
エコシステムの3世代のインサイダー同士が組んで新たなベンチャー・キャピ
タルを作るダイナミズムはシリコンバレーならではの特徴である（校條,2011）．

3.5　仮想的組織のダイナミズムを生むメカニズム

　仮想的組織がそのコア・コンピタンスを継続的に進化させていくためには,
仮想的組織内外で顧客を豊かにする製品・サービスを継続的に提供する能力の
あるベンチャー企業を生んでいくメカニズムが必要である．前節で述べたよう
なエコシステムの3世代のインサイダー同士が組んで新たなベンチャー・キャ
ピタルを作るダイナミズムはシリコンバレーを進化させていくメカニズムであ
るが,そのメカニズムの前提として,成功した企業からのスピンアウトがある.
　1980年代，シリコンバレーにおける産業の主役の座はソフトウエアやパソ
コンに移った．メインフレーム用のリレーショナルデータベースで成功した
Oracleには，世界中からソフトウエア技術者が集まった．その後，1990年代
に入ってクライアント／サーバー型のシステムアーキテクチャーが全盛を迎え

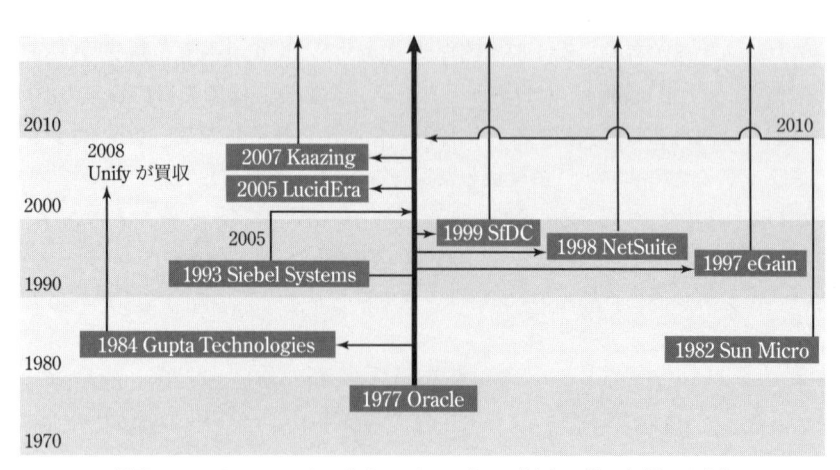

図表3-1　**Oracle**からの主なスピンアウト（社名の横は起業した年）
[出典：山谷,2012]

図表 **3.2** **Google** からの主なスピンアウト
［出典：山谷, 2012, 一部改変］

	起業した会社	創立年	サービス内容や売却先
ブレット・テイラー	FriendFeed	2007 年	ソーシャルネットワーキングの集約サービス，2009 年に Facebook が買収
ジム・ノリス			
ポール・バックハイト			
ベルササール・レベ	Ooyala	2007 年	オンラインビデオの視聴者の行動分析サービスを SaaS として提供
ビスマルク・レベ			
ショーン・ナップ			
ジェイソン・リープマン	Howcast	2008 年	オンラインビデオ制作の情報サービス
ダニエル・ブラックマン			
サンジェイ・ラマン			
サン・デビッド・アーリック	RingtoneSoup	2006 年	着メロ共有サービス．2007 年に Yoyo Mobile が買収
	Mogad	2007 年	ソーシャルネットワークを利用したインスタントメッセージング．2008 年に iSkoot が買収
	Choice Vendor	2008 年	B2B サービスプロバイダの評価とレビュー情報を提供．2010 年に Linkedin が 499 万ドルで買収
	Happiness Engines	2012 年	スマートフォン向けアプリ開発
クリストフ・ピシリア	Cloudera	2008 年	Hadoop のディストリビューションとサポート
	WibiData	2011 年	ビッグデータ管理ソフトウエア

たころ，Oracle からのスピンアウトが増えた（図表 3-1）．Salesforce.com もその 1 社である．

　2000 年代後半からは，Google チルドレンが次々に出現している（図表 3-2）．ポール・バックハイト氏は 1998 年に Google に入社し，Gmail などの開発に携わった．ブレット・テイラー氏とジム・ノリス氏は，2003 年にスタンフォード大学を卒業後，Google に入社し，Google Maps などを開発した．彼ら 3 人は 2007 年に Google をスピンアウトし，SNS 集約サービスを提供する FriendFeed を創立した．

　バックハイト氏は，Google のストックオプション株を換金して得た自己資金から，500 万ドルをこのスタートアップに投資し，2 年でもとを取った．

2009 年，Facebook が 4750 万ドルで同社を買収した．同氏は今，インキュベータの Y Combinator のパートナーとして活躍中である．ノリス氏はベンチャー・キャピタル Benchmark Capital の相談役，テイラー氏は Facebook の CTO に就任した．新たな IT サービスを次々に立ち上げては，高額で売却することに成功しているヤン・デビッド・アーリック氏も，Google 出身者である．同氏は Microsoft や Google で研鑽を積み，2006 年に独立して，まずは着メロ共有サービスを提供する RingtoneSoup を設立し，2007 年に Yoyo Mobile に売却した．同年，インスタントメッセージングサービスの Mogad を創業し，2008 年にはそれを売却し，今度は B2B サービスの口コミサイトである Choice Vendor を立ち上げた．2010 年，同社を LinkedIn に 499 万ドルで売却し，現在，2012 年 1 月に創業した Happiness Engines において，スマートフォン向けアプリの開発・販売をけん引している．また，ヤン・デビッド・アーリック氏が 2008 年に創業した Cloudera は，大規模分散処理技術である Hadoop のディストリビューションやサポートを手がける要注目の新興企業である．同社の共同設立者の 1 人であるクリストフ・ビシリア氏は，Google において教育機関向けのクラウドコンピューティング・イニシアチブを立ち上げた人物である．そのビシリア氏は 2011 年，Google 時代からの友人であるアーロン・キンボール氏とともに WibiData を創立した．

　同社のビッグデータ管理技術には，大きな期待が寄せられている．最先端の IT 企業で技術を磨き，それを活かしてビジネスを立ち上げる．これらの Google からのスピンアウトした起業家は，挑戦者をこぞって支援する．例えば，ビシリア氏の古巣である Google のエリック・シュミット会長や Cloudera のマイク・オルソン CEO は，WibiData に多額を投資している（山谷, 2012）．

3.6　まとめと今後の展開

　現在の経済競争は，情報技術を中心とした技術革新による急激な経済環境の変化にともなって，ますますこの強さとスピードを加速し，かつその範囲もグローバル化してきている．そのような経済環境のもとでは，従来の大量生産型の組織では，もはや企業は競争優位を維持・発展できなくなっている．そこで，かつては有効だったが，現在ではもはやその有効性が疑われている組織に代わって，仮想的組織が出現した．

本章は，まず，3.2 節「仮想的組織とは何か」で，仮想的組織とはいかなる組織なのかを定義し，次に 3.3 節「仮想的組織に対する取引費用アプローチ」で，仮想的組織の本質を取引費用アプローチに従って，仮想的組織の調整費用，動機づけ費用の面から仮想的組織のその有効性を論じた．特に，動機づけ費用に関しては，仮想的組織における機能横断的な業績評価とその測定基準をインセンティブ報酬モデルを用いて比較業績評価方式の有効性について分析した．また，「コースの定理」では解明できない利益配分のためのルールについて分析した．続いて，3.4 節「仮想的組織における取引の次元」で，仮想的組織における取引の次元（特性）としての投資の特異性，取引の頻度と継続性，取引における不確実性と複雑性に対して仮想的組織はどう対処しているかをシリコンバレーの仮想的組織を中心に独 SAP などの例を引いて述べた．さらに，仮想的組織の取引の次元の中で，特に仮想的組織のメンバーに対する業績測定の困難性に対しては，シャピロ・スティグリッツのモデルを援用して「信頼」の重要性を論じた．また，3.5 節「仮想的組織のダイナミズムを生むメカニズム」で，仮想的組織のダイナミズムを生むメカニズムとして，Oracle, Google など成功した企業からのスピンアウトの事例を考察した．

今後の展開としては，仮想的組織における知的財産権の問題，製造物責任の問題を解明することと，方法論上の問題として仮想的組織のメカニズムを複雑系の理論および「場」の理論によって解明することである．

第II部

情報ネットワークによる問題解決と合意形成

第4章
協調分散問題解決モデルと情報処理モデル

4.1 は じ め に

協調分散問題解決（CDPS：cooperative distributed problem solving）モデルは，ある目標の達成を目的とする実在するシステムの協調分散活動から導出されたものが多い．それらの実在するシステムには，例えば，いろいろな人間社会，協調的な組織，工場システム，人間の認知システム，コンピュータ，コミュニケーション・ネットワークなどがある．これらのシステムにみられる協調分散問題解決のメタファーは，コンピュータ・ソフトウエアの設計のために利用され，いくつかのソフトウエア・システムが実現している．

本章では，それらの協調分散ソフトウエアから逆に情報処理モデルにとって新しい知見を探し出すことである（城川, 1991）．

本章の構成は，4.2節「CDPSモデルとは何か」で，いくつかのCDPSのソフトウエア・システムについてその特徴をみていき，4.3節「情報処理モデルとは何か」で，情報処理モデルを概観し，4.4節「情報処理モデルと協調分散問題解決モデルの対比」で，CDPSモデルと情報処理モデルの対比を通して，特にCDPSモデルが組織のダイナミズムをうまくモデル化し，具体的な各種アーキテクチャーを与えた点が，静的モデルである情報処理モデルに対して優位にある点を考察する．4.5節で「まとめと今後の展開」を述べる．

4.2 協調分散問題解決モデルとは何か

協調分散問題解決モデル（CDPS）を特徴づける要素を一般的に述べると，以下のものが考えられる．

①　並列性：この問題で重要なことは，どの活動を並列化するか，並列化さ

れた活動をどのように互いに相互作用させるかということである.

② エージェント:複数の独立に実行可能な処理要素（他に，知識システム，知識源，アクター，デモン，あるいは単にノードなどと呼ばれる）であり，各エージェントは自律していて，統合されたコミュニケーション・プロトコルをもっている.システム内の情報処理は,エージェント間を流れるメッセージ列で表される．エージェントはそこに到達するメッセージで活性化され，ある行動のあと不活性になる.

③ メッセージ通信:1対1か放送である．エージェント間通信は,同期(メッセージが相手に到達したことを確認した後，はじめて送り手が処理を再開できる），あるいは非同期通信（送り手はメッセージが送出された後相手に到着したかどうかの確認なしで，処理が再開できる）である．メッセージ送信の順序がメッセージ受信で保存されている場合とされない場合がある.

　以上の要素をより細かく規定するのは，対象としているシステムや情報の種類による．情報処理モデルにおける対応物に関しては4.2.4項で詳しく述べることにする．以下，いくつかの具体的な CDPS モデルを取り上げて概観する.

4.2.1　アクターモデル

　アクターモデル（Janssens & Rosenberg, 1986）は，過去10年の間に，ペトリネット，λ-計算,通信可能な逐次処理などのモデルと同様な発展をしてきた.アクターは，伝達されたメッセージに対して行動を起こす計算要素である．行動の種類は，① 自分自身に，あるいは他のアクターにメッセージを送る,② 別のアクターを創造する，③ それぞれの時刻に，特定のアクターは決まった数の他のアクターにメッセージが送れる．そのようなアクターを特定のアクターの「知り合い」という．そのような「知り合い」の集合を変更する行動,などである．メッセージを送信するためには，送り手はターゲットと呼ばれるメールアドレスを指定する．メッセージが送信される順序は前もってわからない．アクターはメッセージを受信すると行動を起こす．すべてのアクターは,彼らの活動を並列に行う．メッセージとメールアドレスのペアを「タスク」という．形態はある時間のアクターシステムの状態であり，次の部分からなる.① われわれにメールアドレスの行動を与える局所状態関数，② 送られたがまだ受け取られていないメッセージに対する未処理タスク，③ 局所状態関数で

行動が決まるアクターの集合を母集団というが，その母集団の部分集合（受取アクターという）は，外部アクターからのメッセージを受け取る．したがって，受取アクターの集合は形態の局所状態関数では決まらないで，もっと大きな環境についての知識で決まる．④ 行動は局所状態関数では決まらないが，メッセージは送れる外部アクターの集合，以上 4 つからなる．しかし，母集団内のアクターから母集団内の他のアクターに送られたメッセージは，システムの外からはみえない．形態の推移については，C_1, C_2 を 2 つの形態とすると，C_1 はタスク τ を処理することで形態 C_2 に推移し，$C_1 - \tau \to C_2$, $\tau \in \mathrm{task}(C_1)$ と書く．

4.2.2　黒板モデル：Hearsay-II

　Hearsay-II（石田, 1990）のシステムは，CDPS における黒板モデルを提案し，後続する分散黒板モデル，階層型黒板モデルの研究の先駆けとなった．Hearsay-II の構成要素は，以下のものである．① 黒板：問題解決過程で生ずるさまざまな仮定を格納する共有メモリーである．黒板の内部は階層構造をしている．格納された仮説にはそれに対する信頼度も数値で付加されている．② 知識源：問題解決に必要な知識は，知識源と呼ばれる独立なプログラムに分割される．知識源には起動条件が指定されており，黒板上の仮説と照合が成功すると実行可能となる．知識源を実行すると，新たな仮説が生成されたり存在する仮説が変更されたりする．③ スケジューラ：見込みのない仮説の生成を防ぐためのものである．分散型 Hearsay-II では，各エージェントはそれぞれ独立に黒板，知識源，スケジューラを有する．各エージェントで可能なかぎり解釈を行い，その結果得られた黒板階層の上位レベルの仮説だけが各エージェント間で送受信される．この間，エージェント間の同期はいっさい行われない．次に，分散型 Hearsay-II の具体的なモデルを，分散型自動車モニターシステム（DVMS：distributed vehicle monitoring system, Engelmore & Morgan 〈eds.〉, 1988）でみてみる．DVMS は自動車をモニターする個々の Hearsay-II ノードのネットワークである．それぞれのノードは，自動車をモニターするのに適切な知識ソースをもつ Hearsay-II システムからなる．それぞれは，もしすべてのセンサーのデータが与えられ，それに関するすべての知識が使えるなら全体の自動車モニター問題を解く能力をもっている．基本的な Hearsay-II アーキテクチャーは，それぞれのノードで仮説やゴールをノード間で伝達するように拡張された．特に知識ソースの伝達機構，ゴール黒板，計画

モジュール，メタレベル制御黒板が追加された．

4.2.3 ATMS を用いたモデル

これは上の2つのモデルと異なり，上述のようなソフトウエアの中に ATMS（Assumoption-baded Truth Maintenance System）を組み入れて分散制約充足問題を解くシステムである（横尾＆石田, 1990）．ATMS 自身は，問題解決システム（problem-solver）が，仮説（Assumption）を用いた推論を行う際に，推論結果の管理を行うメカニズムである．

複数のエージェントが独立に ATMS をもち，各エージェントは仮説に基づく推論を行う．このモデルは2つのケースに適用されている．つまり，全体の解を取りまとめるエージェントが存在し，他のエージェントは問題の一部を解き，取りまとめのエージェントが部分解を統合して全体の解を求める階層的な解法と，取りまとめのエージェントをおかず，各エージェントが対等に通信し合い，全体として合意のとれた状態になるように調整し合う非階層的な解法の2種類である．これら2つの解法にはトレードオフがある．階層的な解法の方が非階層的な解法よりも簡単である．それは，階層的な解法では，問題のうち局所的な知識のみを必要とする処理を各エージェントに割り当て，その他の処理は取りまとめのエージェントで行えばよいからである．一方，階層的な解法では，取りまとめのエージェントの負荷，エージェント間の通信量が大きくなる．このモデルの構成要素は，以下のものからなる．① 環境：いくつかの仮説の組合せであり，仮説の組合せの包含関係(サブセット，スーパーセット)によって格子を作る．② データ：データ α が，環境 E の仮説 $\{H_1, H_2, \cdots, H_n\}$ から導かれるとき，データ α は環境 E で成立するという．③ ラベル：データ α が成立するサブセット，スーパーセットの関係にある複数の環境のうち，最も小さい環境（極小環境）からなる集合族（集合の集合）である．データ α がいくつかのデータ $\beta_1, \beta_2, \cdots, \beta_n$ を前提として導かれるとき，$\beta_1, \beta_2, \cdots, \beta_n \to \alpha$ と書き，これをジャスティフィケーションという．④ nogood（制約条件違反）：環境 E で矛盾が生じた場合，E は nogood として登録される．そのとき，E のスーパーセットである環境も同様に nogood となる．エージェント間で交換される情報は，推論結果とそのラベルおよび nogood である．送信された推論結果の成立する環境が受信側で未知ならば，受信側で適切な新しい環境が作られる．一方，nogood が他のエージェントから送信されたとき，受信側では nogood のスー

パーセットの環境は nogood になる.

4.2.4　分散航空管制モデル

　分散航空管制（DATC：distributed air traffic control）モデル（石田, 1990）は,
各エージェントが独立の異なる目標をもつシステムである. DATC の特徴は,
①航行する多数の航空機が互いに衝突を避けながら, 自ら進路を選択する. 各
機は他機と少なくとも水平距離で3マイル, 垂直距離で1000フィートの間隔
を保ち, リアルタイムで自機をコントロールする. ②中央集権的な航空管制塔
は存在しない. ③各機は, それぞれ2種の情報（管制区域の状況・他機の飛行
プラン）を得る. ④航空機内の計画生成器が飛行計画を提案し, 計画評価器が
他機との衝突の有無を確認する. ⑤衝突回避の方法として, 各機が他機とネゴ
シエーションを行わずに独立に飛行プランを生成する自律方式と, 航空機間の
ネゴシエーションで衝突を回避する協調方式がある. 評価の結果は, 管制区域
が混雑してくると, 協調方式が自律方式より効果的であると報告されている.

4.3　情報処理モデルとは何か

　ここでは, 1960年代に始まったコンティンジェンシー・モデルの一派
と目され, かつ理論的基礎と考えられている情報処理モデル（information
processing mode；Galbraith, 1977）を提示する. このモデルによれば, 不確実
性とは「組織目標達成に必要な情報と組織がすでに保有している情報との差」
であり, このような不確実性への対処が組織構造を左右し, 組織有効性を決定
する. ガルブレイスは, 組織達成に必要な情報が, ①アウトプットの内容（種
類など）, ②インプット資源の内容, ③業績希求水準, の3者の関数であり,
これらが多様になればなるほど必要情報量は増大するとした. 不確実性への対
処の仕方は2通りある. すなわち, ①保有情報量の増大あるいは情報処理能力
の増強, ②不確実要因のコントロールあるいは目標達成に必要な情報量の削減
などである. 組織はまずはじめにその不確実性に対処するために, 活動のプロ
グラム化による定型的問題の処理を行う(すなわち, 規則や手続きによる処理).
しかし, さらに不確実性が高まると不定型的問題が増えてきて, ルールのみで
は対処できなくなり, 権限の階層構造が作られる. 組織の直面する不確実性が
さらに高まると, 設計行為として2つの方向が考えられる. 1つは必要情報量
の削減であり, もう1つは情報処理能力の増強である. 必要情報量の削減に

は,以下の3つの方法がある.① 環境管理：環境のもつ不確実性を減らすことで,情報処理能力を維持・補強する方法である．例えば,PR による需要の安定化,カルテルなどによる競争企業のコントロールなどがある.② スラック資源の創造：例えば工場間の在庫量を増やしたり,製品の仕入れ量を増やしたりすることで,不確実性への対応の必要量を減らすことができる.③ 自己充足単位の創造：例えば事業部制構造により,不確実性を要素別に分割するなど,活動の相互依存関係を狭い範囲に限定することで,不確実性にともなう意思決定の調整のために必要な情報処理量が減らせる.また,組織の情報処理能力の増強の方法には以下の2つの方法がある.①垂直的情報システムへの投資：権限階層に沿った情報処理能力を増強し,組織内の人的情報伝送チャネルの情報負荷を減らすもので,例えば DSS（decision support system）などがこれに当たる.②水平的関係の設置：上司・部下という垂直的な関係と並んで,部下間,特に異なった下位部門のメンバー間の情報チャネルを作るもので,例えばマトリックス組織,プロジェクトチームなどがある.これらの情報処理戦略は,そのまま組織設計の戦略の基礎になるものである.要するに,ガルブレイスの主張は,組織は情報処理システムであるという前提と,組織有効性（organizational effectivenes）が高い組織は,環境から課せられる情報処理の負荷あるいは不確実性に見合った情報処理活動を可能にする組織だというものである.

4.4　情報処理モデルと協調分散問題解決モデルの対比

　両モデルとも組織をオープン・システムとして把握し,それがいくつかの部分に分化するが,全体のシステムが生存するためには,その分化した諸部分が統合されなければならないという点から,組織は基本的に協調分散問題解決システムであると考える点は共通している.そして,両モデルは CDPS モデルを特徴づける要素である並列性,エージェント,メッセージ通信に関しても互いに対応するものをもっている.

　情報処理モデルで,並列性は経営単位の間で協力して並列的に作業を行うという,前節で述べた水平的関係に見出せる.並列的作業は,逐次的に働く場合よりも,もっと規律が要求される.例えば,それは企業における生産物の設計者と製造部門の間の並列的な作業における相互作用にみられる.

　エージェントは,情報処理モデルでは経営単位に対応し,具体的には職能部

門，事業部，取引関係にある企業などである．

　メッセージ通信は，情報処理モデルでは，情報の流れの方向によって 3 つの
グループのどれかに分類できる．それらは指示的（上から下への）経路，業務
的経路，そして上方向的（下から上への）経路である（Wofford *et.al.*, 1977）.

　① 　指示的経路：これは，職務の指図をし，業績について従業員にフィード
　　　バックするのに使われる．機械的構造は情報処理のトップへの集中と，指
　　　示的経路の使用で特徴づけられる．

　② 　業務的経路：有機的組織は，情報処理の分散と業務的な伝達経路への依
　　　存で特徴づけられる．業務的な経路は，仕事の流れに沿うものであり，同
　　　等の階層レベルにある個人や部門を結びつけ，調整するために使用される
　　　ということで，水平的である．

　③ 　上方向的経路：これも機械的，有機的組織の両方に用いられるが，そこ
　　　での構造と公式性は両者で異なる．有機的組織では，従業員が上方への経
　　　路を用いて，自由に上位者に情報を提供するとき，より参加的なアプロー
　　　チがみられるが，機械的組織では，そこには非常に厳格に構造化された計
　　　画や業務があるので，その計画に一致させるために，公的に強制される報
　　　告といった統制過程の一部であるフィードバックを用いる．

　次に，CDPS モデルの特徴と情報処理モデルの特徴を次の 6 つの点から対比
して，主に CDPS モデルで情報処理モデルに欠けている点を指摘するが，情
報処理モデルの優れている面も考察する．① 環境の不確実性をどうとらえる
か，② コミュニケーションの範囲の限定，③ 統合の度合い，④ 時間指向，
⑤ エージェントに可能なオプションの多様性，⑥ コンフリクトの解決，の 6 つ
である（Steeb *et. al.*, 1981）.

4.4.1　環境の不確実性

　情報処理モデルでは，組織にとっての不確実性は，一般に，必要な情報と組
織が保有する情報の差で定義される（Galbraith, 1977）．つまり，不確実性と情
報の関係は，表裏の関係になる．しかし，この場合の必要な情報量と，組織が
保有する情報量の中身と，それを分析する方法は明確ではない．一方，CDPS
モデルの中の分散型黒板モデルである分散型自動車モニターシステム（DVMS）
では，不確実性を，① 環境の不確実性（プロセッサ，効果器，センサー，コミュ
ニケーションチャネルの数や位置に関して正確な情報はない），② データの不

確実性（ノードにおける完全で一貫した局所データがない），③制御における不確実性（他のノードの行動の完全なモデルがない）などでとらえている．また，分散航空管制（DATC）モデルにおいては，環境に関する情報は，各エージェントのもっている計画作成器や計画評価器が計画を作成するときに使う環境の状態についての正確な知識で，各エージェントの世界モデルがもっている．そして，環境の不確実性の問題のサブ問題として以下のものがある．

(1)　データ収集法

環境に関する情報を各エージェントは，センサーデータで収集する．状況を知るためにいろいろな場所でのデータ収集が必要なときは，階層的構造が最適であるが，これは処理が複雑で時間がかかる計算を必要とする．

(2)　データの質的評価

世界知の記述には，センサーの正確度，チャネルの質，センサーレポートの新しさ，知識統合法の信頼性などのレベルを設けることが必要である．

(3)　データ収集のタイミング

計画機能をデータ収集のタイミングに関する選択肢を含むように拡張することが必要である．つまり，行動を遅らせて，もっとデータ収集するという選択肢を計画機能に含めることが必要である．

(4)　予測範囲を縮小する

評価器によるコンフリクト発見，計画評価ルーチンなどは，予測を短期的にすることで効率的になされる（Steeb *et. al.*, 1981）．このように，CDPS モデルは不確実性に対してセンサーを使って位置情報を収集するというように，情報の収集と処理に関する，さらに具体的な戦略の指針を与えてくれる．

また，情報処理モデルに欠けているのは，エージェントである経営単位が，コミュニケーションを通して環境に関する新しい情報をどう創出するのかのメカニズムである．そのメカニズムの一部に ATMS を用いたモデルは，環境 E を，いくつかの仮説 $\{H_i\}$ の組合せで定義し，他者に伝える情報は環境 E の仮説 $\{H_1, H_2, \cdots, H_n\}$ から導かれるとしてモデル化している．また，情報処理モデルにおける外部環境と組織の間の 2 段階的な情報の流れの境界にいる境界連結者は，組織の境界を越えた外部環境から情報を受け取り，そして受け取った情報を職場単位ないし組織内のユーザーのために適当にコード化することができる（Allen & Cohen, 1969）．この境界連結者はまさにアクターモデルにおける

外部アクターそのものである．つまり，アクターモデルでは，アクターはアクターシステムの外からくるメッセージの中からそのメールアドレスを知り，それを使って外部アクターへメッセージを送ることができる．しかし，一度アクターシステムが定義されても，それは独立して発展する，さらに大きなシステムの一部である．外部アクターは，したがって未来に属する．つまり，アクターのアイデンティティはそれが創造された後に認識される．よって，外部アクターは外部環境の影響を表現しているといえる．以上から，CDPS モデルは，多くの点で情報処理モデルより優れているが，ある点では両モデルは同等であることがわかる．しかし，情報処理モデルはうまくモデル化しているが CDPS モデルがうまくモデル化できない点は，Weick（1979）が述べている，トップマネジメント以外の組織のメンバーが環境を主観的に認知し，意味づけ，創造するという行為であるイナクメント（enactment）という概念である．

4.4.2　コミュニケーションの制約

情報処理モデルでは，ガルブレイスが必要情報量の削減方法としてあげている事業部制構造は，まさにコミュニケーションの範囲を限定する方法そのものである．しかし，事業部制構造の中でコミュニケーション・システムあるいは情報ネットワークをどのように作り上げるかは明確でない．一方，CDPS モデルの中の分散航空管制（DATC）では，地理的に限定されたコミュニケーション・タスクに対しては LAN を導入したり，通信障害に対する代替パスルートを設定したりして，コミュニケーションの範囲を限定することにより，グローバルな状況に対する推測の更新やノードごとの完全な探索をより少ないデータで行えるようにしている（Steeb *et. al.*, 1981）．また，分散型自動車モニターシステム（DVMS）では，他のノードと相互作用することで個々のノードの仮説的な部分解を反復的に修正したり拡張したりして，分散しているすべての中間結果が正確でかつ一貫しているという条件をつけずに，またコミュニケーション量もそれほど増やさずにそこそこの正確さの解を得る（協調的・機能的正確さ）ことができる（Engelmore & Morgan, 1988）．加えて，この方法によってノード間の同期化も減らすことができ，またネットワークはよりハードウエア故障からのエラーに対して頑健性をもたせることができる．

4.4.3　統合の度合い

組織は，活動の調整や統合，特に事業部および職能部門を横切る諸活動の調

整や統合のために，情報を共有したり意思決定プロセスを利用したりしてきた．Lawrence & Lorsch（1967）の研究は，組織の有効性に大きな影響を与える次元として，職能ごとの下位環境への対処に必要な分化と，企業の全体環境にとっての競争上最も重要な問題に対処するために，分化された諸機能を統合するメカニズムを指摘した．部門間を調整・統合するメカニズムを単純な方策から複雑でコストのかかるものの順に並べると，階層，ルール，目標設定（計画），直接の接触，部門間の連絡役，1次的なタスクフォース，永続的なチーム，統合者，統合部門となる．産業が競争的になり，新製品開発のための活動が活発になり，それに要する技術水準と不確実性が高くなるほど，低い不確実性と多様性しかともなわない戦略が追及される場合より，統合メカニズムのリストの下の方の方策まで必要になる．Corey & Star（1971）は，職能部門制組織における統合者のタイプと責任を研究した．彼らは次の2点を指摘した．第一に，企業は製品多角化戦略をとったものの規模が小さいために事業部制組織が作れないとき，製品管理部門が職能部門制組織の上に重ね合わされる．第二に，多様性が増加し，新製品開発の量が増えれば，統合者および統合部門が作られ，その影響力も大きくなる．Galbraith（1977）は，調整メカニズムのリストの下の方へいくにつれて，職能制の意思決定より製品志向の意思決定が重要になり，製品志向と職能志向が同等のパワーをもったところにマトリックス組織が発生するとした．以上から，製品別組織への移行を促す要因として，① 多様性と新製品開発，② 職能部門間の相互依存性の増大と市場への対応の必要性の増大，が指摘できる．以上の情報処理モデルにおける統合メカニズムは，あくまで静的なモデルである．一方，CDPS モデルの中の分散航空管制（DATC）では，計画や制御の分散の形態は，環境におけるエージェントの物理的位置に強く依存する．エージェントをいくつかのクラスターへ統合することで，コンフリクトの発見のために必要な各種計算が劇的に減らせる．その他の統合により，エージェント間のコミュニケーション，データ併合，計画，制御などでの知識の複写を最小にすることができる．環境条件が時間的に定常なら，それぞれのクラスター内の LAN でのコミュニケーションで十分であり，それにより協調のための高価な時間のかかる手法は不用になる（Steeb *et. al.*, 1981）．また，ATMS を用いたモデルにおける階層型のものでは，上位エージェントは各エージェントの取りまとめの役割をしている．以上のように，CDPS モデルでは統合のた

めのアーキテクチャーをはっきり明示している.

4.4.4 時間指向

Gibson *et. al.*（1976）は，組織有効性の目標モデルにおいて，目標の操作可能性を上げるうえで,組織目標の時間次元を導入し,短期的な基準として,生産,能率（投入／産出),組織構成員の満足,態度に関する資料,転職率,無断欠勤率,遅刻率,苦情をあげ，中期的に適応，開発を，長期的には存続をそれぞれ指摘した．また，Lawrence & Lorsch（1967）が，組織の分化の指標の一つとして，部門の活動が会社の利益に結びつくまでの時間を取り上げたが，これらには時間を短くするための情報戦略が欠けている．一方，CDPS モデルの中で分散航空管制（DATC）では,意思決定に許された時間はコミュニケーションの制約,センサーのレンジに依存し，時間を短縮するためのアーキテクチャーとしては以下のものを指摘した.

① コミュニケーションチャネルの高スループット：処理時間は高いチャネル周波数の使用で短くなり,応答時間は周波数分割多重アクセス（FDMA）技術の使用で改善される.

② それぞれのノードプロセッサに包括的な知識ベースを組み込むことで,他のエージェントへの問い合わせが減る.

③ 全探索に代わる発見的技術の利用：条件・行為ルール,日和見計画,シミュレーションによる先読み計画などの発見的技術の応用で，最適性を犠牲にして早い応答を与える（Steeb *et. al.*, 1981）．また，分散型自動車モニターシステム（DVMS）では,分散航空管制（DATC）と同様な点が指摘できるが,それら以外に，ネットワークの有効性に重要な影響をもつ１つのパラメータとして,ノードの問題解決の熟練度をあげた.それは知識ソースのパワーともいわれ，入力仮説間の一致性と不一致性を見出す能力であり，かつ正しい出力仮説を出す能力でもある．このようなパワーは，システムが正しい解決を得るまでの時間に大きな影響を与える.

4.4.5 エージェントに可能なオプションの多様性

Simon（1977）は，意思決定の型について，意思決定者が解決すべき問題の性質に着目して，定型的，非定型的と分類した．また，Gibson *et. al.*（1976）は意思決定が行われた階層性に着目して，戦略的，管理的，業務的と意思決定を分類した．また，戦略的意思決定は非定型的で，業務的意思決定は定型的な

意思決定になる傾向が強い．したがって，ここで定型的，非定型的ということを問題の複雑さのレベルと考えると，情報処理モデルでは，計画問題の複雑性は組織の各階層レベルで異なると考えられる．また，問題の複雑性は4.4.3項で述べた統合メカニズムの種類にも対応することがわかる．しかし，このような分類だけではシステムの設計には役に立たない．CDPSモデルでは，例えば分散航空管制（DATC）では，エージェントの可能な行動の数は，戦略の数，センシング幅とともに増加し，計画問題の複雑性は，① 発見的技術：評価すべき選択肢の数を減らす技術，② 計画の分散：多くの並列処理装置間に計画業務を分散することは多重システムの効率を上げる，などの技術で減らせる（Steeb *et. al.*, 1981）．

4.4.6　解空間の密度

　組織の分化と統合の達成を可能にして有効な業績を得るためには，部門間のコンフリクト処理が必要である．情報処理モデルでは，コンフリクト解決様式として，Lawrence & Lorsch（1967）が，対決型（あるいは問題直視型），回避型，強制型（あるいは専制型）の3様式を指摘し，部門間に対立があったときにどの様式で対立解消が行われるかを調査した．そして，部門間のコンフリクト解決に関しては，環境の不確実性の増加とともに，多様な成員の知識や情報を問題解決に反映させることができる対決型のコンフリクト解決がより機能的であると結論した．対決型のコンフリクト解決はネゴシエーションともいう．しかし，以上の議論では，ネゴシエーションのためのアーキテクチャーについてはわからない．一方，CDPSモデルのうち，分散航空管制（DATC）では，目的はそれぞれのノード（航空機）が一定の距離を保ちながら，最小の消費燃料で降りられる飛行計画を作ることである．また，分散航空管制（DATC）では，中央管制システムをもたないので分散型のモデルであり，エージェントは彼らのプランを同時に変更する．したがって，一致した見方をもたないので，コンフリクトが避けられない．そこで，次のようなアーキテクチャーを使う．①深い探索：計画プログラムは，すべての可能な選択肢を探索し，非最適路を捨てるために高度な判別力をもつ評価関数を使う．②グローバルな視点：問題を部分問題に分割できれば処理エージェントに分散させられるが，できなければ全体問題を解くために集中センターの導入などが考えられる．

4.5　まとめと今後の展開

　本章は，4.2 節「CDPS モデルとは何か」で，いくつかの CDPS のソフトウ
エア・システムについてその特徴をみて，4.3 節「情報処理モデルとは何か」で，
情報処理モデルを概観し，4.4 節「情報処理モデルと協調分散問題解決モデル
の対比」で，CDPS モデルと情報処理モデルの対比を通して，特に CDPS モデ
ルが組織のダイナミズムをうまくモデル化し，具体的な各種アーキテクチャー
を与えた点が，静的モデルである情報処理モデルに対して優位にある点を考察
した．

　従来から，コンティンジェンシー理論あるいは状況理論といわれるもののう
ち，特に情報処理モデルは，その概念が操作可能な変数によって成立している
ために，現実の複雑な組織の設計やマネジメントにかなり適用できると考えら
れてきたが，本章で，情報処理モデルを CDPS モデルと比較して検討するこ
とにより，情報処理モデルは静的なモデルであり，より組織の設計に対して有
効なモデルにするためには，CDPS モデルがもっているダイナミズムやアーキ
テクチャーを取り入れる必要があると結論づけられる．しかし，情報処理モ
デルにおける組織のメンバーがもつイナクトメントに関しては，CDPS モデルで
は，現在のところモデル化ができないと考えられており，この点が今後の展開
にとって必要な論点である．

第5章
情報ネットワークにおける合意形成

5.1 は じ め に

　現在, われわれが直面している問題は, エネルギー, 環境, 金融, 地域社会 (地方分権など), 少子・高齢化, 教育, 雇用, 規制, 慣行といった, さまざまな「日本型」社会・経済・政治システムに関するものである. これらの問題がいずれも解決困難な複雑性をもつようになったのは, 社会・経済・政治システムがグローバル化し, 多元化し, 複合化の度合いを強めてきたためである. また, その解決主体として, 従来のような国民, 国家だけでなく, グローバル企業やさまざまな非政府組織 (NGO：non governmental organization) などがステークホルダーの一員として加わるようになったことも, それらの解決を困難なものにした原因であると考えられる. これらの解決困難な問題は, 従来の合意形成で重視されてきた政治力を背景とした国家権力や, 経済力を背景とした企業権力などでなく, 多くのステークホルダーの間の話し合いや妥協などに基づく合意形成によって解決される必要がある. 特に, 今後は, インターネットに代表される新たな情報ネットワークが, 今述べたコミュニケーションによる合意形成に重要な役割を演じるものと期待されている.

　第4章で論じた協調分散問題解決 (CDPS) モデルは, 集団的合意形成を自律分散したエージェントとしてのステークホルダーが互いに協調して, ある目標の達成 (この場合は問題解決) するものとみる視点から考察された.

　本章では, インターネット型情報ネットワークと合意形成の関係を, ターナー (1995) の「自己カテゴリー化理論」を中心に社会心理学的に考察するとともに, 合意形成を行うためのルールと制度をどのように設計するのが望ましいかを議論する (城川, 1999).

　本章の構成は，5.2 節「合意形成の社会心理学的考察」で，ある集団におけ
る集合的な意思決定の一形態としての合意形成を，ターナー（1995）の「自己
カテゴリー化理論」を中心に社会心理学的に考察する．5.3 節「合意形成のた
めのルール，制度の設計」で，合意形成を行うためのルールと制度をどのよう
に設計するのが望ましいかを議論する．5.4 節「合意形成のモデル化」で，合
意形成の数学モデルを概説する．本章の最後の 5.5 節で「まとめと今後の課題」
を述べる．

5.2　合意形成の社会心理学的考察

　コミュニケーションによる合意形成においては，1 つの統一的な結論を導き
出すためにシステム・制度が必要である．このシステム・制度の基本的枠組み
の 1 つが，民主主義の制度である．それを考える前に，民主主義の前提となる
個人の選好について考えてみる．Arrow の「一般可能性定理」（1951, 1963）な
どで前提とされている個人の選好は所与のもので，変化しないと仮定されてい
る．時間の推移にともなって自己の選好が変化するのは，われわれが日常よく
経験することである．また，自己の選好の変化は，他人とのコミュニケーショ
ン過程を通して起こることが多い．このような考察から導かれる数学モデルを
いくつか後の節で解説する．

　われわれの知りたいことは，民主主義の制度のもとで合意形成が促進される
メカニズムは何かである．そもそも，なぜどのようにしてバラバラな個人から
なる社会が 1 つの決定に向かうのであろうか．この問題は，2 つの側面からア
プローチできる．1 つは，社会心理学的アプローチで，合意がなされるときの
個人の社会心理学的なメカニズムと，そのときの集団形成の解明である．2 つ
目は，ルールや制度自体をどのように設計すれば，よりよい合意形成がなされ
るかという問題の解明である．本節では，はじめに合意形成の社会心理学的ア
プローチを述べ，5.3 節で 2 番目の合意形成のためのルール，制度の設計につ
いて論じる．合意形成の社会心理学的アプローチは，個人の心理内に発生する
意識変化あるいは認知的な転換のメカニズムの解明であり，従来から集団意思
決定における社会心理学的認知構造の解明を目的に研究されてきた（ターナー，
1995）．そこでの問題は，以下の 2 つに大きく分けられる．

　①　人々の集まりが，いかに社会的・心理学的な集団となるのであろうか．

そのためのメカニズムは何か.

② 人々が, 集団性 (group membership) を共有することによって, 個人の社会関係, 行動や合意形成がどのように影響されるか.

これらの問題は, 社会的集団形成や合意形成のような集団現象をいかに説明するかという問題である. 換言すると, これは個人と集団との関係であり, 心理過程と社会過程の関係ととらえられる.

一般に集団の型を分類すると, ①家族や遊びの集団 (play group), 近隣集団など親密な対面的関係 (face to face association), いわゆる1次的接触によって特徴づけられる集団, ②1次集団と外的・間接的に相互に距離を隔てた接触, いわゆる2次的接触によって結合している2次集団と呼ばれる集団 (会社, 組合, 国家など) の2タイプがある. ここでは2次集団を考察の対象とする.

①の集団形成の条件としては, 1) 諸個人間の社会的接触の頻度, 2) 共通の要求や関心, などが指摘されているが, 1) の条件を促進するものとして, i) 諸個人が地理的に近くに位置していること, ii) 対面的な位置関係をもつこと, iii) コミュニケーションのための共通の手段をもつこと, などがあげられる. ②の集団形成後, 個人が集団への所属性ないし成員性 (group belongingness or membership) をもつようになると, 成員たちの間にしばしば共通の標準的行動様式, いわゆる集団標準ないし集団規範 (group standard or group norms) が現れる. 集団規範とは, 成員に期待される行動の標準を示すものであり, 成員としての行動の許容範囲を決定する集団の働きである (藤永, 1981, P.364). 以下, 特に②の問題を情報ネットワークにおける合意形成の文脈で論じる.

本章では, 合意形成を論じる際に,「集団」概念の内容として,特に「情報ネットワーク」や「コミュニケーション的相互作用」という側面を重視して論じる. 次に, 集団現象を研究するためのメタ理論的考察としての方法論的個人主義と方法論的全体 (集合) 主義を論じる (Lukes, 1977, Pt.3).

5.2.1 方法論的個人主義の潮流

心理過程と社会過程の関係を説明するメタ理論として, 方法論的個人主義と方法論的全体 (集合) 主義がある. 人々の価値観は, 階層 (例えば, 日本の農地改革前の地主と小作人), 地域 (都市と農村), 世代 (出生コホート), 性別 (男女), エスニシティ (言語, 文化, 習慣などを異にする民族や人種) などのカテゴリーによって大きく異なる. 方法論的個人主義と方法論的全体主義の違い

は，これらのカテゴリー間の差異を，個人に帰着させるか，それとも集合体に帰着させるかの違いである．これらの方法論的な違いの問題は，いわゆるミクロ・マクロ問題として近年盛んに論じられている（Alexander, 1987）．そこでは，方法論的個人主義は，集団現象の根拠を個人に還元し，個人が秩序自体の1次的な源泉と考えられる．あるいは，行為という個人（ミクロ）レベルの概念を加算して，社会システムおよび集団現象全体に至りうる．また，逆に，マクロ的全体を分割してミクロ的単位に還元できると考える．一方，方法論的全体主義は，集団現象の根拠としてミクロ的なものや個人レベル自体に焦点を設定することを否定し，社会システムおよびその創発的な構造あるいは性質に対して分析の焦点を当てる．

　方法論的個人主義を最も早く確立したのは，古典派から新古典派に至る経済学であった．特に，新古典派ミクロ経済学は，「経済人」（ホモ・エコノミクス）仮説を確立して，最も強い方法論的個人主義を主張した（富永, 1997, p.114）．一方，社会学における方法論的個人主義は，1908年のジンメルの「社会学」における「ミクロ革命」から始まった．その後，それはウェーバーの「経済と社会」において展開された行為理論によって，個人の合理的行為の理念型から出発する方法論的個人主義の流れへと引き継がれた．また，社会心理学においては，最近20年間に，方法論的全体主義による集団過程に関する興味が除々に減少し，代わって方法論的個人主義による個人心理学が増大してきた．また，集団内関係は，単に対人関係と同じだとみなされるようになった．このような相互依存性の概念の「個別化」（individualizing）は，集団成員間の「機能的統一」（functional unit）の考えや，欲求充足のための相互依存性の見直しを促進した．では，なぜ欲求の充足のための相互依存性が「個別化」されうるのか．その根拠は，人々の欲求を所与と考えるからである．つまり，そこでは欲求は集団的生活に先行するものと解釈されている．対人関係として集団を分析した例は非常に多い．例えば，Thibaut & Kelley（1956）は，2者関係のような対人関係は，理論的に集団と類似したものとみなした．Lott & Lott（1965, pp.259–309）は，集団魅力は，その集団の特定個人への好意以上のものではないとして，集団魅力そのものを無意味なものとした．社会的影響の理論が，方法論的個人主義によって特徴づけられてきたのには，以下の仮定が前提とされているからである．つまり，成員がそれぞれ個人的に情報を交換するので，個人の意見の平均化を

通して，社会規範が形成されるという仮定である．つまり，集団規範はちょうど部分つまり成員個々の意見の総和であり，集団規範への同調が純粋な個人間の収束過程であるという仮定である．

5.2.2　個人主義批判と相互作用主義

本項では，前項の社会心理学における方法論的個人主義の流れを批判的に論じる．そのために，オルポート，シェリフ，Asch，レヴィンらを取り上げ，個人主義批判と相互作用主義の立場をみていくことにする．その後，方法論的個人主義と方法論的全体主義を統合する清水（1996）を取り上げる．

(1)　オルポートの個人主義

オルポートは，行動主義の立場に立ち，学習理論や B. ワトソンの「刺激(S)–反応（R）」の心理学を社会心理学に適用し，実験的な方法で集団を分析した．彼は，メタ理論において個人主義者であった．彼の考え方によると，集団は実際には存在せず，ただ個人が存在するのみであるといい，集団現象のリアリティーを否定した．彼によれば，個人にとって他の人々の存在は，単に1つの刺激状況にすぎず，社会的相互作用は，ある人の反応が他の人への刺激として作用し，さらに次の反応を引き出すという「刺激（S)–反応（R）」の帰結であるとする．しかし，特にオルポートの社会的影響についての研究で，集団成員が諸種の課題で，平均的な意見に収束する傾向があることを見出し，この現象を，集団への服従の態度に基づく，あるいは，個人の極端さを避けようとする傾向を反映するものとした．この集団内同調の発見は，今日でも広く認められている．

(2)　シェリフ，Asch，レヴィンの相互作用主義

シェリフ，Asch，レヴィンらは，認知社会心理学者であった．彼らも，メタ理論において個人主義者であったが，集団心理学の考え方を否定しなかった．彼らは，集団成員が社会的相互作用を通して，規範，スローガン，ステレオタイプ，価値などの集団的生産物を創造し，逆に，それらが個人の心理を変化させて内面化させるとした．彼らは，オルポートが集団概念が個人に与える影響を無視したとして彼を批判した．次に，シェリフ，Asch，レヴィンらの個々の特徴を簡単にみていこう．

シェリフは，集団規範の概念を重視した．個人が集団の中に存在することで，個人の性質が変化を受けるという心理的事実を，「部分の非独立性」というゲ

シュタルト（Gestalt）の法則を使って説明した．シェリフの理論の主張は，次のようなものである．①個人の認知・評価および判断は相対的なものであり，「準拠枠組み」といった，人が比較する際の基準やコンテキストに依存するものである．②社会や文化は，われわれに「社会規範」（social norms：共有化された基準，あるいは適切で正確で望ましい態度や振る舞い）や「個人間の接触の結果として標準化された習慣・伝統・基準・ルール・価値・流行など，その他すべての振る舞いの基準」などの型における関係の基準枠組みを提供する．③社会規範や価値は，自分のアイデンティティと密接に関係しており，さらに，個人の中心にある意識的な自己としての「自我」（ego）や「主我」（I）でさえ実際には社会的に構成されている．

　この③は，最近では多くの心理学者や社会学者，精神分析者，哲学者が，「自我」とは脱中心化されたものだと考えていることに対応する．つまり，単一の自我は幻想であり，自我が複数の脱中心化されたものであるとする理論である．

　Asch は，社会的同調に関する有名な実証的研究（1956）において，非合理的で受動的で独創性のない暗示の過程としての集団影響の考え方に反論するために，集団との関係のおける個人の自主性を示すことを計画した．彼は，社会的相互作用に関する「刺激（S）- 反応（R）」の概念は，基本的に誤っているとした．彼の主張は，「認知，思考，感覚は，物理的対象との関係においては，一方の側にのみ生じるが，これらの過程は，人との関係においては相互に依存し，両者に生じる．……われわれは互いに他の人の感情と考えを考慮することのできる感情と考えによって相互作用する．」（Asch, 1982, p. 142）というものである．

　レヴィンも，ゲシュタルト心理学に影響されて，心理学的集団を「場の理論（field theory）家」として，成員の相互作用の観点からとらえた．彼は「生活空間」（life space：これは，常に相互作用における人と環境の双方を含んでいる，ある一定の時間における個人の心理的経験の総和である）における社会的な場の力として内集団関係を分析し，個人と集団を相互依存的な体系を形成するものとしてとらえた（ターナー, 1995, p. 22.）．彼によると，集団は集団基準や集団決定に対する同調を得るために，多かれ少なかれ，成員である個人に対して力をもち，その力で成員に圧力をかけ，結合しようとする．

　われわれが本章でとる観点は，「相互作用主義者」（interactionist）の観点で

ある．相互依存性に関するシェリフ，Asch，レヴィンらの理論は，相互依存性を，集団が「機能的統一」や「ダイナミックなシステム」を形成し，「相互の心理的基盤」を分かち合うという意味で考えている．最近では，集団意思決定において，個人的欲求の充足あるいは価値のある結果を集団で達成させる際の相互依存性として，特に動機的（機能的）相互依存性が強調されている．これは，協同的・親和的相互作用，相互の対人的影響，相互魅力あるいは「集団凝集性」という形で，直接，社会的・心理的な相互依存を生起させる．シェリフ，Asch，レヴィンらにおいては，動機的（機能的）相互依存性の概念は，集団にリアリティーを与え，集団を科学的な研究の対象として正当化するために非常に重要な概念である．

　この相互に準拠し合う共有された「場」は，次に説明する清水（1996, pp.44-45）の「場」にも共通するものである．

(3)　清水の場の理論

　清水の「場」の理論は，以下に示されるように，「役者」，「即興劇」，「シナリオ」，「劇場」，「観客」，「ドラマ」などのメタファーを多用しているところに特徴がある．そうすることで，彼の「場」というきわめて哲学的な概念の本質が明確になっている．

　清水によると，人間という一種の生命要素が集まって社会的な組織を作るときには，人間は互いの働き（表象）の間に整合的（コヒーレント）な関係を作り自己組織化しながら，その関係に従って，自律的に自己を決める．そのような生命要素としての人間を，清水は「関係子」といい「役者」という仇名（比喩）で表現している．社会のルールや自然の法則の制限はあるにせよ，関係子が本質的には無限定な環境（社会的・自然的）の中で行為するためには，特殊な個々の技能ではなく，普遍的な機能がなくてはならない．この普遍的な機能を得ようとすれば，自己中心的な観点からみるのではなく，彼我の境界を超越した場所中心的観点に立つことが必要である（清水, 1996, pp.44-45）．関係子の名称は，場所中心的観点を強調するためにつけられた．場所中心的観点に立つことによって，関係子である役者が，「即興劇」（本論文の文脈では合意形成）を演じることが可能となる．

　「即興劇」は事前にシナリオのないドラマであり，したがって役者がそのドラマに参加しようと思えば，どのような「役」を演じることもできる状態にな

ければならない．この状態を清水は，禅の言葉を引用して「無の状態」といい，清水の言葉では，「無限定な内部状態」とか「自己規定不可能な状態」という（清水, 1996, p.47）．多くの役者が一緒に即興劇を始めるためには，互いに気が合わなければならない．気が合うとは，各役者の歴史的世界の中に「共有の場」ができることである（清水, 1996, p.50）．しかし，ドラマが始まるためには，ある程度の作業仮説（当座のシナリオ）が共有されていなければならない．

　清水は，即興劇におけるこのシナリオ（ドラマの筋の流れ：ストーリー）に相当するものを，その背景にある数学的な形式から，「役者の表現の拘束条件」といっている（清水, 1996, p.51）．即興劇のシナリオは，ドラマの中で役者全体によって作られるものである．役者だけでなく観客を含めた「劇場」（場所）全体が関与するものである．「観客」の状態は無限定で，日々その状態が変化する．役者が，その「観客」が求めるものに整合的なドラマを創出することが，清水のいう「リアルタイムの知の創出」といわれるものである．そして，「リアルタイムの知の創出」のためには，場所（「劇場」）全体を見渡せる観点（自己を超越した観点）に立つ必要がある（清水, 1996, p.56）．このことから，自己は二重構造をもつことがわかる．1つは，自己中心的（自他分離的）にものをみたり決定をしたりしている自己（自己中心的自己），もう1つは，その自己を場所の中において，場所と自他分離しない状態（自他非分離的）で超越的にみている自己（場所中心的自己）である（清水, 1996, p.56）．即興劇では，場所中心的自己がドラマのシナリオを作り（状況を叙述する），自己中心的自己がそのシナリオに沿って演技（自己表現）をしていると考える（清水, 1996, p.56）．個別は普遍から直接生まれないし，また逆に普遍からも個別は直接生まれない．ゆえに，主語的（個別的）および述語的（場所的）情報がそれぞれ存在する自己中心的自己および場所中心的自己の無限定な状態から出発して，両者の協調的な働きによって，それぞれコヒーレントな個別と普遍として創出されてくるためには，2種の自己の中心がそれぞれ相手の状態が自分の状態にコヒーレントになるように相手を誘導し合うことが必要である（清水, 1996, p.72）．各役者のうちで起こるドラマの筋の流れ（ストーリー），すなわち述語的操作情報は，このように相互誘導の状態にある場所中心的自己が自己中心的自己の働きを包摂するように作り出していく境界に相当する（清水, 1996, p.73）．そのストーリーは，単に自己中心的自己の表現生成（演技）を包摂す

るばかりではなく，それがゆっくりと変化をするということから，その表現に対する拘束条件として働いて，役者の表現に外枠を与える働きをする（清水, 1996, p.73）.

　したがって，役者が何人も集まって行う即興劇での自己表現では，各役者の境界として刻々と生成されるストーリー（その段階ではまだ自己の振る舞いに関する仮説であるが）が集まって統合され，役者全体に共通するシナリオとなって次々に進むことが，十分条件である（清水, 1996, p.89）. このことによって，清水は「場」におけるダイナミズムをとらえている. 場所的状況に関する刺激は，大脳内部の即興劇場に場を生成する. その場と役者が出合う「内部劇場の舞台」では，その場所的状況（場）の中で役者がものを（表象として）表現する. それは，場所的な状況の中でその物体を述語していく（状況を述べていく）ストーリー（拘束条件）によって表現されるのである（清水, 1996, p.100）. 一般に即興劇のストーリーの生成は，劇の進行とともに次々に進んでいく. これは劇の進行とともに場も進行していくからである. リアルタイムの創出とはすぐ先の未来の場所を創ることであり，そのために，役者は過去から現在までの場の変化を読んで，その変化を延長する形で未来の場を内部劇場でシミュレートして予測している. そして，この予測と整合するように，役者は現実の場所の中で表現する（行動する）ことによって，また一定の場所的状況が出現してくる. また，各役者は，そのように創出した自己の表現がその場所の状況と本当にコヒーレントになっているかどうかをチェックすることによって，予測に基づいて行った表現が客観的な修正を受ける.

　しかし，適切な拘束条件（ストーリー）はどのように生成されるのか（清水, 1996, p.106）. 役者が自分ばかりでなくその内部に相手の役者や観客も包摂することができる場所，それが「自他非分離の場所」の意味であるが，この場所に立って場所を全体的にみることが要求される. 創造的な活動の進行は，まず自分自身を無限定な状態におき，次にその無限定な状態を適切に限定するという形で新しいものを創出する（清水, 1996, p.109）. ここで，選択と創造とはまるで異なる概念であることに注意する必要がある. 選択は，すでに限定された状態がたくさんあるときにその1つに決定することであるが，創造は，無限定な状態があるときに，そこに新しい状態を作り出すことである. 無限定な未来の状況を適切に限定するためには場所の状態に関する仮説を立て，その仮説か

ら発展させた「場所物語」の筋によって未来を予測したりするのである．無限定な場所の未来は，厳密にいえば，仮説を立てなければ知ることができない（清水, 1996, p.90）．妥当な仮説はどのように生成されるのか．これには 2 段階の生成がある．第一の生成は，自己が「自他分離的自己」の観点から自分の欲望を根拠として場をみて仮説（自己中心的仮説）を立てるものである．ここから出てくるのが個人的欲望と個人的所有の世界である．第二の生成は，自己が「自己非分離的自己」の観点から場をみて仮説（場所中心的仮説）を立てる根拠を見出すものである．ここから出てくるのが内面的充足を共有する願望である（清水, 1996, p.127）．それでは，科学のように世界を外側からみていく自他分離的（外的）記述が，なぜ世界を物語ることにならないのか．それは，世界を物語るとは，自己の中に世界を位置づけるということがまずあって，そして，その世界の中に今度は自己を位置づけていくことであるからである（清水, 1996, p.111）．自己の中に世界が表現され，その世界の中に自己が表現される．そして，またその自己の中に世界が表現され，……と，自己言及的な表現は無限に続く．このパラドックスを回避する方法は，次のように考えることである（清水, 1996, p.113）．上記のような無限循環が起こる理由は，暗黙のうちに自己の働きが中心的であると考えることにある．しかし，現実には，自己言及的であるにもかかわらず，自己はこのような無限循環に陥ることはない．そこで，自己それ自身は不可分なものであるとしても，少なくともその働きは 2 中心的であると結論しなければならない．具体的には，世界を自分の中に位置づける自己（主語的自己，自己中心的自己）に相当する働きと，世界の中に包摂され位置づけられる自己（述語的自己，場所中心的自己）に相当する働きとが，それぞれ働きの異なる自己の 2 つの部分を示していると考える．そして，自己が不可分であるという要求から，この 2 つの中心は互いに常に整合的になるように相互に拘束を受け働いていると考える（清水, 1996, p.114）．そう考えることで，自己言及のパラドックスが回避できる．

　社会を考えると，社会も 1 つの劇場であり，われわれが 1 人の即興劇役者として「即興劇」ができるのは，われわれの内部にもその即興劇をシュミレートする内部即興劇場があるからである．その内部即興劇場は役者の主体性と結びついている．そして，社会を考えるとき，主体性は最も基本的な性質の 1 つである．主体性があってこそ自己があり，また他者がある．そして，自己と他者

の関係があってこそ社会がある（清水, 1996, p.123）．したがって, 即興劇には,
リアルな外部の即興劇場とその内部の即興劇場の2つで即興劇がある．その即
興劇をみている観客についても同様であり, リアルな即興劇場での即興劇が観
客に受けるのは（観客が満足するのは），その即興劇が観客の内部で行われて
いる内部の即興劇と整合的であるときである（清水, 1996, p.124）．

　存在は常に関係の中に現れる．その関係は重要であるが, 一度その特殊な関
係（個別的な関係）を切って存在を概念化する, 意味化することが必要である.
それが脱学習ということの本質である．役者でいえば, 1人の役者の中にそう
いう形でレパートリーを広げていくことである．レパートリーとは, いろいろ
な関係の中でも, それぞれの関係の類似性に基づいて類似の役を適切に演じら
れる創造的な適応性のことである．われわれの大脳の構造で, 一定のレパート
リーをもった役者の集合の構造に対応するのが, 「コラム構造」である（清水,
1996, p.132）．

　以上のように, 清水は相互作用主義者として「場」という概念で方法論的個
人主義と方法論的集団主義の統合を行った．

5.2.3　方法論的全体主義の再構築

　前項の方法論的個人主義批判の流れを受けて, 本項では, 新たな方法論的全
体主義の再構築の流れを, 特に社会心理学におけるターナーの「自己カテゴ
リー化理論」の中でみていく．Tajfel *et. al.*（1971）は, 内集団ひいきの発生
をみるために, 被験者を社会的カテゴリー化（内集団-外集団成員性）の操作
によって, 2つの集団に分けた．実際は, ランダムな基準で被験者は分けられた．

　このいわゆる「グループ分け」（grouping）は, 単なる知覚的・認知的なも
のであり, それゆえ最小集団（minimal group）といえる．このとき, 被験者
は内集団（ingroup members）を優遇し, 外集団（outgroup members）を冷遇
した．社会的カテゴリー化が心理的な集団形成を導くという理論は, 信頼性の
ある確固とした妥当なものとして確立されている．もしそうであるなら, 集団
形成のために個人間の相互依存性や魅力は集団形成のための必要条件ではなく
なる．それでは, なぜ集団差別が生ずるのか．ここでの仮説は, Tajfel *et. al.*
（1971）と Turner & Oakes（1986）の社会的アイデンティティ理論（social
identity theory）である．この理論は, 「社会的アイデンティティ」を個人の自
己概念の側面として定義しており, それは, 例えば男性, ヨーロッパ人, ロン

ドンっ子などとして自己を定義づける社会集団あるいはカテゴリー成員性を，それにともなう情緒，評価，およびその他の心理的に関連する要因に基づいて定義している．ある集団成員性によって自己を定義づける範囲においては，その集団を肯定的に評価するように動機づけられていると仮定される．

　次に，これと関連する問題として「囚人のジレンマゲーム」（PDG：Prisoner's Dilemma Game）をみてみる．

　囚人のジレンマゲームでプレーヤーが協同戦略をとる動機は，パートナーとしての共通の自己定義，共通の利益を指向していること，共通目標や経験，類似性，社会的距離の除去，社会的接触の増加，共感や信頼，相互魅力，共有された規範や価値感の顕著さ，孤立した自己でなく「公共」（共有された社会的場面）において行為することなどであり，それらは，プレーヤーが自分たちをどの程度1つの集団としてみなしているか（集団形成），つまりどの程度「われわれ」(we-ness)の感覚をもっているかに依存する．すなわち，心理学的には，集団の形成が協同を導くのであり，その逆ではない．その意味では，相互依存性理論がいうところのはじめに肯定的相互依存な協同から，心理的集団形成がもたらされるというのは誤りである（ターナー, 1995, p.44）．

　ターナー（1995, p.58）の「自己カテゴリー化理論」は，社会的自己概念（social-self concept：社会的相互作用と関連し，他者との比較に基づく自己概念）の機能についてのいくつかの仮定と仮説からなる．この仮定の中で，社会的自己概念の認知的表現の形の仮定は，この自己カテゴリー化理論の中では特に重要である．その仮定は，「自己の認知的表現は，他者の中にいるときは，自己カテゴリー化という形をとって現れる．すなわち，ある他の刺激まとまりと比較して，自己とある刺激まとまりとを同じ（同一的・類似的・同等的・互換的）と認知的に分類するというものである．それらの諸仮定から導かれる仮説として次のものがある（ターナー, 1995, pp.65-67）

仮説1（自己知覚と連続性の仮説）

　　自己カテゴリー化は，個人レベルが強くなるか，社会レベルが強くなるかによって連続的に変化する．社会的自己知覚は，独自の存在としての個人（個人内アイデンティティを最大に，自己と内集団成員の間の差異を最大にする）を一方の極とし，内集団カテゴリーとしての自己（内集団成員との類似性を最大にし，外集団成員との差異を最大にする）を他の極とする．

仮説 2（自己知覚と脱個人化の仮説）

　　内集団・外集団カテゴリー化を際立たせる要因は，自己と内集団成員との知覚的アイデンティティ（類似性・同等性・互換性）を高めて，外集団成員との差異を高める．そして，当該集団の成員であると自己を定義するステレオタイプ的次元において，個人の自己知（self-perception）を脱個人化する．脱個人化とは，人が自分自身を個人差によって定義づけられた独自の人格と知覚せず，むしろ社会的カテゴリーの置換可能な存在として知覚するようになる，その「自己ステレオタイプ化」（self-stereotyping）の過程をいう．

仮説 3（集団現象の基本過程における自己知覚の脱個人化の仮説）

　　自己知覚の脱個人化は，集団現象（社会的ステレオタイプ化，集団凝集性，自民族中心主義，協同，愛他主義，感情伝播，感情移入，集団的行動，共有規範，社会的影響過程など）の根底にある基本過程である．

　ここで注意しなければならないのは，仮説 3 における脱個人化は，個人的アイデンティティの喪失でも，（没個性化の概念のような）集団のおける自己喪失でも，自己埋没でもない，また素朴なあるいは無意識的な形態のアイデンティティの退行でもないということである．つまり，それは個人的レベルのアイデンティティから社会的レベルのアイデンティティへの変化である．

（1）脱個人化の先行条件

　脱個人化が起こるための先行条件として，内集団・外集団カテゴリー化の形成であるとした（ターナー, 1995, pp.67-73）．そして，内集団成員性の形成は，①自然発生的に形成される社会的カテゴリー化，②既存の文化的に用意された分類（性別，国民性，階級，職業，宗教，人種等）を内面化することなどによって行われる．これらによって，人の知覚的アイデンティティの重要性を強調し，一方，集団形成が欲求充足のための相互依存によって起こるという考え方は否定される．従来，経済学と社会学では，行為概念の出発点において，行為を個人の欲求充足過程として考えていた（富永, 1997, p.119）．人々が集団成員性を内面化する素朴な方法は，次のようなものである．①信用しうる・威厳のある・魅力的な（同一視の対象となる）他者からの説得の結果，集団成員性が内面化される．②個人的な自己態度の受容をもたらす集団成員としての公的行動に基づく集団成員性が内面化される．この 2 番目の仮説を検証するために，次のよ

うな実験が計画された．その際，Turner *et. al.*（1984）は，欲求充足が集団形成のための必要条件ではないとし，集団の失敗や敗北，個人行動に高い責任性がある（つまり，自己がその行動に強く関与し，その行動の原因が自己の内部に帰属される状態，いわゆる自己が集団にコミットしている状態）条件で，成員は失敗や敗北のような否定的な結果を導く行動を説明し，正当化するために，自分たちの集団を強く同一視つまり内面化するという仮説を立てた．個人的責任性が強い条件においては，集団の成員であることの利点よりもコストによって内集団同一視が促進され，反対に個人的責任が弱い条件においては，その反対の結果が生じると予測した．実験は，これらの予測を支持した．自己が集団にコミットする状況は，パーソンズの組織の制度的構造にあげた3点，①組織の第1次的な適応の緊急事態としての組織目的の達成に必要な資源の調達，②目的達成の過程における，それらの資源調達のための制度化された手続き，③組織に対するコミットメントを規制する制度的パターンなどである（Turner *et. al.*, 1984, p.169）．そして，この集団にコミットする状況は，集団意思決定において，特に重要である．

（2）　脱個人化の帰結

　前述の仮説3は，脱個人化の結果，さまざまな集団現象，例えば，集団凝集性，社会的協同，社会的影響などが生じるという仮説である（ターナー，1995，pp.74-87）．そのような集団現象に対して自己カテゴリー化理論を適用するには，それらがいかにして脱個人化の過程から生じるかを説明しなければならない．ここでは，集団凝集性や社会的協同現象に関して，自己カテゴリー化理論を適用する．その後，社会的影響に対して自己カテゴリー化理論を適用する．

1）　集団凝集性の自己カテゴリー化理論

　集団凝集性の自己カテゴリー化理論による定義は，次のようになる．集団凝集性とは，内集団成員同士が相互に感じる魅力であり，内集団成員が集団を全体に肯定的に評価することであり，そして自分をも含めた個人つまり分化された1人ひとりの個人に対する肯定的な態度としての対人魅力である．

　内集団・外集団カテゴリー化が顕著になればなるほど，内集団を定義づけるステレオタイプ的次元によって内集団成員はプロトタイプ的だというように，相互に認知し合うというのが脱個人化の特質からして必然的にいえる．したがって，内集団カテゴリーが肯定的に評価されるほど，成員間で相互に感じる

魅力は強くなる．集団凝集性や成員同士の相互魅力は，内集団自己カテゴリー
の定義の特徴からみて，自己と他者が互いに似ていると認める程度の関数であ
る．つまり，近接性や相互作用の密度，共通の運命，目標，あるいは単に「同
じところに属している」と考えることなどの認知的集団形式をもたらす変数は，
集団凝集性の規定因である．集団意思決定において，集団凝集性を高めること
は必須の条件である．

2)　社会的協同の自己カテゴリー化理論

　次に，社会的協同について，自己カテゴリー化理論を適用する．自分自身と
内集団の成員が同じだと知覚する，つまり脱個人化すると，内集団成員性に関
連する欲求や目標行動など興味・関心も同じであると知覚するようになる．そ
の結果，①内集団に属する他の成員の目標を自分自身のものとして知覚するよ
うな共感的利他主義や，②他の成員が自分自身の目標を共有してくれるだろう
と仮定する共感的信頼を示唆する．内集団の協同は，内集団成員が自分たちの
興味・関心を交換し合うことができるものと相互に知覚することの結果として
生ずる．したがって，集団内の協同促進要因は，共有された内集団成員性の顕
著さの増大である．つまり，協同を促進する要因は，類似性や共通運命，接近，
社会的相互作用の高い密度，集団間競争，社会的距離の縮小などである．一方，
集団内の協同低下の要因は，集団内の関係を個別化する力の増大である．集団
内の関係を個別化する要因は，内集団成員が抱く，個人的である，孤立化して
いる，切り離されている，距離がある，特定の個人として認められていない，
などの感じである．集団意思決定のための社会的協同を高めるためには，ここ
で述べた協同を促進する要因をメカニズムデザインに際して考慮することが重
要である．

(3)　社会的影響の分析

1)　情報的影響と規範的影響

　ターナー（1995, pp.89-94）は，社会的影響の分析のために，まず2つの影
響のモードを取り上げる．1つは，情報的影響のモードである．つまり，人は
不確かさ（不確実性）を除去するために，情報を他の人に依存する．同調に関
しては，人は自分に似た人（比較しやすい人）や，専門家で有能で信頼できる
人（妥当な情報をもち，それを伝達すると信じられる人）に同調しやすい．ま
た，同調が増大する要因は，刺激の曖昧さ，課題の困難さ・複雑さ，その他あ

る人についての不確かさや集団への情報的依存を増大させやすい要因（能力の欠如，以前の失敗，自尊感情の低さ）の増大がある．2つ目は，規範的影響のモードである．つまり，規範的影響のモードは，他の人の期待などに影響されるというより，コストを避け，外的報酬のための公的追従の過程である．また，集団的圧力も規範的影響と考えられる．

　しかし，社会的影響における情報的影響のモードである情報的依存（information dependence）には，いくつかの問題点がある．以下，情報的依存理論の問題点を述べる．

　(a)　この理論の方法論的個人主義の側面：情報的依存過程は，「集団」過程ではなく，むしろ個人がおのおのの私的な情報を交換しながら互いに歩み寄るという意味の個人間の対人的「平均化」の1つであると考えられる．そして，全体としての社会規範は個々の部分の合計からなるものであり，創発的なものではないとする．それはまた，「社会的影響とは，個人によって引き起こされた個人の中での変化である」という Kiesler & Kiesler（1969, p.26）の定義や，「各自が互いに影響を及ぼし合う形で相互作用している 2 人以上の人々」という Shaw（1976, p.11）の集団定義においても明確にみられる．また，最近の情報的依存理論による極性化研究でも，情報の妥当性は，それが認知者である個人の認知構造に適合し，情報的内容が相互に作用することであると仮定している．ここで，集団極性化（group polarization）とは，ある課題に対して集団で討議すると，討論後の意見は討論前の意見より「より極端化傾向」を示す，つまり，討論前に保守的だった人は討論後にはより保守的に，討論前に挑戦的だった人は討論後にはより挑戦的になるという現象である．また，説得の研究でも，情報に対する個人の認知的処理の働きであるとしている．このように，情報的依存理論は，情報的影響の社会的側面でさえ，個人内の認知的基礎に関して 1 つの側面（方法論的個人主義）からのみとらえている．しかし，このようなアプローチがどれだけ妥当性をもつのかははなはだ疑問である．

　(b)　情報的依存理論の実証的研究上の問題：この理論は，以下の点で問題である．

① 少数派の影響に関する事実の取り扱い

② 集団極性化についてのヒューリスティックな説明（規範形成に関する対人的平均化理論）

③ 群衆行動における社会的影響の特徴の理解

④ シェリフや Asch の同調パラダイムにおける古典的データの説明

特に，問題点の④の Asch の研究は，主観的不確かさ（subjective uncertainty）とは，自分と同じカテゴリーの人々との不一致によって生じる社会的産物であることを示したが，情報依存理論は，それとは異なり，刺激の曖昧さが不確かさを生み，その結果情報や共有された規範を求めて他の人に依存すると解釈した．次に述べる社会的影響に関する自己カテゴリー化理論は，情報的依存理論とは異なり，影響というものが自己のもっている共有された社会的カテゴリーの質に依存し（心理的集団形成），また個人的認知と合意的妥当性が機能的に相互依存の過程にあることを述べている．このことは以下で詳しく説明する．

2）　社会的影響の自己カテゴリー化理論

社会的影響における準拠情報的影響について，自己カテゴリー化理論の観点からみていこう．はじめに，脱個人化過程と社会的影響との関連では，次のことが重要である（ターナー，1995, pp.94-103）．

（a）　自己と内集団成員のうちに社会的（人間的）アイデンティティが共有されると，同じ刺激状況への彼らの反応や判断が一致したり，一致すると期待されたりする．有名な公式として，行動＝f（人と状況との相互作用）という関係がある．ここで，f は関数である．つまり，同じ状況かつ同じあるいは似た人々は，同じ行動をする（社会的合意，一致・画一）．

（b）　社会的影響（社会的同調，追従，集団極性化，少数者の影響）の過程は，次のような個人の欲求から生ずる．つまり，自分たちの反応を正しく適切で望ましいものとして正当化するために，同じ刺激状況における関連事項について（自分と）「交換可能」（interchangable）と認知される人と一致したいという欲求である．この過程は「準拠情報的過程（referent informational influence）の1つとして概念化される（Turner, 1982）．

以上2つの基本的考え方は，一言でいえば，「自分と似た人との一致が外的世界そのものの反映であるとして，われわれの反応に主観的妥当性を与える」というものである．そこから導かれた理論は，次の5つの仮説に要約される．

仮説4（主観的妥当性）

主観的妥当性（意見，態度や信念などの客観的妥当性）についての確信度合いは，同じ刺激状況で自分と似た人の反応が自分と一致すると認知し，

期待し，信じられる程度の関数である．

　この仮説が述べている，人々が準拠集団の成員（相互に依存している人や似ている人，魅力ある人）に対して同調しやすいという知見は，ある目的を共有している人々がその問題に関して同じ見解を共有する傾向にあり，したがって一致しやすいということである．

　仮説5（主観的不確さ）

　　仮説4とは反対に，主観的不確かさは，同じ刺激状況で自分と似た人が自分と同じ反応をするとは認知できないし，期待できないし，信じられない程度の関数である．

　この仮説は，刺激の曖昧さが「規範のないこと」と説明され，再解釈される．つまり，不確かさは，既存の規範的反応が利用不可能なときに他の人との不一致がある場合に発生する．

　仮説6（主観的不確かさの低減）

　　主観的不確かさは，次の場合に低減する．

　　①　共有した刺激状況で認知された差異を不一致とみる．

　　②　認知された自他の差異を不一致とみる．

　　③　社会的に影響し合うことで一致する．

　仮説7（斉一性への圧力）

　　斉一性への圧力の大きさは，以下のことで決まる．

　　①　人々の間で相互に認知された類似性の程度．

　　②　共有された刺激状況が似ていると認知される程度．

　　③　その刺激状況において一致するとは認知できないし，期待できないし，信じられない程度．

　　④　その集団に対する主観的妥当性の重要さ（例えば，正しいことが重要である程度）．

　この斉一性への圧力は，凝集性の高い集団では，当該問題での成員間の意見のズレの程度によって増大する．

　仮説8（集団内における効果的な影響方向）

　　ある成員に対する相対的な合意的支持が高ければ，彼の集団内での影響力は大きい．

　この仮説は，合意的妥当性の過程におけるリーダーシップや少数者の影響を

説明している．また，集団内影響のノーマルなケースとして集団極性化を説明
し，社会的同調と集団極性化の現象を統合する理論的基礎を提供する．以上か
ら，この斉一性への圧力は，集団意思決定において，メンバーが同一集団に属
しており，同一目的をもっている場合には，より大きくなるといえる．

　これらの仮定は，統一された理論（自己カテゴリー化理論）からもたらされ
た社会的影響に関する問題（同調研究から提出された）の解決への糸口である．

　このように，情報依存理論との対比によって鮮明になったことは，あらゆる
主観的妥当性は，個人が知覚したそのものと，世界についての共有される公に
不変なものとの間の止むことのない認知的相互作用としての社会的過程である
ということである．この仮定は，個人の知覚の妥当性は，個人の感覚過程内で
は解決することが不可能であり，社会心理学的活動（他人との相互作用）を必
要とすることを意味している．基本的な点は，個人の「知覚」（その人が何を
みたか）という認知内容（これは正確かもしれない）とその知覚の妥当性（自
分のみたものが正しいか否か）とは異なる問題であるということである．また，
これらの仮定から，規範的影響と情報的影響の区別もまたなくなる．つまり，
社会的影響（権力，強制，追従ではなく）は，他の人の反応の情報内容を妥当
化する社会規範化過程によるものであり，情報それ自体では妥当化されない．
自己カテゴリー化理論は，人の反応の「情報的価値（information value：内容
そのものではなく，その内容が妥当であり，正しいと認知される程度のこと）」
を内集団合意（規範：norms）のプロトタイプ度の直接的反映であると説明す
る．また，自己カテゴリー化理論は，追従と集団圧力を，内集団の「規範的」
影響ではなく，外集団からの「反規範的」影響の反映であると説明する．

　自己カテゴリー化理論においては，ある反応は，内集団の自己カテゴリーと
ステレオタイプ的に結びつく共有的，合意的反応を表すほど，それは妥当で正
確で有効なものと判断され（情報的価値をもつ），さらにその判断を適当で望
ましく，期待され，信じられるべき，あるいはそうすべきであるとすればする
ほど（規範的であるほど）説得的であると，説明される．

　以上から，カテゴリー化理論は，影響の規範的・情報的側面を統合する．

　この理論は，同調領域での他の主な経験的一般化も説明し再解釈する．その
重要な問題領域は，例えば，① 全員一致・合意・社会的支持，② 準拠集団成員性，
③ 反応の公私の次元，④ 不確かさと「刺激の暖昧さ」，⑤ 相対的有能さと正し

さ，などがある．

(4)　集団極性化に関する自己カテゴリー化理論

　集団極性化に関する自己カテゴリー化理論（ターナー, 1995, pp. 103-115）の適用に入る前に，自己カテゴリー化理論以外の集団極性化の説明理論のいくつかを紹介し，それらの理論の不十分性を検討する（ターナー, 1995, pp. 190-195）．集団極性化については，過去さまざまな説明がなされてきた．最近では，説得的議論（情報的影響モデル）と社会的比較による説明の2つに大きく分けられる．

　まず，説得的議論（persuasive arguments）をみてみよう．この考え方は，主に，Burnstein & Vinokur（1973），Burnstein（1982）によっている．彼らによると，被験者は，プリテストの段階で，可能なデータの「文化プール」（cultural pool）から，自分たちが知っている議論を検索しているとし，検索された議論のバランス（「賛成」と「反対」に関する比率のデータ）と，そうした議論の説得性（妥当性・関与度・重要度）が，被験者の意見の方向と極端さを決定するとした．そして，彼らは，その後の議論の交換によって，新たな説得的データが生み出されれば生み出されるほど，集団討議による極性化が生じやすくなるとした．しかし，この議論には問題もある．彼らによると，脱極性化よりも極性化の方がより頻繁に起こるとしている．というのは，被験者のもつ共通した文化的背景を反映して，ある特定の選択方向へのプリテスト傾向が存在することから，被験者は極性化した議論をより利用しやすく，また記憶の検索を容易にするからだと説明している．しかし，議論の途中に優勢でない極に都合のよい新たな説得的なデータが出てくる可能性もある．そのような場合の説明がこの議論には欠けている．また，説得的議論の弱点は，極性化を引き起こすのが討論中の議論であって，話題と密接に結びついた他の要因ではないことを直接証明できないことである．

　次に社会的比較の議論をみてみる．この議論の基本的仮定は，選択葛藤問題の一方の極，またはある態度項目の一方の極が他方の極よりもいっそう社会的に望ましく，価値があり，称賛され，さらに能力のあるようなポジティブな特性と結びついているという仮定である．つまり，この仮定は，人々が極端さに高い価値をおき，互いに競合する他者よりもシフトすることで自らをよりポジティブに，また他者からよりポジティブに評価されるというものである．しか

し，社会的比較の議論において，社会的望ましさの考えを支持している実験結果がある反面，他の研究では，例えば，カテゴリーの広さに関する判断や，ある種の反応が他の反応よりもその文化において社会的に望ましくない項目においても，極性化が生起することが示されている．このように，社会的望ましさが極性化へのシフトを動機づける可能性はあるものの，それは必ずしも必要条件ではない．

集団極性化に関する自己カテゴリー化の分析には3つの部分がある．

1) 内集団カテゴリーのステレオタイプ的およびプロトタイプ的属性の質

自己カテゴリー化理論において，「プロトタイプ」とは社会的カテゴリーの特徴についての認知的表象である．「プロトタイプ」は個々の特徴の抽象的なチェックリストではなく，「最もプロトタイプ的な」内集団成員，すなわち理想的な代表的な成員の具体化されたイメージとして例示されるものである（Hogg, 1992）．「最もプロトタイプ的な」内集団メンバーは，同時に外集団とも最も異なっており，内集団成員とはほとんど異なっていないという個人である．内集団成員 k の相対的プロトタイプ性は，次のメタ・コントラスト比（MCR_k）で計算される．

$$
\text{メタ・コントラスト比（}MCR_k\text{）} = \frac{\text{内集団成員と外集団成員の間の知覚された差の平均}}{\text{内集団成員間の知覚された差の平均}}
$$

$$
= \frac{\dfrac{1}{m}\sum\limits_{j=1}^{m}|I_k - O_j|}{\dfrac{1}{n-1}\sum\limits_{i=1}^{n}|I_k - I_i|}
$$

ここで，I_i は内集団成員のある尺度上の位置であり，O_j は外集団成員の同じ尺度上の位置である．また，m は外集団成員の数，n は内集団成員の数である．個人の相対的プロトタイプ性は，用いられるカテゴリーや比較次元によって変化する．

一方，MCR を高くするような社会的比較のために，ある種の次元が内集団と外集団を明確に区別するとき，その次元をステレオタイプ的次元という．例えば，黒人と白人の「芸術，宗教，肉食に関する態度の次元」よりも「政治的態度の次元」の方がステレオタイプ的次元である．そして，当該集団の成員であると自己を定義するステレオタイプ的次元において，個人の自己知覚（self-perception）は脱個人化する．脱個人化とは，人が自分自身を個人差によって定義づけられた独自の人格と知覚せず，むしろ社会的カテゴリーの置換可能な存在として知覚するようになる，その「自己ステレオタイプ化」（self-stereotyping）のことである．自己知覚の脱個人化は，集団現象（社会的ステレオタイプ化，集団凝集性，自民族中心主義，協同，愛他主義，感情伝播，感情移入，集団的行動，共有規範，社会的影響過程など）の根底にある基本過程である．本章でのエージェントも社会的カテゴリーの置換可能な存在として脱個人化していると仮定している．

2)　準拠情報的影響の過程

準拠情報的影響の理論は，明白な内集団アイデンティティを定義するステレオタイプ的属性（次元）を規範として知覚する—そして同調する—傾向があると主張する．この理論の基本的仮定は，ある反応の情報的価値は，内集団合意（規範）のプロトタイプ度に依存するというものである．この理論は3つの考え方に基づいている．

① 人は，ある情報への反応において，自分自身と似ており同一であるとカテゴリー化された人と一致すると期待する．

② 内集団成員間で共有され合意された反応は，公的・客観的世界として認知される．

③ 社会的準拠枠の関数としての内集団反応の相対的プロトタイプ性の変化．

内集団反応の相対的プロトタイプ性は，社会的比較の準拠枠にともなって変化する．

このことは，次の2つの側面から考察される．

① 極性化研究で用いられる反応次元は，常に社会的比較の次元，同じ刺激への異なる人々の現実の，あるいは想像される反応の相対的配列（configuration）である．

② 準拠次元によって表象され，また内集団成員によって知覚された反応分布の形成のために，等間隔尺度を仮定する．その尺度上に各成員は位置づけられる．計算上，内集団成員によっては占められない位置は，外集団成員の反応であるとする．内集団成員の尺度上の位置から，直接に彼らの知覚された相対的プロトタイプ性が計算されることがわかる．

次の例から，内集団全体が1つの極に近づくとき，より極端な位置にいる成

員の相対的プロトタイプ性は，穏健な成員のそれより増加することがわかる．

この例では，7 段階尺度上で，A, B, C, D が内集団の反応を，その他の位置を占めている残り 4 つの尺度値は外集団の反応（O）を表しており，それらの成員の反応の相対的配列は，次のように非対称の分布になっているとする．

$$
\begin{array}{ccccccc}
O & O & O & A & O & B & C と D \\
-3 & -2 & -1 & 0 & +1 & +2 & +3
\end{array}
$$

このとき，内集団の平均は 2 であり（$A = 0$, $B = 2$, $C = D = 3$ の平均 =（0 +2+3+3）/4= 2），B はその内集団の平均にいる．しかし，C と D は B よりもプロトタイプ的である（それぞれの MCR は，$A = 0.66 < B = 2.44 < C = D = 3.19$ である）．

このように，初期分布の平均とその尺度の心理的中点（尺度上の 0 点）との間の差が増加するにつれて，より極端な反応があまり極端でない反応よりも相対的プロトタイプ性が大きくなる．そして，極性化については，次のことが仮説として示される．

極性化は特定の集団内での影響の効果であり，極性化された内集団規範への同調を表す．原則的には，極性化の程度と方向は，内集団に関して，その試行前の平均と最もプロトタイプ的な位置とのズレの程度と方向に依存する．上の例では，内集団は C と D の方向へ極性化すると予想される．しかしながら，人々がプロトタイプ的位置に収束するという期待は，内集団での相互影響のための条件が最適であるという仮定に依存している．つまり，集団内の収束の決定因は，関連する内集団カテゴリーとの同一視の程度（関連次元における集団成員との知覚された類似性），刺激状況の知覚された類似性，成員の反応の正しさについての主観的不確かさ，そして集団にとっての一致することの重要さである．集団意思決定においては，集団内の意見の収束がいかなる方向に起こるかを説明し，予測することは重要であり，その方向での極性化の研究での自己カテゴリー化理論は説得力ある議論を与える．つまり，集団影響についての理論は，この収束と極性化の双方を説明しなければならないし，どんな条件のもとで収束と極性化が起こるのかも説明しなければならない．これらの問題は，自己カテゴリー化理論の適用で解決可能である（ターナー, 1995, pp. 203-209）．

自己カテゴリー化理論では，ある反応の情報的価値や「説得性」は，それが

ある内集団規範や一致のプロトタイプであると認知される程度によって測られ
る．集団内の一致の度合いの程度は，集団の考え方が客観的に正しい程度で測
られる．人々が他者の考えに賛同したいと思い，かつその他者が自分と同一の
社会的カテゴリーの成員であると認知されれば，影響や説得を受け入れる．そ
の意味で，その集団は適切な準拠集団となりうる．さらに，集団成員性の重要
性や顕著さが増すにつれ，一致への期待や相互影響の確率も高くなる．自己カ
テゴリー化理論によって，社会的比較理論の弱点である，なぜある種の極端さ
が望ましい「社会的価値」をもつか，またいつ集団規範が意見のシフトを生む
かの説明が可能となる．カテゴリー成員性の観点から，影響と説得の受け入れ
やすさは，自己と他者の知覚された類似性に依存するという一般的な原理があ
る．この原理から，影響がどこで最大になるか，集団の中で最も説得的な意見
が何かを明らかにできる．つまり，集団成員の意見は，初期の内集団一致の最
もプロトタイプ的な意見に収束していくことが示唆される．内集団規範（最も
プロトタイプ的な意見）への同調は，集団圧力への不合理な屈従とはみなされ
ず，むしろ，それはかなり適応的な集団過程であると考えられる．

　次に，極性化に関する自己カテゴリー化理論を支持する証拠についていくつ
かみていくことにする（ターナー，1995, pp. 210–224）．まず，異なるタイプの
集団文脈が，情報と議論の説得性にどのようなインパクトを与えるかの研究か
らみていこう（Wetherell *et. al.*, experimental 1, 1985）．

　すべての被験者は，同じ集団討議内容が録音されたテープを聞かされた．そ
して，集団は次の 4 つのグループに分けられた．第 1 グループ：彼らは，他の
集団と討議を行うため，この録音テープの討論集団に新しい成員としてまもな
く加わってもらうこと，また，以前に実施された価値尺度から，あなたたちは，
その集団の人たちとたいへん類似していることが告げられた（内集団類似条
件）．第 2 グループ：彼らは，内集団ではあるが，その成員とあなたは類似し
ていないと告げられた．第 3 グループ：彼らは，テープに録音されている集団
は，研究の次の段階で，あなたたちが討論する相手となる集団であるが，あな
たたちとはたいへん類似した人たちであると告げられた（外集団類似条件）．
第 4 のグループ：彼らは，討論する相手の集団はあなたたちとは類似していな
い人たちからなる外集団であると告げられた．結果は，例えば，相対的なシフ
ト得点が測定されたが，被験者は，同じ議論であっても，外集団よりは内集団

の議論によって，また非類似の集団よりは類似の集団の議論によって，有意に説得された．また，テープに録音された集団が被験者の集団のプリテストの平均得点と同一方向にあるとき説得的であり，逆のとき説得的でないこともわかった．

　次の実験（Wetherell *et. al.*, experimental 2, 1985）は，集団成員の反応が，内集団カテゴリーのステレオタイプ的なもの，あるいは規範的なものと知覚されることによって，極性化がどの程度規定されるかを検討するものである．はじめに，被験者は名目上の意思決定テストに基づいて偽の報告を受けた．つまり，自分たちが，リスキー志向かコーシャス志向のいずれか一方の意思決定スタイルをもっているとテストとは関係なく告げられた．被験者は，自らの意思決定スタイルが伝えられたとき，リスキー志向とカテゴライズされた被験者たちはある集団 X（部屋の一方の側），またコーシャス志向とカテゴライズされた被験者たちはある集団 Y（もう一方の側）のいずれかに参加することになると告げられた．この場合を，ステレオタイプ的な集団特性へのランダムな割り当てという．一方，これとは別に，リスキーおよびコーシャスな意思決定スタイルが個人間のパーソナリティの違いを反映していると告げられた実験も，同時に行った．この場合を，個人特性条件へのランダムな割り当てという．自己カテゴリー化理論の予測は，次のとおりである．ステレオタイプ的な集団特性条件においては，討論されている選択葛藤のタイプ，すなわち，標本被験者全体としての初期のプリテスト傾向が，ある特定の項目についてリスクであるかコーシャスであるかとは独立に「リスキー志向の集団」はリスキー志向へと極性化し，「コーシャス志向の集団」はコーシャス志向へと極性化するというものである．個人特性条件においては，こうした種類のシフトが抑制されると予想した．つまり，基本的な予測は，影響と意見のシフトは，他者との個人的違いを強調しようとする人たちによって起こるのではなく，集団の共有された共通のカテゴリーとして知覚されているものへと向かう動きや同調によって起こるというものである．結果は予想されたとおりであった．

　次に述べる実験（Wetherell *et. al.*, experimental 3, 1985）は，自己カテゴリー化理論とプロトタイプ性／意見シフト（opinion shift）の関係を調べるものである．個人がある問題について考え，その後その問題について集団として一致するまで討論するときには，いろいろな種類の測度がある．

① 標準的なプリテストの平均（*PRE*），つまり，集団成員の討論前の意見の平均．
② プリテストの討論後の意見の平均（*POST*）．
③ 意見シフト＝ *PRE-POST*．

次に，極性化の自己カテゴリー化分析によって明確にされた測度がある．

① プロトタイプ的な立場（*P*）
② メタ・コントラスト比（*MCR*）
③ *D* ＝プリテストの平均（*PRE*）－最もプロトタイプ的な立場（*P*）

ここで Wetherell らが主張していることは，最もプロトタイプ的な立場が集団において最も影響力のある意見であるならば，また，プリテストとポストテストの平均間のズレ（意見シフト）の最も大きい集団が最も極性化するならば，*P* と *POST* の間，*D* と *S* の間，そして最も一般的な *PRE* と *S* の間の相関がみられるはずである，ということである．この相関テストについてのデータは，標準的な極性化実験から収集された．5 人集団（計 31 組）が，リッカート・タイプの反応尺度（文を提示し，回答者はその文に対して合意／非合意の度合いを答える）上において，5 つの論争上の問題について，集団として一致した結論に至るまで討論するように求められた．討論前に個人の意見を知るためのプリテストが行われ，その後，個人のポストテストの意見が集められた．仮説を検討するために，集団は，プリテストの平均が賛成から反対までのさまざまな値をもち，うまく散らばっているように構成された．この相関テストの結果は，*PRE*，*P*，*D*，*POST* 間のあらゆる可能な相関のうち，かなりのものが有意な正の相関を示した．これは，それぞれの集団が初期の一致と結びついた明白な規範的傾向によって特徴づけられていることを示している．

5.3　合意形成のためのルールの決定や制度の設計

本節では，合意形成のためのルールの決定や制度の設計について考察する．決定のルールとしては，大きく分けて，① 全員一致：「決定コスト」が高い，② 多数決：最も一般的で，多くの場合最適解を与えるが，多数決自体の矛盾や欠点も多く指摘されている，がある．そして，これらのいずれが使われるかは，集団意思決定の種類と目的による．例えば，アメリカの裁判制度における陪審員制では①の全員一致が採用され，大学の教授会での教員の選考や国政選挙で

の候補者の選択は②の多数決が採用される.

　次に，合意形成のためのコミュニケーション・ルールの設計について考察する．この領域の研究は，従来集団コミュニケーションとしての小集団の研究として行われてきており，そのほとんどが課題設定集団（task group）に絞られている．次に，コミュニケーション・ネットワークの構造と機能についてのBavelas（1950），Leavitt（1951）の実験をみてみる．

　それは図表 5-1 のようなコミュニケーション・ネットワークの型と集団成員のモラール，リーダーの出現，課業の正確性，組織化などの関係を中心に実験したものである．実験状況は，5 人の被験者のおのおのが 1 組 6 個の記号（○，△，＊，□，＋，◇）のうち 5 個の記号が書かれたカードをもってブースに入るが，ブースには小窓が開いており，その小窓を通してしか，他のメンバーと情報交換ができない．また，情報交換は手書きのメモ用紙という手段に限られている．以上の条件で，実験の課業は全被験者のカードに共通する 1 つの記号をできるだけ短い時間に見つけ出すことである.

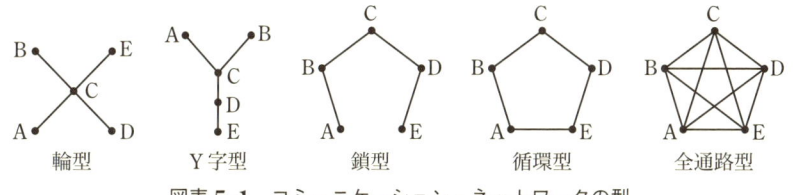

図表 5-1　コミュニケーション・ネットワークの型
[出典：A. Bavelas, 1950]

　そして，解答がわかったメンバーは，手もとのスイッチを押す．実験者はスイッチで押されたその記号をみて正解かどうか判断し，グループごとに正解率を出していく.

　輪型（Wheel）では，C は他の成員と直接コミュニケートできるが，他の成員は C 以外とはコミュニケートできない．この型では C がリーダーとなり，組織化され，課業の速度もたいへん速く，正確性も高い．しかし，C 以外の成員の職務満足度は低い.

　Y 字型（Y）では，C は E 以外の成員と直接コミュニケートできるが，D は E と C にコミュニケートできるパターンであり，その特徴は輪型と同じである.

　鎖型（Chain）では，A と E がコミュニケートの両極にあり，それぞれは B

とDにしかコミュニケートできない以外は次の循環型と同じである．この型ではCがリーダーとなり，組織化もされ，課業の速度も速く，正確性も高い．成員の職務満足度も中程度に高い．

循環型（Circle）では，各成員はそれぞれすぐ隣の成員にしかコミュニケートできないパターンである．この型ではリーダーは現れず，組織化もされない．課業の速度も遅く，正確性も低い．しかし，成員の職務満足度は中程度に高い．

全通路型（All Channel）では，集団成員はそれぞれ他の成員全員と自由にコミュニケートできるパターン（完全グラフ）である．この型では，リーダーは現れず，組織化もされない．課業の速度も遅く，正確性も中程度である．しかし，成員の職務満足度は高い．

このように，コミュニケーション・ネットワークの型は，集団の機能を規定し，成員の関係のパターンを規定する．つまり，リーダーの出現の有無や組織化の度合い，コミュニケーションの量などを規定する．また，この実験から，リーダーは「資質」だけで決まるのではなく，その集団内の「位置」によっても決まることがわかる．すなわち，組織あるいは集団の目標達成に最も適合したコミュニケーション・ネットワークを形成することが必要である．

5.4 合意形成のモデル化

従来の新古典派経済学は，ホモ・エコノミクス仮説，つまり経済的利得（効用，利潤）を最大化し，他者の感情や態度にはいっさい配慮せず，またその影響も受けないという仮定のもとで，すべての議論がなされている．例えば，その延長線上にある Arrow の「社会的選択と個人的評価」（1951, 1963）における有名な「社会的厚生関数の一般（不）可能性定理」では，合理的経済人の仮説から出発して，集団の成員の間に何の相互行為やコミュニケーションも行われずに，投票が行われるとした（富永, 1997, p. 45）．しかし，5.2節で議論した社会心理学的アプローチからいえるように，複数の個人が「社会」を形成するための原則として，これらの諸個人の間の相互行為やコミュニケーションを仮定しないで投票を考えることは不可能である．合意形成においても，はじめ人々の意見はきわめて多様であるが，さまざまなコミュニケーションが行われる過程で，多数者の信頼を得ているプロトタイプ的人間の有力な意見が影響力をもつようになり，それらによって，人々が自分の意見を修正するなどの歩み寄り

がなされて，合意形成が進むと考えられる．このような議論のもと，Kigawa
(1997) はマルコフ過程によるモデル化を行ったが，それ以外でも，合意形成
に関して次のようないくつかのモデルが考えられている．

5.4.1 意見の相対的魅力を考慮した同調行動モデル

　同調行動は，社会心理学において，基本的には人が心的安定性を求めるため
に起こるとされている．人は，自分の周りの多数者と意見が異なるとき，不快
感を感じ，それを解消しようとする．この仮説は，選挙などでよく観察される
もので，バンドワゴン現象（bandwagon phenomena）と呼ばれている．この不
快感は，個人の自己意識に由来する．自己意識には2つの要素があり，1つは
外見や見かけに対する自己意識であり，公的自己意識と呼ばれ，これが強い人
は周りに同調しやすいと考えられる．一方，2つ目は，個人の内面に起因する
自己意識であり，私的自己意識と呼ばれ，これが強い人は他者の影響を比較的
受けず，自己の見解を主張する傾向が強いと考えられる．これらの区別は，5.2.3
項の仮説1で述べた自己カテゴリー化において個人レベルが強いか，社会レベ
ルが強いかの両極に対応する．

　以上の仮定のもとで，次のようなモデルを考える（前川, 1997, pp.114-121）．
時刻 t において，ある個人が自分自身の意見0をもつ確率 P0 (t) は，

$$\frac{\mathrm{d}P_0(t)}{\mathrm{d}t} = \mu P_1(t) - \lambda P_0(t) + \alpha(Q_0(t) - P_0(t)) \\ + \beta(W_{10}P_1(t) - W_{01}P_0(t)) \qquad \cdots\cdots (1)$$

と書ける．ここで，意見1は他者がもつ異なる意見である．$P_1(t)$ は，時刻 t
でこの個人が意見1をもつ確率である．したがって，式 (1) の右辺の第1項
の $\mu P_1(t)$ は，個人が意見1をもつ状態にありながら，再度，意見0に戻る遷
移確率を表している．式 (1) の右辺の第2項の $\lambda P_0(t)$ は，前に負の符号がつ
いていることからわかるように，個人が意見0をもっているときに，意見1へ
と意見変更をする遷移確率を表している．式 (1) の右辺の第3項は，公的自己
意識を表している．ここで，$Q_0(t)$ は意見0に対する市場（世間）の支持率で
あり，したがって，$Q_0(t) - P_0(t)$ は市場（世間）と自分の意見0に対する支持
率の差である．α は，この差が個人の意見を強化する割合を表している．α が
大きいほど市場（世間）の意見に同調しやすい，つまり，公的自己意識が強い
と考えられる．式 (1) の第4項は，私的自己意識，つまり自己の意見への確信

度を表している．式 (1) は一種のマルコフモデルであり，状態間の推移を表現するために，第 4 項で，W_{01} で意見 0 から意見 1 への遷移割合（この値が大きいほど，意見 1 が意見 0 より魅力が大きいことを示す）を，また W_{10} で逆に意見 1 から意見 0 への遷移割合（この値が大きいほど，意見 0 が意見 1 より魅力が大きいことを示す）を表し，この遷移割合は，さらに，それぞれの意見を保持している確率 $P_0(t)$，$P_1(t)$，および推移のしやすさを表すパラメータ β で重みづけされ，意見 0 から意見 1 への遷移確率は $\beta W_{01} P_0(t)$ であり，意見 1 から意見 0 への遷移確率は $\beta W_{10} P_1(t)$ となる．ここで，W は意見間の相対的魅力を表す係数であるが，次のように表現する．

$$W_{01} = \frac{1}{1 + \exp[\gamma(P_0 - P_1)]} \qquad \cdots\cdots (2)$$

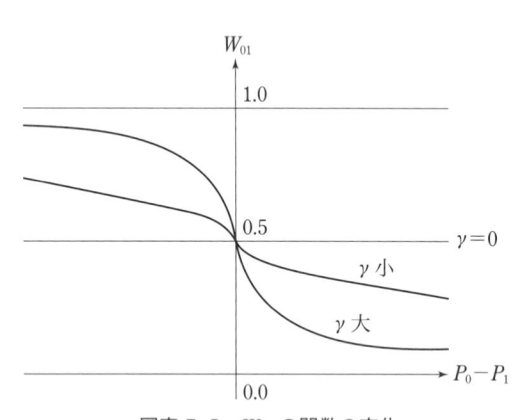

図表 **5-2**　W_{01} の関数の変化
[出典：前川, 1997, p.177 の図 4-5]

ここで，パラメータ γ は個人の決断力ないし確信度を表す．この変化を図示すると，図表 5-2 のようになる．

　$\mu P_1(t)$ と $\lambda P_0(t)$ の項を除いて，市場（世間）の意見への同調行動のみを分析すると式 (1) のは次の式 (3) になる．

$$\frac{\mathrm{d}P_0(t)}{\mathrm{d}t} = \alpha(Q_0(t) - P_0(t)) + \beta(W_{10} P_1(t) - W_{01} P_0(t)) \qquad \cdots\cdots (3)$$

　この式 (3) を解いて，Q_0 が $0.0 \to 1.0$ へ変化するにつれて，P_0 がどう変化するか，また Q_0 が $1.0 \to 0.0$ へ変化するにつれて，P_0 がどう変化するかをみる．

つまり，Q_0 の $0.0 \rightarrow 1.0$ への変化は，市場（世間）が意見 0 から意見 1 に意見を変化させたことに対応し，逆の場合も同様である．そのとき，次のことがこのシミュレーションからわかる．

① α が小さいと，同調行動が遅れる．つまり，Q_0 と P_0 が比例しない．

② β が大きいと，上と同様に同調行動が遅れる．

③ γ が大きいと，上と同様に同調行動が遅れる．

しかし，いずれにしても Q_0 の値が大きくなると，P_0 はそれに引きずられることがわかる．すなわち，市場（世間）全体が大きくいずれかの意見に偏ると，個人もそれに抗しがたいことがわかる．

次に，French（1956）とハラリー（1962）のモデルを説明する．

5.4.2 French とハラリーのモデル

Pettigrew（1973）の調査した Mikels 社というイギリスの大手の衣料と家具の販売会社の事例を通して，French とハラリーのモデル（池田, 1997, pp.145-161；French, 1956；ハラリー, 1962）を概観する．

(1) 事例の概要

1966〜1969 年の調査時，Mikels 社は新しく購入するコンピュータの機種選定に取り組んでいた．この意思決定の主な関与者は，マイケルズ社重役会，管理サービス部のケニー，システム分析課のライリー，プログラム課のターナーらであった．

(2) Mikels 社のコミュニケーション回路

Mikels 社のコミュニケーション回路は，図表 5-3 のようになっており，ケリーはあらゆる情報がいったん彼を経由する「ゲート・キーパー」の位置にいた．

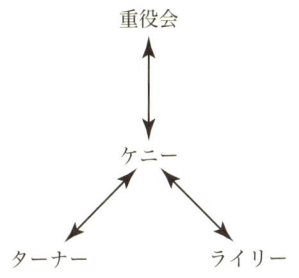

図表 5-3　マイケルズ社のコミュニケーション回路
[出典：池田, 1997, p.148 の図 5-2]

コミュニケーションの中心に位置する成員は，命令権力とも専門的知識とも異なる，あらゆるパワー資源を獲得する．この意味でのコミュニケーション回路における成員の位置の重要性から生じるパワーを，情報プロセッシング・パワーという．

　この情報プロセッシング・パワーを公式の組織のコミュニケーション回路から導くためには，フレンチとハラリーのモデルは有効である．このモデルは，組織の公式のコミュニケーション回路と成員のパワー関係に注目し，成員の意見が最終的に一致するための条件を分析したものである．

1)　モデルの仮定

モデルは次の4つの仮定をもつ．

仮定1：成員Aの成員Bに対する影響は，AのBに対するパワーに基づく．AはAのパワーのもとにあるBに働きかけることによって，Bの意見をAの意見に接近させることができる．この能力の大きさは，AのBに対するパワーの大きさに比例する．

仮定2：Bの内部には，Aの影響に抵抗し，Bの当初の意見を保持しようとする傾向がある．

仮定3：AとBとの意見の相違が大きいほど，AのBに対するパワーの行使と，BのAに対する抵抗は，ともに増大する．

仮定4：Bは，AがBに行使するパワーと，BのAに対する抵抗とが釣り合う点まで，自分の意見を変化させる．

これらの仮定1〜4に基づいて，次のモデルを作る．

2)　モデルの定式化

AとBが互いに相手に影響を及ぼす双方向的なパワー関係のもとで，当初のAの意見を a_0，当初のBの意見を b_0 で表す．AのBに対する影響を r_{ab}，BのAに対する影響を r_{ba} で表し，A, Bが自分の意見を保持しようとする傾向を，それぞれ r_{aa}，r_{bb} で表す．ただし，r_{ab}, r_{ba}, r_{aa}, r_{bb} は確率変数であり，

$$\begin{cases} r_{aa} + r_{ba} = 1 \\ r_{ab} + r_{bb} = 1 \end{cases} \qquad \cdots\cdots (4)$$

とする．このモデルを n 人に拡張し，Mikels社の事例に応用する．重役会，ケニー，ターナー，ライリーの当初の意見の状態ベクトル $\underset{\sim}{V_0}$ を $(a_0, b_0, c_0, d_0)'$ とすると，1単位時間のコミュニケーション後の各人の意見の状態ベクトル $\underset{\sim}{V_1}$

$= (a_1, b_1, c_1, d_1)'$ は，

$$
\begin{bmatrix} a_1 \\ b_1 \\ c_1 \\ d_1 \end{bmatrix} = \begin{bmatrix} r_{aa} & r_{ba} & 0 & 0 \\ r_{ab} & r_{bb} & r_{cb} & r_{db} \\ 0 & r_{bc} & r_{cc} & 0 \\ 0 & r_{bd} & 0 & r_{dd} \end{bmatrix} \begin{bmatrix} a_0 \\ b_0 \\ c_0 \\ d_0 \end{bmatrix} \qquad \cdots\cdots (5)
$$

である．ここで，$'$ は転置を表す．

あるいは，

$$
V_1 = P V_0 \qquad \cdots\cdots (6)
$$

である．ここで，P は

$$
P = \begin{bmatrix} r_{aa} & r_{ba} & 0 & 0 \\ r_{ab} & r_{bb} & r_{cb} & r_{db} \\ 0 & r_{bc} & r_{cc} & 0 \\ 0 & r_{bd} & 0 & r_{dd} \end{bmatrix} \qquad \cdots\cdots (7)
$$

である．

一般には，

$$
V_n = P^n V_0 \qquad \cdots\cdots (8)
$$

となる．この意見調整過程は，各成員の意見がケニーを介して他のすべての成員に影響を及ぼすので，正則マルコフ連鎖によって模擬的に表現できる．すなわち，成員の意見は最終的に一致する．もし各成員が他の成員から受ける影響が等しければ，そのとき，各成員の意見は，

$$
0.2a + 0.4b + 0.2c + 0.2d
$$

に収束する．これからわかることは，各成員が他の成員から受ける影響が等しいと仮定したにもかかわらず，最終意見にケニーの意見の占める比率が高くなり，それは，彼がコミュニケーション回路の中心に位置していたからである．

5.4.3 選挙とマスコミのモデル

ここでは，国家レベルの組織における合意形成（この場合，選挙）のモデル化を考察する．

過去の選挙のモデル（ボーダー・モデル）は，主に確率論の分野の研究者が手がけてきた．しかし，従来の選挙のモデルでは，マスコミの役割（一般に世論の役割）が議論されてこなかった．そこで，泰中（1994, pp.57-63）は，次のようなモデルを考えた．

　2 次元の格子空間の各格子点に有権者がいるものとする．おのおのの有権者
は，特定の候補者を支持している（われわれは，ここで，候補者を意見あるい
は選択肢と考える）．今，仮に，各候補者を支持する有権者を色で区別すれば，
有権者は格子上でカラー・パターンを形成する．このパターンのダイナミック
スは，さまざまな政治的条件で引き起こされる．例えば，マスコミの報道，有
権者の要望，選挙運動＝選挙キャンペーンなどである．その中でマスコミの報
道は，全有権者を対象としていて，選挙の結果に決定的に重要な役割を果たす．
今，N 人の候補者がいるとする．各格子上の有権者は i 候補者（$i = 1, 2, \cdots, N$）
を支持する．候補者の支持は，有権者間の話し合い（相互作用）によって変化
することもあるし，また，マスコミのニュースを見たり，聞いたりすること（世
論）によっても変化する．後者のマスコミによる影響は有権者全体に影響する．
実際は，有権者によっては自分の意見を他 からの影響で変える人もいれば変
えない人もいるが，ここでは，有権者は みな同等（同質）とみなす．$N = 3$
の場合のモデルは

$$
\begin{cases}
V_1 + V_2 \rightarrow 2V_1 & \text{(3a)} \\
V_2 + V_3 \rightarrow 2V_2 & \text{(3b)} \\
V_3 + V_1 \rightarrow 2V_3 & \text{(3c)} \\
\quad V_3 \underset{b}{\rightarrow} V_1 & \text{(3d)}
\end{cases}
\qquad \cdots\cdots (9)
$$

である．ここで，V_i は候補者 i を支持する有権者であり，＋は相互作用である．
また，パラメータ b はプロセス（3d）が起こる確率である．もし（3d）を無視
すれば，ジャンケン・モデルになる．（3d）は外的な場（外場；perturbation）
と考えられる．今の場合の外場の例では，マスコミのニュースによって，候補
者 3 はダメージを受け，逆に候補者 1 は利益を受ける．したがって，パラメー
タ b はマスコミの情報の強さを表している．（3a）〜（3d）で，もし候補者 2 が
いなければ，つまり（3a）と（3b）が無視されれば，コンタクト・プロセスに
なる．

　コンタクト・プロセス（contact process）は，伝染病の伝播を表す簡単なモ
デルである．もともとのモデルは，1974 年にハリスによって定義された連続
時間の確率モデルである．「0」は健康な人，「1」は伝染病患者とする．格子の
各サイト（site：位置を意味し，碁盤の交差点のような点のこと）に 1 人ずつ

人がいるものとする．あるサイト x に住む人の健康状態を $w(x)$ とする．$w(x)$ ＝0→1で感染過程を，$w(x)$＝1→0で治癒過程を表す．治癒は安静にしていると自然に治るとして，$\Delta t = 1$（週間）とする．つまり，Δt 週間で1→0の遷移率をもつ，つまり治癒率は1である（一般に，時間間隔 Δt を単位として，平均 $1/a$ だけ経つと変化が起こるとき，その変化の遷移率は a であるという）．一方，感染過程は，周りの人の感染状態に依存し，かつ接触感染であるとする．このプロセスのダイナミックスは，次のようになる．

① 前後左右の隣接するサイトに住む4人がみな健康な場合，本人は感染しない．つまり，$w(x)$＝0→1の遷移率はゼロである．

② 前後左右の4つの隣接サイトのうちどれか1つに住む人が1人だけ感染している場合，本人はある確率で伝染される．このとき，$w(x)$＝0→1の遷移率を λ とする．例えば，$\lambda = 2$ のとき，$(1/\lambda)\Delta t = 3.5$（日）（$\Delta t$ ＝1週間としたので）である．

③ 4つの隣接サイトのうち 2λ，3λ，あるいは 4λ が感染している場合，本人の感染率はそれぞれ 2λ，3λ，4λ になる．

次に，コンタクト・プロセスの相転移現象について考える．最初に，格子空間上の原点だけが「1」で，他は「0」とする場合を考える．このとき，感染患者がずっと存在し続ける確率を「生存確率」といい，これを相転移の秩序変数とする．伝染率 λ が小さいとき，生存確率はゼロであり，すべての人間は健康な人間である．一方，伝染率 λ が大きいとき，生存確率は正になり，健康な人と伝染病患者の共存状態となる．このように，伝染率 a の値によって2つの相，つまり，「すべての点で健康な人の相＝撲滅相」と「健康な人と伝染病患者の共存状態の相＝蔓延相」が存在する．そこで，2つの相を分ける伝染率 λ の値をコンタクト・プロセスの「臨界値」λ_c といい，シミュレーションにより，1次元の場合は $\lambda_c \fallingdotseq 1.65$，2次元の場合は $\lambda_c \fallingdotseq 0.4119$ である．香取（1997），今野（1995）を参照していただきたい．

(1) 基礎方程式と平均場近似

上のモデルには，基礎方程式と平均場近似が存在する．カラー i の密度 P_i に対しては，次の微分方程式が厳密に成立する．

$$
\begin{cases}
\dot{P_1} = (P_{12} + P_{21}) - (P_{31} + P_{13}) + bP_3 \\
\dot{P_2} = (P_{23} + P_{32}) - (P_{12} + P_{21}) \\
\dot{P_3} = (P_{31} + P_{13}) - (P_{23} + P_{32}) - bP_3
\end{cases} \quad \cdots\cdots (10)
$$

ここで，ドットは時間微分を表す．また，P_{ij} は次のような 2 体の相関関数である．つまり，P_{ij} はある格子点にカラー i を見出し，その隣の格子点にカラー j を見出す確率である（i, $j = 1$, 2, 3）．これは条件確率とは異なり，$P_{ij} = P_{ji}$ を満たす．しかし，式 (10) は閉じていないので，このままでは解けない．そこで，仮に

$$
P_{ij} = P_i P_j \quad\quad\quad\quad\quad\quad \cdots\cdots (11)
$$

と近似すれば，式 (10) は閉じ，解くことができる．式 (10) に式 (11) を代入し，時間微分をすべてゼロとおけば，次の定常密度を得る．

$$
P_1 = P_3 = (2+b)/6, \quad\quad P_2 = (1-b)/3 \quad\quad \cdots\cdots (12)
$$

式 (11) の近似は平均場近似（MFA：mean-field approximation）とも呼ばれる．

(2)　シミュレーション結果の解析

式 (9) の時間発展は次のように行う．

① 初期状態として 3 種類のカラーで各格子点に色をつける．

② それぞれに相互作用（他の人間および世論との）プロセスを実行する．

　i）　はじめに単独格子点で，意見変化 (3d) を実行する．1 つの点をランダムに選び，もしそれが候補者 3 の支持者であるなら，確率 b で候補者 1 の支持者に変える．3 でなければ，次のストップに進む．

　ii）　次に相互作用による意見の変化を実行する．

　　(3a)～(3c) の実行：隣接する 2 つの格子点をランダムに選び，それらを (3a)～(3c) のプロセスによって変化させる．

③ 上記のステップ ii) を格子点の総数，$n \times n$ 回繰り返す．これをモンテカルロ・ステップ（MCS）という．

④ さらに，ステップ③を 1,000 回繰り返す．

以上のシミュレーションの結果は，初期パターンがどんな配置であっても，十分時間が経つと必ず決まった定常状態に到達する．この定常密度を b に対してプロットしたものが図表 5-4 である．もし $b = 0$ なら，ジャンケンの場合に

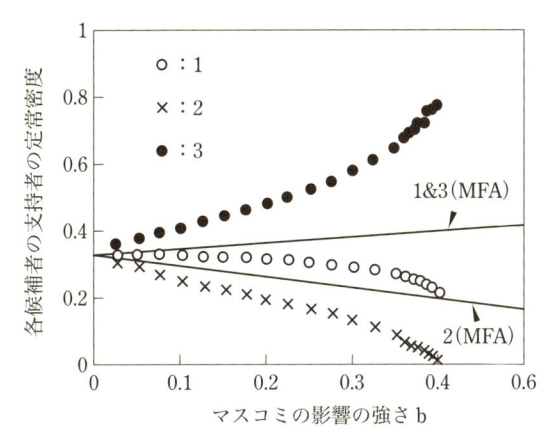

図表 5-4 各候補者の支持者の定常密度（$t \to \infty$ の場合）
[出典：泰中（1994），p.60 の図 2]

なるから，3 人の候補者の支持者の密度は等しく 1/3 になる．b が増加すると
カラー 3 だけが増加（＋）し，カラー 1 は減少（－）する．また，一見関係の
ないようにみえた 2 が大幅に後退する．特に，$b > b_1 (b_1 \sim 0.41)$ のときに，カ
ラー 2 は完全に消える（図表 5-4）．さらに，b の値が大きくなると（$b > b_1$）（コ
ンタクト・プロセスになる），今度は，逆にカラー 3 が b の増加につれて減少
し，他方カラー 1 は増加（＋）し，$b > b_2 (b_2 \sim 0.83)$ のときに，カラー 1 の密
度がカラー 3 より大きくなる．さらに，b の値が b_2 よりも大きくなると，カラー
3 は消える（図表 5-5）．このように，同じマスコミの報道でも，候補者 2 がい
るといないとでは，結果が逆になる．このようなマスコミの影響を間接効果と
いう．これまでの分析では，$t \to \infty$ の定常状態を考えてきたが，しかし，マス
コミの報道の強さ b はいつも一定であるとは限らず，時間とともに変化する．
そこで，次に，定常状態に至る途中の過渡的状態を考える．このときのマスコ
ミの影響を直接効果という．$t < 0$ のときに $b = 0$ であったのが，突然 $b = 0.3$
になったとする．このとき，各カラーの密度の変化は図表 5-6 のようになる．

　最終的には（$t \to \infty$）図表 5-4 の定常密度になるが，過渡的状態は異なる．
過渡的状態（図表 5-6）では，ニュースが流れた直後は，カラー 3 は減少（－）
し，カラー 1 は増加（＋）する．この効果は，コンタクト・プロセスと同じで
あり，直接的である．

　次に，マスコミから無視された候補者 2 についてその効果をみてみる．この

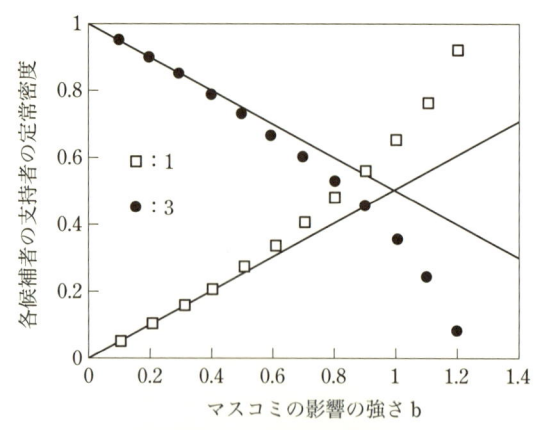

図表 **5-5**　各候補者の支持者の定常密度（**$t \to \infty$** の場合）
［出典：図表 5-4 と同じ，p.61 の図 4］

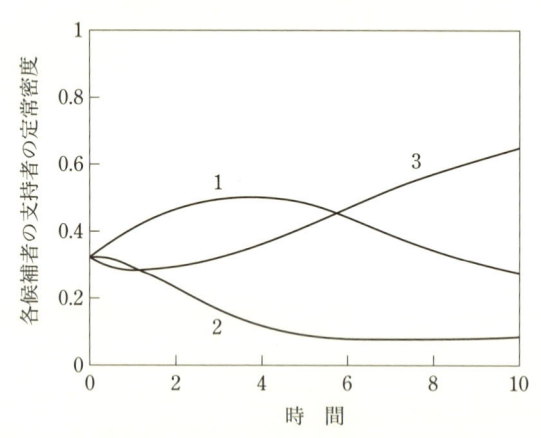

図表 **5-6**　各候補者の支持者の密度の時間変化（過渡的状態の場合）
［出典：図表 5-4 と同じ，p.61 の図 5］

候補者 2 は，3 人の候補者の中で最も打撃を受けた．この効果のことをアナウンス効果という．

5.5　まとめと今後の展開

　本章では，インターネット型情報ネットワークと合意形成の関係を，まず 5.2 節「合意形成の社会心理学的考察」で，合意形成の問題を一般的な社会心理学的側面から考察した．そこでは，どのようにしてバラバラな個人からなる

社会が1つの決定に向かうのであろうか，という問題を，合意がなされるとき
の個人の社会心理学的なメカニズムと，そのときの集団形成の側面からアプ
ローチした．合意形成の社会心理学的アプローチは，個人の心理内に発生する
意識変化あるいは認知的な転換のメカニズムの解明であり，従来からターナー
(1995) などにより，集団意思決定における社会心理学的認知構造の解明を目
的に研究されてきた．まず，合意形成の社会心理学的アプローチの前提に，集
団現象を研究するためのメタ理論的考察として，方法論的個人主義と方法論的
全体（集合）主義を論じた．そこでは，オルポート，シェリフ，Asch，レヴィ
ンらを取り上げ，社会心理学における方法論的個人主義の流れを批判的に論じ，
その後，清水 (1996) の場の理論を取り上げ，相互作用主義的観点から「場」
という概念で，方法論的個人主義と方法論的全体（集合）主義の統合の試みを
概観した．その他の新たな方法論的全体（集合）主義の再構築の流れを，ター
ナー (1995) の社会心理学における自己カテゴリー化理論の中で再考した．特
に，集団凝集性や社会的協同現象に関して，自己カテゴリー化理論の適用を重
点的に論じた．次に，5.3 節「合意形成のためのルールの決定や制度の設計」で，
合意形成を行うためにルールの決定と制度設計をどうするのが望ましいかを議
論した．決定のルールとしては，大きく分けて，全員一致と多数決ルールがあ
ること，コミュニケーション・ネットワークの構造と機能については，課題設
定集団 (task group) におけるコミュニケーション・ネットワークの型と集団
成員のモラール，リーダーの出現，課業の正確性，組織化などの関係を中心に
実験した Bavelas (1950)，Leavitt (1951) の実験を考察した．そして，5.4 節
「合意形成のモデル化」で，合意形成の数学モデルを概説した．そこでは，特に，
意見の相対的魅力を考慮した同調行動モデル（前川, 1997），Pettigrew (1973)
の調査した Mikels 社というイギリスの大手の衣料と家具の販売会社の事例を
通してのフレンチとハラリーのモデル（ハラリー, 1962），マスコミの役割（一
般に世論の役割）を取り入れた選挙とマスコミの泰中 (1994) のモデルを取り
上げた．以上の議論が，以下の第8章で議論されるインターネットによる合意
形成モデルの前提になる．

　今後の展開としては，ターナー (1995) の社会心理学における自己カテゴリー
化理論の中で考察された集団凝集性や社会的協同現象に関して，どのような数
学モデルが構築できるかが問われる．

第6章

イノベーションにおける集団意思決定を促進するためのナレッジマネジメントと組織におけるアーキテクチャー

6.1 は　じ　め　に

　少子高齢化が進み，潜在成長率が落ちている先進国が真に世界経済を牽引するには，大きなイノベーションの可能性を増すことしかない．

　現在の日本企業がおかれているグローバルな競争環境の中で，新たな経済成長を図り，生産性の向上のためのイノベーションを促進するためには，OECDの 1996 年のレポート「Knowledge Based Economy」からの流れを受けた，世界的に進展している経済の知識化を積極的に追求することが必要である．この経済の知識化を背景として，企業は，その内外にある知識を事業に活かすことが求められ，実際に数多くの知識経営施策を展開している．具体的には，各企業は，市場での競争優位を獲得するための固有技術に対してはプロダクト・イノベーション，および製造プロセスに対してはプロセスイ・ノベーションを継続している．それらを効率的に実施するために，各企業は，オープン・イノベーションを通じた知識の獲得と知識の体系化(城川, 2008)，製品アーキテクチャーとそれぞれの製品アキテクチャーに適合した組織能力を強化しなければならない（城川, 2009）.

　本章の構成は，まず，6.2 節「知の創造プロセスと SECI モデル」で，知識の創造プロセスでのオープン・イノベーションの集団意思決定における役割を野中の SECI モデルを参照軸として分析し，6.3 節「アーキテクチャーにおけるインテグラル化とモジュール化」で，組織におけるアーキテクチャーを統合化とモジュール化の視点から分析することを通して，集団意思決定における知見を得る．6.4 節で「まとめと今後の展開」を述べる.

6.2　知の創造プロセスと SECI モデル

　ここでは，まず，6.2.1 項で，野中の SECI モデルの概説を行う．6.2.2 項で，イノベーションにおける集団意思決定の方法論であるオープン・イノベーションの具体例をあげ野中の SECI モデルを参照軸として分析する．

6.2.1　野中の SECI モデル

(1)　SECI モデル

　知識は「暗黙知」と「形式知」の絶え間ない変換プロセスを通じて創造される．「暗黙知」とは，もともと Polanyi (1996) の暗黙的認識の理論に基づいており，「言葉で説明できない知識」である．暗黙知と対比される「形式知」は，言葉で説明できる知識である．つまり，暗黙知は，「できるのに説明できない」，「体ではわかっているのにうまくいえない」知識である．例えば，匠の技など，優れた名工は 1/100 mm の精度で金型を作る．この技は言葉では説明できない．暗黙知はわれわれが経験を通して身体的に獲得した「身体知」である．したがって，暗黙知は「経験知」あるいは「身体知」といい換えられる．経験知をいかに人に伝達するかが，最も困難な問題である．つまり，個人の知が経験によって「身体知」として蓄積された，言語化されていない「暗黙知」である場合，その知を他者（グループレベル，組織レベル）と共有し，その知から新たな形式知を創造するには，暗黙知を言語化して形式知に変換し，共有可能にする必要があるが，それが問題である．しかし，そのように創造された形式知を個人の中に取り入れ活用するためには，個人の中で再度その形式知を消化して，暗黙知として身につけるプロセスが必要である．こうした変換のプロセスを野中・竹内 (1996) は SECI モデルとして定式化した．SECI プロセスは，「共同化 (socialization)」，「表出化 (externalization)」，「連結化 (combination)」，「内面化 (internalization)」の 4 つの変換モードからなる（図表 6-1）．

　第 1 のモードは，暗黙知から暗黙知を作る「共同化」のプロセスである．これは，個人と個人が経験知である暗黙知を共有する，つまり，他者の暗黙知を獲得するプロセスである．典型的には，徒弟制のもとで親方の仕事を観察・模倣・訓練して弟子が技能を体得するプロセスや，企業における OJT や第三者（例えば，顧客やサプライヤー）との共感・共通体験を通じた暗黙知の獲得である．これは，最近のシリコンバレーにおけるイノベーションで重要視されて

図表 6-1　SECI モデル
［出典：野中・竹内, 1996, 一部改変］

いる UX（user experience）にもみて取れる．これは，具体的にはエクスペリ
エンスデザインとして定式化され，デジタル機器／システムに対するユーザー
の見方に影響を与えるようなアーキテクチャーやインタラクションモデルの生
成に関する手法である．製品とユーザーのインタラクションのあらゆる面，す
なわちどのように気づかれ，学ばれ，使われるのかをその適用範囲とする．

　第 2 のモードは，暗黙知から形式知に変換する「表出化」のプロセスである．
第 1 のモードにおけるように，暗黙知は直接経験を共有した者同士しか共有で
きない．暗黙知を第三者であるグループの他のメンバーにもわかりやすい言葉
で，つまり形式知で「表出化」できなければ，グループに暗黙知は伝達できない．
表出化は，研究開発チームが新製品のコンセプトを生成するときや，現場の労
働者が体化している技能をマニュアルに落とし込むときに起こる．新しいコン
セプトの生成に際しては，主に「対話」という共同作業を通じて，個人のもっ
ている暗黙知がグループ全体に明示化されていく．対話におけるメタファー(暗
喩) やアナロジー（類推）の使用は，バックグラウンドの異なる個人間に共通
のメンタルモデルを共有し，概念同士を関連づけることで，表出化を促進する．

　第 3 のモードは，グループの形式知を組織（他のグループ）の形式知に変換
する「連結化」のプロセスである．連結化とは，他のグループの形式知（コン
セプト）を組み合わせて 1 つの知識体系を創り出すプロセスである．このプロ
セスは近年，インターネットや大規模データベースを利用して，組織のあちこ
ちに分散して存在する形式知をすばやくかつ低コストで検索・収集・分類・組
合せ・体系化して新たな形式知を生成することが可能になった．第 3 のモード
で形式知同士を結びつけただけで，個人の身体知である暗黙知に落とし込まれ

なければ，本当の意味での知識の創造には至らない．

　そこで，第4のモードとして，組織の形式知を再度，個人の暗黙知に変換する「内面化」のプロセスが必要になる．形式知を暗黙知に内面化するためには，書類・マニュアル・物語などに言語化・図式化されていなければならない．文書化は，個人の内面化を助けて，暗黙知を豊かにする．特に，物語は企業の文化・ミッションなどを体現した他の人の経験を追体験させることができる．そのような内面化を通じて，組織の多くのメンバーに共有されると，その暗黙知は企業文化の一部になる．

　以上の「共同化」，「表出化」，「連結化」，「内面化」という4つの知の変換プロセスを経ることによって，最初に個人がもっていた暗黙知は，グループや組織に共有・正当化されて拡張されていく．

　知識創造は，この4つの変換プロセスのうえで，円ではなく螺旋（スパイラル）を描きながら変換を進化させていく．知識創造のプロセスは，SECI を1周すればそこで終了というものではなく，個人の内面化された暗黙知が新たな SECI プロセスの出発点となって，絶え間ない知識創造の進化を遂げていく．

(2)　SECI を支援する場

　知識創造は，真空の中で起こるのではない．知識創造には時間的・空間的なスペース，つまり「場（field）」が必要である．場は物理的・仮想的（電子会議室やバーチャルカンパニーなど）・心理的空間に作られるが，空間（space）そのものではない．日本語の「場」とは「場の空気」という意味で，「関係性」を意味している．人と人とのやりとりがあってはじめて，そこに「場」ができる．つまり，知識創造における場の本質は「相互関係」である．相互関係を「個人・集団」，「直接・間接」という2軸により場を分類し SECI プロセスを見直してみる（遠山，2002）．まず「共同化」のプロセスでは，個人対個人が直接的（face to face）の相互関係をもつことにより，個人の経験，感情，メンタル（心理的）モデルなどを共有する．オフィスの中では，食堂，喫煙室，廊下，ドリンクコーナーなどが考えられる．ここでの場を「創出場」（originating Ba）という．次に「表出化」のプロセスでは，集団的かつ直接的な相互関係（対話）によって規定される場で，グループレベルで起こる．ここでの場を「対話場」（dialoguing Ba）という．対話場は創出場に比べて，意識的に形成される側面が強い．オフィスの中では，プロジェクターを使ったプレゼンテーションの場や組織横断

的なプロジェクトチームなどが考えられる．次の「連結化」のプロセスでは，集団的かつ間接的な相互関係を規定する場で，組織レベルで起こる．この場では時空間の共有は必ずしも必要ではなく，仮想的な空間で相互作用が行われる場合が多い．オフィスの中では，イントラネットやデータベースなど ICT が最もよく機能する場である．ここでの場を「システム場」（systematizing Ba）という．最後の「内面化」のプロセスでは，個人的かつ間接的な相互関係を規定する場である．ここでの場を「実践場」（exercising Ba）あるいは「操作場」（operating Ba）という．この場はオフィス空間そのものであるが，大部屋などにして，仕切りを取って，周りから他人のやっていることがみえるような工夫や席を自由に替われる仕組みなどが必要である．

（3）　知識創造の「場」における ICT による支援

　6.2.1項(2) から，知識創造の鍵を握るのは，知識創造を実現する「場」であることがわかる．その「場」を作るのに必要な ICT はいかなるものであろうか．まず，「内面化」のプロセスでは，「創出場」を作り出すためにテレビ電話やビデオ会議（テレビ会議）システムを使った「映像コラボレーションツール」などが役に立つ．第三者の経験が共有できるインタビューや会話を記録し登録したデータベースも有効である．「表出化」のプロセスである「対話場」を作り出すためには Twitter や Facebook などの SNS による自由な発言が役に立つ．「連結化」のプロセスである「システム場」を作り出すためには，動的コンテンツ作成技術を使って，これまでの 1 人でしかコンテンツが作れない静的な HTML に変わって，多くの人間が共同でコンテンツを作ることができるようになった．それによって，コンテンツ同士が連携し合って新しい知識を創造することが可能になった．「内面化」のプロセスである「実践場」あるいは「操作場」を作り出すためには，知を実際の現場に落とし込むためのシミュレーションなどの技術が貢献する．

6.2.2　オープン・イノベーションと SECI モデル

（1）　オープン・イノベーションとは何か

　知識創造の方法は，社会経済環境によって，変化すると考えられる．知識創造をイノベーションの側面からとらえると，古い事業分野で有効であった知識創造の方法として組織内部で閉じているクローズド・イノベーション（開発の線形モデル）がある．この方法では，研究→新技術→新製品→事業拡大の順

で，開発が行われていた．新しい事業分野で有効である知識創造の方法は，研究開発プロセスにおいて，企業の内部（自社）と外部（他社）の知識・技術・アイデアの相互作用により，企業の内部と外部において新製品を開発して，技術革新を継続的に起こすオープン・イノベーション（開発の非線形モデル）（Chesbrough, 2003）がある（図表 6-2）．

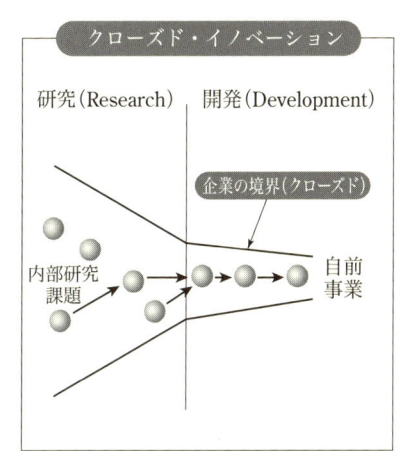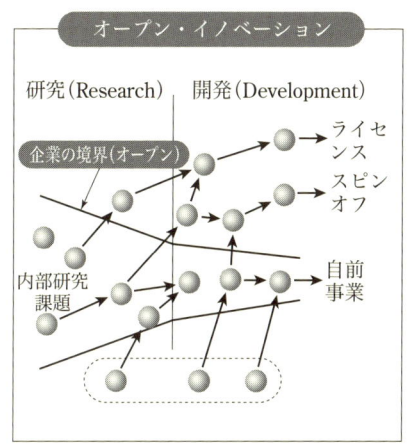

図表 6-2 クローズド・イノベーションとオープン・イノベーションの比較
［出典：Chesbrough, 2003］

　過去にも，企業内部での開発部門と研究部門での相互作用モデルとしてチェイン・リンクモデル（Kline & Rosenberg, 1986）があったが，それを外部にも拡張したモデルが，オープン・イノベーションであるといえる．Chesbrough (2003) のオープン・イノベーションを可能にした社会経済背景は，① 熟練した労働者（特に知識労働者）の流動性の高まり，② 大学や大学院において訓練を受けた者の数の増加，③ ベンチャー・キャピタルにより，他社の研究を商品化することを専門とするベンチャー企業の増加である．それらにより，大企業が独占していた技術や知識が，多くの他の大企業・中小企業またはベンチャー企業に拡散したことにより，企業が技術革新を継続するために，企業内部と外部のアイデアを有機的に結合させ，価値創造（知識創造）をすることが効率的になってきた．ここでは，オープン・イノベーションにおいては，企業からスピンアウトしたベンチャー企業・他の企業や大学は，知識創造を行う企

業にとって，（ベンチャー企業へ）資本投下・（他の企業と）提携や（大学へ）資金サポートを通じて，外部のアイデアの源泉になる．知識のその他の源泉には，顧客，サプライヤー，政府，産業コンソーシアムなどがある．そこで，企業内における研究開発における知識創造活動において，社外のアイデアを適切に評価して社内の知識と結合し新しいシステムを創造することや，外部の知識に足りないところを補う研究開発が重要になる．外部のアイデアを評価し，社内の知識と結合するには，外部のアイデアを新しいシステムの全体的視野から位置づけて理解する必要がある．

オープン・イノベーションにおいて重要な視点は，知識・技術それ自体では，経済的価値を生まないことである．知識・技術は，最適なビジネスモデルを通じて，商品化されることによって経済的価値を生む．したがって，オープン・イノベーションでは，企業が知識・技術を創造しても，それを利用して商品化するのは他の企業であったり，また，商品化できる知識・技術も，その企業が創造した知識・技術である必要もない．いいかえると，知識・技術だけを売る企業や商品開発のみに特化する企業もありうるということである（図表 6-2）．知識・技術を創造した企業が，その商品化に失敗した有名な例として Xerox の PARC（Palo Alto Research Center）がある．PARC は知識・技術の創造の面では非常に成功を収めた．今日のパソコンとコミュニケーションに関するイノベーションの重要な部分は PARC が開発した．例えば，グラフィカル・ユーザー・インターフェース（GUI），ビット・マップ・スクリーン，Ethernet やその後の高速ネットワーク・プロトコル，フォント制御プログラムである PostScript，文書管理ソフトウェア，Web 検索，オンライン会議に関するテクノロジー，レーザープリンタなどは後の社会に大いに役立ったものの，親会社である Xerox には利益をもたらさなかった．Chesbrough の分析（2003，大前〈訳〉pp. 19-38）によると，PARC で開発されたテクノロジーは，オープン・イノベーションにおいてのみ，真に経済的価値を生むことができた．つまり，PARC の研究者が Xerox を辞め，新しいベンチャー企業をスタートさせることで，PARC のテクノロジーは経済的価値を生んだ．これらのベンチャー企業は，Xerox のような垂直統合型のビジネスモデルではない，別のビジネスモデルを採用することで成功した．例えば，研究者の一部が Apple に転職することにより，マッキントッシュ・コンピュータには，PARC で開発された GUI のデザ

インが多用された．他のテクノロジーは，マイクロソフトで商品化された．例
えば，ワープロ Bravo は，マイクロソフト Word の先駆けであった．

　次に，テクノロジーに適合したビジネスモデルについて述べる．ビジネスモ
デルとは，あらゆる企業がテクノロジーのポテンシャルを経済的な価値に変換
することである（Chesbrough, 2003，大前〈訳〉pp.76-101）．Chesbrough が
取り上げている Xerox コピー機モデル 914 の例では，コピー機を従来の販売
形式からリース形式にビジネスモデルを変更したことがコピー機の経済的価値
の創造につながった．つまり，当時の熱転写式より品質のいい電子的な技術で
コピーする方がコスト高であるが「よい品質と高いコストで」というビジネス
モデルでは，顧客が当時月 100 枚程度しか使わないコピー機に高い金額は払わ
ないことがわかっていた．そこで, Haloid（後の Xerox）はコピー機をリースし，
顧客にリース費用として月 95 ドルを支払えばよく，月 2000 枚を超えるコピー
にのみ 1 枚 4 セントを請求することにした．また，Haloid は必要なサポート・
サービスをすべて提供し，リースは 15 日の事前通告で解約可能とした．つまり，
「高品質で大量，低リース料」のビジネスモデルが Xerox の支配的なロジック
になった．しかし，1980 年代になって日本のメーカーのキヤノンやリコーは
Xerox のアキレス腱を見つけた．Xerox の機器は大量コピーをする大企業では
うまくいったが，中小企業や個人にはうまくフィットしなかった．日本のメー
カーはこの顧客層（セグメント）に異なるビジネスモデルで参入した．それは，
専門の技術者でなくてもサービスできるものであった．特に，コピー機で最も
故障しやすい部品をカートリッジとして交換可能とした．これにより，コピー
機およびカートリッジに高いマージンを課すことができた．また，営業やサー
ビスも他社に委託することにより，直接販売網の構築コストも節約できた．そ
の間，Xerox はこれまで成功した支配的ロジックを捨て，低速で安価なコピー
機を開発したものの，日本式の直販制度に移行することは困難であった．この
ように，大企業における支配的ロジックによる既存のビジネスモデルに固執す
るあまり，新たなビジネスモデルを追求するのに失敗するケースが多い．そこ
で，新たなビジネスモデルの実験場として注目されるのが，ベンチャー企業で
ある．テクノロジーや知識の商品化を既存のビジネスモデル以外で行いたい場
合には，企業はベンチャー・キャピタルと提携することも考慮する必要がある．

　企業内部と外部のアイデアを有機的に結合させ，価値創造（知識創造）を

することで成功した例として，P&G は，"Connect＋Develop"をコンセプトに，自社の強みであるマーケティング力と社外のグローバルネットワークのコラボレーションにより，社内／社外を問わず世界中のリソースから最適なアイデア・技術活用を実現させ，大きな成功を収めている（ヒューストン＆サッカブ，2006）．以下は，P&G が構築したアイデア／技術のグローバルネットワークの一例である．

① 全社でアイデアを共有することを目的としたイントラネット整備（InnovationNet）情報

② 中国・インド・西欧・日本・中南米・米国などに Technology Entrepreneur（配属先各地で消費者ニーズ把握と社内の技術評価，社外の研究者やサプライヤーとのネットワーク構築を目的とした専門調査員）を設置

③ サプライヤーの研究員 50,000 人との相互交流

④ "NineSigma" や，"InnoCentive" などの社外の仲介ネットワーク（科学的・技術的問題を抱える企業と，解決策が提供できる企業や大学，政府系研究所，民間研究所，コンサルタントとを引き合わせることを目的としたオープン・ネットワーク）を活用し，世界で 100 万人超の研究員とアイデア・技術交換

"Connect＋Develop" 活動で実現された製品の一例として，「Pringles Prints」があげられる．P&G グローバルブランドの 1 つ「Pringles」のポテトチップ 1 枚 1 枚に絵や文章を印刷したものである．本製品に活用される印刷技術は，P&G が独自に保有していたものではなく，P&G グローバルネットワークによって技術アイデアが調達され，製品用に改良されたものである．この取り組みの結果，P&G では想定上市期間の短縮や，R&D コスト低減の効果を得ている．

"Connect＋Develop" への取り組みによって，外部アイデアを活用した製品が 137 品目（2005 年時点）産み出され，2010 年までに 50％ を目指している外部アイデアの活用率も，2005 年時点で 35％ にまで上昇した．

一方，財務面でも効果を上げており，時価総額，イノベーション成功率ともに 2000 年と比較して 2 倍になっており，売上高 R&D 費比率も 1.4 ポイント低減されている（2000 年：4.8％ ⇒ 2005 年：3.4％）．また，第 3 章の「仮想的組織と情報ネットワーク」で取り上げた仮想的組織は，シリコンバレーにおい

てよくみられる典型的な企業間協力関係であり，今後は，情報ネットワークの発達により，グローバルに展開されるものと思われる．

(2) オープン・イノベーションの SECI モデルによる考察

オープン・イノベーションは，企業内での研究開発における知識創造活動において，社外のアイデアを適切に評価し社内の知識と結合して新しいシステムを創造することに新しい視点がある．その側面は，SECI モデルにおいては，特に「連結化」のプロセスにみることができる．

1) IBM の事例

まず，Chesbrough の分析（2003，大前〈訳〉pp. 112-117）による IBM の事例によって，SECI モデルにおける「連結化」のプロセスをみてみる．1992年ころには，IBM は厳しい競争にさらされた．ハイエンドのメインフレーム市場が成熟し，最大のマーケット・シェアを有していても収入は減少傾向にあった．PC 分野では，その利益のほとんどを intel と Microsoft にもっていかれていた．IBM のワークステーションも Sun や HP，DEC との競争にさらされていた．1992 年末には，IBM は四半期で税引き後 49 億 6000 万ドルという，アメリカ史上最大の赤字を計上した．また，同時に IBM は過去最大の 2 万 5000人ものレイオフを実施し，終身雇用の歴史に終止符を打った．IBM 社外からルイス・ガースナーが CEO に就任した．ガースナーは，IBM を顧客に優れたソリューションを提供する企業に変質させた．1990 年半ば以降，インターネットが普及してきた．そこで，IBM はビジネスをインターネットにシフトした．しかし，IBM はインターネットに関する研究はほとんどしていなかった．IBM がターゲットとする顧客セグメントは，従来と同じ大企業や政府であった．しかし，バリュー・プロポジションはソリューションを提供することであった．そのためには，自社のテクノロジーのみに頼れなくなっていた．そこで，IBM はオープンなテクノロジーにより顧客に経済的な価値を提供した．これらには，Linux，Java や html，http がある．IBM はこれらのテクノロジーを顧客のニーズに合わせて「連結化」・「統合化」して顧客に提供していた．

2) シャープの事例

次に，SECI モデルにおける「連結化」の事例を，シャープが産学連携により開発したウォーターオーブンにおけるオープン・イノベーションにみてみよう（百嶋, 2007）．

　2004 年 9 月に「水で焼く」という新しいコンセプトをもったウォーターオーブン「ヘルシオ」(第 1 世代) を発売し, 年間 10 万台を販売するヒット商品となった. このヘルシオの開発段階で, シャープの町田社長 (当時, 現相談役) の指示で「マグネトロン (電子レンジで使用) を使わない調理器」,「美味しさと両立できる健康調理器」を開発するように, シャープの基礎研究を担う電化商品開発センターに要請した. センターでは, 各種加熱調理法を探索する中で, すでに業務用として食品加工の分野で使用されていた「過熱水蒸気」技術に注目し, 当時の開発担当者が, 大学での指導教官であった大阪府立大学工学部の大西助教授 (当時) から共同研究者として農学部の宮武教授とともに環境浄化技術として加熱水蒸気技術を研究していることを聞き, ヘルシオの共同研究を申し入れた. シャープには大阪府立大学の出身者が多く, 同大学との連携は研究室レベルの人脈を通じたものが多い. 大阪府立大学とは基礎研究ばかりでなくマーケティングの段階でも連携した. 基礎研究段階では, 2001 年 10 月にスタートし, 大学の過熱水蒸気装置で食品調理の可能性を検討し, 新調理器の原理モデルを構築した. 一方, マーケティング段階では, 2003 年はじめにスタートし, 技術の効能について大学と共同で科学的データを検討し, それをもとに商品化した. このように, 開発段階での大学との技術の「連結化」だけでなく, シャープの社内の商品事業部とも業務用を家庭用に小型化するための加熱水蒸気発生機構や製品システムの小型化において連携した.

3)　韓国・Samsung 電子の事例

　次に, SECI モデルにおける「連結化」の事例を, グローバル規模での韓国・Samsung Electronics Co., Ltd (Samsung 電子) のオープン・イノベーションの取り組みでみてみよう (佐々木, 2007；李, 2007).

　韓国では, オープン・イノベーションが広まっていないのが現状である. その原因として, ① 韓国企業が外部との協力より自前の R&D を重視している, ② 大企業と他の革新主体, つまり中小企業, 大学, 政府傘下の研究所間の信頼関係がなく, 部分的に力量の格差が大きい, ③ ベンチャー・キャピタル, 専門的な技術仲介組織などオープン・イノベーションの実現に向けた基礎的インフラが未発達である, ことが指摘されている (林・卜, 2006). しかし, その中にあって, 特に, エレクトロニクス系の企業がオープン・イノベーションを経営戦略の核として実施している. 韓国・Samsung 電子の取り組みはその先

駆的な事例である．同社のグローバル・アライアンス活動での日本企業関連で
は，ソニーとの第 8 世代アモルファス TFT 液晶ディスプレイ事業での協力体
制の確立がある．S–LCD の第 8 世代ラインは，韓国中央部に位置する忠清南道・
湯井クリスタルベリー内にある．「世界最大」（ソニー）という 2,200 × 2,500
mm の液晶ガラス基盤を生産する生産ラインで，Samsung 電子とソニーが，
計 1 兆 8,000 億ウォン（2,209 億 7,000 万円／ 1 円＝ 0.1227 ウォン）を投資し
て造成したものである．2007 年 7 月には試験的に量産を行っている．ここで
生産されるパネルは，主に Samsung 電子とソニーによる 52 インチおよび 46
インチフル HD パネル搭載液晶テレビに搭載されるという．40 インチパネル
はすでに「第 7 世代ラインで，十分に供給できる」（Samsung 電子）という．
これにともなって市場には 50 インチ以上のパネルが大量に出荷され，大型液
晶テレビの市場拡大に貢献すると予想される．実際にこれまでの統計数値をみ
ると，40 インチ以上のパネルの四半期別の集荷量も，S–LCD が 2 位以下の
L.G.Philips LCD やシャープなどを大きく引き離している（図表 6-3）．

図表 **6-3** **40 インチ以上の LCD パネルの，四半期別出荷量**（単位：1,000 台）
［出典：Displaybank〈Samsung 電子提供〉，一部改変］

区　分	2006 年		2007 年	
	第 3 四半期	第 4 四半期	第 1 四半期	第 2 四半期
Samsung	1,540.5	1,697.0	1,632.0	2,077.2
L.G. Philips LCD	616.9	808.9	852.0	1,234.0
Sharp	86.3	230.5	353.0	453.0
A.U. Optronics	33.0	116.0	264.0	448.0
Chi Mei	132.0	141.0	153.3	224.2
合計	2,408.7	2,993.4	3,254.3	4,436.4

　Samsung 電子の資料によると，2007 年における 50 インチ以上の LCD パネ
ルの市場展望は 113 万 2,000 台，13 億米ドルの展望で，2011 年にはこれが 590
万 7,000 台，35 億米ドルに膨らむ展望で大きな成長が見込まれていた（図表
6-4）．
　この Samsung 電子とソニーの協力関係を通じて，ソニーは安定的な LCD パ
ネル供給を確保し，Samsung 電子は安定的な顧客企業を確保でき，Win–Win
関係を構築することができたと評価されている．

図表 6-4　**50 インチ以上の LCD パネル市場の年間展望**（単位：1,000 台，1,000 米ドル）
[出典：Displaybank〈Samsung 電子提供〉]

	2007	2008	2009	2010	2011
出　　荷	1,132	2.344	3.607	4.827	5,907
売り上げ	1,380,978	2,325,149	2,963,129	3,340,706	3,573,344

4)　英 Cambridge Consultants 社の例

　多くの大企業はかつて自前でイノベーションを起こそうとしてきたが，最近ではオープンな形で社外のリソースを活用して革新を生み出す動きがみられる．そんな大企業のイノベーションパートナーとして存在感を高めているのが，英 Cambridge Consultants 社である（山崎, 2016）．同社は 1960 年に英ケンブリッジ大学の産学協同組織として設立され，現在は約 600 人の従業員を抱えており，その 8 割を研究者が占めている．ソフトウエアやハードウエア，流体力学，医療機器といったさまざまな分野の専門家が在籍しており，工作機械などの生産設備も備えている．Cambridge Consultants 社の特徴は，企業と二人三脚でさまざまなイノベーションを生み出すことである．例えば，オランダの Philips 社と組んで高齢者が倒れた際に自動的に検知して通報する「Lifeline」シリーズを開発した．ネックレスのように身に着けるペンダント形でヘルプボタンを搭載しているが，ヘルプボタンを押さなくても所有者が倒れたことを検知し，自動的に無線で助けが呼べる仕組みで，普及が進んでいる．また，ドイツ Siemens 社と組んで開発した新型ガスメーターは，5 つあった電池を 1 つに減らしてコストダウンと同時に電池寿命を 2 倍に伸ばす性能を実現した．さらに，航空関連メーカー向けには，航空機に搭載する小型・軽量で低消費電力の新たな無線機器も開発している．大企業には，ある分野の製品や技術に詳しいエンジニアがいる一方で，革新的な製品を生み出そうとすると，従来の延長線上の発想から抜け出せないことが少なくない．こうした限界を突破するために，英 Cambridge Consultants 社は，社外の知恵を借りる企業の"駆け込み寺"として機能している．

6.3　アーキテクチャーにおけるインテグラル化とモジュール化

6.3.1　アーキテクチャーによる産業分類

　アーキテクチャーとは，「構成要素間の相互依存関係のパターンで記述され

るシステムの性質」である (Uluich, 1995). まずはじめに, 藤本 (2004) の「アーキテクチャーの産業論」についてその概略を説明する. 企業間関係のインテグラル合化とモジュール化を論じるには, どの産業でインテグラル化が必要で, どの産業がモジュール化により競争優位を獲得するかの判定・診断が戦略的に重要である.

　モジュラー化とは, システムを構成している要素間の相互関係にみられる濃淡を認識して, 相対的に相互関係を無視できる部分をルール化されたインターフェースで連結しようとする戦略である. その結果, システムは相対的に独立な構成要素群 (モジュール) の集合体として認識されることになる. それに対して, インテグラル化とは, 逆に要素間の複雑な相互関係を積極的に許容して, 相互関係を自由に開放して継続的な相互調整に委ねる戦略である. その結果, システムは構成要素が複雑に関連したものとして認識されることになる. アーキテクチャーを把握する2つ目の視点は, オープン化とクローズ化である. これは, システムの性質自体というよりは, むしろシステムの性質に関する社会的コンセンサスの程度を示すものである. オープン化とは, システムの構築, 改善, 維持に必要とされる情報が公開され, 社会的に共有・受容される動きを指している. その結果, 多くの人々がシステムの開発や改善に参加できるようになる. それに対して, クローズ化とは, 逆に, そうして情報の社会的な共有・受容が制限される動きを指している (青島・武石, 2004).

　本項では, まず, 「製品・工程アーキテクチャー」(以下, 「製品アーキテクチャー」とする) の観点からインテグラル化・モジュール化を論じ, 次に, 「組織アーキテクチャー」の観点から, 次いで「組織間関係のアーキテクチャー」の観点からインテグラル化とモジュール化を議論する. 項の最後に, 今後のインテグラル化とモジュール化を述べる.

(1)　「製品アーキテクチャー」のインテグラル化とモジュール化

　「製品アーキテクチャー」とは, 「どのようにして製品を構成部品に分割し, そこに製品機能を配分し, それによって必要となる部品間のインターフェース (情報やエネルギーを交換する「継ぎ手」の部分) をいかに設計・調整するか」に関する設計構想のことである (藤本, 2004). 代表的な分類として, 「インテグラル (統合) 型」と「モジュラー (組合せ) 型」の区別,「クローズ (閉) 型」と「オープン (開) 型」の区別がある (Ulrich, 1995 ; Fine, 1998 ; 藤本, 1998 ;

Baldwin *et. al.*, 2000）.

1) インテグラル（統合）型製品アーキテクチャー

「インテグラル（統合）型製品アーキテクチャー」の製品とは，機能群と部品群との関係が錯綜しているものを指す．つまり，「インテグラル（統合）型製品アーキテクチャー」の製品とは，部品間の設計の微妙なバランスやすり合わせ・調整が製品全体の機能群に大きな影響を及ぼす製品である．例えば，図表 6-5 の左に示したように，自動車では，「乗り心地」という 1 つの機能を実現するために，ボディ，エンジン，サスペンションなど，多くの部品群が関係する．また，逆に 1 つの部品が多くの機能を担っている．例えばボディは，乗り心地，燃費や走行安定性など，複合的な機能をもつ．

2) モジュラー（組合せ）型製品アーキテクチャー

「モジュラー（組合せ）型製品アーキテクチャー」の製品とは，機能と部品（モジュール）との関係が 1 対 1 に近く，スッキリした形をしているものを指す．つまり，「モジュラー（組合せ）型製品アーキテクチャー」の製品とは，あらかじめ別々に設計された部品やコンポーネントを事後的に組み合わせることで，十分な機能が実現できる製品である．例えば，図表 6-5 の右に示したように，パソコンでは，表示，演算，印刷といった機能はそれぞれ独立しており，ディスプレイ，パソコン本体，プリンターなどの各コンポーネントと 1 対 1 で対応

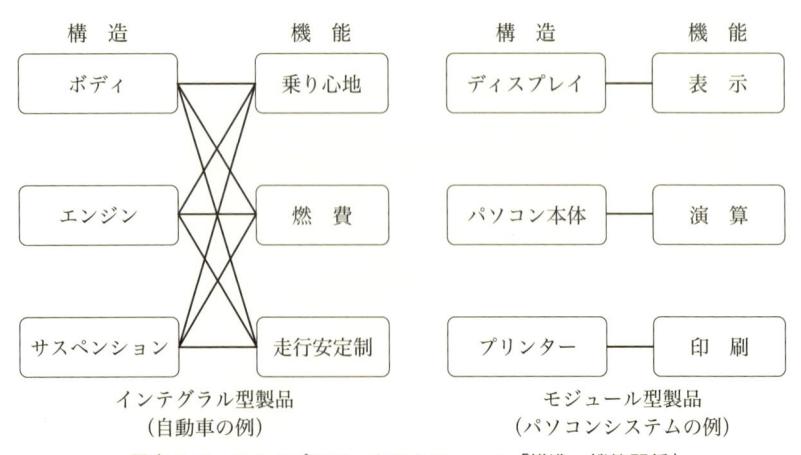

図表 6-5　2 タイプのアーキテクチャーの「構造―機能関係」
［出典：藤本, 2004, p.125 の図 10, 一部改変］

している．その結果，各コンポーネントは独立に設計・開発することが可能で，使用する際にはそれらを組み合わせて，インターフェースなども比較的シンプルで，USB などで接続すれば十分な機能を発揮する．

3) クローズ（閉）型製品アーキテクチャー

「クローズ（閉）型製品アーキテクチャー」の製品とは，部品間のインターフェース設計ルールが基本的に 1 社内に閉じているものを指す．例えば自動車の場合，各部品の詳細設計は外部のサプライヤーに任せることもあるが，インターフェース設計や機能設計などの「基本設計」部分は 1 社で完結している．乗用車やオートバイは，クローズ型かつインテグラル型アーキテクチャーの製品の典型である．また，IBM360 メインフレームコンピュータやおもちゃの「レゴ」は，クローズ型かつモジュラー型製品アーキテクチャーの製品である．

4) オープン（開）型製品アーキテクチャー

「オープン（開）型製品アーキテクチャー」の製品とは，基本的にはモジュラー製品であって，なおかつインターフェースが企業を超えた業界レベルで標準化した製品のことを指す．したがって，企業を超えた「寄集め設計」が可能であり，異なる企業から品質のよい部品を集めて組み立てれば，複雑な「すり合わせ」なしで，ただちに機能性の高い製品が作れる（Fine, 1998；國領, 1999）．

以上の分類は，図表 6-6 にまとめられる．図表 6-6 のマトリックス左上の「クローズ／インテグラル型」には自動車，オートバイ，一部の「軽薄短小」型家電などが入る．また，マトリックス右上の「クローズ／モジュラー型」にはレゴ，IBM360，標準型工作機械などが入る．マトリックス右下の「オープン／モジュ

	インテグラル （すり合わせ）	モジュラー （組合せ）
クローズ （囲い込み）	自動車 オートバイ 小型家電	汎用コンピュータ 工作機械 レゴ（おもちゃ）
オープン （業界標準）		パソコン パッケージソフト 自転車

図表 **6-6** 製品アーキテクチャーの基本タイプ
［出典：藤本, 2004, p.132 の図 11, 一部改変］

ラー型」には自転車やパソコン，パッケージソフトなどが入る．

(2)　製品アーキテクチャーのダイナミックス

1)　製品アーキテクチャーのダイナミックスの事例

　この項では，ハードディスク業界における製品アーキテクチャーのダイナミックスを扱った Christensen（1997）の実証研究の事例に基づき，(1) 項における産業分類もダイナミックに変化することを説明する．

　ハードディスクの技術は，大型コンピュータの 14 インチ・ディスクに始まり，次にミニ・コンピュータ用の 8 インチ・ディスク，パソコン用の 5 インチ・ディスク，3.5 インチ・ディスクと世代交代していった．その原因は，新たに出現する「破壊的技術」が単価,性能において優れていたからである．これを，アーキテクチャーのダイナミックスの視点から考えてみる（Christensen *et al.*, 2002）．

　技術の初期には,機器の性能が市場の要求を十分に満たしていないので,ハードディスクの完成度を上げるために，すべての部品を一体生産するインテグラル型の製品アーキテクチャーが有利になるが，技術が成熟するとディスクとヘッドなど個別の部品だけを低価格で生産するモジュール型の製品アーキテクチャーが出現し,水平分業によってコストダウンを実現する．しかし,製品アーキテクチャーの競争は，必ずしもインテグラル型からモジュール型へと一方向へと進むわけでもない．その意味では，製品アーキテクチャーの進化としてとらえることはできない．ハードディスクの世代交代の例では，ある世代の初期には物理的な限界に挑戦するためにインテグラル型の製品アーキテクチャーを採用して開発され，技術がコモディタイズ（日用品化）するにつれて新規参入やコスト競争によってモジュール型の製品アーキテクチャーが採用され，世代が変わると再びインテグラル型の製品アーキテクチャーになるというスパイラルがみられる．

　次に，以上のようなダイナミックスを半導体露光装置と工作機械でみてみよう（中馬，2002）．半導体露光装置は，従来，日本企業が得意としてきたインテグラル型の製品アーキテクチャーの究極に位置しているが，モジュール構造を「売り」にするオランダ・ASML 社の製品に 90 年代後半にはシェアを奪われた．ASML 社の「モジュール型露光装置」は，深刻な半導体不況下で存亡の危機にあった同社が長期的にグレードアップ可能なマシンを提供することによって，

デバイスメーカーの投資効率を高めることを狙った戦略的商品であった．しかし，その後の製品展開をみると，このモジュール化構想は，長期的にグレードアップ可能なマシンを提供するという最終ゴールにはつながらず，むしろニコン，キャノンに比べ大幅な生産リードタイムの短縮に貢献した．半導体露光装置の基幹ユニットで所定の精度が出ていても，それらを単に組み合わせただけでは最終精度が出ない，という意味で本来インテグラル型の製品アーキテクチャーである半導体露光装置は，完全なモジュール構造にすることはきわめて難しい製品である．基幹ユニットの組合せにより最終動作性能を出すための各種パラメータ調整には，熟練の技術者の高度な「すり合わせ」技術が必要である．しかし，現実にはそのような高度な能力を有している現場の技術者を獲得することは困難である．特に欧米のように「もの作り」能力が日本ほど高くない場合には，徹底したモジュール化を企図する ASML 社の設計思想をとるのが合理的である．しかし，2002 年において，各社がしのぎを削る次世代の F 2 レーザー露光装置では，半導体露光装置の物理的限界（特に光学的限界）に近づくにつれて，投影レンズユニットを主な原因とする交互干渉問題がより深刻化してきて，徹底したモジュール化戦略がとれず，再びインテグラル型のアーキテクチャーを採用しなければ，納期の短縮が望めない状況になっていた．

2) 製品アーキテクチャーのダイナミックスの理論

製品システムや生産システムのアーキタクチャーは，時代とともにダイナミックに変化している（青島・武石, 2004）．それは，1つには，前節の事例でみたように，時代とともにインテグラル化とモジュール化の相対的優位性が変化しているからである．図表 6-7 は，モジュール化やインテグラル化の動きが製品システムのパフォーマンスとどのような関係にあるかを図式化したものである．例えば，縦軸のパフォーマンスとして，製品の性能や品質が考えられる．横軸は，製品システムを開発したり改善したりする際に必要な時間もしくは投入資源を表している．製品開発でいえば，リードタイムや開発工数がこれに当たる．モジュール化のメリットは，各モジュールの独立性によるシステム進化のスピードが速くなることである．モジュール化のデメリットは，モジュール化に付随するインターフェースのルール化により，システムが達成できる最大パフォーマンス・レベルが一定の水準に固定されることである．図表 6-7 でモジュール化を表す左側に位置する線ほど直線の勾配が急で（進化のスピー

ドが速く），代わりに軸と並行する線のパフォーマンス・レベル（最大実現可能なパフォーマンス・レベル）が低い水準になっている．一方，極端にインテグラル化されたシステムでは，メリットとしては，構成要素に自由な相互作用が許されているために実現可能な最大パフォーマンス・レベルは限りなく高いが，デメリットとして，構成要素間の調整の複雑さゆえにパフォーマンス・レベルを上げるのに多大な時間がかかる．そのことは，図表6-7ではインテグラル化に対応する直線の傾きが他のモジュール化の傾きよりも小さいことで示されている．図表6-8は，モジュラー化とインテグラル化の相対的優位性が，システムの開発や改善に投入することができる時間と資源の量に依存することを表している．図表6-8では，時間と投入資源が t_0 に制限されている場合には，

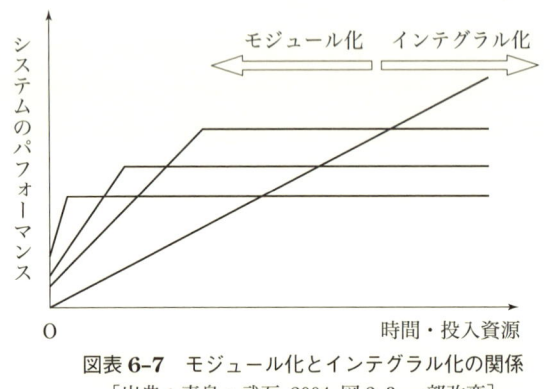

図表 6-7　モジュール化とインテグラル化の関係
［出典：青島・武石, 2004, 図 2-3, 一部改変］

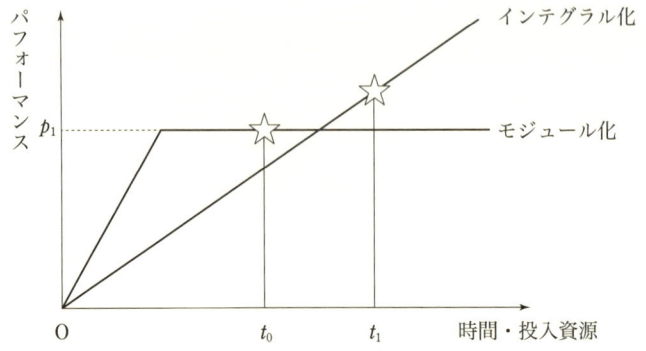

図表 6-8　時間・投入資源と絶対的パフォーマンス水準の影響
［出典：青島・武石, 2004, 図 2-4, 一部改変］

モジュール化が優位な戦略となる．一方，時間と投入資源が t_1 である場合には，インテグラル化が優位な戦略となる．変化が速くスピードが要求されるほどモジュール化が優位になることは，現実にも，製品のライフサイクルが速くなってきた時期とモジュール化が注目される時期が一致していることや，情報技術に関わる製品においてモジュール化が注目されることなどをみても，図表 6-8 に示されたことの妥当性がわかる．

　図表 6-8 が示しているもう 1 つの事実は，市場で要求される絶対的パフォーマンス水準がある水準 p_1 を超えてしまうと，時間や資源の有無にかかわらず，インテグラル化に向かわざるを得ないということである．つまり，その時点で従来のモジュール化のあり方は根本的な見直しが要求されることになる．このことは，6.2.1 の (2) 項で述べたハードディスクの製品アーキテクチャーが，インテグラル型→モジュラー型→インテグラル型とスパイラルに変化した事例にも示されている．

　インテグラル化とモジュール化の相対的優位性を既定しているのは，今まで述べた「時間・投入資源」と「要求パフォーマンス水準」の 2 つの要素だけではない．図表 6-9 はもう 1 つの要因として「システムの複雑性」の影響を図式化している．システムが複雑になると処理すべき相互作用の数が増えるため，システムのパフォーマンスを上げるために要する時間と資源が従来以上にかかり，かつその複雑性を縮減する能力に変化がなければ，図表 6-9 のインテグラル化の直線の傾きは小さくなり，もし時間と資源が t_1 の水準にあるなら，

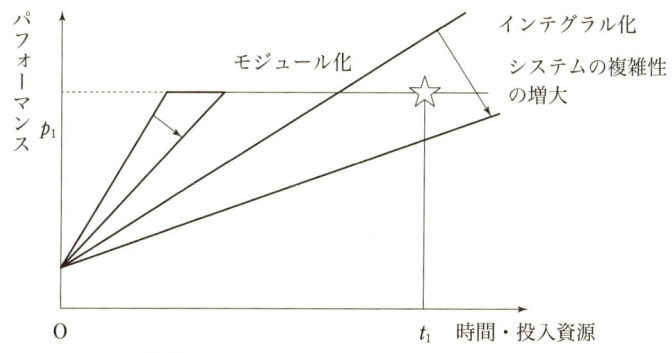

図表 6-9　システムの複雑性の増大の影響
［出典：青島・武石，2004，図 2-5，一部改変］

インテグラル化の代わりにモジュール化が優位になる．それは，システムが複雑になるとすべての構成要素の変動を許すようなインテグラル型製品アーキテクチャーでは相互作用の調整に膨大な時間と資源がかかってしまうからである．このような場合は，構成要素間の関係をデザイン・ルールによって事前に複雑性を縮減しておく必要があるので，モジュール型製品アーキテクチャーが優位になる．しかし，システムの複雑性が増大した場合に，複雑性を処理する方法としてモジュール化以外の戦略がとれれば，事情が異なってくる．システムの複雑性を縮減する他の方法とは，例えば，個人の能力や組織の能力，情報技術といったものである．このことは，図表 6-10 で示される．複雑性の処理の増大は，直線の傾きが急になることによって示されている．それは，システムを開発する個人の能力が高まれば，より短い時間とより少ない資源とで高いパフォーマンスが達成できるからである．したがって，与えられた時間と資源に図表 6-8 と同様に変化がなく t_1 で，図表 6-10 で示された増大したシステムの複雑性により低下した傾きをもとの位置に回復させる複雑性処理能力の増大によって，再び，図表 6-8 のように，インテグラル化の優位性が回復する．

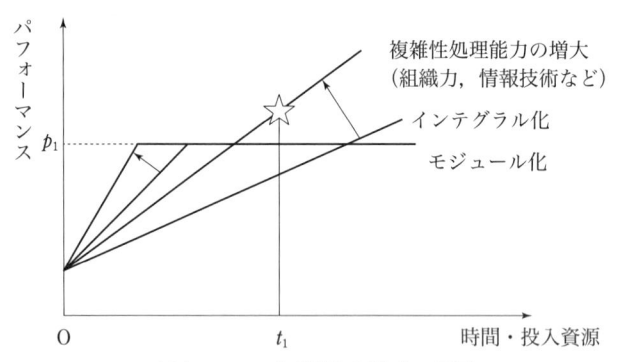

図表 **6-10**　複雑性処理能力の影響
［出典：青島・武石, 2004, 図 2-6, 一部改変］

6.3.2　組織のアーキテクチャー(組織能力)のインテグラル化とモジュール化

　前述したごとく，製品アーキテクチャーとは，製品など人工物の設計における，諸要素間の相互依存性に着目した概念である．したがって，製品アーキテクチャーが異なれば，その製品の設計開発を行う企業に必要な業務プロセス，組織構造，組織能力などのあり方に影響を及ぼすと考えられる．つまり，複雑

な相互依存性をもつインテグラル型の製品アーキテクチャーを設計・開発する組織プロセスは，より緊密な相互連携や濃密なコミュニケーションを必要とするし，組織構造も，部門間の緊密な相互調整のメカニズムが必要であり，またそれらを支える組織能力も，インテグラル重視のものが必要である．一方，事前に設定されたデザイン・ルールに従って，機能完結的なモジュールを寄せ集めて全体システムの機能を実現できるモジュール型製品アーキテクチャーと相性がよい組織能力は，個々の製品要素を正しく選ぶ「選択眼」である（藤本・延岡, 2003）．

　以上は，インテグラル能力と選択能力について，製品のアーキテクチャーに着目して整理したものである．したがって，基本的には生産・開発事業者の組織能力である．しかし，現代のメーカーは，複数の事業をもった構造をしている．そこで，全体としての企業レベルの組織能力を別途考察する必要がある．企業レベルのインテグラル能力としては，複数事業インテグラル能力が代表的である．

　これは，企業全体のインテグラル的な多角化戦略に対応し，事業間のシナジー効果が活用できる能力である．さらに，開発プロジェクト間の相互依存性を統制する「マルチプロジェクト統合能力」（延岡, 1996），複数製品およびマーケティング要素の間のコンセプト的一貫性を保持する「ブランド構築能力」（片平, 1997），生産・開発を含む事業要素全体をまとめて儲かる事業システムを構築する「事業モデル統合能力」（加護野, 1999；青島・武石, 2001）などがある．一方，企業レベルの選択能力としては，多角化企業を構成する個々の事業のうちベストなものを選択する組織能力があり，そのための，事業への参入，撤退，買収，売却など柔軟な事業構造の変革能力がある（藤本・延岡, 2003）．

　以上の議論は，製品アーキテクチャーによって組織のアーキテクチャーが変化するというものであった．しかし，どの製品アーキテクチャーが最適であるかの基準が事前に明確でない場合には，組織がどの製品アーキテクチャーが最適であるかを判断できず，そのときの組織能力に合った製品アーキテクチャーが選択される．そのようなケースを福澤（2008）によるリコーのデジタル複合機におけるファームウエアの開発事例からみてみることにする．

　リコーは，アナログ複写機時代から高い市場シエアを維持しており，複写機を本業としてきたので，開発組織における部門間調整のあり方も複写機開発部

門が中心となっており，デジタル複合機のための組み込み型ソフトウエアであるファームウエア・アーキテクチャーを開発する際にも，本業である複写機能を中心としたアーキテクチャーが志向された．既存の中核的なハードウェア主体の複写機能に縛られてしまい，複写機能，印刷機能，FAX機能，読み取り機能などの多機能に適した最適のファームウェア・アーキテクチャーを選択し開発することはできなかった．しかし，最終的には，各機能に関する知識を保有するエンジニアが集まり部門間の相互調整を緊密に行うための組織を設けることで，デジタル複合機の最適なファームウェア・アーキテクチャーの開発のための資源を大量に投資し，従来の中核的な複写機能を開発してきた複写部門の意見に縛られずに，最適なファームウェア・アーキテクチャーが選択できた．

6.3.3　組織間アーキテクチャーのインテグラル化とモジュール化

　自動車などの加工組立製品の場合，ある製品に関わる生産資源のすべてを単一の企業でまかなうことはない．例えば，自動車の場合，自動車メーカーに1次部品サプライヤー，2次部品サプライヤー，素材メーカー，設備メーカーなどさまざまな外部企業が参加している．このような企業間システムの構造の境界線は，ある生産要素のどこまでを内製化し，どこから外注化するかの内外区分によって決まる．従来，日本の企業間システムにおいては，「系列」（発注企業による部品サプライヤーへの出資と役員派遣や，そうした資本的・人的関係に基づく関係の継続）を「日本型サプライヤー・システム」（ベストプラクティスを表す理念型）と同じものとして扱ってきたが，藤本（2002）は，それらを区別すべきであるとしている．ここで，「日本型サプライヤー・システム」とは，次の3つの特性をもったものである．

① 　部品メーカーとの安定的な長期継続取引であり，これにより企業間の協調的関係の形成，情報共有の促進，システム全体の改善，競争力向上に寄与する．Asanuma（1989）らの議論によれば，各自動車メーカーとその系列の1次部品サプライヤーとの間には，長期安定的な取引関係が存在し，有力部品サプライヤーが製品開発段階から参加するなどして「関係特殊的技能」を蓄積してきた．この議論から示唆されて，伊藤（2002）は，自動車メーカーと距離的に近く，技術知識が共有できるような部品サプライヤーの事業者の生産性が上昇する，ということを1次部品サプライヤーの事業者のTFP成長要因についての回帰分析から実証した．

② 複数の部品メーカーが，価格のみならず技術力・設計力・改善能力など を多面的に評価されることを通じて，カテゴリー（例えばヘッドランプ） ごとに平均2〜3社のサプライヤーが個別案件ごとに厳しい受注獲得競争 を行う.

③ 発注企業（組立メーカー）が，相互に関連した活動（部品加工とサブ組 み立て，製造と検査，生産と開発など）を一括して，部品メーカーに外注 することで，部品メーカーが長期的な仕上げ能力などを蓄積することが可 能になり，安定したコストダウンや品質向上が達成される.

このような「日本型サプライヤー・システム」については，しかし，藤本（2002） も指摘しているように，歴史的には，高度成長期では，系列＝日本型サプライ ヤー・システムであり，それなりに歴史的役割を果たしたが，継続的成長が終 わった現在は，系列のもつ「出資や役員派遣による関係継続」はかえって成長 の足かせになっている.しかし，本項では，歴史的な視点も考慮して，日本型 サプライヤー・システムに系列を含めて議論する.自動車産業の最近の研究で は，1990年代以降，既存の「系列を超えた取引」が増えている（延岡，1999； 近能，2001，2003）.これは，国内自動車メーカーが海外自動車メーカーのグルー プ傘下に組み入れられるケース（日産，三菱自動車など）や海外の自動車メー カーの低価格車の開発，中国などの低価格部品の活用等部品コスト圧力などに より，自動車メーカー側の部品調達戦略が変化したことから，従来に比べ，自 動車産業に「オープン化」の波がきていることによる（植田，2005, p.248-249）.

しかし，自動車メーカーがオープン化を志向しているとはいえ，自動車製品 がクローズ・インテグラル型の製品アーキテクチャーをもった製品である以上， 重要な部分については，自動車メーカーは，クローズ・インテグラル型で，ま た他の部品ではオープン化というように，両立で進んでいくと考えられる.植 田（2005）は，近年の中国製造業の急速な成長の要因を安い労働コストや外 資系企業の進出に求めるのでなく，中国国内の多様な層の企業の多様なネッ トワークを活用したモジュール型の生産システムに求める研究（藤本, 2003, 2004;関, 2003;渡辺, 2003）を紹介しつつ，「クローズ・インテグラル型製品アー キテクチャー」の典型と考えられているオートバイでも，同じような現象がみ られ，日系メーカー製品と激しい競争を演じていることを報告している.これ を，藤本（2004）は「疑似オープン・アーキテクチャー化」と呼んでいる.こ

のような状況下で，日系企業が，新興国市場でシエアを獲得していくためには，クローズ・インテグラル型の組織間アーキテクチャーという従来型の枠を超えて，オープン・モジュール型の組織間アーキテクチャーを模索する方向に発展する必要が出てくると予想される．

　次に，半導体産業における組織間アーキテクチャーの変化をみてみよう（波多野, 2006, pp.46-48）．日本の大手半導体メーカーの特徴は，すべて総合電機メーカーの一事業部であったことである．1980 年代の半導体メーカーは，他の事業部門からの豊富な設備投資資金の供給と効率的な「もの作り能力」の高さにより，DRAM を中心に 1986 年にはアメリカを抜いて半導体産業で世界のトップ（メーカー国籍別市場シエア）に立った．いいかえると，日本の半導体メーカー各社が，インテグラル型産業の強みを発揮して半導体産業を拡大した．しかし，1990 年代に入ると，ベンチャー・キャピタルなどによる資金調達が容易になり，情報通信技術の進化により外部との情報共有が容易になり，株主重視の経営への圧力が高まるなど，世界的に産業界を取り巻く環境に変化が生じた．それにともない，世界の半導体メーカーでも設計の複雑化により，ファブレス（製造設備をもたず設計のみに特化する企業）の出現, ファンドリー（機動的な設備投資を実施し「製造」に特化する企業で，ファブレスからの SoC（system on chip；1 つの半導体チップ上に必要な一連の機能〈system〉を集積した集積回路）受注のみならず汎用 DRAM などの製造も行う）の出現などにより製造装置の能力が高度化し，デバイスメーカーが製造装置の開発を単独で抱え込むことが困難になるような大きな環境変化が生じた．半導体メーカーを取り巻くこのような環境変化により，わが国のクローズ・インテグラル型の企業のメリットが薄まり，設計・製造それぞれに特化する企業，製造別の絞り込みを行う企業など，自社のコア・コンピタンスに資源を集中する企業が，高い利益率を上げるようになった．

　次に，工作機械産業の組織間アーキテクチャーをみてみよう（波多野, 2006, pp.78-79）．工作機械は自動車同様に作り込みであるが,製品アーキテクチャーとしてはクローズ・モジュール型の製品である．つまり，工作機械は，動力制御部分を除くと技術革新が小さいうえ，きさげ加工（鈍角で幅広の刃先をもつ工具［スクレパーまたは工具自体をきさげということもある］を使って，人が金属表面を削って平らにしていく作業）など職人的技術がいまだに必要である．

また，他の製造業同様，コンピュータによる制御は必須であり，付加価値の高いメカトロニクス領域においては，モジュール化したサーボモーターなどの動力部位も含み，多くの工作機械メーカーは外部企業との組織間連携に依存している．したがって，工作機械に占める工作機械メーカーの付加価値分は決して高いとはいえない．しかし，工作機械の真価は個々のモジュール部品ではなく，ユーザー要件を知り尽くしたうえでの加工性能にあり，それらを統合する設計・調達・加工・組立，および調整力が必要になる．

6.4　まとめと今後の展開

本章では，6.2節「知の創造プロセスと SECI モデル」で，オープン・イノベーションにおける SECI モデルによる解析において「連結」のプロセスを重点的に述べたが，SECI モデルにおけるその他のプロセスがどのように関わっているかの分析が今後の課題として残されている．また，オープン・イノベーションを Aldrich（1999）の組織進化論の視点から，社会ネットワークとして，紐帯の重要性や構造的空隙（structural holes）などの概念枠組みを使って分析することも有益である．6.3節「アーキテクチャーにおけるインテグラル化とモジュール化」で，人工物の設計思想であるアーキテクチャーにおけるインテグラル化とモジュール化に関して論ずる際に重要なことは，アーキテクチャーを製品・工程に関するもの，組織に関するもの，および組織間に関するものに区別することである．本節では，そのような考えに基づいて，アーキテクチャーを論じている．また，アーキテクチャーの分類としてのインテグラル化とモジュール化を論じる際に重要なことは，製品・工程，組織能力，組織間関係が，アーキテクチャーによって固定的に決定されるのでなく，採用される技術の内容や組織によって選択されるアーキテクチャー間にダイナミックな競争が起こることである．前者の採用される技術の内容によって選択されるアーキテクチャーが変化する事例として，本節でハードディスク，半導体露光装置，および工作機械を取り上げた．後者の組織がアーキテクチャーを選択する例として，本節ではリコーのデジタル複合機におけるファームウェア・アーキテクチャーの開発過程を取り上げた．

今後の展開としては，組織間アーキテクチャーの選択に関して今後問題となってくるのが，クローズ・インテグラル型の製品アーキテクチャーの典型で

ある自動車やオートバイでも，重要な部品ではクローズ・インテグラル型が支配的であるが，他の部品に関してはオープン化の流れが無視できなくなってきていることである．さらに，電気自動車（EV）の開発においては，オープン・モジュール化が避けて通れない状況になってきており，日本のもの作りが曲がり角にきている．

第 **III** 部

情報ネットワークと集団意思決定

第7章
集団意思決定支援システム によるコラボレーション

7.1 は じ め に

　社会・経済環境の急激に増大する複雑性に対応すべく，今日，多くの企業ではチームなどによる集団意思決定を採用するようになってきた．集団作業のための情報技術としては，グループウェア（CSCW：Computer Supported Cooperative Work）や集団意思決定支援システム（GDSS：Group Decision Support System）がある．この両者は，従来異なる研究者グループによって研究されてきたが，共通する内容を多くもっている．しかし，ここでは，特に組織における意思決定の文脈に焦点を絞った GDSS について考察することにする．

　本章の構成は，まず，7.2 節「GDSS とは何か」で，GDSS に対する De-Sanctis & Gallupe の分類を示す．7.3 節「GDSS の数学モデル」で，GDSS の数学モデル（城川, 1992）を考察する．7.4 節「数値例」で，2 つのケースを取り上げる．1 つは，2 人からなるグループが 2 種類の自動車から 1 種類の自動車を選ぶ問題であり，2 つ目は，3 人からなる集団が 2 種類の自動車から 1 種類の自動車を選ぶ同様の問題を扱う．7.5 節「GDSS の数学モデルの組織論的意味と限界」で，GDSS の数学モデルの組織論的意味と限界をいくつかのメタファーを使って説明する．ここで取り上げるメタファーは，「有機体としての組織」，「脳としての組織」のイメージを取り上げる．最後の 7.6 節で「まとめと今後の展開」を述べる．

7.2 GDSS とは何か

　GDSS とは，"人間のコミュニケーションの一端を担い，集団での意思決定

とそのためのコミュニケーションを支援するシステム"と定義できる．また，GDSS を単に IT の応用として情報工学的にとらえるのではなく，社会的・組織心理学的にとらえることが重要である．このような社会的・組織心理学的文脈は，各種組織（企業，政府，公共機関，団体等）や技術（IT，情報ネットワーク等），習慣，制度，文化などを含んでいる．GDSS の利用による作業効果への影響について，多くの組織心理学の実験が行われている．Bui & Sivasankaran（1990）によると，GDSS を利用した集団は，そうでない集団より複雑な問題解決の状況では時間的に効果的であったが，逆に，複雑性の小さい問題解決状況では余計に時間がかかったことを，報告している．

　Deni *et. al.*（1990）は，電子会議室で集団サイズ（3, 9, 18）を変えてなされた議論の質（内容，時間）やメンバーの満足度を調べた結果，集団サイズの大きい集団の方が，小さい集団に比して議論の質・量ともよく，メンバーの満足度も高かったと，報告している．通常，GDSS は，意思決定が行われる期間の持続性と集団のメンバー間の物理的距離に従って，図表 7-1 のように次の 4 つ

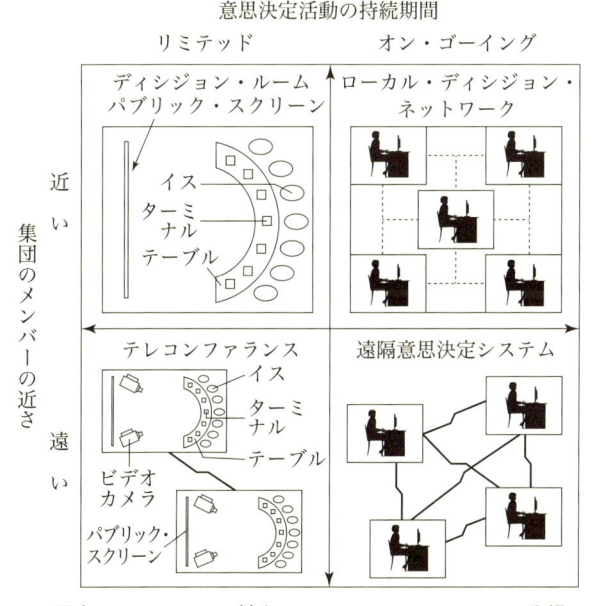

図表 7-1　GDSS に対する DeSanctis & Gallupe の分類
［出典：DeSanctis & Gallupe, 1985, pp.3-10，一部改変］

のグループに分類される（DeSanctis & Gallupe, 1985）.

① ディシジョン・ルーム
② ローカル・ディシジョン・ネットワーク
③ テレコンファランス
④ 遠隔意思決定システム

である.以下,これらを詳しくみていくことにする.

1) ディシジョン・ルーム

ディシジョン・ルームは,電子的な支援によって強化された通常の会議室である.IT の利用によって対面の会話による相互作用をより効果的にして,意思決定過程を活性化することを目的にしている.情報は,ネットワークを介して参加者同士,またコンピュータから送られた画面を映すパブリック・スクリーンを介してやりとりされる.グラフィック・ツールによってパブリック・スクリー

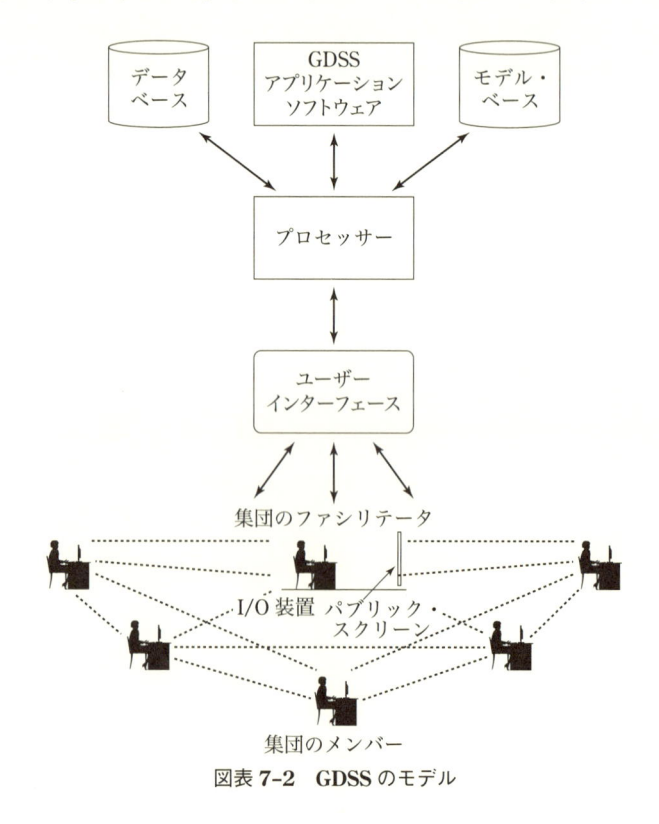

図表 7-2　GDSS のモデル

ン上にグラフやスケッチを映すことができる．一般に，ファシリテータ（仲介者）は，集団意思決定を容易にする役目をもっている．つまり，彼らの仕事は，参加者が技術的なことに神経を使うより，課題に集中できるようにすることである（図表7-2）．

2) ローカル・ディシジョン・ネットワーク

参加者が同じ部屋に同時に集まり，意思決定の時間も短時間であるディシジョン・ルームと違って，ローカル・ディシジョン・ネットワークは，参加者はそれぞれのオフィスにいて，長時間にわたって議論をし，必ずしも同時である必要はない．多くの場合，彼自身のPCを通して，それぞれの参加者は，他の参加者，中央データベース，彼らの担当している仕事，意思決定支援ソフトにE-mailによってアクセスする．パブリック・スクリーンは，彼ら自身のターミナル上で利用可能である．

3) テレコンファランス

この形の意思決定支援は，概念的にはディシジョン・ルームアプローチと同じであり，参加者が地理的に互いに離れている場合に有効である．2つかそれ以上のディシジョン・ルームが視覚的あるいは単に音声で互いに結ばれている．

4) 遠隔意思決定システム

このアプローチは，基本的にはローカル・ディシジョン・ネットワークと同様だが，しかし，マネジャーのオフィスは近くにはなく，会議を電子的にコントロールすることは，必ずしも容易でなく，IT技術の進歩が必要である．しかし，現在一番注目されているシステムである．

7.3 GDSS の数学モデル

GDSS の数学モデル（城川, 1992）を考察する前に，まず個人の選好について考えてみよう．集団意思決定モデルでは，1からNと番号づけられたN人の個人がいて，集団（チーム）を形成している．もう1つの要素は，意思決定の対象である「代替案」の集合である．ここでは，M個の代替案を考える．われわれが本章で取り扱う問題は，「集団的自動車購入問題」である．他に，類似の問題として「集団的従業員雇用問題」などがある．つまり，N人からなる集団に会社から与えられた問題は，M種類の自動車の中から会社が購入すべき自動車を1種類選定することである．そして，集団のN人は，それぞれ

代替案に対して異なる選好をもっている．ここでは，個人の代替案に対する選好は，効用によって表されているものとする．効用には，一般に，順序的効用（個人は代替案に選好の順序を与える）と，基数的効用（個人は代替案に効用値の計数［絶対値］を与える）がある．われわれは，ここでは基数的効用を用いるものとする．一般に，基数的効用は順序的効用としても使えるが，その逆は成立しない．

　合理的意思決定者は，彼らの効用を最大にする代替案を選択するものと仮定する．効用最大化仮説は，次の公理に基づいている（Goodwin & Wright, 1991）.

① 完備性の公理：もし意思決定者が 2 つの代替案 X, Y に直面したら，彼らは，Y よりも X を選好するか，X よりも Y を選好するか，あるいは，それらの間に差がないものとするかのいずれかである．これは，選好に関して何ら曖昧さがないことを意味する．

② 強欲の公理：他の事情が同じなら，意思決定者は常に少ないよりはより多くを選好する．

③ 推移律の公理：代替案 X が Y より好まれ，Y が Z より好まれれば，X は Z より好まれる．

④ 凸性の公理：ある財の量が一定量増加するとき，続いての増加は，前の増加の価値に等しいか，それ以下に評価される．

⑤ 連続性の公理：財 X, Y の 2 つの塊の間には，常に両者に近い他の塊 Z が存在し，Z の効用は X と Y の効用の間にある．

⑥ 安定性の公理：上の公理を満たす選好順序は時間を経ても変わらない．

　次に，意思決定ルールについて考察する（Allison & Messick, 1987）．集団がある決定に至るのに利用されるルールは，意思決定過程に多大な影響を及ぼす．すべての集団は，何らかの意思決定ルールを用いる．代表的な 2 つの型の意思決定ルールを，ここでは取り上げる．

① 満場一致ルール：すべての集団のメンバーが選ばれた解が最適であると一致したとき，決定が終了するルールである．

② 多数決ルール：これには，無条件多数決ルール（つまり，メンバーの数の 1/2+1）と条件つき（つまり，2/3 多数決など）の 2 種類がある．

　いずれにおいても，使われる投票ルールは重要である．つまり，メンバーが 1 つの選択肢に投票するときと，メンバーがすべての選択肢に順序づけをする

ときとでは, 異なる結果になる. ボーダ投票システム (その発明者チャールス・デ・ボーダの名による) では, それぞれの投票者の最も好んだ候補者が最高得点を得, 次に好まれた者がより少ない得点を得, …, 最も好まれない者は得点ゼロを得る. もっと一般的には, もし M が代替案の数なら, 最も好まれる者は, $M-1$ 点を得, 2 番目は $M-2$ 点, …, と得点していく.

次に, 個人の選好から集団意思決定へどのように達するかを考える. 集団意思決定は, 集団のメンバー個々人の選好を何らかの方法で, 1 つの集団意思決定に集約することである. 社会的意思決定図式 (SDS：Social Decision Scheme) は, この推移過程を記述するのに役立つ (Baron *et. al.*, 1992；Kerr, 1992). SDS は, あらかじめ, 代替案についてメンバー間の意見の一定の初期分布が与えられたとき, 集団としてある特定の意思決定に至る尤度を決める確率ルールである. それは, $L \times M$ の行列 **D** で表される. ここで, M は代替案の数であり, N はメンバーの数 (集団の大きさ) であり, L はオプション (集団としての選好のパターン) の可能な初期分布の数, $[(M+N-1)!/\{M!(N-1)!\}]$ である. この行列 **D** の要素 d_{ij} は M 個の代替案に対するメンバーのオプションの i 番目のパターンから議論を始めた集団が j 番目の代替案を選択して終わる確率である. 例えば, もしマネジメント集団の 2 人のメンバーが 2 つの戦略的代替案 A, B について決定しなければならないときは, 3 つの可能なオプションの初期分布がある. つまり, 両者が A を選ぶか, 両者が B を選ぶか, 1 人が A を他が B を選ぶかである. SDS は, すべての可能な初期分布と意思決定過程のすべての可能な結果を結びつける行列である (図表 7-3).

図表 7-3 は, $N=4$ 人のメンバーが, $M=2$ 個の代替案について決定する

初期分布		集団の決定		
A	B	A	B	未決定
4	0	1	0	0
3	1	1	0	0
2	2	0	0	1
1	3	0	1	0
0	4	0	1	0

図表 7-3　SDS の例

例である．この場合の可能なオプションの数は $L = 5$ であるが，集団の決定は（集団討論の間に，誰も自分のオプションを変えないとすると），多数決ルールを使うものとし，図表 7-3 のように集団の決定がなされる．図表 7-4 は，$N = 6$ 人のメンバーが $M = 3$ 個の代替案について決定する例である．この場合の集団過程の 3 つの可能な結果に対する確率 $\boldsymbol{d}_{ij}$ の与え方は以下の 3 つある．

① 比例図式：代替案が選ばれる確率は，その代替案を支持した人の割合とするという仮説を表している．

② 多数決・比例図式：集団は多数決によって支持された代替案を選択するが，もし多数派が存在しないときは，比例図式の原理を適用する．

③ 超過・比例図式：集団は過半数に達しない最高得票を得た代替案を選択するが，もし 2 つの最大派閥が同数なら比例図式を適用する（Kerr *et. al.*, 1975）．（ここで，過半数に達しない最大得票代替案は最大派閥であるが，必ずしも多数派ではない．）

図表 7-4 の初期分布は，もとの SDS から各代替案を選んだサンプル数の形で表されている（なぜなら，もとの SDS の初期分布の数は $L = 56$ になるので，ここで記すには大きすぎるからである）．

初期分布			比例図式			多数決・比例図式			超過・比例図式		
A	B	C	A	B	C	A	B	C	A	B	C
4	1	1	$\frac{4}{6}$	$\frac{1}{6}$	$\frac{1}{6}$	1	0	0	1	0	0
3	2	1	$\frac{3}{6}$	$\frac{2}{6}$	$\frac{1}{6}$	$\frac{3}{6}$	$\frac{2}{6}$	$\frac{1}{6}$	1	0	0
3	3	0	$\frac{3}{6}$	$\frac{3}{6}$	0	$\frac{3}{6}$	$\frac{3}{6}$	0	$\frac{3}{6}$	$\frac{3}{6}$	0

図表 **7-4** **3** つの社会的決定ルールに対する $\boldsymbol{d}_{ij}$ の例

次に，以上の準備のもとで，GDSS に対する数学モデルを考察する（Kigawa, 1992, 1997）．以下，GDSS をネットワークと呼ぶことにする．集団の課題は，GDSS の分類の中で，特に遠隔意思決定システムを用いて，「集団的自動車購入問題」を解決することである．はじめに，それぞれのメンバーは，他のメンバーを参照したり，他のメンバーに自分の選好を教えたりしないで，与えられた M 種の自動車に対する彼あるいは彼女の効用を決めるように要求される．その際，N 人からなる集団の中のメンバー n が，代替案である異なる M 種の

自動車（1, 2, …, Mと番号づけられている）に対してもつ効用 u_n は M 次元実ベクトルであり，効用値 0, 1, 2, …, $M-1$ の M−組合せの1つである．われわれは，以下効用 u_n を効用ベクトルと呼ぶ（ただし，u_n の i 番目の要素は，自動車 i に対するメンバー n の効用値とする）．この組合せの数は，

$$U(M, M) = M^M \qquad \cdots\cdots (1)$$

である．ここで，いくつかの種類の自動車に同じ効用値を与えることは可能とする．ネットワークの状態は，それぞれの列ベクトルが，M 次元ベクトル（効用ベクトル u_n, $n = 1, 2, …, N$）からなる $M \times N$ 行列で表される．ここで，行列の列の位置に関係なく，同じ列ベクトルをもつ2つの行列は，同一の行列あるいはネットワークの同じ状態とみなす．なぜなら，われわれのモデルでは，誰がどの効用ベクトルをもっているかに無関係に，集団全体で意見がどのくらい異なっているか，つまりバラついているかにのみ興味があるからである．したがって，行列の中での列ベクトルの位置は互いに交換可能であるとする．

次に，メンバー間での相互作用のルールを以下のように仮定する．

①　ネットワークシステムの相互作用のそれぞれの段階で，2人のメンバー間でのみ相互作用が可能である．任意のメンバー間で相互作用が起こる確率は，どのメンバー間でも同一で，

$$\boldsymbol{P}_{int} = 1 \Big/ \binom{N}{2} \qquad \cdots\cdots (2)$$

である．

②　メンバー n, m 間の相互作用の前の状態が，$u_n = (\cdots, i, \cdots)$ と $u_m = (\cdots, j, \cdots)$，（ここで，$i$, j は同じ種類の自動車に対する各個人の効用で，$i > j$ である）であったとき，相互作用の後では，それらは，$u_n = (\dots, i, \dots)$ と $u_m = (\cdots, j+1, \cdots)$，あるいは，$u_n = (\cdots, i-1, \cdots)$ と $u_m = (\cdots, j, \cdots)$ をそれぞれ，確率 α, β（$\alpha + \beta = 1$）でとる．もし $i = j$ なら，相互作用の後の次の状態は両メンバーとも相互作用の前の状態と同じである．

$\{X_n\}$ をネットワークの状態空間 $S = \{(u_1, u_2, \cdots, u_N)$；ここで，$u_n$, $(n = 1, 2, \cdots, N)$ はメンバー n の効用ベクトルである$\}$ をもつマルコフ連鎖とする．そのとき，$\{X_n\}$ に対するブロック型での推移行列は，

$$P = \begin{array}{c} A\{ \\ \\ T\{ \end{array} \overbrace{\begin{bmatrix} 1 & 0 \\ 0 & 1 \end{bmatrix}}^{A} \overbrace{\begin{matrix} O \\ \\ Q \end{matrix}}^{T} \begin{matrix} \\ \\ \\ R \end{matrix} \qquad \cdots\cdots (3)$$

で与えられる．ここで，T は P の過渡的状態を表し，A は P の吸収状態を表し，O はゼロ要素の行列を表し，Q は P の過渡的状態間の推移に対応する部分確率行列である．基本行列定理（Isaacson & Madsen, 1976）によって，過渡的状態から平均吸収時間を計算すると，

$$N = (I - Q)^{-1} \qquad\qquad \cdots\cdots (4)$$

となる．

もし I'（$'$ は転置を示す）を 1 の列ベクトルとすると，NI' は，その i 番目の要素が i 番目の過渡的状態からの平均吸収時間であるベクトル $\boldsymbol{\mu}'$ である．また，いろいろな過渡的状態から吸収状態への吸収確率は，NR である．さらに，基本行列定理を使って，ベクトル $\boldsymbol{\mu}'$ の 2 次モーメントは，$\boldsymbol{\mu}^{(2)'} = N(2\boldsymbol{\mu}' - I')$ である．したがって，平均吸収時間の分散ベクトルは，

$$SD' = \sqrt{\boldsymbol{\mu}^{(2)} - \boldsymbol{\mu}'^{2}} \qquad\qquad \cdots\cdots (5)$$

である．

7.4　数値例

本節では，上で展開した理論を数値例で具体的に示す．ここでは，2 つのケースを取り上げる．1 つ目は，2 人からなる集団が 2 種類の自動車から 1 種類の自動車を選ぶ問題であり，2 つ目は，3 人からなる集団が 2 種類の自動車から 1 種類の自動車を選ぶ同様の問題を扱う．

(1)　2 人のケース（$N = M = 2$）

ここでは，2 人からなるネットワークシステムを考える．それぞれのメンバーは，はじめ他のメンバーに自分の選好を教えたり，また他のメンバーのことを調べたりしないで，個々に 2 つの選択肢あるいは 2 種類の自動車に関する選好を決めるように依頼される．メンバー n（$n = 1, 2$）の自動車効用ベクトル u_n は 2 次元ベクトル $(i, j)'$, $(i, j = 0, 1)$ であり，ここで，$0, 1$ は基数効用値である．2 メンバーの繰り返しありの 2-順列の数は，

$$U(2, 2) = 2 \times 2 = 4 \qquad \cdots\cdots (6)$$

である．この順列のリストは，

$$\begin{pmatrix} 0 \\ 0 \end{pmatrix}, \begin{pmatrix} 0 \\ 1 \end{pmatrix}, \begin{pmatrix} 1 \\ 0 \end{pmatrix}, \begin{pmatrix} 1 \\ 1 \end{pmatrix} \qquad \cdots\cdots (7)$$

である．このときのネットワークの状態は，次の 10 個の行列で与えられる．

$$
\begin{aligned}
&S_1 = \begin{pmatrix} 0 & 1 \\ 0 & 0 \end{pmatrix}, \ S_2 = \begin{pmatrix} 0 & 0 \\ 0 & 1 \end{pmatrix}, \ S_3 = \begin{pmatrix} 0 & 1 \\ 0 & 1 \end{pmatrix}, \\
&S_4 = \begin{pmatrix} 1 & 0 \\ 0 & 1 \end{pmatrix}, \ S_5 = \begin{pmatrix} 1 & 1 \\ 0 & 1 \end{pmatrix}, \ S_6 = \begin{pmatrix} 0 & 1 \\ 1 & 1 \end{pmatrix}, \\
&S_7 = \begin{pmatrix} 0 & 0 \\ 0 & 0 \end{pmatrix}, \ S_8 = \begin{pmatrix} 1 & 1 \\ 0 & 0 \end{pmatrix}, \ S_9 = \begin{pmatrix} 0 & 0 \\ 1 & 1 \end{pmatrix}, \\
&S_{10} = \begin{pmatrix} 1 & 1 \\ 1 & 1 \end{pmatrix}
\end{aligned}
\qquad \cdots\cdots (8)
$$

したがって，ネットワークの状態空間は $S = \{T, S\}$ であり，ここで $T = \{S_1,$ $S_2, S_3, S_4, S_5, S_6\}$ は過渡的状態の集合であり，$S = \{S_7, S_8, S_9, S_{10}\}$ は吸収状態の集合である．ネットワークの状態空間 S をもつマルコフ連鎖の推移確率 P, Q, R は，

$$
P = \begin{array}{c} \\ S_7 \\ S_8 \\ S_9 \\ S_{10} \\ S_1 \\ S_2 \\ S_3 \\ S_4 \\ S_5 \\ S_6 \end{array}
\begin{array}{c}
\begin{array}{cccccccccc} S_7 & S_8 & S_9 & S_{10} & S_1 & S_2 & S_3 & S_4 & S_5 & S_6 \end{array} \\
\left[\begin{array}{cccc|cccccc}
1 & & & & & & & & & \\
& 1 & & & & & & 0 & & \\
& & 1 & & & & & & & \\
& 0 & & 1 & & & & & & \\
\hline
1/2 & 1/2 & 0 & 0 & 0 & 0 & 0 & 0 & 0 & 0 \\
1/2 & 0 & 1/2 & 0 & 0 & 0 & 0 & 0 & 0 & 0 \\
0 & 0 & 0 & 0 & 1/4 & 1/4 & 0 & 0 & 1/4 & 1/4 \\
0 & 0 & 0 & 0 & 1/4 & 1/4 & 0 & 0 & 1/4 & 1/4 \\
0 & 1/2 & 0 & 1/2 & 0 & 0 & 0 & 0 & 0 & 0 \\
0 & 0 & 1/2 & 1/2 & 0 & 0 & 0 & 0 & 0 & 0
\end{array} \right]
\end{array}
$$

$$\cdots (9)$$

$$Q = \begin{array}{c} \\ S_1 \\ S_2 \\ S_3 \\ S_4 \\ S_5 \\ S_6 \end{array} \begin{array}{cccccc} S_1 & S_2 & S_3 & S_4 & S_5 & S_6 \\ \left[\begin{array}{cccccc} 0 & 0 & 0 & 0 & 0 & 0 \\ 0 & 0 & 0 & 0 & 0 & 0 \\ 1/4 & 1/4 & 0 & 0 & 1/4 & 1/4 \\ 1/4 & 1/4 & 0 & 0 & 1/4 & 1/4 \\ 0 & 0 & 0 & 0 & 0 & 0 \\ 0 & 0 & 0 & 0 & 0 & 0 \end{array}\right] \end{array} \qquad \cdots\cdots (10)$$

$$R = \begin{array}{c} \\ S_1 \\ S_2 \\ S_3 \\ S_4 \\ S_5 \\ S_6 \end{array} \begin{array}{cccc} S_7 & S_8 & S_9 & S_{10} \\ \left[\begin{array}{cccc} 1/2 & 1/2 & 0 & 0 \\ 1/2 & 0 & 1/2 & 0 \\ 0 & 0 & 0 & 0 \\ 0 & 0 & 0 & 0 \\ 0 & 1/2 & 0 & 1/2 \\ 0 & 0 & 1/2 & 1/2 \end{array}\right] \end{array} \qquad \cdots\cdots (11)$$

で与えられる．基本行列 N を使って，各過渡的状態 T からの平均吸収時間ベクトル $\boldsymbol{\mu}'$ は，

$$\boldsymbol{\mu}' = \boldsymbol{N}1' = (1, 1, 2, 2, 1, 1) \qquad \cdots\cdots (12)$$

で与えられる．また，過渡的状態 T から吸収状態 S への吸収確率行列は，

$$\boldsymbol{N}\cdot\boldsymbol{R} = \begin{array}{c} \\ S_1 \\ S_2 \\ S_3 \\ S_4 \\ S_5 \\ S_6 \end{array} \begin{array}{cccc} S_7 & S_8 & S_9 & S_{10} \\ \left[\begin{array}{cccc} 1/2 & 1/2 & 0 & 0 \\ 1/2 & 0 & 1/2 & 0 \\ 1/4 & 1/4 & 1/4 & 1/4 \\ 1/4 & 1/4 & 1/4 & 1/4 \\ 0 & 1/2 & 0 & 1/2 \\ 0 & 0 & 1/2 & 1/2 \end{array}\right] \end{array} \qquad \cdots\cdots (13)$$

で与えられる．平均吸収時間ベクトル $\boldsymbol{\mu}'$ の 2 次のモーメントベクトルは，

$$\boldsymbol{\mu}^{(2)'} = (1, 1, 4, 4, 1, 1) \qquad \cdots\cdots (14)$$

で与えられる．したがって，平均吸収時間の分散ベクトルは，

$$\boldsymbol{SD}' = (0, 0, 0, 0, 0, 0) \qquad \cdots\cdots (15)$$

で与えられる．

　次に，各過渡的状態 T からの平均吸収時間ベクトル $\boldsymbol{\mu}'$（式〈12〉）によってネットワークの状態空間の構造を示す．

　図表 7-5 は，2 次元グリッドにおける吸収状態を示したものである．横軸は，タイプ1の自動車の効用を，縦軸は，タイプ2の自動車の効用を示している．個々

のメンバーの効用ベクトルは，この 2 次元グリッドの中に位置づけられる．図表 7-5 の 4 つの角は，2 人のメンバーが同じ効用ベクトルをもち，したがって，同じ座標をもつことを示している．例えば，座標 $(0, 1)$ の点は，ネットワークの吸収状態 S_9 を示し，それは，集団がタイプ 2 の自動車を選択することを示している．もし集団が S_7 か S_{10} に到達すれば，集団は自動車の選択ができず，上司に判断を仰がなければならない．

　図表 7-6 は，吸収状態 S に吸収されるまでに平均 1 単位時間かかる過渡的状態を示している．図表 7-6 では，ネットワークの状態は長円形の枠で示されている．その集合には，S_1, S_2, S_5, S_6 が含まれる．

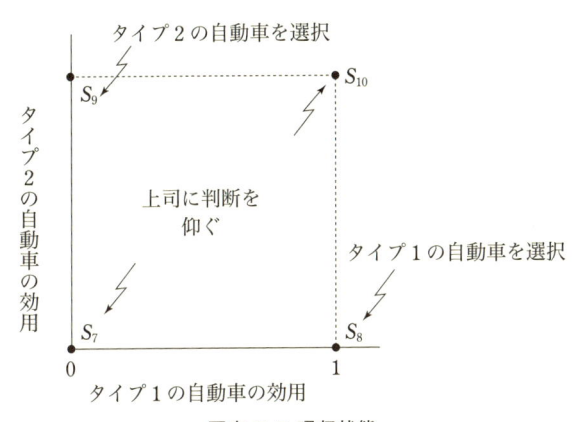

図表 7-5 吸収状態

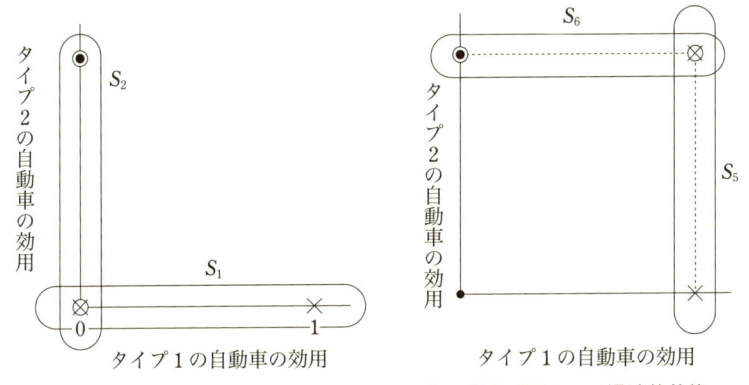

図表 7-6　吸収状態に吸収されるまでに平均 1 単位時間かかる過渡的状態

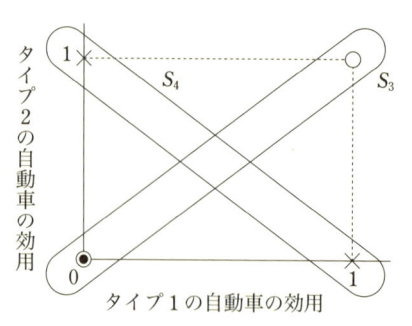

図表 **7-7**　吸収状態に吸収されるまでに平均 **2** 単位時間かかる過渡的状態

　図表 7-7 は，吸収状態 S に吸収されるまでに平均 2 単位時間かかる過渡的状態を示している．この集合には，S_3, S_4 が含まれる．この集合は，したがって，メンバー間の選好が一番バラついているネットワークの状態の集合に対応している．

　以上のことから，ネットワークの状態間には，平均吸収時間に関して部分順序関係をつけることができる．

(2)　3 人のケース （$N = 3, M = 2$）

　次に，3 人からなるネットワークシステムを考える．ネットワークの状態は，次の 20 個の行列からなる．

$$S_1 = \begin{pmatrix} 0 & 1 & 1 \\ 0 & 0 & 0 \end{pmatrix}, \quad S_2 = \begin{pmatrix} 0 & 1 & 1 \\ 0 & 1 & 1 \end{pmatrix}, \quad S_3 = \begin{pmatrix} 0 & 0 & 1 \\ 0 & 0 & 0 \end{pmatrix},$$

$$S_4 = \begin{pmatrix} 0 & 0 & 0 \\ 0 & 0 & 1 \end{pmatrix}, \quad S_5 = \begin{pmatrix} 0 & 0 & 1 \\ 0 & 0 & 1 \end{pmatrix}, \quad S_6 = \begin{pmatrix} 0 & 0 & 1 \\ 0 & 1 & 0 \end{pmatrix},$$

$$S_7 = \begin{pmatrix} 0 & 1 & 1 \\ 0 & 0 & 1 \end{pmatrix}, \quad S_8 = \begin{pmatrix} 0 & 0 & 1 \\ 0 & 1 & 1 \end{pmatrix}, \quad S_9 = \begin{pmatrix} 0 & 1 & 1 \\ 1 & 0 & 0 \end{pmatrix},$$

$$S_{10} = \begin{pmatrix} 0 & 1 & 1 \\ 1 & 1 & 1 \end{pmatrix}, \quad S_{11} = \begin{pmatrix} 0 & 0 & 1 \\ 1 & 1 & 0 \end{pmatrix}, \quad S_{12} = \begin{pmatrix} 0 & 0 & 0 \\ 0 & 1 & 1 \end{pmatrix},$$

$$S_{13} = \begin{pmatrix} 0 & 0 & 1 \\ 1 & 1 & 1 \end{pmatrix}, \quad S_{14} = \begin{pmatrix} 1 & 1 & 1 \\ 0 & 1 & 1 \end{pmatrix}, \quad S_{15} = \begin{pmatrix} 1 & 1 & 1 \\ 0 & 0 & 1 \end{pmatrix},$$

$$S_{16} = \begin{pmatrix} 1 & 0 & 1 \\ 0 & 1 & 1 \end{pmatrix}, \quad S_{17} = \begin{pmatrix} 0 & 0 & 0 \\ 0 & 0 & 0 \end{pmatrix}, \quad S_{18} = \begin{pmatrix} 0 & 0 & 0 \\ 1 & 1 & 1 \end{pmatrix},$$

$$S_{19} = \begin{pmatrix} 1 & 1 & 1 \\ 0 & 0 & 0 \end{pmatrix}, \quad S_{20} = \begin{pmatrix} 1 & 1 & 1 \\ 1 & 1 & 1 \end{pmatrix}$$

…… (16)

　ネットワークの状態空間は $S = \{T, S\}$ であり，ここで，$T = \{S_1, S_2, \cdots, S_{16}\}$

は過渡的状態の集合であり，$S = \{S_{17}, S_{18}, S_{19}, S_{20}\}$ は吸収状態の集合である．状態空間 S をもつマルコフ連鎖の推移確率行列 P, Q, R は，

$$
P =
\begin{array}{c|cccc|cccccccccccccccc}
 & S_{17} & S_{18} & S_{19} & S_{20} & S_1 & S_2 & S_3 & S_4 & S_5 & S_6 & S_7 & S_8 & S_9 & S_{10} & S_{11} & S_{12} & S_{13} & S_{14} & S_{15} & S_{16} \\
\hline
S_{17} & 1 & & 0 & & & & & & & & & & & & & & & & & \\
S_{18} & & 1 & & & & & & & & & O & & & & & & & & & \\
S_{19} & & 0 & 1 & & & & & & & & & & & & & & & & & \\
S_{20} & & 0 & & 1 & & & & & & & & & & & & & & & & \\
\hline
S_1 & 0 & 0 & 1/3 & 0 & 1/3 & 0 & 1/3 & 0 & 0 & 0 & 0 & 0 & 0 & 0 & 0 & 0 & 0 & 0 & 0 & 0 \\
S_2 & 0 & 0 & 0 & 0 & 0 & 0 & 0 & 0 & 0 & 1/6 & 1/6 & 0 & 1/6 & 0 & 0 & 0 & 1/6 & 0 & 0 & \\
S_3 & 1/3 & 0 & 0 & 0 & 1/3 & 0 & 1/3 & 0 & 0 & 0 & 0 & 0 & 0 & 0 & 0 & 0 & 0 & 0 & 0 & 0 \\
S_4 & 1/3 & 0 & 0 & 0 & 0 & 0 & 0 & 0 & 0 & 0 & 0 & 0 & 0 & 1/3 & 0 & 0 & 0 & 0 & 0 & 0 \\
S_5 & 0 & 0 & 0 & 0 & 0 & 0 & 1/6 & 1/6 & 1/3 & 0 & 1/6 & 1/6 & 0 & 0 & 0 & 0 & 0 & 0 & 0 & 0 \\
S_6 & 0 & 0 & 0 & 0 & 0 & 0 & 1/4 & 1/4 & 0 & 0 & 1/12 & 1/12 & 1/6 & 0 & 1/6 & 0 & 0 & 0 & 0 & 0 \\
S_7 & 0 & 0 & 0 & 0 & 1/4 & 1/6 & 0 & 0 & 1/6 & 1/12 & 0 & 0 & 0 & 0 & 0 & 0 & 0 & 1/4 & 1/12 & \\
S_8 & 0 & 0 & 0 & 0 & 0 & 1/6 & 0 & 0 & 1/6 & 1/12 & 0 & 0 & 0 & 0 & 0 & 1/4 & 1/4 & 0 & 1/12 & \\
S_9 & 0 & 0 & 0 & 0 & 1/6 & 0 & 0 & 0 & 0 & 1/6 & 0 & 1/3 & 0 & 0 & 0 & 0 & 1/6 & 1/6 & & \\
S_{10} & 0 & 0 & 0 & 1/3 & 0 & 0 & 0 & 0 & 0 & 0 & 0 & 1/3 & 0 & 1/3 & 0 & 0 & & & & \\
S_{11} & 0 & 0 & 0 & 0 & 0 & 0 & 0 & 0 & 1/6 & 0 & 0 & 0 & 1/3 & 1/6 & 1/6 & 0 & 0 & 1/6 & & \\
S_{12} & 0 & 1/3 & 0 & 0 & 0 & 0 & 1/3 & 0 & 0 & 0 & 0 & 0 & 0 & 1/3 & 0 & 0 & & & & \\
S_{13} & 0 & 1/3 & 0 & 0 & 0 & 0 & 0 & 0 & 0 & 0 & 1/3 & 0 & 0 & 1/3 & 0 & 0 & & & & \\
S_{14} & 0 & 0 & 0 & 1/3 & 0 & 0 & 0 & 0 & 0 & 0 & 0 & 0 & 0 & 0 & 1/3 & 1/3 & & & & \\
S_{15} & 0 & 0 & 1/3 & 0 & 0 & 0 & 0 & 0 & 0 & 0 & 0 & 0 & 0 & 0 & 1/3 & 1/3 & & & & \\
S_{16} & 0 & 0 & 0 & 0 & 0 & 0 & 0 & 0 & 1/12 & 1/12 & 1/6 & 1/4 & 1/6 & 0 & 0 & 1/4 & 0 & & & \\
\end{array}
\cdots (17)
$$

$$
Q = T\begin{bmatrix} T \\ * \end{bmatrix} \quad \cdots (18), \qquad R = T\begin{bmatrix} A \\ * \end{bmatrix} \quad \cdots (19)
$$

で与えられる．各過渡的状態 T からの平均吸収時間ベクトル $\boldsymbol{\mu}'$ は，

$$
\boldsymbol{\mu}' = \boldsymbol{N}\boldsymbol{I}' = (3, 45/8, 3, 3, 45/8, 21/4, 21/4, 21/4, 45/8, 3, 45/8, \\
3, 3, 3, 3, 21/4) \quad\quad \cdots (20)
$$

である．

平均吸収時間ベクトル $\boldsymbol{\mu}'$ の2次のモーメントベクトルは，

$$
\boldsymbol{\mu}'^{(2)'} = (15, 41.34, 15, 15, 41.34, 36.94, 36.94, 36.94, 41.34, \\
15, 41.34, 15, 15, 15, 36.94) \quad\quad \cdots (21)
$$

で与えられる．したがって，平均吸収時間の分散ベクトルは，

$$
\boldsymbol{SD}' = (2.45, 3.11, 2.45, 2.45, 3.11, 3.06, 3.06, 3.06, 3.11, 2.45, \\
3.11, 2.45, 2.45, 2.45, 2.45, 3.06) \quad\quad \cdots (22)
$$

で与えられる．

次に，前例と同様に，各過渡的状態 T からの平均吸収時間ベクトル $\boldsymbol{\mu}'$ 式(20)によって，ネットワークの状態空間の構造を示す．

図表7-8 は，2次元グリッドの中での吸収状態を示している．図表7-9 は，吸収状態へ平均3単位時間かかる過渡的状態の集合を示している．図表7-10 は，吸収状態へ平均21/4単位時間かかる過渡的状態の集合を示している．図表7-11 は，吸収状態へ平均45/8単位時間かかる過渡的状態の集合を示して

いる．したがって，図表 7-9 における過渡的状態 S_2, S_5, S_9, S_{11} は，メンバー間の選好が一番バラついているネットワークの状態の集合に対応している．

　この場合も，ネットワークの状態の間には，平均吸収時間に関して部分順序関係をつけることができる．

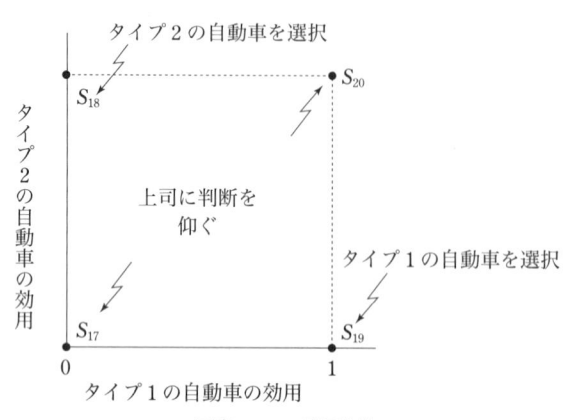

図表 **7-8**　吸収状態

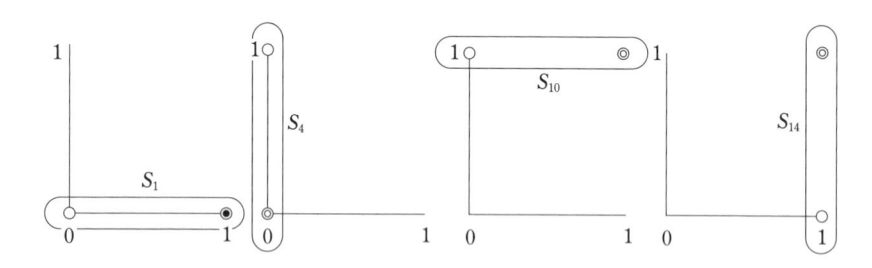

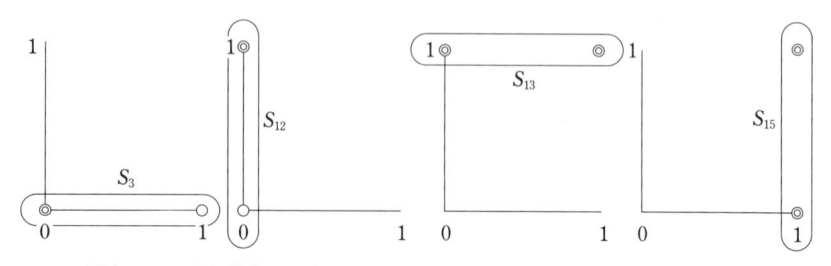

図表 **7-9**　吸収状態に吸収されるまでに平均 3 単位時間かかる過渡的状態

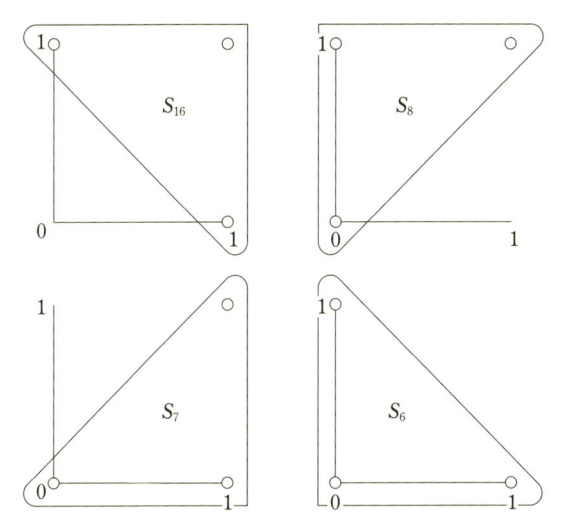

図表 **7-10** 吸収状態に吸収されるまでに平均 **21/4** 単位時間かかる過渡的状態

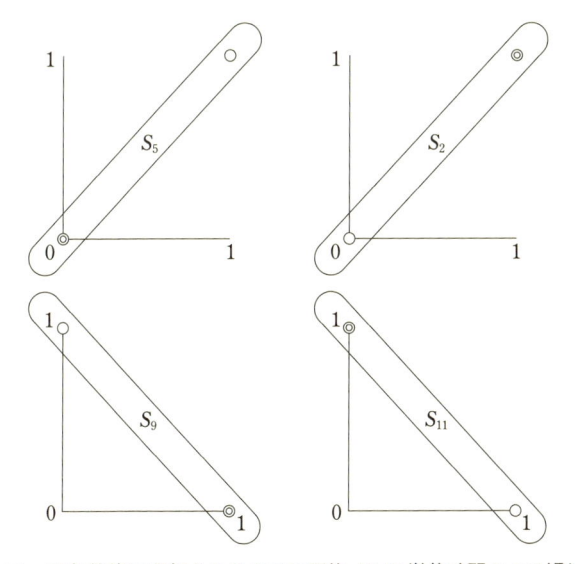

図表 **7-11** 吸収状態に吸収されるまでに平均 **45/8** 単位時間かかる過渡的状態

7.5　GDSS の数学モデルの組織論的意味と限界

7.5.1　有機体としての組織

　本項では，上述の GDSS の数学モデルの組織論的意味と限界をいくつかのメタファーを使って説明する．メタファーによる組織の説明は，部分的であるが非常に示唆的である．別の言葉では，メタファーは，ゲシュタルト心理学的には，図を地から分ける機能をもっている．私たちが現象の全体を知覚するときに「図と地（figure and ground）」の分離が生まれる全体的な現象の中には，知覚（認識）の焦点が合わされる「図（figure）」と知覚の焦点から外れて背景になる「地（ground）」とがあり，通常は「図の違い・図と地の境界線」によって現象の差異を知覚している．重要な点は，この分離のためには多くのメタファーがあることである．

　はじめに，有機体としての組織のイメージを取り上げる．このメタファーは，上述のモデルの意味を明確にするのに有用である．

（1）開放系としての組織

　この考え方は，組織に対する「システムアプローチ」の基礎になる考え方であり，理論的生物学者ルードビッヒ・フォン・ベルタランフィーの業績から多くのインスピレーションを得ている．プラグマティックにシステムアプローチを使うことによって，異なるシステム間に共通部分を見出すことができる（Morgan, 1986）．したがって，システムアプローチは，集団のメンバー間でのコンセンサスを確立するために，有効に使うことができる（Warfield, 1995）．開放系としての組織においては，最小多様性の原理，相互作用と統合化が重要な概念である．最小多様性の原理は，はじめ英国のサイバネティシアンの Ashby(1952) によって定式化された．その原理は，システムの内的調節機構は，それが取り扱う環境と同程度に多様でなければならないというものである．この原理は，特に制御システムの設計や内的・外的境界のマネジメントのために重要である．なぜなら，これらの仕事を遂行するには，有効に制御・管理された現象の複雑性を取り込まなければならないからである．複雑な問題を取り扱う集団活動における見解の多様性の現象つまりスプレッド思考（Warfield, 1995）は，最小多様性の原理からみた場合，それほど悪い現象ではない．なぜなら，もし集団のメンバーの集合的知識が，複雑問題に適切な切り口や全体

的なコンテクストを代表していれば，最小多様性の原理から集団は環境の複雑性を取り込むことができるに違いないからである．

(2) 状況理論（コンテンジェンシー理論）

　Lawrence & Lorsch(1967)によって特に発展させられた現代的な状況理論(コンテンジェンシー理論) は，組織の相互作用と統合化のモードに関して重要な貢献をした．状況理論は，境界領域的プロジェクトチームのようなネットワークシステムが，なぜ激変する環境で有効な道具たりえるか，また，ネットワークシステムが不確かな目標と長期的な視野をもつ研究開発部門における相互作用のモードとして，なぜ有効かを説明する．その理由は，ネットワークシステムが，相互作用のより柔軟なモードをとることができるからである．また，Lawrence & Lorsch の業績の中で，これらの統合的な道具がうまく役立つかどうかは，制御される部門間での調整，参加者の権力，地位，能力や統合化による利益の種類などに依存することが示された．もし権力を上述のモデルの中で定式化しようとするならば，個々のメンバーをモデルの中で区別しなければならない．そのためには，ネットワークの状態の行列

$$\begin{bmatrix} 0 & 1 \\ 0 & 0 \end{bmatrix}$$

は，それと列を入れ替えた行列

$$\begin{bmatrix} 1 & 0 \\ 0 & 0 \end{bmatrix}$$

とはもはや同じネットワークの状態とは考えることができない．また，ネットワークの状態間の推移をコントロールする確率 α，β も 1/2 ではなくなる．このように仮定を弱めることによって，モデルは非常に複雑になる．権力の問題は，本節の後半で再び取り上げる．

7.5.2　脳としての組織

　ここでは，上述のモデル化の理論的なバックグラウンドについて考察する．GDSS のモデルは，情報処理および自己組織化のアイデア，あるいは脳としての組織のイメージからきている．脳としての組織は，またコミュニケーション・システムであり，意思決定システムでもある．脳としての組織は，有機的かつネットワーク的で，かつアド・ホックで流動的である．このアプローチは，現在「意思決定アプローチ」として知られている．意思決定アプローチでは，プ

ロセスモデルが主に意思決定の心理的アプローチの中で発展してきた．基本的なアイデアは，意思決定は多くの時間がかかる過程であり，異なる時点で起こる種々の活動が関係するというものである．プロセスモデルの多くでは，少なくとも3つの活動が区別できる（Simon, 1965）．① 問題識別, ② 代替案の生成, ③ 代替案の評価である．意思決定者は，はじめに意思決定が要請されている状況を認識しなければならない．GDSS のモデルでは，はじめに，集団のメンバーは集団的自動車購買問題を認識しなければならない．次に，望ましい解に到達するための可能な代替案が追求される．GDSS のモデルでは，何種類かの自動車が候補として選択される．最後に，生成されたオプションが評価される．GDSS のモデルでは，個々のメンバーが，彼の選好に従って異なる種類の自動車を評価する．この評価フェーズで，GDSS のモデルにおいては，メンバー間の相互作用の後に個々のメンバーによる再評価が行われる．さらに，GDSS のモデルでは，主に評価フェーズに焦点をおいており，1番目と2番目のフェーズは所与としている．

　March & Simon（1993）は，人の意思決定と組織の意思決定との間の並行関係を探求した．われわれもまた，この関係を調べた．Simon（1997）は，意思決定者としての人間は満足化基準を満たす意思決定のいわゆる"限定合理性"で満足しなければならないとした．なぜならば，彼らは知識も能力も制限されており，またそれゆえ探索や情報を得るのにも限界があるからである．

　Simon の後，この研究分野は，組織が彼らの環境の複雑性や不確実性をいかに取り扱うかに焦点を当てるようになった．Galbraith（1977）は，不確実性,情報処理，そして組織設計の間の関係に注意を向けた．集団的自動車購入問題や集団的従業員雇用問題などのような不確実な仕事は,その仕事の遂行の間に,集団のメンバーの間で，多量の情報が処理されなければならない．現代的な状況理論が明らかにしたように，階層構造は，環境が安定しているときには有効な手段であるが，環境が不確実であり，変動が大きいときは，より有機的な組織の方が有効である．なぜなら，前者は高度にプログラム化され，かつ事前計画的な情報と意思決定に基づいているが，後者はより柔軟なかつアド・ホックなプロセスに基づいているからである．長期的には，組織を情報システムと同義語とみなすことができる．なぜなら，PC などの情報処理機器におけるマイクロプロセッシングは，組織を物理的な言葉を使って管理する必要を減らしつ

つあるからである．この新しい技術は，制御と意思決定を分散化することを可能にし，現代の ICT は集団が関係する仕事を地理的に離れたところで行うことを可能にした．例えば GDSS は，すでに地理的に離れた場所での製品設計や R&D 活動に使われている．

　自己組織化の側面から GDSS を考察すると別の面がみえてくる．組織は，非常に複雑な現象である．区別できる状態の数で計った複雑性や多様性は驚くべきもので，いかなる個人の意識的な制御も凌駕している．GDSS のモデルでは，集団のメンバーの数が増加したとき，組合せ論的爆発が起こる．しかし，メンバーの数や代替案の数が小さいときは，GDSS のモデルでみたように，集団が自己組織化する現象をみることができる．自己組織化の他の側面は，組織が分散知識システムであるということである（Bond & Gasser, 1988；Davis & Smith, 1983）．そこでは，有効な意思決定とは，個人が知識をより多く獲得することよりも，広範に分散している組織の知識をうまく使う方法を見出すことの結果である．組織としての情報ネットワークシステムは分散知識システムとみなす必要があり，情報ネットワークシステムでの集団意思決定の成果は，分散している個々のメンバーの知識をメンバー間の相互作用を通して集約することによって出てくる．

　脳は一方で，ホログラム的システムである．ホログラムは，全体がすべての部分に含まれるようなプロセスとして表現される．したがって，それぞれの部分が，また全体を表している．ニューロサイエンティストである Pribram(1971) によると，脳はホログラフィクな原理によって機能するということである．記憶は脳の全体にわたって分散されており，したがってどの部分からでも再構成できる．この脳のホログラフィクな特性は，ニューロンが互いに結びつく，その仕方を反映している．つまり，それによって脳の機能の一般化と特殊化が可能となる．それぞれのニューロンは 1 つのコンピュータと考えられ，そこに多量の情報を蓄えることができる．脳のこの結合性は，任意なときに必要となる以上の膨大な数の相互接続性と情報の交換を作り出す．この冗長性によって，脳は決定論的に機能するよりも，確率論的に機能する．そのことが，確率的誤差を調整する柔軟性と新しい機能と活動を可能にする過度の能力を作り出す．別のいい方では，この自己組織化の過程によって，変化する環境に従った内的構造と機能の進化が可能になる．GDSS のモデルは，以上のホログラフィク・

メタファーからその主要なインスピレーションを得ている．

　現代のシステム論は，オウトポイエシス（自己生成システムの論理）として発展した．状況理論家と人口生態学者のいずれもが，現代的な組織の問題は，環境の変化から出てくると考えている．つまり，環境の変化は組織が適応しなければならない提示された挑戦と受け取られている．しかし，この基本的な考え方は，2 人のチリの科学者 Maturana & Varela（1980）によって展開されたシステム理論の新しいアプローチの意味づけによって批判された．彼らは，すべての生きているシステムは組織的に閉じており，自己参照する相互作用の自律的システムであると考えた．別の言葉でいえば，すべての生きているシステムは，彼らの機能を維持するのに欠かせないすべての要素を，彼ら自身のために作り出すシステムである．この考え方は，生きているシステムは環境に対して開いているという考え方と，非常に異なっている．この概念は，次の 3 つの原理によって特徴づけられる．それらは，① 自律性，② 循環性，③ 自己参照性の 3 つである．Maturana & Varela（1980）は，関係の閉じたシステムを通した自己生成のことを‘オウトポイエシス’と呼んだ．オウトポイエシスは，第 3 世代のシステム理論である．第 1 世代のそれは，特にベルタランフィーによって動的均衡理論の概念の上に築かれた．第 2 世代のそれは，プリゴジンとハーケンらによって作られた．GDSS のモデルでは，ネットワークシステムは閉じたシステムと考えられており，そのシステムの中では連続的に双方向コミュニケーションが作り出されている．したがって，そのシステムはオウトポイエシスとして特徴づけられる．オウトポイエシスの概念は，また，情報処理システムにも応用可能である．情報処理システムもまた，情報を外部から取り入れることができない．情報は，常に内部的に生成される．もちろん，システムは，外的世界なしには存在できない．そして，システムの作動は外的世界との関係を前提としているが，この関係は単に刺激つまり化学的刺激のレベルにとどまり，作動のレベルには存在しない．環境は，オウトポイエシス・システムの過程に対する錯乱，変更であるにすぎない．この錯乱，変更の効果は，システムの構造に依存している．

　オウトポイエシスの概念を使うと，組織の進化と発展が考察できる．オウトポイエシス理論は，組織の発展の源泉を，組織の再構築の過程を通して，あるいは新しい組織関係の発展を可能にする，確率的相互作用と結合性の両者を通

して導入された確率的修正の中にみている．GDSS のモデルでも，集団活動の発展と変更は，これと同じメカニズムを通してなされる．

　政治的メタファーも上述のモデルを考察するのに有効な考え方を提供する．ここでは，特に組織におけるコンフリクトの解決と権力に焦点を当てて論じることにする．権力は，利害衝突を解決する最も有効な手段の 1 つである．近年，組織や経営の理論家は，組織における権力の重要性に次第に注目し始めた．権力の定義はいろいろあるが，ここでは，アメリカの政治学者の Dahl（1957）の定義を採用する．彼は，権力とは，他人に彼あるいは彼女がそうされなければしなかったであろうことをさせる能力である，と定義した．権力の源泉は何であろうか　われわれはここでは，集団意思決定過程に興味があるので，集団意思決定過程の結論に影響を与える能力として権力を考えよう．

　多くの組織では，情報の流れは組織の構造と情報ネットワークシステムの有効な使用で制御される．つまり，相互作用の構造によって，コミュニケーションが加速されたり，阻害されたりする（Bavelas, 1952）．異なるタイプのコミュニケーション・ネットワークシステムが存在する．ネットワークの集中度が最も重要な特性である．小集団で最も特徴的な状況は，すべての集団のメンバーが全員とコミュニケートできる場合である．このタイプのコミュニケーション・ネットワークシステムは完全結合ネットワークと呼ばれ，本章で取り上げたものである．この完全結合ネットワークは，中心が存在しない．別のいい方では，このタイプのシステムは「多極システム」と呼ばれる（Polanyi, 1951）．したがって，このタイプのネットワークシステムが，最も民主的である．他の基本的なコミュニケーション・ネットワークシステムは，車輪ネットワークシステムとチェインネットワークシステムである．それらのネットワークは，より集中しており，階層構造あるいは少なくとも集団の間で役割分担が仮定されている．これらの構造は，集団の相互作用，情報や知識の流れに対して強い制約を課すことを意味する．現実的には，技術が時として中心にいる権力を増大させるのに使われることがある．したがって，そのようなコミュニケーション・ネットワークシステムの設計者や使用者は，情報における権力の重要性やある活動は分散化されている一方，人々の行動はそれらのネットワークシステムによって常に監視されうることも認識しなければならない．

7.6　まとめと今後の展開

　本章では，7.2 節「GDSS とは何か」で，GDSS に対する DeSanctis & Gallupe（1985）の分類を示した．7.3 節「GDSS の数学モデル」で，GDSS の数学モデル（城川, 1992）を考察した．集団の課題は，GDSS の分類の中で，特に遠隔意思決定システムを用いて，「集団的自動車購入問題」を解決することである．それぞれのメンバーは，他のメンバーを参照したり他のメンバーに自分の選好を教えたりしないで，与えられた M 種の自動車に対する彼あるいは彼女の効用を決めるように要求される．メンバー間での相互作用を通して，各メンバーの効用ベクトルからネットワークの状態空間の推移をマルコフ連鎖でモデル化し，過渡的状態から平均吸収時間および平均吸収時間の分散を計算した．さらに，7.4 節「数値例」で，数値例を使って具体的に計算することで，ネットワークの状態の間には，平均吸収時間に関して部分順序関係をつけることができることを示した．7.5 節「GDSS の数学モデルの組織論的意味と限界」で，GDSS の数学モデルの組織論的意味と限界をいくつかのメタファーを使って説明した．ここで取り上げるメタファーは，「有機体として組織」，「脳としての組織」のイメージを取り上げた．

　今後の展開としては，7.5 節「GDSS の数学モデルの組織論的意味と限界」で示したように，有機体としての組織の特徴である開放系がもつ最小多様性の原理，相互作用と統合化の概念を GDSS における環境の複雑性の有効な取り込みを可能にする原理として利用することが考えられる．また，組織の相互作用と統合化のモードとしての Lawrence & Lorsch（1967）によって特に発展させられた現代的な状況理論（コンテンジェンシー理論）も GDSS の拡張に示唆を与える．また，脳として組織を認識することによって，自己組織化の側面から GDSS を再考すると，別の面がみえてくる．

第8章
電子会議システムにおける集団意思決定

8.1 はじめに

　われわれ日本の企業は，商品開発や生産計画のサイクル，受注から納品までのリードタイムなどの早さにおいては，欧米企業に比べ優れており，それが日本企業の競争力の源泉になっている．しかし，意思決定の遅いことは，欧米企業に対して大きな弱みである．

　環境変化が激しい時代には，すべての情報を中央で処理していたのでは，経営者や管理者が情報洪水でオーバーフローを起こしてしまうだけでなく，情報の処理に時間がかかりすぎ決断が遅れて，そのために好機を逃してしまう危険がある．意思決定のスピードを上げるためには，企業はコミュニケーション能力を高めなければならない．企業におけるコミュニケーション戦略のポイントは，情報の共有化に向けたコミュニケーション・プラットホームの構築である．

　コミュニケーション・プラットホームとは，組織内における情報伝達，情報共有化のためのインフラ（基盤）である．有効なコミュニケーション・プラットホームの構築が重要になってきた背景には，次のような組織における仕事の方法の変化がある．従来のように製品を大量生産する時代は，共通認識がもちやすいピラミッド型の組織が効率的であったが，現在のようにオープンでリアルタイムの意思決定が要求される時代では，「知の環」が必要になってきた．また，組織は，従来のように同一の場所，時間で仕事をし，意思決定する方法から，現在は，異なる場所，時間で，かつグループで仕事をし，意思決定をする方法に変わってきた．つまり，自律分散型でフラットなチームが強調されている（Mankin *et. al.*, 1996）．また，グローバル化，仮想的企業，サイクルタイムの短縮などの要求も，これらの自律分散型のグループワークを増加させて

きた．さらに，インターネット，SNSの飛躍的増加やグループウェア支援ソフトの充実も人々の分散環境での仕事を加速させている．

　集団意思決定に関する従来の研究は，実際に集団支援・会議支援システムを構築し，実験的にどのような条件・要因が有効な集団意思決定のために重要かを特定するものが多かった（Lai & Turban, 1998, pp. 175-188；Vogel *et. al.*, 1989-90, pp. 25-43；Ellis *et. al.*, 1989-90, pp. 7-20）．一方，集団意思決定に関する理論的な研究は従来あまりなされていないが，関連する研究としては，情報交換相互作用（multi-agent information exchange interaction）モデルを用いたマルチエージェントシステム（MAS：multi-agent system）に関するシミュレーションを中心にしたものがいくつかある（Jaimes *et. al.*, 1998；Melvin, 1996；泰中, 1994；Weidlich & Haag, 1983；Epstein & Axtell, 1996）．また，MASに対するBDI（belief, desire, intension）ロジックによる言語行為の形式意味論的アプローチもある（Haddadi, 1995）．MASをコミュニケーションシステムととらえ，プロセス計算の理論を展開するものもある（Milner, 1989）．さらに，これらとは異なるアプローチとして，第5章で考察したような集団意思決定に関する社会心理学的アプローチがある．この社会心理学的アプローチは，個人の心理内に発生する意識変化あるいは認知的な転換のメカニズムの解明であり，いわば集団意思決定における社会心理学的認知構造の解明を目的とした研究である（ターナー, 1995）．

　本章は，理論的な研究に属するが，従来この分野で行われてきたコミュニケーション理論と社会心理学的アプローチの知見をふまえて，「修正螺旋収束モデル」および「評判理論」を提示し，両理論を電子会議システム（EMS：electronic meeting system）における合意形成メカニズムの解明に適用して，5種類のEMSのアーキテクチャーを提案する．そして，それら5種類のEMSのアーキテクチャーを意思決定のスピードに関する数値解析によって比較し，その優劣を論じる（Kigawa, 1990；城川, 2001）．さらに，本章では，上の5種類のEMSのアーキテクチャーが数理モデルによる厳密な解析であるのに対して，EMSをMASによるシミュレーションによる分析を行うことにより，理論モデルとの対比を行う．シミュレーションによる分析の利点として，数理モデルに比して，多人数のエージェントに対する分析が可能である点がある（城川＆伊藤, 2000）．

　本章の構成は，8.2 節「集団意思決定の理論」で，集団意思決定理論とエージェントの意見シフトに関する（Rogers & Kincard, 1986, 安田〈訳〉, 1992, p.212）を中心としたコミュニケーション論と社会心理学理論であるターナーの「自己カテゴリー理論」を批判的に論じ，それらを発展させる形で「修正螺旋収束モデル」および「評判理論」を提案する．これら両理論においては，異なる価値観，認知構造や情報をもつエージェント間のコミュニケーションを通じた合意形成のメカニズムを，異質なエージェントがコミュニケーションを通じたコンフリクトの中から妥協解を見出していく「関係の組み替え」，「認知構造の更新」のメカニズムとして考察する．その際，従来の理論と本章で提案した「修正螺旋収束モデル」および「評判理論」との違いも明確にする．8.3 節「電子会議システムの構造」で，本章で取り上げる EMS の構造について述べる．ここでは，EMS の構成，EMS の特徴を述べ，その後 EMS の基本セッションの流れを記述する．8.4 節「電子会議システムにおける合意形成のマルコフ連鎖モデル」で，8.3 節の「修正螺旋収束モデル」および「評判理論」に基づいて EMS における合意形成のマルコフ連鎖モデルを考察する．この節では，EMS を 5 タイプ提案し考察して，EMS の構成要素と意見更新（opinion update）をマルコフ連鎖モデルで示し，数値解析により，各 EMS の合意形成までの時間および各選択肢の採用確率を異なる評判パラメータの条件のもとで求める．8.5 節「5 タイプの電子会議システムの数値例による比較」で，8.4 節の 5 タイプの EMS の数値解析に基づいてその優劣を論じた．8.6 節「電子会議システムのマルチエージェントシステムによる分析」で，EMS を MAS によるシミュレーションによる分析を行う．8.7 節「電子会議システムのマルチエージェントシステムによるシミュレーションの考察」で，EMS の MAS によるシミュレーションを考察する．8.8 節「電子会議の進化系としての Web 会議システム」では，従来のテレビ会議システムと Web 会議システム（Web conferencing）の違いについて述べ，今後の情報ネットワークがコミュニケーション型として発展することの有効性と必然性について述べる．最後の節で，「まとめと今後の課題」を述べる．

8.2　集団意思決定の理論

　本節において，集団意思決定におけるマルチエージェント（MA：multi

agent) の意見更新のダイナミックスに関して，2 つの理論を批判的に論じ，その後，「修正螺旋収束モデル」および「評判理論」を提示する．

8.2.1　コミュニケーション理論と修正螺旋収束モデル

　まず，集団意思決定をコミュニケーション理論の枠組みから考察するとき，Schramm のモデル（1976）から始める．Schramm のコミュニケーション過程を，相互理解や意見の一致および集団的行為としてとらえ，他者との相互作用とみる見方が重要である．しかし，Schramm のモデルは，他者と相互作用し合意形成するために，単に相手のメッセージを解釈して記号化する循環モデルであり，コミュニケーションのダイナミズムに欠ける．そこで，コミュニケーション過程で，コミュニケーションの構造やエージェントの理解，認知，および価値観などがダイナミックに変化する現象をモデル化する必要がある．そのようなモデルとして Dance の螺旋モデル（1967）がある．しかし，Dance の螺旋モデルは，コミュニケーションのダイナミックスを表現してはいるが，合意形成のための相互理解あるいは相互作用の観点が欠落している．そこを補うモデルとして，Rogers & Kincaid の相互収束モデル（1981）がある．このモデルは，コミュニケーション過程を相互理解のためにエージェントが互いに情報を作り，分かち合う過程であると考える．そこでのコミュニケーションネットワークは，パターン化された情報の流れを結びつける相互に連結した個人の集まりであると，考えられている．このような時間過程による情報の共有関係は，各個人が特定のトピックに関する相互理解を目指して互いの理解を収束させるか，逆に拡散されるかのいずれかを導く（Rogers, 1986, 安田〈訳〉, 1992, p.212）．Rogers & Kincaid のモデルは，コミュニケーションのダイナミックスを表現し，合意形成のための相互理解をモデル化しているが，具体的に情報がどのように変換されて収束・発散していくのかが明確ではない．そこで，本節では，各エージェントがもつ具体的な情報の内容をエージェントに与えられた選択肢に対する効用ベクトルとして表現し，EMS でのエージェント間の相互作用を通して，その効用ベクトルが更新されていくメカニズムを数理モデル化して考察する．われわれはこのモデルを，Rogers & Kincaid の相互収束モデルの修正版という意味で，修正螺旋収束モデルといい，図表 8-1 のように解釈する．図表 8-1 は次のことを示している．時点 $t = 1$ でエージェント 1 はエージェント 2 とインタラクション I_{12} で相互作用し，エージェント 2 と 3 はインタラクション

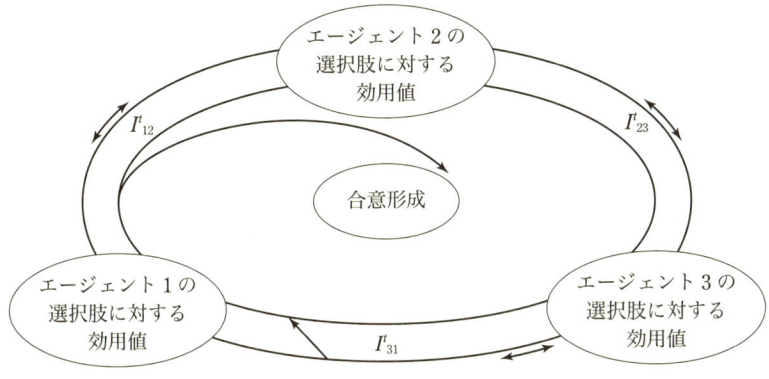

図表 8-1 コミュニケーションの修正螺旋収束モデル

I^t_{23} で相互作用し，エージェント 1 と 3 はインタラクション I^t_{31} で相互作用する．ここで，I^t_{ij}, $i, j = 1, 2, 3$, $t = 1, 2, 3, \cdots$ の t は時間を，i, j は相互作用するエージェントを示す．その結果，各エージェントは選択肢に対する効用値を更新（意見シフト）させ，図表 8-1 の螺旋を 1 つ上がり，以下同様に，相互作用 I^t_{ij}, $i, j = 1, 2, 3$, $t = 1, 2, 3, \cdots$ により次第にエージェント間に相互理解が進み，最終的に意見（選択肢に対する効用値）の収束（合意形成）が起こる．このモデル化によって，コミュニケーション過程で「相互に伝達し合うこと／相互に関与すること」の間主観性において「関係の概念」が生じ，これが発展して相互理解に至る過程が明確になる．

　このように，コミュニケーション世界は意味的に閉じられることはなく，今発せられた説明（account）がさらに新たな文脈に組み込まれ，それがさらに新たな説明の土台になるという相互反映性（reflexivity）をもつ．その意味で，EMS はエスノメソドロジー（ethnomethodology）によって特徴づけられるともいえる．これを，本節では「修正螺旋収束モデル」という．

8.2.2　自己カテゴリー理論と評判理論

　上述のコミュニケーション理論では，各エージェントが何を動機として意見シフトを起こすかのメカニズムに関する説明が欠けている．そこで，次になぜ意見シフトが起こるかを考察する．

　意見シフトに関しては，小集団研究の長い歴史がある．小集団研究は，(Lewin *et. al.*, 1937) らのグループダイナミックスの研究から始まる．グルー

プダイナミックスの研究から，個人と集団の関係，集団の個人に対する影響や集団の適正規模，構造などに関する知見が得られた．特に，これらの研究から，課題達成には参加人数があまり多すぎても少なすぎてもよくないことや，集団としての凝集力（cohesiveness）に関しては，一般に凝集力が高いほど，成員の満足度や効率が高くなるという結果が出ている．その後，意見シフトに関する諸理論（責任の拡散理論［Diffusion Responsibility Theory］，類似性理論［Familiarization Theory］，リーダーシップ理論［Leadership Theory］，価値理論［Value Theory］，社会的比較理論［Social Comparison Theory］，多元 – 無知理論［Pluralistic Ignorance Theory］，解除理論［Release Theory］，適切な議論の理論［Relevant Arguments Theory］，コミットメント理論［Commitment Theory］など）が提唱されてきた（Pruitt, 1971）．ここでは，特に最近，社会心理学の分野で注目されてきた，第 5 章でも考察したターナーによる「自己カテゴリー化理論」（ターナー, 1995）を意見シフトあるいは集団極性化（group-induced polarization）に適用した研究を取り上げる．さらに，本章で「評判理論」と呼ぶ理論を新たに提案し，「自己カテゴリー化理論」と異なる視点から意見シフトあるいは極性化を考察する．

　ターナーの「自己カテゴリー化理論」は，社会的自己概念（social-self-concept：社会的相互作用と関連し，他者との比較に基づく自己概念）の機能についてのいくつかの仮定と仮説からなる．この仮定の中で，社会的自己概念の認知的表象の形の仮定は，この自己カテゴリー化理論の中では特に重要である．その仮定は，「自己の認知的表現は，他者の中にいるときは自己カテゴリー化という形をとって現れる．すなわち，ある他の刺激まとまりと比較して，自己とある刺激まとまりとを同じ（同一的・類似的・同等的・互換的）と認知的に分類する」というものである．そして，内集団・外集団カテゴリー化を際立たせる要因は，自己と内集団成員との知覚的アイデンティティ（類似性・同等性・互換性）を高めて，外集団成員との差異を高める．自己カテゴリー化分析（the self-categorization analysis）は，社会集団を「同じ社会的カテゴリーの成員であると自らを知覚する個々人の集まりである」と再概念化している．さらに，いろいろな実験から集団において優勢となっている意見は，集団相互作用あるいは集団討議の結果，より極端になり極性化すること（集団極性化）が指摘されている．そこで，集団影響についての理論はこの極性化を説明しなければな

らないし，どんな条件のもとで極性化が起こるかも説明しなければならない．
第5章でみたように，極性化問題は自己カテゴリー化理論の適用で解決可能である．

　極性化に関する自己カテゴリー化理論を支持する証拠に関する実験はいくつか報告されている（ターナー，1995, pp.210-224）．

　以上の自己カテゴリー分析による意見シフトあるいは極性化の解釈は，内集団成員が内集団における最もプロトタイプ的な位置に収束するというものであるが，われわれは，意見シフトの原因は内集団における相互作用と選択肢に対する外集団の評判によると解釈している．それを本節では「評判理論」という．また，本節では，準拠次元も多次元に拡張されている．

　評判については，古くはジョン・ロックが，彼の「悟性論」の中の道徳規則ないし法を3種類に分類した箇所で，神法や市民法と異なる第三の法として「公衆の意見または評判の法」（the low of opinion or reputation）をあげ，「人々が，彼等の間で称賛に値する（praise-worthy）と判断される行為に徳の名を与え，非難に値すると考えられるものに悪徳と呼ぶのは不思議ではない．」とその重要性を強調したことに遡れる（田中，1991, pp.266-294）．このように，ロックが人間の行為の基準や動機（motivation）を仲間の評判や，称賛・是認・同意という人と人の関係に求めている点が，ロック以前の人間の社会性の原理を個人倫理とは切り離された自然法＝理性の命令に求めていた自然法道徳論とは本質的に異なる側面をもっているといえる．また，評判についての最近の「組織の経済学」による分析でも，評判を効率的なインセンティブの設計における非常に経済的価値のある重要な要素として取り上げており，特にゲーム理論的分析によってそのメカニズムの解明が行われている（Dixit & Naledbuff, 1980；Gibbons, 1992；Rasmusen, 1989；Kreps & Wilson, 1982；Milgram & Roberts, 1992, 奥野〈訳〉, 1997, pp.274-314）．一方，パーソンズは，社会における合意形成あるいは社会秩序の可能性に関する問いを「ホッブズ問題」（万人の万人に対する闘争）と名づけた．この「ホッブズ問題」に対するパーソンズの解釈は，よく知られているとおり「共通価値による統合」であった（浜，1997）．この共通価値は，当然，単独の行為者の属性ではなく，行為者が他の行為者と関係を取り結ぶときにはじめて現れてくる創発属性である．その意味で，本節での評判は，パーソンズのいう共通価値の1つであるともいえる．

8.3　電子会議システムの構造

　一般に，会議はどんな組織においても本質的な機能である．会議の目的は，組織が目標達成に挑戦し，その実現のための手段を合意・決定するために支援することである．これを（山川，1987, p.52）は，具体化して次の 4 種類に分類した．

① 本当の意味でディスカッションを行う会議（ブレインストーミング）

② 周知徹底するための会議

③ 物事を決めるための会議

④ トップにレクチャーするための会議

　本節では，この 4 種類のうちで，特に③の物事を集団で決めるための電子会議について考察する．

　電子会議の主なイノベーションは，会議の合意形成の度合いを数値で計ることができる点である．電子会議は，従来の会議と異なる点は，以下の 2 点である．

① 各参加者は，PC，タブレット PC やスマートフォンを使用する．

② 進行役（facilitator）は，会議を運営する議長を支援する．

　PC，タブレット PC やスマートフォンは互いにネットワークに接続されている．参加者は，これら機器を使って意見，事実をネットワークに送り込む．参加者のインプットや他のデータ表示のためのパブリック・スクリーンは，同室・同期型の電子会議の場合には大型のものを使用し，リモート・非同期型の電子会議の場合には各機器の表示画面上のものが使用可能である．進行役は会議運営を支援するが，その内容には立ち入らない．

8.3.1　電子会議の構成

　会議の議長により，会議の目的や課題が各自の PC のパブリック・スクリーンや大型のパブリック・スクリーン上に表示され，会議が開始される．電子会議はいくつかのセッションからなる．各セッションは，ネットワーク上の進行役の PC から開始・終了が，各メンバーの PC 上，あるいは大型パブリック・スクリーン上に表示される．

　会議のはじめになされることは，参加メンバーが自分のプロルフィル（専門領域，経験，知識，など）を自分の PC に入力する．会議の間中，これらの情報はメンバー全員に利用可能である．次に，会議のセッションの流れを述べる．

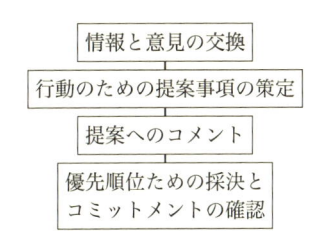

図表 8-2　電子会議の基本セッションの流れ
［出典：Weatherall & Nunamaker, 1997, p.25, 図 1.1］

図表 8-2 は，電子会議の基本的セッションの流れである（Weatherall & Nunamaker, 1997, p.25）．

8.3.2　電子会議の特徴

電子会議は通常の会議にない特徴をもっている．以下，これらの特徴について述べる（Weatherall & Nunamaker, 1997, pp.26-32）．

① 情報の共有（shared information）：参加者によるコメント，事実や意見の入力は，各自の PC あるいはパブリック・スクリーンに映し出され，参加者全員で共有される．

② 並列入力（parallel input）：参加者たちは，同時に入力できる．

③ 匿名入力（anonymous input）：従来の会議形式とは異なり，すべての入力は匿名で行うことができる．

④ 電子的な蓄積（input stored electronically）：電子会議の参加者たちは，彼らの入力が電子的に蓄積されており，会議の進行中でも終了後でもそれらが参照できる．

⑤ 電子投票（electronic voting）：電子投票は早くて簡単である．通常の会議では，採決は会議の結論として記録される．しかし，電子会議では，会議中たびたび利用される．電子投票の技法の 1 つでマトリックス投票と呼ばれる技法は集団意思決定の新しい視野を広げる投票であり，それぞれの判断基準による各意見の評価から成立している．そして，コンピュータがある簡単な演算をして全体の集計をする．この投票結果は，ディスプレイ（各自の PC あるいは部屋の大型パブリック・スクリーン）上に表示される．参加者たちは，どこに意見の一致あるいは不一致があるかを容易に知りうる．問題についての合意形成に関する電子会議の特徴は，実際にそれが測

定できる点である．これは従来の会議形式では決してできないことである．この合意形式の測定可能性が，電子会議が非常に効果的である重要な理由の1つである．

⑥　「異なる時間／異なる場所」の電子会議：「異なる場所」での電子会議は"どこでも会議"（anyplace meetings）と呼ばれる．「異なる時間」での電子会議は，時間は自由で仕事場やホテルの部屋からでも会議に参加できる．以下では，図表 8-2 に示された電子会議のセッションを順次もう少し詳しく述べる．

8.3.3　情報と意見の交換のセッション

電子会議においても，通常の会議と同様に目的と最終成果物をはっきり規定することは，必要欠くべからざることである．例えば，ある案件に対して合意を得ることが目的であるとしよう．このとき，最終成果物とは，定められた多数決あるいは全員一致のルールの下で，無記名投票を行った結果でき上がった「電子的な記録」である．どのような主張であろうと，「情報と意見交換」のセッションは，次の内容をもつ（Weatherall & Nunamaker, 1997, pp. 105-120）．

①　ディスカッションあるいは会議における情報の共有

②　顧客，従業員，あるいは評議会などの集団からフィードバックを求めること

ある項目に対する合意を形成することが目的なら，会議を集中的に進めるために，会議に先立って選択肢や質問表を用意しておくとよい．さらなる質問や選択肢は，会議の途中で追加できる場合もある．そして，質問表に答えたり，選択肢に対する参加者の評価・選好を入力する．他の一部あるいは全部の参加者が入力した意見や評価がみられる場合とみられない場合がある．みられる場合も，自分が入力する前にみられるか，入力した後にみられるかで異なってくる．全参加者の入力が事前にみられる場合には，反応は早い．このオプションを参加者に与えることによって合意形式が早くできる．

8.3.4　行動のための提案開発セッション

主題についての情報や意見の交換は，この前の項で述べたように行われるとする．このセッションでは，行動のための提案（アイデアのリスト）を開発する．その際に，次の2つの際立った電子会議の方式がある（Weatherall & Nunamaker, 1997, pp. 121-126）.

① プライベート・リスト方式

② 電子的ブレインストーミング方式

方式①は構造的かつ分析的である．これは，それぞれの参加者が提案リスト
を展開・開発し，それらを匿名で他の参加者と共有し，最も適した組合せを開
発する方式である．プライベート・リスト方式と呼ばれるのは，単に各参加者
が他の参加者とアイデアを共有する前に自分のアイデアを開発する方式である
ことによる．参加者は，他の参加者の入力を自分の PC あるいは会議室の大き
なパブリック・スクリーン上でみる．匿名性はこの段階においては特に有用で
ある．なぜなら，参加者は，この段階でまだオープンにしたくない提案を作り
上げることができるからである．議長や進行役は，参加者にすべての提案を一
度に提出させたり，優先順位が高いものを最初に出させたりすることができる．

方式②は，方式①に比べて直感的である．ブレインストーミングでは，最初
はアイデアの質ではなく，量が重要である．電子会議は，ブレインストーミン
グのプロセスに有効である．なぜなら，

① すべての提案は保存され，何も失われない，

② 従来のブレインストーミングに比べて，さらに詳細な記述がつけ加えわえ
　られる．

③ 参加者はすべての提案がみられる．

電子的ブレインストーミングの方法は，次のようなプロセスをとる（Kigawa,
1990）.

各参加者の入力は他の参加者たちにランダムに送られ，受け取った参加者は
自分のコメントをつけ加えて組み合わせる．これらは，また他の参加者に送ら
れる．参加者たちは，PC のスクリーン上に現れたテーマについて，継続する
か新しく一連の考えをスタートさせるかを自由に決めてよい．このような入力
のランダムな交換によって，従来のブレインストーミングよりもさらに多くの，
またよりよいアイデアを創り上げることができる．以上とは異なり，ブロード
キャスト型，電子的ブレインストーミングの方法もある．

8.3.5　行動に向けての提案に対するコメント作成セッション

前項で述べたアイディアを創り上げることと，それについてコメントをつけ
ることを明確に分離したことが電子会議の成功の一因である．採決前に提案（ア
イデアのリスト）に対する賛成・反対の議論（メリット・デメリットの議論）

をすると，それに続く採決や組織内のその後の議論の論拠が健全になることが保証される．賛成・反対の理由をつけた一連の提案は，会議の成果物である．ここで会議は終了する．しかし，多くの場合，これらの提案についての投票が行われる（Weatherall & Nunamaker, 1997, pp. 127–131）．

8.3.6 優先順位についての投票セッション

電子会議は，採決と優先順位づけのために，有用性が証明された使いやすい多数の方法をもっている．もちろん，投票は最もよい提案を選択するためのものである．電子投票のツールには，次のようなものがある（Weatherall & Nunamaker, 1997, pp. 133–147）．

① ランクづけによる投票方式

従来よく行われている投票方式は，投票対象（例えば，A，B，C，D，E の 5 つの選択肢）の得票合計の一番多いものが選ばれる方式である．このランクづけによる投票方式は，各参加者が投票対象を最も選好するものから順に並べ，1 位に，例えば選択肢が A，B，C，D，E の 5 つならば 5 点を与え，2 位に 4 点を与えるという具合いに点数化し，選択肢ごとの獲得合計点数の最も大きいものが選ばれる方式である．また，このランクづけによる投票方式は，参加者の意見のバラツキ具合いもわかり，参加者がどのような理由でそれらの選択肢をランクづけをしたのかをコメントし，このフィードバックによって合意形成が容易になる（Kigawa, 1997）．

② 配分投票方式

この方式は，各参加者が自分の持ち点を選択肢に割り振り，その合計点が一番多いものを選ぶものである．

③ 複数選択方式

選択肢が多いとき，ランクづけあるいは配分方式の投票は，時間がかかる．そこで，それに替わる方式として，各参加者が，例えば 20 の選択肢から順位をつけないで 5 つだけ選ぶ複数選択方式がある．一番多く選択されたものに決めるものである．

④ マトリックス投票方式

例えば大学である科目の教員を 18 人の候補者の中から，面接で 4〜5 人の候補者に絞るとき，選択基準（例えば，研究業績，教育歴，年齢，プレゼンテーションの良否など）を決め，各選択者は，各候補者について，それぞれの基準

ごとに最高 10 点で点数化し，候補者ごとに各基準の得点を合計し，得点の多い方から 4〜5 人選ぶ.

8.4 電子会議システムにおける合意形成のマルコフ連鎖モデル

本節では，8.2.1 項で提案した「修正螺旋収束モデル」と 8.2.2 項で提案した「評判理論」，8.3 節での電子会議システム（EMS）の構造をふまえて，5 タイプの EMS における合意形成をマルコフ連鎖モデルにより定式化し，数値解析により，各 EMS の合意形成までの時間および各選択肢の採用確率を異なる評判パラメータの条件のもとで求める．本節では，EMS のマルチエージェント（MA）が互いに地理的に離れており，意思決定活動も一定期間継続される種類の EMS（リモート EMS）を考察の対象とする．

集団意思決定ルールは，原則全員一致（unanimity）ルールである．しかし，合意形成までの時間がかかる場合は，多数決（majority）ルールを適用する．この節で EMS が扱う問題は，第 7 章の集団意思決定支援システムで扱った「自動車の集団購買問題」である．「自動車の集団購買問題」の前提として，一般に各エージェントはどの自動車が組織・集団の目的に適合しているかに関して意見を異にしており，「正解」というものがない．そこで，問題は，EMS においてどのようなアーキテクチャーあるいはメカニズムを設計し組み込めば，エージェント間の意見の不一致を解消し，合理的かつ経済的な合意形成ができるかである．

前節までの EMS に関する議論を前提条件として，以下のような EMS による合意形成のモデルを考える．

ここでは，EMS を MA 内のインタラクティブな構造として記述し，合意形成におけるミクロ・マクロ・リンクの視点をモデル化する．そこでは，二重（ダブル）のミクロ・マクロ・リンクを考える．1 つは，EMS 内部での各エージェントの意見に影響を与える他のエージェントとのインタラクションによるミクロ・マクロ・リンクである．つまり，ミクロレベルである個々のエージェントの意思決定が，"エージェント-エージェント"相互作用を通じて，マクロレベルへ集積する過程である．この過程は，エージェント個人の内的過程という意味で 1 次過程という．もう 1 つは，マクロレベルの社会（外部環境）の選択肢に対する評判が，ミクロレベルの EMS（あるいは MA）へ影響を与えるミ

クロ・マクロ・リンクである．つまり，評判（reputation）という一種の「社会化装置」あるいは外部環境としての「規範」によって個々のエージェントの意思決定が影響される "エージェント–環境" 相互作用を通じてのミクロ・マクロ・リンクである．この過程は，MA 全体での意見の収束過程という意味で 2 次過程という．これらのミクロ・マクロ・リンクの問題は，社会変動における多水準間移行過程として従来議論されている（Coleman, 1990）．

　EMS の各エージェントは，はじめ個々の選択肢に対して異なる意見（効用ベクトル）をもっている．そして，この EMS におけるエージェント同士の相互作用と評判の影響の過程を通して，エージェントの選択肢に対するはじめの意見（効用ベクトル）を変更（update）する．そして，最終的に MA の意見分布が収束し，MA 間の意見の不一致が解消されて，合意形成（このとき，すべてのエージェントあるいは大多数のエージェントが同じ意見［効用ベクトル］をもつ）が達成される．以上のようなエージェント間の相互作用と評判の影響によるエージェントの選択肢に対する意見（効用ベクトル）の更新のメカニズムを EMS のモデル化に組み込むことで，固定した選好を前提とする，標準的な経済理論とは対照的なエージェントの選好が内生的に変化するモデルができる（Peleg & Yaari, 1973；Cowen, 1989, 1993；Karni & Schmeidler, 1989）．意見更新の際に，MA が外部環境の評判に従うかどうか，従うとすればどの程度従うかを選択できるものとする．MA が評判をどの程度受け入れるかを示すパラメータを評判パラメータといい，MA によってコントロールされるものとする．いいかえれば，評判パラメータは「評判の内面化度」を示しているともいえる．EMS への評判パラメータの導入によって，従来の城川のモデル（城川, 1997）は拡張される．従来の集団意思決定システムのモデルは，その内部におけるエー

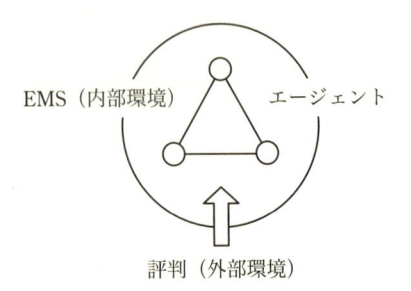

図表 8-3　EMS への評判の影響

ジェント間の相互作用のみをモデル化しており，"システム-環境"相互作用分析の重要性に十分気づいていなかった（図表 8-3）．本節の EMS の分析方法論は，システム（内部環境）と外部環境とを区別する意味でオープン・システムによるシステム論的分析であるといえる．

MA 全体の意見の収束過程（2 次過程）における EMS の状態（意見分布）の時間発展は，形式的に 3 つ組（Σ, A, Ω）で記述される．ここで，Σ は EMS の状態の集合，A は MA の意見更新作用の集合，Ω は EMS の状態推移の集合である．EMS の状態推移の仕方は，本節で扱う以下の電子メール型（E型），黒板型（B型）で異なる．

① 電子メール型（E型）では，MA の中の 1 人のエージェントに注目し，その状態（意見）推移をみると，それは次の形の有限な列からなる可能な実行集合によって記述される．

$$s_0 \xrightarrow{a_1} s_1 \xrightarrow{a_2} s_2 \to \cdots \to s_{n-1} \xrightarrow{a_f} s_f$$

ここで，s_t はあるエージェントの t 時点の状態（意見）で，a_t はそのエージェントの t 時点の意見更新作用で，s_f はエージェントの最終状態（最終意見）である．EMS 全体の状態推移は，個々のエージェントの状態推移の集積である．

② 黒板型（B型）では，EMS の状態は個々のエージェントの状態と同一視され，その EMS の状態上の意見分布の推移が調べられる．その意味で，個々のエージェントがどのような意見更新をしたかは観察しない．

以上のモデルは，ルーマンの考えるオートポイエシス論による社会システムであるともみなせる．つまり，社会システム（今の場合は EMS）は，コミュニケーションだけから成立しており，コミュニケーションによってコミュニケーションを再生産する．コミュニケーションはコミュニケーション以外のものに接触できず，閉じており，オートポイエティック・システムであるとみなすことができる（ルーマン, 1993）．システムが閉じているとはいっても，外部環境からの入力や外部環境への出力がないというわけではなく，システム内的観点からすると，システムにとって必要なものだけを取り入れるという意味で，システムは開いている．そして，ルーマンは，外部環境からの入力を単に錯乱ないしノイズとみなしているが，本節では，外部環境からの入力である評判は，

錯乱ないしノイズとはみなさず，もっと積極的に合意形成のために必要な「共通価値」と考えている．この点がルーマンのシステムとわれわれのシステムの違いである．本節では，まず EMS の構成要素である① 目的，② ネットワーク構造，③ EMS におけるエージェントの出会い方，④ 意見（効用ベクトル）の型，⑤ 意見（効用ベクトル）の更新のメカニズムについて述べ，5 タイプの EMS をマルコフ連鎖モデルで定式化し，Mathematica（Wolfram Research の数式処理ソフト）を使った数値解析によって，モデルの違い，評判パラメータによる違いが収束（合意形成）までの時間および各自動車の採用確率に与える影響を調べる．

8.4.1　電子会議システムの構成要素と意見更新のマルコフ連鎖モデル

EMS は次の要素から構成されている．

(1)　目的

EMS の目的は，全エージェントの意見分布が収束し，MA 間の意見の不一致が解消されて，合意形成（自動車の決定）が完了することである．EMS の目的および選択肢（自動車）は，EMS のセッション開始前に，全エージェントに共有されている．

(2)　ネットワーク構造

ネットワーク構造として，図表 8-4 のような電子メール型（E 型）で図表 8-5 の完全結合ネットワークをもつタイプと，図表 8-6 のような黒板型（B 型）のものを考える．図表 8-4 〜 6 で示される A_i（$i = 1, 2, \cdots, 6$），Kigawa, Kent, Tim, Jean らはエージェントを示し，矢印はコミュニケーションルートあるいはエージェント間の可能な相互作用を示す．

① 電子メール型（E 型）

EMS に参加している MA が直接電子メールでメッセージをやり取りする方法である．会議の進行役（ファシリテーター）の仕事として，全エージェントの中からランダムにペアを選び，そのペア間で互いにメッセージ交換させ，それが終了するとすぐにまた別のペアをランダムに選び，同様にインタラクションさせる．つまり，EMS のネットワーク上では一度に 1 組のエージェントしか相互作用しないものとする．また，各エージェントはメッセージ交換している相手としか情報を共有しないものとする．会議の進行役（ファシリテーター）は，EMS の進行中，常に各選択肢（自

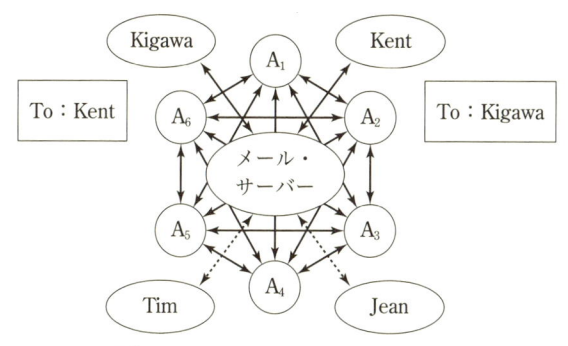

図表 **8-4**　**EMS** の電子メール型（**E** 型）

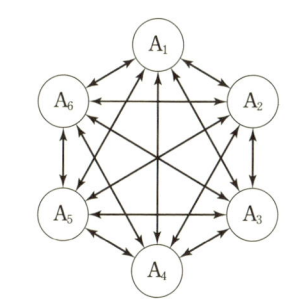

図表 **8-5**　電子メール型（**E** 型）の **EMS** の完全結合ネットワーク

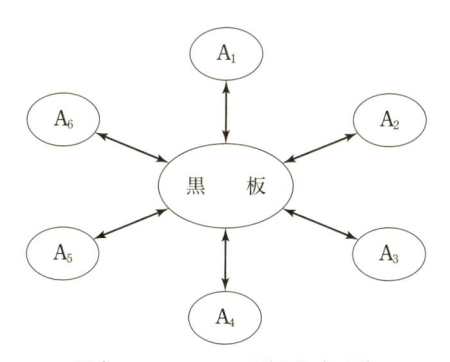

図表 **8-6**　**EMS** の黒板型（**B** 型）

動車）に対するエージェント全体の集計された選好結果を電子メール・サーバーによってモニターし，最終的に，エージェント全員の意見が収束したかどうかを判断して，その結果をエージェント全員に通知して，会議を終了する．このタイプの EMS は図表 8-4 のような電子メール型（E 型）で

あり，ネットワーク構造は図表 8-5 の完全結合ネットワークである

② 黒板型（B型）

　　この EMS は，電子メール型(E型)のように各エージェント間で直接メッセージ交換はしないで，各エージェントの集計された選好（意見分布）が，共有メモリーである黒板を介して間接的に全エージェントにフィードバックされるデルファイ法に相当するものである．会議の進行役(ファシリテーター) は，常に黒板をモニターし，意見分布が十分に特定の意見に収束（合意形成）したと判断すれば，その結果をエージェント全員に通知して，会議を終了する．このタイプの EMS は図表 8-6 のような黒板型（B型）である．黒板型（B型）は，分散人工知能（DAI：distributed artificial intelligent）の研究で盛んに研究されている（Engelmore & Morgan, 1988）．

(3) EMS におけるエージェントの出会い方

　電子メール型（E型）の EMS の各エージェントの相互作用は，EMS の進行役（ファシリテーター）がコントロールし，一度に2人のエージェント間（ダイアド)でしか起こらないものとする．また，その EMS の任意の2人のエージェントの出会い方は，確率的に生起するランダムマッチングにより等確率でなされるものとする．つまり，ペア-エージェント選択（pair-agent selection）確率は，

$$P(\text{select}) = 1 \Big/ \binom{|N|}{2} \qquad\qquad \cdots\cdots (1)$$

である．ここで，N は MA の集合，$|N|$ はその要素の数である．黒板型（B型）の EMS の各エージェントの相互作用は，黒板を介して全エージェントが同時に全エージェントの意見を知ることでなされる．

(4) 意見（効用ベクトル）の型

　エージェントの意見を表す選択肢に対する効用ベクトルの要素が，基数(カーディナル数) のケース（C型）と序数（オーディナル数）のケース（O型）がある．X を選択肢（自動車）の集合とし，X の要素の数を $|X|$ で，X の要素を x_i, $i = 1, 2, \cdots, |X|$ で示す．すると，C型とO型の区別は，次のようになる．

① 効用ベクトルの要素が基数のケース（C型）：各エージェントは，$|X|$個の選択肢（自動車）に対し基数効用値を割り振った効用ベクトルをもつ．この効用ベクトルは，集合 $\{0, 1, \cdots, |X| - 1\}$ の中から $|X|$ 重複を許す $|X|$

個の組合せからなるものとする.

② 効用ベクトルの要素が序数のケース（O 型）：各エージェントは，選択肢の集合 $\{x_1, x_2, \cdots, x_{|X|}\}$ からの $|X|$ 個の順列からなる効用ベクトルをもつ．つまり，その効用ベクトルは，選択肢（自動車）が効用値の高いものから低いものの順に並べられたものからなる．

エージェント間に伝達される情報は，従来 8.2.2 項の自己カテゴリー理論におけるように，1 次関数であると仮定されることが多かったが，本項では，それが n 次関数（ベクトル値）に拡張されている．

(5) 意見（効用ベクトル）更新のメカニズム

電子メール型（E 型）では各エージェントの意見（効用ベクトル）更新のメカニズムとして，逐次的である次の 3 タイプを考察する．

① E-C-1 型：エージェントの意見（効用ベクトル）は C 型（基数［カーディナル数］型）で，エージェントの意見（効用ベクトル）の更新の仕方が 1 型（1 回の相互作用で 1 つの選択肢に対する効用値が変更される：simple updating）である．

② E-C-2 型：エージェントの意見（効用ベクトル）は C 型（基数［カーディナル数］型）で，エージェントの意見（効用ベクトル）の更新の仕方が 2 型（1 回の相互作用で 2 つの選択肢の効用値が同時に変更される：simultaneous updating）である．

③ E-O 型：エージェントの意見（効用ベクトル）は O 型（序数［オーディナル数］型）で，エージェントの意見（効用ベクトル）の更新の仕方は各エージェントの同順位の選択肢同士の比較により各エージェントの選択肢の順位を入れ替える：simple updating）である．

黒板型（B 型）においては，上述のような区別はない．

(6) EMS のマルコフ過程によるモデル化

電子メール型（E 型）は，標準マルコフ連鎖（一般によく知られているマルコフ連鎖を本節では，標準マルコフ連鎖と呼ぶ）でモデル化する．そこでは，各エージェントの選択肢に対する意見（効用ベクトル）は，$K \geqq 2$ 状態をもつ効用ベクトルで記述する．$|N|$ 人のエージェントに対して各エージェントを区別すると，EMS 全体では $K^{|N|}$ の可能な状態があり，時間経過とともに，EMS はスーパー状態からスーパー状態への（$K^{|N|}$, $K^{|N|}$）の推移行列で定義できる.

しかし，この場合，状態数が指数関数的に大きくなるので，可能な状態数を減らす方法として，各エージェントを区別しないことにすると，K 個の中から $|N|$ 個を取って作った重複組合せ $_K\mathrm{H}_{|N|}$ が EMS 全体での可能な状態数になり，時間経過とともに，EMS はスーパー状態からスーパー状態への（$_K\mathrm{H}_{|N|}$, $_K\mathrm{H}_{|N|}$）の推移行列で定義できる．ここで，重複組合せ $_K\mathrm{H}_{|N|}$ は，次のように定義できる．

$$_K\mathrm{H}_{|N|} = \binom{K+|N|-1}{|N|} \qquad \cdots\cdots (2)$$

電子メール型（E 型）の EMS の標準マルコフ連鎖の基本行列法による解析と収束性に関しては Appendix の A1，A2 を参照していただきたい．

黒板型（B 型）では，MA 全体の意見分布の推移のみを記述し，個々のエージェントの意見の更新は記述しない．この黒板型（B 型）は，インタラクティブ・マルコフ連鎖（Matras, 1967）で記述される．そこでは，各エージェントは選択肢に対する意見として $K \geqq 2$ 状態をもつ効用ベクトルをもち，その効用ベクトルが MA 全体の状態空間を構成し，MA はその状態空間上に分布する．したがって，EMS の推移は，（K, K）推移行列で定義できる．

以上の各種モデルは，図表 8-7 のように分類整理される．各タイプは評判（reputation）の影響があるなしでその特性を変化させる．

図表 8-7　**EMS のマルコフ連鎖モデルの分類**

		基数(C 型)	評判パラメータ	序数(O 型)	評判パラメータ
E 型	1 型	E-C-1 型	評判効果あり	E-O 型	評判効果あり
			評判効果なし		
	2 型	E-C-2 型	評判効果あり		評判効果なし
			評判効果なし		
B 型		B-C 型	評判効果あり	B-O 型	評判効果あり
			評判効果なし		評判効果なし

注：E 型は電子メール(E-mail) 型，B 型は黒板(Blackboard) 型を示す．
　　1 型は 1 回の相互作用で 1 つの選択肢の効用値が更新される型
　　2 型は 1 回の相互作用で同時に 2 つの選択肢の効用値が更新される型

8.4.2　電子メール型（E 型）電子会議システムのマルコフ連鎖モデル

N を MA の集合，$|N|$ をその集合の要素の数，つまりエージェント数とする．X を選択肢（自動車）の集合とし，X の要素の数を $|X|$ で，X の要素を $x_j, j = 1,$

2, …, $|X|$ で示す．エージェント n の効用ベクトル S_n $(n \in N)$ は，エージェント n の自動車 k に対する効用値 U_{kn} を要素とする $|X|$ 次元実列ベクトルであり，$S_n = (U_{1n}, U_{2n}, …, U_{|X|n})'$ と書ける（ベクトルの肩の"$'$"は転置を意味する）．すると，EMS の状態の集合は $\Sigma = \{\Sigma_i\}$，$\Sigma_i = (S_1, S_2, …, S_{|N|})_i$, $i = 1, 2, …,$ $_KH_{|N|}$ と書ける．EMS の進行役（ファシリテータ）が EMS の状態 Σ を常に監視し，標準マルコフ連鎖における吸収状態（全エージェントが同一効用ベクトルをもつ状態）で全エージェントが最大の効用値を与えた自動車が選択される．その際，全エージェントがすべての自動車に同一の効用値を与えた場合は，自動車の優劣が決められず選択・決定ができないので，別の選択法がとられる．

(1) E-C-1 型の電子会議システムの標準マルコフ連鎖モデルの数値解析

E-C-1 型の EMS の標準マルコフ連鎖モデルについて，そのメカニズムを述べる．

1) 意見（効用ベクトル）の型

U_{kn} $(k = 1, 2, …, |X|)$ は，選択肢 k に対するエージェント n の基数（カーディナル数）効用値であり，$U_{kn} \in \{0, 1, 2, …, |X|-1\}$ とする．各エージェントは，異なる選択肢（自動車）に同じ効用値を与えることができるとすると，各エージェントがとりうる効用ベルトル $S_n = (U_{1n}, U_{2n}, …, U_{|X|n})$ の数（各エージェントのとりうる意見状態の数）は，集合 $\{0, 1, 2, …, |X|-1\}$ の中からの $|X|$ 重複を許す $|X|$ 個の組合せであり，その数は $K = |X|^{|X|}$ である．一方，EMS の各エージェントを互いに交換可能であるとすると，EMS の状態の数は，相異なる K 個の中から $|N|$ 個取り出して作った重複組合せであり $_KH_{|N|}$ である．したがって，EMS の状態 i は，行列 $\Sigma_i = (S_1, S_2, …, S_{|N|})_i$ $(i = 1, 2, …, _KH_{|N|})$ であり，行列 Σ_i の各効用ベクトルは交換可能となる．

例えば，$|X| = 2$，$|N| = 3$ の場合，$K = 4$ であり，$_KH_{|N|} = {}_4H_3 = 20$ となる．

2) 意見（効用ベクトル）更新のメカニズム

EMS の外部環境（評判）からの作用およびエージェント間の相互作用によってエージェントの意見（効用ベクトル）の更新がなされる．その際，この E-C-1 型では，2 人のエージェント間の 1 回の相互作用で，1 つの選択肢（自動車）に対する各自の効用値のみが変化する．そのメカニズムを，次に説明する．

2 人のエージェント $n, m \in N$ の相互作用以前のおのおのの効用ベクトルを $S_n = (…, i_k, …)'$，$S_m = (…, j_k, …)'$ とする．ここで，$i_k, j_k \in \{0, 1, 2, …, |X|-1\}$

は，同じ k 番目の選択肢（自動車）に対する各エージェントの効用値であり i_k ＜j_k とする．すると，相互作用後のエージェント n, m の効用ベクトルは，

① $\boldsymbol{S}_n = (\cdots, i_k+1, \cdots)'$, $\boldsymbol{S}_m = (\cdots, j_k, \cdots)'$ …確率 p_k

② $\boldsymbol{S}_n = (\cdots, i_k, \cdots)'$, $\boldsymbol{S}_m = (\cdots, j_k-1, \cdots)'$ …確率 $1-p_k = p_k'$

へそれぞれの確率で変化する．ここで，確率 p_k を k-自動車に対する評判パラメータという．その理由は，①では，確率 p_k で，エージェント m の k-自動車に対するよい評価（j_k）によって，エージェント n の k-自動車に対する悪い評価（i_k）が引き上げられる（i_k+1）ケースであり，一方，②では，確率 $p_k' = 1-p_k$ でエージェント m の k-自動車に対するよい評価（j_k）が，エージェント n の k-自動車に対する悪い評価（i_k）によって足を引っ張られる（j_k-1）ケースである．また，k, k'-自動車に関して，$p_k > p_{k'}(p_k' < p_{k'}')$ ならば，k-自動車は k'-自動車よりよい評価によって悪い評価が引き上げられる確率が大きい，つまり評判パラメータ p_k の値が評判パラメータ $p_{k'}$ の値より大きいことは，k-自動車は k'-自動車よりよい（k' は k より悪い）という評判を示していると解釈され，それを $k > k'$ と書く．また，$i_k = j_k$ ならば，相互作用の前後で各エージェントの効用ベクトルは変化しない．

　次に，自動車の種類が $|X| = 2$ でエージェントの数が $|N| = 3$ の場合で，評判パラメータの違いによって，EMS の各エージェントが意見を異にする各初期状態からの合意形成（収束）までの平均収束時間（ステップ数）の平均とその標準偏差および各自動車の平均採用確率がどのように変化するかを数値解析する．

3）2 種類の自動車（$|X| = 2$），3 人のエージェント（$|N| = 3$）の場合の数値解析

　自動車の種類が $|X| = 2$ で，自動車の集合が $\{a, b\}$ で，エージェントの数が $|N| = 3$ の場合における，E-C-1 型の EMS に対する標準マルコフ連鎖の推移確率行列を導出する．各エージェントの意見（効用ベクトル）は，2 次元列ベクトル $(i, j)'$（$i = 0, 1$）とする．ここで，0, 1 は基数効用値である．基数効用値の集合 $\{0, 1\}$ の中から 2 個選んで得られる重複順列の数は，$2^2 = 4$ 通りである．したがって，各エージェントがもつ効用ベクトルのリストは，$(0, 0)'$, $(1, 0)'$, $(0, 1)'$, $(1, 1)'$ の 4 つである．ここで，" $'$ " は転置を表す．各ベクトルの第 1 要素は a-自動車の効用値であり，第 2 要素は b-自動車の効用値である．

3人のエージェントの相互作用は，会議の進行役（ファシリテーター）による3人のエージェントの中からランダムに2人のエージェントを選ぶランダムマッチングによって等確率で生起し，したがってその確率は，おのおの1/3である．その相互作用を図表8-8に示す．例えば，$(0, 0)'$ と $(1, 0)'$ の相互作用は6の矢印で示される．

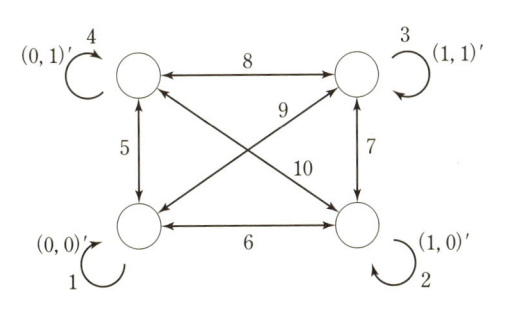

図表 **8-8**　E-C-1 型の EMS の各エージェント間相互作用パターン（$|X| = 2,\ |N| = 3$）

また，EMS の状態空間 Σ は，次の20個の状態行列からなる．つまり，$\Sigma = \{\Sigma_1, \Sigma_2, \cdots, \Sigma_{20}\}$ である．各状態行列の行が自動車に，列がエージェントに対応する．例えば，Σ_1 は，3人のエージェントが $(0, 0)'$ と $(1, 0)'$ と $(1, 0)'$ の効用ベクトルをもつ EMS の状態1を示す．（行列の効用ベクトルの順序は順不同である．つまり，各エージェントの効用ベクトルは順序が置換可能であるとする．これは，本章の EMS の定式化において，エージェントを区別しないことを意味する．）

$$\Sigma_1 = \begin{bmatrix} 011 \\ 000 \end{bmatrix} \quad \Sigma_2 = \begin{bmatrix} 011 \\ 011 \end{bmatrix} \quad \Sigma_3 = \begin{bmatrix} 001 \\ 000 \end{bmatrix} \quad \Sigma_4 = \begin{bmatrix} 000 \\ 001 \end{bmatrix} \quad \Sigma_5 = \begin{bmatrix} 001 \\ 001 \end{bmatrix} \quad \Sigma_6 = \begin{bmatrix} 001 \\ 010 \end{bmatrix}$$

$$\Sigma_7 = \begin{bmatrix} 011 \\ 000 \end{bmatrix} \quad \Sigma_8 = \begin{bmatrix} 001 \\ 011 \end{bmatrix} \quad \Sigma_9 = \begin{bmatrix} 011 \\ 100 \end{bmatrix} \quad \Sigma_{10} = \begin{bmatrix} 011 \\ 111 \end{bmatrix} \quad \Sigma_{11} = \begin{bmatrix} 001 \\ 110 \end{bmatrix} \quad \Sigma_{12} = \begin{bmatrix} 000 \\ 011 \end{bmatrix}$$

$$\Sigma_{13} = \begin{bmatrix} 001 \\ 111 \end{bmatrix} \quad \Sigma_{14} = \begin{bmatrix} 111 \\ 011 \end{bmatrix} \quad \Sigma_{15} = \begin{bmatrix} 111 \\ 001 \end{bmatrix} \quad \Sigma_{16} = \begin{bmatrix} 101 \\ 011 \end{bmatrix} \quad \Sigma_{17} = \begin{bmatrix} 000 \\ 000 \end{bmatrix} \quad \Sigma_{18} = \begin{bmatrix} 000 \\ 111 \end{bmatrix}$$

$$\Sigma_{19} = \begin{bmatrix} 111 \\ 000 \end{bmatrix} \quad \Sigma_{20} = \begin{bmatrix} 111 \\ 111 \end{bmatrix},$$

ここで，集合 $T = \{\Sigma_1, \Sigma_2, \cdots, \Sigma_{16}\}$ は標準マルコフ連鎖の非吸収状態の集合であり，集合 $W = \{\Sigma_{17}, \Sigma_{18}, \Sigma_{19}, \Sigma_{20}\}$ は標準マルコフ連鎖の吸収状態の集合である．つまり，集合 W の状態が，すべてのエージェントが同一の効用ベク

トルをもち，EMS における合意形成された状態に対応する．そして，状態 Σ_{18} では b-自動車が，Σ_{19} では a-自動車が全員一致のもとで選択される．しかし，状態 Σ_{17}，Σ_{20} ではどちらの自動車がよいかの判断ができず，別の方法が必要である．今，それぞれ a-自動車，b-自動車の評判パラメータを $p_a = p$，$p_b = q$ とし，$p_a > p_b (p > q) \leftrightarrow a > b$（つまり，$a$-自動車は b-自動車よりも評判がよい）と仮定する．つまり，a-自動車同士の 0 と 1 の相互作用の結果，更新 $0 \to 1$ の起こる確率が p，更新 $1 \to 0$ の起こる確率が $1-p$，b-自動車同士の 0 と 1 の相互作用の結果，更新 $0 \to 1$ の起こる確率が q，更新 $1 \to 0$ の起こる確率が $1-q$ としたとき，各自動車の効用値 0 と 1 の相互作用の結果，$p > q$，つまり「a-自動車で更新 $0 \to 1$ の起こる確率が，b-自動車で更新 $0 \to 1$ の起こる確率より大きい」ということを，「a-自動車が b-自動車より評判がよい」と解釈する．

　以下，EMS の状態 Σ_1 からの状態推移を例にとって標準マルコフ連鎖の推移確率行列の導出を説明する．状態 Σ_1 における 3 人のエージェントのそれぞれの意見（効用ベクトル）の相互作用を図表 8-9 に示すと，状態 Σ_1 から他の状態への推移は，以下の 3 つの場合になる．

① 　図表 8-9 における 2 人のエージェント 1 と 2 の効用ベクトル $(0,0)'$，$(1,0)'$ の相互作用 I_{12} は，図表 8-8 の相互作用 6 で示され，それは確率 1/3 で会議の進行役（ファシリテータ）によって選択される．その相互作用の結果，$\Sigma_1 \to \Sigma_3$ の状態推移は確率 $(1-p)/3$ で，$\Sigma_1 \to \Sigma_{19}$ の状態推移は確率 $p/3$ で起こる．

② 　図表 8-9 における 2 人のエージェント 2 と 3 の効用ベクトル $(1,0)'$，$(1,0)'$ の相互作用 I_{23} は，図表 8-8 の相互作用 2 で示され，それは確率 1/3 で会議の進行役（ファシリテータ）によって選択される．その相互作用の結果，状態の変化はなく，$\Sigma_1 \to \Sigma_1$ の状態推移は確率 1/3 で起こる．

③ 　図表 8-9 における 2 人のエージェント 1 と 3 の効用ベクトル $(0,0)'$，$(1,0)'$ の相互作用 I_{13} は，図表 8-8 の相互作用 6 で示され，それはケース① に帰着する．

　以上，①，②，③ を総合して EMS の状態 Σ_1 からの状態推移として，$\Sigma_1 \to \Sigma_1$ の状態推移は確率 1/3 で，$\Sigma_1 \to \Sigma_3$ の状態推移は確率 $2(1-p)/3$ で，$\Sigma_1 \to \Sigma_{19}$ の状態推移は確率 $2p/3$ でそれぞれ起こる．その他の Σ_2，Σ_3，$\cdots$，Σ_{20}

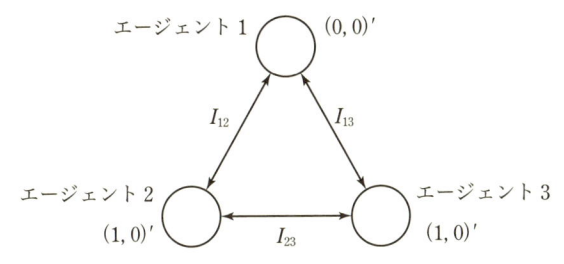

注：エージェントの位置は順不同である．

図表 8-9　E-C-1 型の EMS の状態 Σ_1 における各エージェントの相互作用（$|X| = 2, |N| = 3$）

からの状態推移についても同様に計算され，E-C-1 型の EMS の標準マルコフ連鎖の推移確率行列は，行列（3）になる．

	Σ_1	Σ_2	Σ_3	Σ_4	Σ_5	Σ_6	Σ_7	Σ_8	Σ_9	Σ_{10}	Σ_{11}	Σ_{12}	Σ_{13}	Σ_{14}	Σ_{15}	Σ_{16}	Σ_{17}	Σ_{18}	Σ_{19}	Σ_{20}
Σ_1	1/3	0	2(1-p)/3	0	0	0	0	0	0	0	0	0	0	0	0	0	0	0	2p/3	0
Σ_2	0	1/3	0	0	0	0	(1-q)/3	(1-p)/3	0	q/3	0	0	0	p/3	0	0	0	0	0	0
Σ_3	2p/3	0	1/3	0	0	0	0	0	0	0	0	0	0	0	0	2(1-p)/3	0	0	0	0
Σ_4	0	0	0	1/3	0	0	0	0	0	0	0	2q/3	0	0	0	2(1-p)/3	0	0	0	0
Σ_5	0	0	(1-q)/3	(1-p)/3	1/3	0	p/3	q/3	0	0	0	0	0	0	0	0	0	0	0	0
Σ_6	0	0	(1-q)/2	(1-p)/2	0	0	p/6	p/3	0	q/3	0	0	0	0	0	0	0	0	0	0
Σ_7	(1-q)/2	q/3	0	0	(1-p)/3	(1-p)/6	0	0	0	0	0	0	0	p/2	q/6	0	0	0	0	0
Σ_8	0	p/3	0	0	0	0	0	0	0	0	0	(1-p)/2	q/2	0	0	p/6	0	0	0	0
Σ_9	(1-q)/3	0	0	0	0	(1-p)/3	0	1/3	0	0	0	0	0	p/3	q/3	0	0	0	0	0
Σ_{10}	0	0	0	0	0	0	0	0	0	0	0	0	0	0	0	0	0	0	0	2p/3
Σ_{11}	0	0	0	0	0	(1-q)/3	0	0	0	0	1/3	(1-p)/3	q/3	0	0	p/3	0	0	0	0
Σ_{12}	0	0	0	2(1-p)/3	0	0	0	0	0	0	0	1/3	0	0	0	0	0	2q/3	0	0
Σ_{13}	0	0	0	0	0	0	0	0	0	2p/3	0	0	1/3	0	0	0	0	2(1-p)/3	0	0
Σ_{14}	0	0	0	0	0	0	0	0	0	0	0	0	0	1/3	2(1-q)/3	0	0	0	0	2q/3
Σ_{15}	0	0	0	0	0	0	0	0	0	0	0	0	0	2q/3	1/3	0	0	0	2(1-q)/3	0
Σ_{16}	0	0	0	0	0	0	(1-q)/6	(1-p)/6	(1-q)/3	q/2	(1-p)/3	0	0	p/2	0	0	0	0	0	0
Σ_{17}																	1			
Σ_{18}																		1		0
Σ_{19}										0									1	
Σ_{20}																	0			1

$$\cdots\cdots (3)$$

次に，異なる評判パラメータ p, q の値での吸収（収束あるいは合意形成）までの平均吸収時間（ステップ数）の平均とその標準偏差，および各自動車の平均採用確率に関する数値解析を次の3ケースについて行う．

① $p = q = 1/2$ の場合（自動車間での評判に差がない場合 [a-自動車 ＝ b-自動車]：ケース A)

② $p = 3/4$, $q = 1/4$ の場合（a-自動車は b-自動車よりよいという評判の場合 [a-自動車 ＞ b-自動車]：ケース B)

③ $p = 1/4$, $q = 3/4$ の場合（b-自動車は a-自動車よりよいという評判の場合 [a-自動車 ＜ b-自動車]：ケース C)

　次に，各ケース間の比較を図表 8-10 に示す．図表 8-10 から E-C-1 型の EMS について各 p, q の異なる値での，各非吸収状態（各エージェントが意見を異にする状態）からいずれかの吸収状態に吸収される（収束あるいは合意形成）までの平均吸収時間（ステップ数）の平均は，$p = 3/4$, $q = 1/4$（ケース B）と $p = 1/4$, $q = 3/4$（ケース C）の場合に最小となることがわかる．また，数値解析から E-C-1 型の EMS について合意形成（収束）までの平均吸収時間（ステップ数）における最大ステップ数は 5.94 であり，それは，Σ_9（$p = 1/4$, $q = 3/4$）と Σ_{11}（$p = 3/4$, $q = 1/4$）から出発した場合であることがわかる．ここで，状態 Σ_9, Σ_{11} は，各ケース間で対称的な EMS の状態である．一方，最小ステップ数は 2.31 であり，それは，状態 Σ_3, Σ_{12}, Σ_{13}, Σ_{14}（$p = 1/4$, $q = 3/4$）と Σ_1, Σ_4, Σ_{10}, Σ_{15}（$p = 3/4$, $q = 1/4$）から出発した場合であることもわかる．ここで，状態 Σ_{12} と Σ_1，状態 Σ_3 と Σ_4，状態 Σ_{14} と Σ_{10}，状態 Σ_{13} と Σ_{15} は，各ケース間で対称的な EMS の状態である．

　また，図表 8-10 から p, q の異なる値での，非吸収状態からプロセスが a-自動車あるいは b-自動車を採用して吸収される（収束あるいは合意形成される）確率は，ケース A よりもケース B，C の方が評判のよい自動車が採用される確率が高くなっており，これは直感と合っている．また，意見の極性化について数値解析からわかることは，はっきり意見が二分される状態 Σ_9（a-自動車が集団で優位な状態）からは a-自動車を採用する意見に極性化する，あるいは状態 Σ_{11}（b-自動車が集団で優位な状態）からは b-自動車を採用する意見に極性化する確率は，評判パラメータに依存することがわかる．

図表 8-10　**E-C-1 型の EMS の各ケースごとの平均収束時間（ステップ数）の平均とその標準偏差および各自動車の平均採用確率（$|X| = 2$, $|N| = 3$）**

		ケース A($p=q=1/2$)	ケース B($p=3/4$, $q=1/4$)	ケース C($p=1/4$, $q=3/4$)
平均収束時間の平均および標準偏差		4.22 (1.27)	3.89 * (1.28)	3.89 * (1.28)
平均採用確率	a-自動車	0.25	0.53	0.07
	b-自動車	0.25	0.07	0.53

注：＊は最小値を示す．

(2)　E-C-2 型の電子会議システムの標準マルコフ連鎖モデルの数値解析

　E-C-2 型の EMS の標準マルコフ連鎖モデルは，効用ベクトルは 8.4.2 項 1)

のE-C-1型と同じであるが，エージェントの意見（効用ベクトル）の更新の
メカニズムが異なる．

1) 意見（効用ベクトル）更新のメカニズム

エージェントペア間の相互作用で，同時に2つの選択肢（自動車）に対する
効用値が更新される．そのメカニズムを次に説明する．

2人のエージェント $n, m \in N$ の相互作用以前のおのおのの効用ベクトルを
$S_n = (\cdots, i_k, \cdots, i_{k'}, \cdots)'$, $S_m = (\cdots, j_k, \cdots, j_{k'}, \cdots)'$ とする．ここで，$i_k, i_{k'}, j_k, j_{k'} \in \{0, 1, \cdots, |X|-1\}$ は，選択肢（自動車）$k, k' \in X (k \neq k')$ に対するエージェント n, m の効用値である．

① $i_k < j_k$, $i_{k'} < j_{k'}$ のとき：

相互作用後のエージェント n, m の効用ベクトル S_n, S_m は，

(a) $S_n = (\cdots, i_k+1, \cdots, i_{k'}, \cdots)'$, $S_m = (\cdots, j_k, \cdots, j_{k'}-1, \cdots)'$
$$\cdots 確率\ p_k(1-p_{k'})$$

(b) $S_n = (\cdots, i_k, \cdots, i_{k'}+1, \cdots)'$, $S_m = (\cdots, j_k-1, \cdots j_{k'}, \cdots)'$
$$\cdots 確率\ (1-p_k)p_{k'}$$

(c) $S_n = (\cdots, i_k, \cdots, i_{k'}, \cdots)'$, $S_m = (\cdots, j_k-1, \cdots, j_{k'}-1, \cdots)'$
$$\cdots 確率\ (1-p_k)(1-p_{k'})$$

(d) $S_n = (\cdots, i_k+1, \cdots, i_{k'}+1, \cdots)'$, $S_m = (\cdots, j_k, \cdots j_{k'}, \cdots)'$
$$\cdots 確率\ p_k p_{k'}$$

へそれぞれの確率で変化する．ここで，(a) は，k-自動車が他方のよい評
価によって効用値が引き上げられ，k'-自動車が他方の悪い評価によって
引き下げられるケースである．(b) は，k-自動車が他方の悪い評価によっ
て効用値が引き下げられ，同時に k'-自動車が他方のよい評価によって効
用値が引き上げられるケースである．(c) は，両 k, k'-自動車が他方の悪
い評価によって同時に効用値が引き下げられるケースである．(d) は，両
k, k'-自動車が他方のよい評価によって同時に効用値が引き上げられる
ケースである．ここで，両自動車の効用値の変化は独立に生起するものと
仮定する．このとき，$p_k > p_{k'}$ ならば，前と同様に k-自動車は k'-自動車
よりよいという評判を示していると解釈され，それを $k > k'$ と書く．

② $i_k = j_k, i_{k'} = j_{k'}$ のとき：

相互作用の前後で各エージェントの効用ベクトルは変化しない．

　他の場合は，n, m を入れ替えて①の場合に帰着する．また，相互作用後に，同時に2つ以上の選択肢に対してその効用値が変わる場合も，効用値の変化の組合せの数は増えるが，上と同様に考えられる．

　次に，自動車の種類が $|X| = 2$ でエージェントの数が $|N| = 3$ の場合に関して，評判パラメータの違いによって，EMS の各エージェントが意見を異にする各初期状態からの合意形成（収束）までの平均収束時間（ストップ数）の平均とその標準偏差および各自動車の平均採用確率がどのように変化するかを数値解析する．

2) 2種類の自動車（$|X| = 2$），3人のエージェント（$|N| = 3$）の場合の数値解析

　自動車の種類が $|X| = 2$ で，自動車の集合が $\{a, b\}$ で，エージェントの数が $|N| = 3$ の場合の，E-C-2 型の EMS の標準マルコフ連鎖の推移確率行列を導出する．各エージェントの意見（効用ベクトル），EMS の状態空間，相互作用のパターンは，E-C-1 型の EMS と同様である．異なる点は，その相互作用のメカニズムである．

　以下，EMS の状態 Σ_2 からの状態推移を例にとって，標準マルコフ連鎖の推移確率行列の導出を説明する．状態 Σ_2 における3人のエージェントの意見（効用ベクトル）の相互作用を図表 8-11 に示す．すると，状態 Σ_2 から他の EMS の状態への推移は，以下の3つの場合になる．ここで，a-自動車，b-自動車の評判パラメータは，前節と同様に，それぞれ $p_a = p$，$p_b = q$ とする．

① 図表 8-11 における2人のエージェント（エージェント 2, 3）の効用ベクトル $(1,1)'$, $(1,1)'$ の相互作用 I_{23} は，図表 8-8 の相互作用 3 で示され，それは確率 1/3 で選択され，その相互作用の結果は，2人のエージェントの効用ベクトルが同じなので変化はなく，$\Sigma_2 \to \Sigma_2$ の状態推移は確率 1/3 で起こる．

② 図表 8-11 における2人のエージェント（エージェント 1, 2）の効用ベクトル $(0,0)'$, $(1,1)'$ の相互作用 I_{12} は，図表 8-8 の相互作用 9 で示され，それは確率 1/3 で選択され，その相互作用の結果，$\Sigma_2 \to \Sigma_5$ の状態推移は確率 $(1-p)(1-q)/3$ で，$\Sigma_2 \to \Sigma_{13}$ の状態推移は確率 $(1-p)q/3$ で，$\Sigma_2 \to \Sigma_{15}$ の状態推移は確率 $2p(1-q)/3$ で，$\Sigma_2 \to \Sigma_{20}$ の状態推移は確率 $pq/3$ で起こる．

③ 図表 8-11 における 2 人のエージェント（エージェント 1, 3）の効用ベクトル $(0,0)'$, $(1,1)'$ の相互作用 I_{13} は，図表 8-8 の相互作用 9 で示され，ケース②に帰着する．

以上，①，②，③を総合して EMS の Σ_2 からの状態推移として，$\Sigma_2 \to \Sigma_2$ の場合は確率 $1/3$ で，$\Sigma_2 \to \Sigma_5$ の場合は確率 $2(1-p)(1-q)/3$ で，$\Sigma_2 \to \Sigma_{13}$ の場合は確率 $2(1-p)q/3$ で，$\Sigma_2 \to \Sigma_{15}$ の場合は確率 $2p(1-q)/3$ で，$\Sigma_2 \to \Sigma_{20}$ の場合は確率 $2pq/3$ でそれぞれ起こる．その他の状態 Σ_1, Σ_3, $\cdots$, Σ_{20} からの状態推移についても同様に計算され，E-C-2 型の EMS の標準マルコフ連鎖の推移確率行列は行列（4）になる．

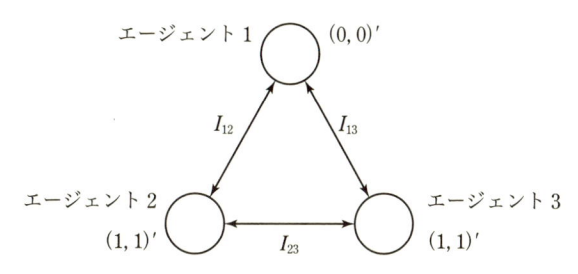

注：エージェントの位置は順不同である．

図表 8-11　E-C-2 の EMS の状態 Σ_2 における各エージェントの相互作用（$|X| = 2$, $|N| = 3$）

$$\cdots\cdots (4)$$

次に，異なる評判パラメータ p, q の値での吸収（収束あるいは合意形成）までの平均吸収時間（ステップ数）の平均とその標準偏差，および各自動車の平均採用確率に関する数値解析を，次の 3 ケースについて行う．

① $p = q = 1/2$ の場合（自動車間での評判に差がない場合 [a-自動車＝b-自動車]：ケース D）

② $p = 3/4$, $q = 1/4$ の場合（a-自動車は b-自動車よりよいという評判の場合 [a-自動車＞b-自動車]：ケース E）

③ $p = 1/4$, $q = 3/4$ の場合（b-自動車は a-自動車よりよいという評判の場合 [a-自動車＜b-自動車]：ケース F）

次に、各ケース間の比較を図表 8-12 で示す．図表 8-12 から E-C-2 型の EMS について p, q の異なる値での、非吸収状態（各エージェントが意見を異にする状態）からいずれかの吸収状態に吸収される（収束あるいは合意形成）までの平均吸収時間（ステップ数）の平均は E-C-1 型の EMS と同様に、$p = 3/4$, $q = 1/4$ （ケース E）と $p = 1/4$, $q = 3/4$ （ケース F）の場合に最小となることがわかる．また、数値解析から E-C-2 型の EMS について合意形成（収束）までの平均ステップ数における最大ステップ数は 4.23 であり、それは状態Σ_7 （$p = 1/4, q = 3/4$）と Σ_8 （$p = 3/4, q = 1/4$）から出発した場合である．ここで、状態Σ_7, Σ_8 は各ケース間で対称的な EMS の状態である．一方、最小ステップ数は 2.31 であり、それは状態Σ_3, Σ_{12}, Σ_{13}, Σ_{14} （$p = 1/4$, $q = 3/4$）と状態Σ_1, Σ_4, Σ_{10}, Σ_{15} （$p = 3/4$, $q = 1/4$）から出発した場合である．ここで、状態Σ_3, Σ_{12}, Σ_{13}, Σ_{14} と状態Σ_1, Σ_4, Σ_{10}, Σ_{15} は、各ケース間で対称的な EMS の状態である．これらは、E-C-1 型の $p = 1/4$, $q = 3/4$ と $p = 3/4$, $q = 1/4$ の場合と同じである．また、興味深いことに、p, q の異なる値での、非吸収状態からプロセスがある自動車を採用して吸収される確率は、E-C-1 型と同じ値を示す．したがって、意見の極性化についても E-C-1 型と同じ結論である．

図表 8-12　E-C-2 型の EMS の各ケースごとのステップ数の平均とその標準偏差および各自動車の平均採用確率 （$|X| = 2$, $|N| = 3$）

		ケース D($p=q=1/2$)	ケース E($p=3/4, q=1/4$)	ケース F($p=1/4, q=3/4$)
平均収束時間の平均および標準偏差		3.54 (0.56)	3.23 * (0.64)	3.23 * (0.64)
平均採用確率	a-自動車	0.25	0.53	0.07
	b-自動車	0.25	0.07	0.53

注：＊は最小値を示す．

(3) E-O 型の電子会議システムの標準マルコフ連鎖モデル

1) 意見（効用ベクトル）の型

選択肢に対するエージェント n の効用値は，序数（オーディナル）効用値である．エージェント n の効用ベクトル $S_n (n \in N)$ は，$|X|$ 次元列ベクトルで，自動車の集合 $X = \{x_1, x_2, \cdots, x_{|X|}\}$ の順列である．この可能な効用ベクトルの数は $K = |X|!$ である．効用ベクトルを $(x_1, x_2, \cdots, x_{|X|})'$ とすると，この効用ベクトルは自動車を順位の高い順に並べたものであり，1 番目の x_1-自動車の順位は 1 番，2 番目の x_2-自動車の順位は 2 番，…，最後の $|X|$ 番目の $x_{|X|}$-自動車の順位は $|X|$ 番である．EMS の状態の数は，EMS の各エージェントを互いに交換可能であるとすると，相異なる $K = |X|!$ 個のものから $|N|$ 個取り出して作った重複組合せ $_K\mathrm{H}_{|N|}$ 個である．したがって，EMS の状態 i は，行列 $\Sigma_i = (S_1, S_2, \cdots, S_{|N|})_i (i = 1, 2, \cdots, _K\mathrm{H}_{|N|})$ であり，行列 Σ_i の各要素効用ベクトルは互いに交換可能である．例えば，$|X| = 3$，$|N| = 2$ のとき，EMS の状態の数は，$k = 6$ で $_K\mathrm{H}_{|N|} = _6\mathrm{H}_2 = 21$ 個である．

2) 意見（効用ベクトル）の更新メカニズム

エージェントペア間の相互作用による意見（効用ベクトル）の更新の仕方（メカニズム）は，次のようになる．

2 人のエージェットの効用ベクトルが，$(x_i, \cdots)'$ と $(x_j, \cdots)'$（ここで，x_i, x_j はそれぞれ 1 番目の順位の自動車とする）の場合，各エージェントは，順位が 1 位である選択肢（自動車）x_i と x_j を互いに一対比較したとき，評判が $x_i > x_j$ なら（つまり，x_i-自動車が x_j-自動車より評判がよければ），確率 $Px_i x_j > 1/2$（$Px_i x_j < 1/2$ なら $x_i < x_j$ である）で x_j の順位を 2 番目の自動車と順位を交換し，$x_i < x_j$ なら確率 $(1 - Px_i x_j)$ で x_i の順位を 2 番目の自動車と順位を交換する．もし $x_i = x_j$ ならば，1 位の自動車はそのままにして，順位 2 位の自動車を比較して，上と同様に順位を入れ替える．ここで，$i, j = 1, 2, \cdots, |X|$ である．今の場合，確率 $Px_i x_j$ が評判のパラメータである．例えば，自動車の数 $|X| = 3$，エージェントの数 $|N| = 2$ の場合，選択肢の自動車を a, b, c として，エージェント n の効用ベクトルが $(a, b, c)'$ で，エージェント m の効用ベクトルが $(b, c, a)'$ のとき，エージェント n, m の相互作用の結果は，はじめに，エージェント n の順位 1 位の a-自動車とエージェント m の順位 1 位の b-自動車を比較し，$a > b$ なら確率 $p_{ab} > 1/2$ でエージェント n の効用ベクトルはそのまま $(a, b,$

$c)'$ で，エージェント m の第 1 位の b–自動車と第 2 位の c–自動車の順位を入れ替え $(c, b, a)'$ になる．一方，$a < b$ なら確率 $(1-p_{ab})$ でエージェント m の効用ベクトルはそのまま $(b, c, a)'$ で，エージェント n の第 1 位の a–自動車と第 2 位の b–自動車の順位を入れ替え $(b, a, c)'$ となる．その結果,確率 p_{ab} でエージェント n の効用ベクトルは $(a, b, c)'$，エージェント m の効用ベクトルは $(c, b, a)'$ になり,確率 $(1-p_{ab})$ でエージェント n の効用ベクトルは $(b, a, c)'$，エージェント m の効用ベクトルは $(b, c, a)'$ になる．

次に，自動車の種類が $|X| = 2$ でエージェントの数が $|N| = 3$ の場合と，自動車の種類が $|X| = 3$ でエージェントの数が $|N| = 2$ の場合の 2 ケースについて，評判パラメータの違いによって，EMS のエージェントの意見（効用ベクトル）が異なる各初期意見状態からの合意形成（収束）までの平均収束時間（ステップ数）の平均とその標準偏差，および各自動車の平均採用確率がどのように変化するかを数値解析する．

3） 2 種類の自動車（$|X| = 2$），3 人のエージェント（$|N| = 3$）の場合の数値解析

自動車の種類が $|X| = 2$ で，自動車の集合が $\{a, b\}$ で，エージェントの数が $|N| = 3$ の場合の，E-O 型の EMS の標準マルコフ連鎖の推移確率行列を導出する．各エージェントの効用ベクトルは，$a > b$（a が b より選好される）なら $(a, b)'$ と書き，逆に $a < b$（b が a より選好される）なら $(b, a)'$ と書く．ここで，"$\prime$" は転置を示す．3 人のエージェントの相互作用は，会議の進行役（ファシリテーター）による 3 人のエージェントの中からランダムに 2 人のエージェントを選ぶランダムマッチングによって等確率で生起し，したがって，その確率はおのおの 1/3 である．その相互作用のパターンは図表 8-13 である．

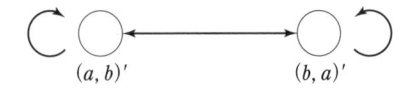

$(a, b)'$　　　　　　$(b, a)'$

図表 **8-13**　E-O 型の EMS の各エージェント間相互作用のパターン（$|X| = 2$，$|N| = 3$）

また,EMS の状態空間 Σ は,次の 4 つの状態行列からなる．つまり，$\Sigma = \{\Sigma_1, \Sigma_2, \Sigma_3, \Sigma_4\}$ である．各状態行列の行が自動車に,列がエージェントに対応する．

$$\Sigma_1 = \begin{bmatrix} a\,a\,b \\ b\,b\,a \end{bmatrix} \quad \Sigma_2 = \begin{bmatrix} a\,b\,b \\ b\,a\,a \end{bmatrix} \quad \Sigma_3 = \begin{bmatrix} a\,a\,a \\ b\,b\,b \end{bmatrix} \quad \Sigma_4 = \begin{bmatrix} b\,b\,b \\ a\,a\,a \end{bmatrix}$$

ここで，集合 $T=\{\Sigma_1, \Sigma_2\}$ が標準マルコフ連鎖の非吸収状態の集合であり，$W=\{\Sigma_3, \Sigma_4\}$ が標準マルコフ連鎖の吸収状態の集合である．つまり，集合 W の状態が，すべてのエージェントが同一の効用ベクトルをもち，EMS の合意形成された状態に対応する．そして，状態 Σ_3 では a-自動車が，状態 Σ_4 では b-自動車が全員一致で選択される．しかし，状態 Σ_1，Σ_2 ではどちらの自動車がよいかが判断できず，別の方法が必要である．

今，a-自動車が b-自動車よりどれだけ評判がよいかを示す評判パラメータを $p_{ab}=p$ とする．

以下，EMS の状態 Σ_1 からの状態推移を例にとって標準マルコフ連鎖の推移確率行列の導出を説明する．状態 Σ_1 における 3 人のエージェントのそれぞれの意見（効用ベクトル）の間の相互作用を図表 8-14 に示す．すると，状態 Σ_1 から他の EMS の状態への推移は，以下の 3 つの場合になる．

① 図表 8-14 における 2 人のエージェント（エージェント 1，2）の効用ベクトル $(a, b)'$，$(a, b)'$ の相互作用 I_{12} は確率 1/3 で選択され，その相互作用の結果，状態 Σ_1 からの推移は起こらず，$\Sigma_1 \rightarrow \Sigma_1$ の状態推移は確率 1/3 で起こる．

② 図表 8-14 における 2 人のエージェント（エージェント 2，3）の効用ベクトル $(a, b)'$，$(b, a)'$ の相互作用 I_{23} は確率 1/3 で選択され，その相互作用の結果，$\Sigma_1 \rightarrow \Sigma_3$ の状態推移は確率 $p/3$ で，$\Sigma_1 \rightarrow \Sigma_2$ の状態推移は確率 $(1-p)/3$ で起こる．

③ 図表 8-14 における 2 人のエージェント（エージェント 1，3）の効用ベクトル $(a, b)'$，$(b, a)'$ の相互作用 I_{13} は，ケース②に帰着する．

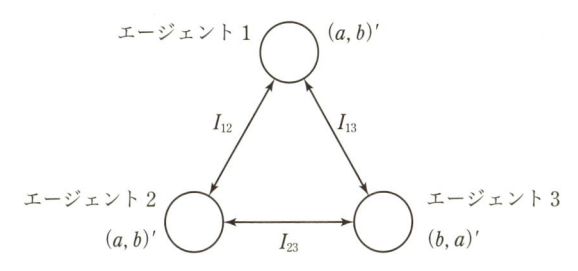

注：エージェントの位置は順不同である．

図表 **8-14** E-O 型の EMS の状態 Σ_1 における各エージェントの相互作用のパターン（$|X|=2, |N|=3$）

以上①，②，③を総合して，EMS の状態 Σ_1 からの状態推移として，$\Sigma_1 \to \Sigma_1$ の場合は確率 1/3 で，$\Sigma_1 \to \Sigma_2$ の場合は確率 $2(1-p)/3$ で，$\Sigma_1 \to \Sigma_3$ の場合は確率 $2p/3$ でそれぞれ起こる．他の状態 Σ_2, Σ_3, Σ_4 からの状態推移についても同様に計算され，E-O 型の EMS の標準マルコフ連鎖の推移確率行列は，行列 (5) になる．0

$$
\boldsymbol{P} = \begin{array}{c} \\ \Sigma_1 \\ \Sigma_2 \\ \Sigma_3 \\ \Sigma_4 \end{array}
\begin{array}{cccc}
\Sigma_1 & \Sigma_2 & \Sigma_3 & \Sigma_4 \\
\left[\begin{array}{cccc}
1/3 & 2(1-p)/3 & 2p/3 & 0 \\
2p/3 & 1/3 & 0 & 2(1-p)/3 \\
0 & 0 & 1 & 0 \\
0 & 0 & 0 & 1
\end{array}\right]
\end{array} \quad \cdots\cdots (5)
$$

次に，異なる評判パラメータ p の値での吸収（収束あるいは合意形成）までの平均吸収時間（ステップ数）の平均とその標準偏差，および各自動車の平均採用確率に関する数値解析の結果を，図表 8-15 に示す．

この表から，合意形成（吸収）までの平均収束時間（ステップ数）の平均は，$p = 3/4$ のとき（a-自動車が評判がよいとき）と $p = 1/4$ のとき（b-自動車が評判がよいとき）に最小になる．また，この表の平均採用確率に関しては，$p = 3/4$ のとき（a-自動車が評判がよいとき）は，a-自動車が採用される確率の平均が高く，一方 $p = 1/4$ のとき（b-自動車が評判がよいとき）は，b-自動車が採用される確率の平均が高くなって，直感と合っている．

図表 8-15　E-O 型の EMS の各ケースごとのステップ数の平均とその標準偏差，および各自動車の平均採用確率（$|X| = 2$, $|N| = 3$）

		$p = 1/4$	$p = 1/2$	$p = 3/4$
平均収束時間の平均 および標準偏差		2.77 * (2.06)	3.00 (2.45)	2.77 * (2.06)
平均採用 確率	a-自動車	0.19	0.50	0.81
	b-自動車	0.81	0.50	0.19

注：＊は最小値を示す．

3)　3 種類の自動車（$|X| = 3$），2 人のエージェント（$|N| = 2$）の場合の数値解析

自動車の種類が $|X| = 3$ で，自動車の集合が $\{a, b, c\}$ で，エージェントの数が $|N| = 2$ の場合の，E-O 型の EMS の標準マルコフ連鎖の推移確率行列を

導出する．各エージェントの効用ベクトルは，$a>b>c$（a が 1 番，b が 2 番，c が 3 番に 選好される）なら $(a, b, c)'$ と書く．ここで " $'$ " は転置を示す．2 人のエージェントの相互作用を図表 8-16 に示す．

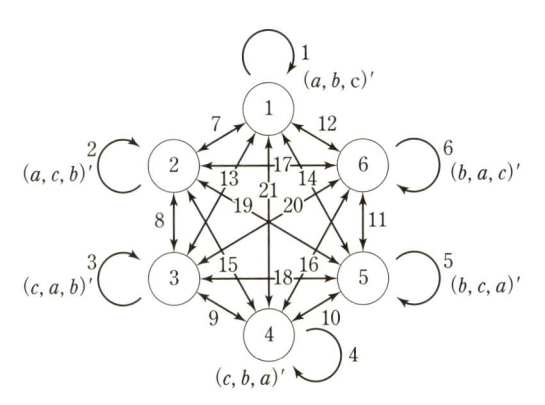

図表 8-16　E-O 型の EMS の各エージェント間相互作用のパターン（$|X|=3$, $|N|=2$）

EMS の状態空間 Σ は，次の 21 個の状態行列からなる．
つまり，$\Sigma=\{\Sigma_1, \Sigma_2, \cdots, \Sigma_{21}\}$ である．

$$\Sigma_1=\begin{bmatrix} a\,a \\ b\,b \\ c\,c \end{bmatrix} \quad \Sigma_2=\begin{bmatrix} a\,a \\ c\,c \\ b\,b \end{bmatrix} \quad \Sigma_3=\begin{bmatrix} c\,c \\ a\,a \\ b\,b \end{bmatrix} \quad \Sigma_4=\begin{bmatrix} c\,c \\ b\,b \\ a\,a \end{bmatrix} \quad \Sigma_5=\begin{bmatrix} b\,b \\ c\,c \\ a\,a \end{bmatrix} \quad \Sigma_6=\begin{bmatrix} b\,b \\ a\,a \\ c\,c \end{bmatrix}$$

$$\Sigma_7=\begin{bmatrix} a\,a \\ b\,c \\ c\,b \end{bmatrix} \quad \Sigma_8=\begin{bmatrix} a\,c \\ c\,a \\ b\,b \end{bmatrix} \quad \Sigma_9=\begin{bmatrix} c\,c \\ a\,b \\ b\,a \end{bmatrix} \quad \Sigma_{10}=\begin{bmatrix} c\,b \\ b\,c \\ a\,a \end{bmatrix} \quad \Sigma_{11}=\begin{bmatrix} b\,b \\ c\,a \\ a\,c \end{bmatrix} \quad \Sigma_{12}=\begin{bmatrix} b\,a \\ a\,b \\ c\,c \end{bmatrix}$$

$$\Sigma_{13}=\begin{bmatrix} a\,c \\ b\,a \\ c\,b \end{bmatrix} \quad \Sigma_{14}=\begin{bmatrix} a\,b \\ b\,c \\ c\,a \end{bmatrix} \quad \Sigma_{15}=\begin{bmatrix} a\,c \\ c\,b \\ b\,a \end{bmatrix} \quad \Sigma_{16}=\begin{bmatrix} b\,c \\ a\,b \\ c\,a \end{bmatrix} \quad \Sigma_{17}=\begin{bmatrix} a\,b \\ c\,a \\ b\,c \end{bmatrix} \quad \Sigma_{18}=\begin{bmatrix} c\,b \\ a\,c \\ b\,a \end{bmatrix}$$

$$\Sigma_{19}=\begin{bmatrix} a\,b \\ c\,c \\ b\,a \end{bmatrix} \quad \Sigma_{20}=\begin{bmatrix} b\,c \\ a\,a \\ c\,b \end{bmatrix} \quad \Sigma_{21}=\begin{bmatrix} a\,c \\ b\,b \\ c\,a \end{bmatrix}$$

各状態行列の行が自動車に，列がエージェントに対応する．

ここで，集合 $T=\{\Sigma_7, \Sigma_8, \cdots, \Sigma_{21}\}$ が標準マルコフ連鎖の非吸収状態の集合であり，$W=\{\Sigma_1, \Sigma_2, \cdots, \Sigma_6\}$ が標準マルコフ連鎖の吸収状態の集合である．つまり，集合 W の状態が，すべてのエージェントが同一の効用ベクトルをもち，EMS の合意形成された状態に対応する．

以下，評判パラメータを $p_{ab}=p$，$p_{bc}=q$，$p_{ac}=r$ とする．EMS の状態 Σ_7 からの状態推移を例にとって標準マルコフ連鎖の推移確率行列の導出を説明する．状態 Σ_7 における 2 人のエージェントのそれぞれの意見（効用ベクトル）

の間の相互作用を図表 8-17 に示す．状態 Σ_7 から他の EMS の状態への推移確率は，次のようになる．つまり，状態 Σ_7 における 2 人のエージェントの効用ベクトル $(a, b, c)'$，$(a, c, b)'$ の相互作用の結果，$\Sigma_7 \rightarrow \Sigma_1$ の状態推移は確率 q で，$\Sigma_7 \rightarrow \Sigma_2$ の状態推移は確率 $1-q$ で起こる．

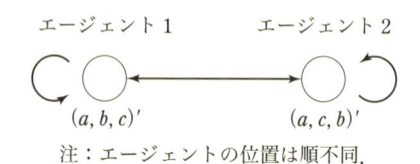

エージェント 1　　　　　　　エージェント 2

$(a, b, c)'$　　　　　　　$(a, c, b)'$

注：エージェントの位置は順不同．

図表 8-17　E-O 型の EMS の状態 Σ_7 における各エージェントの相互作用のパターン（$|X| = 3$, $|N| = 2$）

　　EMS が他の状態にある場合についても同様に計算すると，E-O 型の EMS の標準マルコフ連鎖の推移確率行列は行列（6）になる．

	Σ_1	Σ_2	Σ_3	Σ_4	Σ_5	Σ_6	Σ_7	Σ_8	Σ_9	Σ_{10}	Σ_{11}	Σ_{12}	Σ_{13}	Σ_{14}	Σ_{15}	Σ_{16}	Σ_{17}	Σ_{18}	Σ_{19}	Σ_{20}	Σ_{21}
Σ_1	1	0	0	0	0	0	0	0	0	0	0	0	0	0	0	0	0	0	0	0	0
Σ_2	0	1	0	0	0	0	0	0	0	0	0	0	0	0	0	0	0	0	0	0	0
Σ_3	0	0	1	0	0	0	0	0	0	0	0	0	0	0	0	0	0	0	0	0	0
Σ_4	0	0	0	1	0	0	0	0	0	0	0	0	0	0	0	0	0	0	0	0	0
Σ_5	0	0	0	0	1	0	0	0	0	0	0	0	0	0	0	0	0	0	0	0	0
Σ_6	0	0	0	0	0	1	0	0	0	0	0	0	0	0	0	0	0	0	0	0	0
Σ_7	q	$1-q$	0	0	0	0	0	0	0	0	0	0	0	0	0	0	0	0	0	0	0
Σ_8	0	r	$1-r$	0	0	0	0	0	0	0	0	0	0	0	0	0	0	0	0	0	0
Σ_9	0	0	p	$1-p$	0	0	0	0	0	0	0	0	0	0	0	0	0	0	0	0	0
Σ_{10}	0	0	0	$1-q$	q	0	0	0	0	0	0	0	0	0	0	0	0	0	0	0	0
Σ_{11}	0	0	0	0	$1-r$	r	0	0	0	0	0	0	0	0	0	0	0	0	0	0	0
Σ_{12}	p	0	0	0	0	$1-p$	0	0	0	0	0	0	0	0	0	0	0	0	0	0	0
Σ_{13}	0	0	0	0	0	0	r	0	0	0	0	0	0	0	0	0	0	0	$1-r$	0	
Σ_{14}	0	0	0	0	0	0	0	0	$1-p$	0	0	0	0	0	0	0	0	0	0		p
Σ_{15}	0	0	0	0	0	0	0	$1-r$	0	0	0	0	0	0	0	0	0	r	0	0	
Σ_{16}	0	0	0	0	0	0	0	0	0	0	q	0	0	0	0	0	0	0	0		$1-q$
Σ_{17}	0	0	0	0	0	0	p	0	0	0	0	0	0	0	0	0	0	$1-p$	0	0	
Σ_{18}	0	0	0	0	0	0	0	0	$1-q$	0	0	0	0	0	0	0	0	q	0	0	
Σ_{19}	0	0	0	0	0	0	0	0	0	0	0	0	p	0	$1-p$	0	0	0	0	0	
Σ_{20}	0	0	0	0	0	0	0	0	0	0	$1-q$	0	0	0	q	0	0	0	0	0	
Σ_{21}	0	0	0	0	0	0	0	0	0	0	0	0	r	0	$1-r$	0	0	0	0	0	

$$\cdots\cdots (6)$$

　　次に，異なる評判パラメータ p, q, r の値での吸収（収束あるいは合意形成）までの平均吸収時間（ステップ数）の平均とその標準偏差，および各自動車の平均採用確率の数値解析を次の 3 ケースで行う．

①　$p = q = r = 1/2$ の場合（自動車間での評判に差がない場合 ［a-自動車 ＝b-自動車＝c-自動車］：ケース G）

②　$p = 3/4$, $q = 3/4$, $r = 3/4$ の場合（自動車間の評判の順位が ［a-自動

車＞b-自動車，b-自動車＞c-自動車，a-自動車＞c-自動車，つまり a-自動車＞b-自動車＞c-自動車］の場合：ケース H）

③ $p = 3/4$，$q = 3/4$，$r = 1/4$ の場合（自動車間の評判の順位が［a-自動車＞b-自動車，b-自動車＞c-自動車，c-自動車＞a-自動車，つまり a-自動車＝パー，b-自動車＝グー，c-自動車＝チョキのジャンケンの状況］の場合：ケース I）

　次に，各ケースの間の比較を図表8-18で示す．この表から，ケース I（各自動車の評判がグー，チョキ，パーの状態である）が合意形成までの時間が最小になることがわかる．この表の平均採用確率に関しては，ケース G で各自動車の平均採用確率は等しく，ケース H で a-自動車が最も採用されやすく，次に b-自動車，最後に c-自動車の順で採用されやすい，そしてケース I ではケース G と同様になる．

図表8-18　E-O 型の EMS の各ケースごとのステップ数の平均とその標準偏差および各自動車の平均採用確率（$|X| = 3$，$|N| = 2$）

		ケース G	ケース H	ケース I
平均収束時間の平均および標準偏差		3.00 (1.70)	3.71 (2.43)	2.68 * (1.17)
平均採用確率	a-自動車	0.33	0.37	0.33
	b-自動車	0.33	0.33	0.33
	c-自動車	0.33	0.30	0.33

注：ケース G は $p = q = r = 1/2$，ケース H は $p = q = r = 3/4$，ケース I は $p = q = 3/4$，$r = 1/4$ である．
　　＊は最小値を示す．

8.4.3　黒板型（B 型）電子会議システムのマルコフ連鎖モデル

　次に，黒板型（B 型）の EMS のインタラクティブ・マルコフ連鎖モデルを考察する．

　電子メール型（E 型）の標準マルコフ連鎖モデルでは，K を各エージェントのとりうる状態の数とし，$|N|$ をエージェント数とすると，EMS の状態の数は $_KH_{|N|}$ である．p_{ij} を EMS が状態 i から状態 j へどの程度の確率で移動するかを示す推移確率とすると，スーパー状態からスーパー状態への（$_KH_{|N|}$, $_KH_{|N|}$）の推移確率行列 $\boldsymbol{P} = [p_{ij}]$ が定義できる．しかし，電子メール型（E 型）で EMS における相互作用をモデル化しようとすると，8.3.1項でみたように，

EMS を構成する MA の数|N|，選択肢の数|X|の増加にともなって，EMS の状態の数が指数関数的に増加し，いわゆる状態空間爆発を起こし，分析をすることが困難になる．したがって，電子メール型（E 型）のモデルでは EMS の状態の数が少ないケースしか解析できない．そこで，本項では，参加するエージェントの数が多い場合でも EMS のモデル化が容易な方法論として，Matras（1967）によって提案されたインタラクティブ・マルコフ連鎖を用いることにする．インタラクティブ・マルコフ連鎖の語句は，Conlisk（1976）がはじめて使ったが，アイディアは Matras（1967）にまで遡る．

インタラクティブ・マルコフ連鎖による EMS のモデル化では，EMS の状態数は，各エージェントがとりうる状態（意見）の数 K である．したがって，電子メール型（E 型）と黒板型（B 型）では，EMS の状態の定義が異なるので注意が必要である．また，MA が時点 t で K 個の状態にどのように分布しているかを表す存在（意見）確率分布 $\pi(t)$ は，$1 \times K$ のベクトル $\pi(t) = [\pi_j(t)]$（$j = 1, 2, \cdots, K$）で示す．ここで，$\pi_j(t)$ は t 番目の時刻で j 番目の意見を好む MA の割合である．$\pi(t)$ を効用ベクトルという．推移確率行列 $\boldsymbol{P}$ はすべてのエージェントに適用されるとし，ベクトル $\pi(t)$ の関数としてモデル化され，Matras に従って，$P(\pi) = [p_{ij}(\pi)]$ と書く．そのモデルの概念は，マルコフ連鎖の推移確率は，現在それぞれの状態にある数の関数であるべきだというものである．したがって，例えば購買モデルでは，買い手はすでに流行しているブランドにより強く引きつけられると考えられる．よって，$\pi(t)$ の進展を司る方程式は，標準マルコフ連鎖方程式 $\pi(t + 1) = \pi(t)P$ から "インタラクティブ・マルコフ連鎖" の方程式

$$\pi(t + 1) = \pi(t)P[\pi(t)] \qquad \cdots\cdots (7)$$

に変わる．その意味は，集団としての MA の意見が次にどのように分布するかは，各エージェントが自分の端末に表示される黒板を介して現在の MA の意見の分布状態を知ることで決まるということである．つまり，電子的に EMS 上でデルファイ法を行っているとも考えられる．しかし，黒板型（B 型）では，モデル化における状態空間爆発を回避できることと引き換えに，必然的に，個々のエージェントのコミュニケーション過程ではなく，集団全体の意見分布の変動を解析するということになり，エージェントのミクロな挙動からマクロな挙動を説明する，いわゆるミクロ・マクロリンクのモデル化は断念しな

ければならない.

　黒板型（B型）における EMS の $\pi(t)$ の定常状態での存在（意見）確率分布 π^* は, $1 \times m$ ベクトルで, $\pi^* = \pi^* P[\pi^*]$ の非負の解であり, 和が1になるものである. π^* の存在, 一意性, 安定性の問題は, 標準マルコフ連鎖の場合では完全にわかっているが, このインタラクティブ・マルコフ連鎖の場合はもっと複雑であり, あまり解明されていない. しかし, $P[\pi]$ が π の連続関数である限り $0 \leqq \pi \leqq 1$ なので, 不動点定理から少なくとも1つの均衡値 π^* の存在はいえる. 均衡値の安定性に関しては, Conlisk (1992) に詳しい. 本論文での数値解析結果では, 均衡値への収束の速度は非常に遅いことが明らかになった. 本項では, EMS の黒板型（B型）の基数型（B–C型）と序数型（B–O型）についてインタラクティブ・マルコフ連鎖モデルの数値解析をする. つまり, 次の2タイプである.

① B–C型：黒板型（B型）でエージェントの意見（効用ベクトル）は基数［カーディナル］型（C型）で, エージェントの意見（効用ベクトル）の更新は, 黒板を介して全エージェント同時に変更される（simultaneous updating）.

② B–O型：黒板型（B型）でエージェントの意見（効用ベクトル）は序数［オーディナル］型（O型）で, エージェントの意見（効用ベクトル）の更新は, 黒板を介して全エージェント同時に変更される（simultaneous updating）.

(1)　B–C型の電子会議システムのインタラクティブ・マルコフ連鎖モデルの数値解析

1)　意見（効用ベクトル）の型

　各エージェントがとりうる状態としての効用ベクトルが C型（基数型）である. EMS の状態空間であり各エージェントの意見空間でもある各エージェントがとりうる状態は, 例えば自動車の数が $|X| = 2$ の場合では, $\Sigma_1 = (0, 0)'$, $\Sigma_2 = (1, 0)'$, $\Sigma_3 = (1, 1)'$, $\Sigma_4 = (0, 1)'$ の4つである. ただし, 各ベクトルの第1要素は a-自動車の基数効用値を, 第2要素は b-自動車の基数効用値をそれぞれ表す効用ベクトルであり, 図表8–19のグリッドの頂点で示される.

2)　意見（効用ベクトル）の更新メカニズム

　MA の各エージェントは, 次の規則に従って自分の意見（効用ベクトル）の

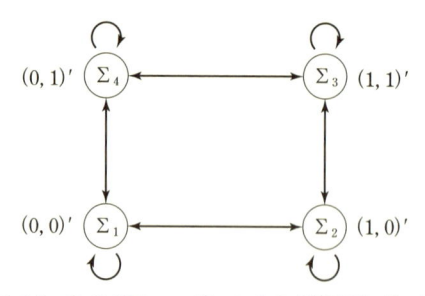

図表 8-19　B–C 型のエージェントの状態推移 （$|X| = 2$）

更新をする.

①　各エージェントは, EMS の黒板で集団の意見分布をみることによって, 自分の位置している状態に直接つながっているグリッドの頂点の状態へ 1 つ動くことができる. 2 つの状態 i, j の意見 （効用ベクトル） $\Sigma_i = (s_i^1, s_i^2, \cdots, s_i^{|X|})'$ と $\Sigma_j = (s_j^1, s_j^2, \cdots, s_j^{|X|})'$ 間の距離は,

$$d_{i,j} = 1/[|X|(|X|-1)] \sum_{h=1}^{|X|} |s_i^h - s_j^h| \qquad \cdots\cdots (8)$$

で定義される. ここで, s_i^h, s_j^h （$h = 1, 2, \cdots, |X|$） は集合 $\{0, 1, \cdots, |X| - 1\}$ の要素である. これは, ハミング距離を 0 から 1 の範囲になるように正規化したものであり, d が小さいほど 2 つの状態 i, j が似ていることを意味している. 自動車の数 $|X| = 2$ の場合は 図表 8-19 で, 隣同士の距離 d は 0.5 であり, 1 つ隔てたもの同士の距離は 1 である. ここでは, モデルを単純化するために, 距離 d が 0.5 である状態間でのみエージェントの推移が可能であるとし, その推移確率は, 自分のいる状態に直接つながっている頂点の存在確率と, またその頂点につながっている頂点の存在確率の 1/2 と, さらにまたその頂点につながっている頂点の存在確率の 1/3 と, …の和になると仮定する. つまり, 自分のいる状態から遠いグリッドからの影響 （引力） は小さいと仮定している.

②　自分の位置している状態にとどまることもできる. その確率は, 自分にいる状態 （意見） の存在確率である.

③　評判パラメータについては, 例えば図表 8-19 において, a-自動車が b-自動車よりよいという評判のときの推移確率は, 各状態から Σ_2 への引力の強さ w （$0 < w < 1/2$） と考える.

3) 2種類の自動車（$|X| = 2$）の場合の数値解析

EMS の状態空間が Σ であり，各エージェントの意見空間でもある各エージェントがとりうる状態空間は，自動車の種類が $|X| = 2$ の場合では，$\Sigma_1 = (0, 0)'$，$\Sigma_2 = (1, 0)'$，$\Sigma_3 = (1, 1)'$，$\Sigma_4 = (0, 1)'$ の4つの状態ベクトルからなる．つまり，$\Sigma = \{\Sigma_1, \Sigma_2, \Sigma_3, \Sigma_4\}$ である．ただし，各状態ベクトルの第1要素は a-自動車の基数効用値を，第2要素は b-自動車の基数効用値を表す．エージェントの状態推移は，図表8-19に示したとおりである．

時点 t で EMS の状態における MA の存在（意見）確率分布 $\pi(t)$ は，集団を構成するエージェントが，各状態 $\Sigma_1, \Sigma_2, \Sigma_3, \Sigma_4$ にどのような比率で存在しているかを表している．この場合の意思決定ルールは，一般には，MA 全員一致（unanimity）ルールであるが，MA 全員一致への過程の収束が遅い場合には，多数決（majority）ルールを採用する．つまり，$\pi(t)$ において，集団の全員か過半数が状態 Σ_2 に存在するときは集団は a-自動車を選択し，それが Σ_4 に存在するときは集団は b-自動車を選択する．しかし，集団の全員か過半数が状態 Σ_1, Σ_3 に存在するときは，集団は自動車の選択ができず，別の方法が必要である．

次に，異なる評判パラメータ w の値での吸収（合意形成）までのステップ数および各自動車の採用確率に関する数値解析を次の3つのケースについて行う．

① a-自動車が b-自動車よりよいという評判の場合：ケースA

C型（基数型）かつ評判パラメータ $w > 0$ に対するインタラクティブ・マルコフ連鎖の推移確率行列 $\boldsymbol{P}[\pi]$ は，行列（9）である．行列（9）の評判パラメータ w の入れ方は，行列（9）において a-自動車が b-自動車よりよいという評判のもとでは，どの状態からも状態 Σ_2 へ状態推移する確率が大きくなるので，他の状態から状態 Σ_2 への推移確率は，状態 Σ_2 以外の状態の存在確率と評判パラメータの加重和を足した形になっている．

$$\boldsymbol{P}[\pi] = \begin{array}{c} \\ \Sigma_1 \\ \Sigma_2 \\ \Sigma_3 \\ \Sigma_4 \end{array} \begin{array}{c} \Sigma_1 \\ \left[\begin{array}{c} \pi_1 - w\pi_1 \\ \pi_1 + \pi_4/2 - w\pi_4 \\ 0 \\ \pi_1 + \pi_2/2 + w\pi_4 \end{array} \right. \end{array} \begin{array}{c} \Sigma_2 \\ \pi_2 + \pi_3/2 + w\pi_1 + w\pi_3 \\ \pi_2 + 2w\pi_4 \\ \pi_2 + \pi_1/2 + w\pi_3 + w\pi_1 \\ 0 \end{array} \begin{array}{c} \Sigma_3 \\ 0 \\ \pi_3 + \pi_4/2 - w\pi_4 \\ \pi_3 - w\pi_3 \\ \pi_3 + \pi_2/2 + w\pi_4 \end{array} \begin{array}{c} \Sigma_4 \\ \left. \begin{array}{c} \pi_4 + \pi_3/2 - w\pi_3 \\ 0 \\ \pi_4 + \pi_1/2 - w\pi_1 \\ \pi_4 - 2w\pi_4 \end{array} \right] \end{array}$$

$$\cdots\cdots (9)$$

ただし，$\pi_1 + \pi_2 + \pi_3 + \pi_4 = 1$ である．$\pi^* = \pi^* P[\pi^*]$ の均衡解は，$(\pi_1, \pi_2, \pi_3, \pi_4) = (0, 1, 0, 0)$ である．均衡解への収束（合意形成）までのステップ数の初期意見分布への依存度は，図表 8-20 に示される．この表から，a-自動車がどのくらい b-自動車よりよいかを示す評判パラメータ w が大きい（評判の内面化度が大きい）ほど，a-自動車を選択するエージェントの割合がより速く 1 に近づくことを示している．しかも，ステップ数は初期意見分布に依存しないことがわかる．

図表 8-20　**B–C 型の異なる初期値からの合意形成までのステップ数（$|X| = 2$）**

	$w = 0.25$	$w = 0.5$
$(1, 0, 0, 0) \rightarrow (0, 1, 0, 0)$	15	6
$(0, 0, 1, 0) \rightarrow (0, 1, 0, 0)$	15	6

注：表の値は，いずれも π_2 が 0.8 を超えるステップ数である．

② b-自動車が a-自動車よりよいという評判の場合：ケース B

ケース A とは逆に，b-自動車が a-自動車よりよいという評判のときも，解の構造の対称性からケース A と同様な均衡解を得る．

③ a-自動車も b-自動車も同じだという評判の場合：ケース C

a-自動車も b-自動車も同じだという評判のときは，行列 (9) で $w = 0$ の場合になる．

この場合の $\pi^* = \pi^* P[\pi^*]$ を解くと，次のような解集合を得る．

(a) 1 状態均衡解：$\pi_1 = \pi_2 = \pi_3 = \pi_4 = 1/4$．これは，どの意見状態も等確率で起こるということで，どの選択肢（自動車）がよいかの決定ができないので，別の方法が必要である．

(b) 2 状態均衡解：もし π^* の 2 つの隣り合う要素が正で，他の要素がゼロなら，π^* は均衡解である．2 つの隣り合う要素の和は足して 1 になること以外は，任意である．したがって，もしその 2 つの要素の添え字を k と $k+1$ とすると，均衡解の集合 $F(k)$ は $F(k) = \{\pi \mid \pi_k + \pi_{k+1} = 1\}$，$k = 1, 2, \cdots, 4$，となる．ただし，$\pi_5 = \pi_1$ である．均衡解の集合 $F(k)$ は 6 つ存在する．しかし，π_k, π_{k+1} の値は任意であるので，実際は解は無限個存在することになる．この場合は，優位な意見が何かは決められない．

(c) 4状態均衡解：このタイプの解集合は，

$$F(k) = \{\pi \mid \pi_k = [\pi_{k+3}(1 - \pi_{k+2} - \pi_{k+3})] / [\pi_{k+2} + \pi_{k+3}],$$

$$\pi_{k+1} = [\pi_{k+2}(1 - \pi_{k+2} - \pi_{k+3})] / [\pi_{k+2} + \pi_{k+3}],$$

$$\pi_{k+2} = \pi_{k+2}, \quad \pi_{k+3} = \pi_{k+3}\}, \quad k = 1, 2, \cdots, 4,$$

ただし，$\pi_5 = \pi_1$，$\pi_6 = \pi_2$，$\pi_7 = \pi_3$ である．

均衡解への収束（合意形成）までのステップ数は，例えば初期意見分布（π_1, π_2, π_3, π_4）$= (2/3, 1/9/1/9, 1/9)$ からは，2ステップで均衡解（π_1, π_2, π_3, π_4）$= (49/81, 14/81, 4/81, 14/81)$ に収束（合意形成）する．この場合は，π_1 の確率が他の確率より大きく，49/81 であり，状態 $\Sigma_1 = (0, 0)'$ が優位になるが，この場合 $a = b$ となり，決定に至らない．また，初期意見分布（π_1, π_2, π_3, π_4）$= (1/9, 1/9/1/9, 2/3)$ からは，2ステップで均衡解（π_1, π_2, π_3, π_4）$= (14/81, 4/81, 14/81, 49/81)$ に収束（合意形成）する．この場合は，π_4 の確率が他の確率より大きく，49/81 であり，状態 $\Sigma_4 = (0, 1)'$ が優位になるが，この場合 $a < b$ となり，b-自動車が選択される．また，初期意見分布（π_1, π_2, π_3, π_4）$= (1/12, 1/6, 2/3, 1/12)$ からは，2ステップで均衡解（π_1, π_2, π_3, π_4）$= (1/24, 5/24, 5/8, 1/8)$ に収束（合意形成）する．この場合は，π_3 の確率が他の確率より大きく，5/8 であり，状態 $\Sigma_3 = (1, 1)'$ が優位になるが，この場合も $a = b$ となり，決定に至らない．したがって，以上の典型的な例から，どの初期値からでも2ステップで均衡値に収束（合意形成）することが推測される．

(2) B–O 型の電子会議システムのインタラクティブ・マルコフ連鎖モデル

1) 意見（効用ベクトル）の型

EMS の状態空間であり各エージェントの意見空間でもある各エージェントがとりうる状態としての効用ベクトルが O 型（序数型）である．

EMS の状態空間は，自動車の数が $|X| = 2$ の場合では，$\Sigma_1 = (a, b)'$，$\Sigma_2 = (b, a)'$ の2状態からなり，図表 8-21 のグリッドの頂点で示される．各状態の

$$\Sigma_1 \qquad\qquad \Sigma_2$$

$$(a, b)' \qquad\qquad (b, a)'$$

図表 **8-21** **B–O** 型の各エージェントの相互作用のパターン（$|X| = 2$）

ベクトルの第 1 要素は第 1 位の自動車，第 2 要素は第 2 位の自動車をそれぞれ
表す．

2)　意見（効用ベクトル）の更新メカニズム

MA の各エージェントは，B-C 型モデルの規則（8.4.3 項の（1））に従って
自分の意見（効用ベクトル）の更新をする．

3)　2 種類の自動車（$|X|=2$）の場合の数値解析

この場合のエージェントの推移は図表 8-21 で示される．

EMS の状態空間 Σ は，状態 $\Sigma_1=(a, b)'$ と状態 $\Sigma_2=(b, a)'$ の 2 つの状態ベ
クトルからなる．つまり，$\Sigma=\{\Sigma_1, \Sigma_2\}$ である．ただし，各状態ベクトルの
第 1 要素は第 1 位の自動車を，第 2 要素は第 2 位の自動車を示す．

次に，異なる評判パラメータ w の値での吸収（合意形成）までのステップ数，
各自動車の採用確率に関する数値解析を次の 3 ケースについて行う．

①　a-自動車が b-自動車よりよいという評判の場合：ケース A

O 型（序数型）かつ評判パラメータ $w>0$ に対するインタラクティブ・
マルコフ連鎖の推移確率行列 $\boldsymbol{P}[\pi]$ は，行列（10）である．行列（10）の
評判パラメータ w の入れ方は，行列（10）において a-自動車が b-自動車
よりよいという評判のもとでは，どの状態からも Σ_1 へ状態推移する確率
が大きくなるので，他の状態から状態 Σ_1 への推移確率は，状態 Σ_1 以外
の状態の存在確率と評判パラメータの加重和を足した形になっている．

$$\boldsymbol{P}[\pi]=\begin{array}{c}\\ \Sigma_1 \\ \Sigma_2\end{array}\begin{array}{c}\Sigma_1 \quad\quad \Sigma_2\\ \left[\begin{array}{cc}\pi_1+w\pi_1 & \pi_2-w\pi_1 \\ \pi_1+w\pi_1 & \pi_2-w\pi_1\end{array}\right]\end{array} \quad\quad \cdots\cdots (10)$$

ただし，$\pi_1+\pi_2=1$ である．このときの $\pi^*=\pi^*\boldsymbol{P}[\pi^*]$ の均衡解は，$(\pi_1,$
$\pi_2)=(1, 0)$ である．これは，状態 $\Sigma_1=(a, b)'$ にエージェントの全員が分布
することを示す．均衡解への収束（合意形成）までのステップ数の初期意見分
布への依存度は図表 8-22 で示される．例えば，初期意見分布 $(\pi_1, \pi_2)=(1/2,$
$1/2)$ からは均衡解 $(\pi_1, \pi_2)=(1, 0)$ に収束（合意形成）し，意見分布 $(\pi_1,$
$\pi_2)=(0, 1)$ からは均衡解 $(\pi_1, \pi_2)=(1, 0)$ に収束（合意形成）するが，均
衡解への収束（合意形成）までのステップ数（今の場合，π_2 が 0.9 を超える
までのステップ数）は，図表 8-22 に示すように w の値によって異なる．この
表から，a-自動車が b-自動車よりよいという評判を表すパラメータ w が大き

い（評判の内面化度が大きい）と，a-自動車を選択するエージェントの割合がより早く1に近づくことを示している．しかも，ステップ数は初期意見分布に依存する．

図表 **8-22**　**B-O** 型の異なる初期値からの合意形成までのステップ数（$|X| = 2$）

	$w = 0.25$	$w = 0.50$
$(1/2, 1/2) \rightarrow (1, 0)$	6	3
$(0, 1) \rightarrow (1, 0)$	9	4

注：表の数値は π_2 が 0.9 を超えるステップ数である．

② b-自動車が a-自動車よりよいという評判の場合：ケース B

　　ケース A とは逆に，b-自動車が a-自動車よりよいという評判のときの推移確率行列と均衡解および均衡解への収束（合意形成）までのステップ数は，解の構造の対称性からケース A と同様な均衡解を得る．つまり，ケース B は，ケース A で Σ_1 を Σ_2 に，Σ_2 を Σ_1 と読み替える．

③ 自動車間での評判に差がない場合：ケース C

　　自動車間での評判に差がないときは，行列（10）で評判パラメータ $w = 0$ の場合である．このときの $\pi^* = \pi^* P[\pi^*]$ の均衡解の集合は，2 状態均衡解である．つまり，もし π^* の2つの隣り合う要素が正で，他の要素がゼロなら，π^* は均衡解である．2つの隣り合う要素の和は足して1になること以外は，任意である．したがって，均衡解の集合は，$\{\pi \mid \pi_1 + \pi_2 = 1\}$ である．しかし，π_1，π_2 の値は任意であるので，実際の解は無限個存在することになる．これは決定に至らない．収束はいずれの場合も1ステップである．

4) 3種類の自動車（|X| = 3）の場合の数値解析

　　この場合のエージェントの推移は，図表 8-23 で示される．EMS の状態空間 Σ は，状態 $\Sigma_1 = (a, b, c)'$，$\Sigma_2 = (a, c, b)'$，$\Sigma_3 = (c, a, b)'$，$\Sigma_4 = (c, b, a)'$，$\Sigma_5 = (b, c, a)'$，$\Sigma_6 = (b, a, c)'$ の6つの状態ベクトルからなる．つまり，$\Sigma = \{\Sigma_1, \Sigma_2, \Sigma_3, \Sigma_4, \Sigma_5, \Sigma_6\}$ である．各状態ベクトルの第1要素は第1位の自動車，第2要素は第2位の自動車，第3要素は第3位の自動車を示す．

　　状態推移を示す図表 8-23 で，$\Sigma_1 \leftrightarrow \Sigma_2$ は位数2の巡回置換 (b, c) であり，$\Sigma_2 \leftrightarrow \Sigma_3$ は位数2の巡回置換 (a, c) であり，$\Sigma_3 \leftrightarrow \Sigma_4$ は位数2の巡回置換 (a, b) であり，$\Sigma_4 \leftrightarrow \Sigma_5$ は位数2の巡回置換 (b, c) であり，$\Sigma_5 \leftrightarrow \Sigma_6$ は位数2の

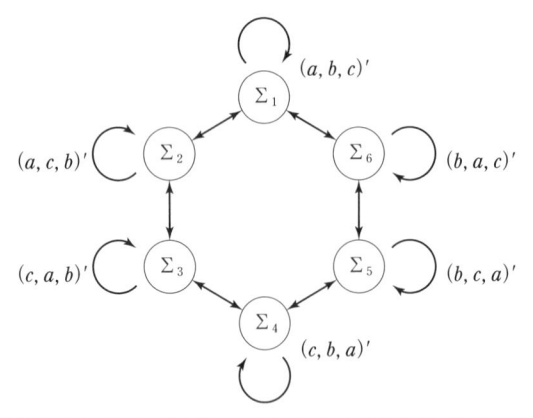

図表 8-23　B-O 型の各エージェントの状態推移（$|X| = 3$）

巡回置換 (a, c) であり，最後の $\Sigma_6 \leftrightarrow \Sigma_1$ は位数 2 の巡回置換 (a, b) である．つまり，1 回の状態推移は，第 1 位と第 2 位の位数 2 の巡回置換か第 2 位と第 3 位の位数 2 の巡回置換かのいずれかであり，第 1 位と第 3 位の位数 2 の巡回置換はないと仮定する．その理由は，一度に第 1 位と第 3 位の自動車を入れ替える判断は，一般に困難と考えられるからである．この場合，図表 8-23 の状態間の距離 d は，第 1 位と第 2 位の位数 2 の巡回置換および第 2 位と第 3 位の位数 2 の巡回置換を何回託して互いに移れるかの回数を 3 で割って正規化したものである．すると，状態 Σ_i と状態 Σ_{i+1} との距離 d は 0.33，状態 Σ_i と状態 Σ_{i+2} との距離 d は 0.67，状態 Σ_i と状態 Σ_{i+3} との距離 d は 1.00 である．ここで，$i = 1, 2, \cdots, 6$（mode 6）とする．ここでは，距離 d が 0.33 である状態間でのみエージェントの状態推移が可能であるとする．この仮定は，前に述べたように，一度に第 1 位と第 3 位の自動車を入れ替える判断は，一般に困難と考えられるからである．

　次に，異なる評判パラメータ w の値での吸収（合意形成）までのステップ数，各自動車の採用確率に関する数値解析を次の 3 つのケースについて行う．

①　a-自動車 $> b$-自動車 $> c$-自動車という評判の場合：ケース A

　　O 型（序数型）かつ評判パラメータ $w > 0$ に対するインタラクティブ・マルコフ連鎖の推移確率行列 $\boldsymbol{P}[\pi]$ は，行列（11）である．行列（11）の評判パラメータ w の入れ方は，行列（11）において a-自動車 $> b$-自動車 $> c$-自動車の評判のもとでは，どの状態からも Σ_1 へ状態推移する確率が

大きくなるので，他の状態から状態Σ_1への推移確率は，状態Σ_1以外の状態の存在確率と評判パラメータの加重和を足した形になっている．

$$P[\pi]$$

$$
=\begin{array}{c}
\begin{array}{cccccc}
\Sigma_1 & \Sigma_2 & \Sigma_3 & \Sigma_4 & \Sigma_5 & \Sigma_6
\end{array}\\
\begin{array}{c}\Sigma_1\\ \\\Sigma_2\\ \\\Sigma_3\\ \\\Sigma_4\\ \\\Sigma_5\\ \\\Sigma_6\end{array}
\left[\begin{array}{cccccc}
\pi_1+2w\pi_4 & \begin{array}{c}\pi_2+\pi_3+\pi_4/2\\-w\pi_4\end{array} & 0 & 0 & 0 & \begin{array}{c}\pi_6+\pi_5+\pi_4/2\\-w\pi_4\end{array}\\
\begin{array}{c}\pi_1+\pi_6+\pi_5/2\\+w\pi_2+w\pi_5\end{array} & \pi_2-w\pi_2 & \begin{array}{c}\pi_3+\pi_4-\pi_5/2\\-w\pi_5\end{array} & 0 & 0 & 0\\
0 & \begin{array}{c}\pi_2+\pi_1+\pi_6/2\\+w\pi_3+w\pi_6\end{array} & \pi_3-w\pi_3 & \begin{array}{c}\pi_4+\pi_5+\pi_6/2\\-w\pi_6\end{array} & 0 & 0\\
0 & 0 & \begin{array}{c}\pi_3+\pi_2+\pi_1/2\\+w\pi_4+w\pi_1\end{array} & \pi_4-w\pi_4 & \begin{array}{c}\pi_5+\pi_6+\pi_1/2\\-w\pi_1\end{array} & 0\\
0 & 0 & 0 & \begin{array}{c}\pi_4+\pi_3+\pi_2/2\\-w\pi_2\end{array} & \pi_5-w\pi_5 & \begin{array}{c}\pi_6+\pi_1+\pi_2/2\\+w\pi_5+w\pi_2\end{array}\\
\begin{array}{c}\pi_1+\pi_2+\pi_3/2\\+w\pi_3+w\pi_6\end{array} & 0 & 0 & 0 & \begin{array}{c}\pi_5+\pi_4+\pi_3/2\\-w\pi_3\end{array} & \pi_6-w\pi_6
\end{array}\right]
\end{array}
$$

$$\cdots\cdots (11)$$

$\pi^*=\pi^*P[\pi^*]$ の解は，1状態均衡解 $(\pi_1, \pi_2, \pi_3, \pi_4, \pi_5, \pi_6)=(1, 0, 0, 0, 0, 0)$ のみである．

　均衡解への収束（合意形成）に関しては，例えば，初期意見分布 $(\pi_1, \pi_2, \pi_3, \pi_4, \pi_5, \pi_6)=(1/6, 1/6, 1/6, 1/6, 1/6, 1/6)$ からは，均衡解 $(\pi_1, \pi_2, \pi_3, \pi_4, \pi_5, \pi_6)=(1, 0, 0, 0, 0, 0)$ に収束（合意形成）し，一方，初期意見分布 $(\pi_1, \pi_2, \pi_3, \pi_4, \pi_5, \pi_6)=(0, 0, 0, 1, 0, 0)$ からは，均衡解 $(\pi_1, \pi_2, \pi_3, \pi_4, \pi_5, \pi_6)=(1, 0, 0, 0, 0, 0)$ に収束（合意形成）するが，均衡解への収束（合意形成）までのステップ数は図表8-24に示される．

図表**8-24** **B-O**型の異なる初期値からの合意形成までのステップ数（$|X|=3$）

	$w=0.25$	$w=0.50$
$(1/6, 1/6, \cdots, 1/6) \rightarrow (1, 0, \cdots, 0)$	10	7
$(0, 0, 0, 1, 0, 0) \rightarrow (1, 0, \cdots, 0)$	13	11

　この表から，a-自動車＞b-自動車＞c-自動車という評判を表すパラメータ w が大きい（評判の内面化度が大きい）と，$a>b>c$ という合意形成を選択するエージェントの割合がより早く1に近づくことがわかる．しかも，ステップ数は初期意見分布に依存する．

② ①以外の評判の場合：ケースB

　ケースAとは解の構造の対称性から，ケースAと同様な均衡解を得る．

③　自動車間での評判に差がない場合：ケース C

　　a-自動車＝b-自動車＝c-自動車という評判のときのインタラクティブ・マルコフ過程の推移確率行列は行列 (11) で $w = 0$ としたものである．ただし，$\pi_1 + \pi_2 + \pi_3 + \pi_4 + \pi_5 + \pi_6 = 1$ である．
$\pi^* = \pi^* P[\pi^*]$ の解集合は，次の 2 種類になる．

(a)　1 状態均衡解：$\pi_1 = \pi_2 = \pi_3 = \pi_4 = \pi_5 = \pi_6 = 1/6$

(b)　2 状態均衡解：もし π^* の 2 つの隣り合う要素が正であり，その他はゼロなら，π^* は均衡解である．2 つの隣り合う要素の和は，1 になること以外は任意である．したがって，もしその 2 つの隣り合う要素の添え字を k と $k+1$ とすると，$F(k) = \{\pi \mid \pi_k + \pi_{k+1} = 1\}$，$(k = 1, 2, \cdots,$ 6，ただし，$\pi_7 = \pi_1$ とする) は 6 つの異なる解集合である．

　　図表 8-25 は，$\Sigma_1 + \Sigma_2$ の状態が a-自動車が選択される状態，$\Sigma_5 + \Sigma_6$ の状態が b-自動車が選択される状態，$\Sigma_3 + \Sigma_4$ の状態が c-自動車が選択される状態であり，それぞれの均衡解のときに，各自動車が選択される確率を示している．

　　この図表 8-25 の 2 状態均衡解からわかることは，a, b, c-自動車は，確率 1 で選択される均衡解があることである．この現象は，推移確率行列がすべての状態について対称であるためである．

図表 8-25　B-O 型の 2 状態均衡解での各自動車の選択確率（$|X| = 3$）

	$\Sigma_1 + \Sigma_2$ (a-自動車)	$\Sigma_5 + \Sigma_6$ (b-自動車)	$\Sigma_3 + \Sigma_4$ (c-自動車)
$F(1)$	1	0	0
$F(2)$	$1 - \pi_3$	0	π_3
$F(3)$	0	0	1
$F(4)$	0	π_5	$1 - \pi_5$
$F(5)$	0	1	0
$F(6)$	π_1	$1 - \pi_1$	0

　均衡解への収束（合意形成）までのステップ数は，例えば，初期意見分布 $(\pi_1, \pi_2, \pi_3, \pi_4, \pi_5, \pi_6) = (1/12, 1/12, 1/3, 1/3, 1/12, 1/12)$ からは，12 ステップで均衡解 $(\pi_1, \pi_2, \pi_3, \pi_4, \pi_5, \pi_6) = (0, 0, 1/2, 1/2, 0, 0)$ に収束（合意形成）し，一方，初期意見分布 $(\pi_1, \pi_2, \pi_3, \pi_4, \pi_5, \pi_6) = (1/3, 1/12, 1/12, 1/12, 1/12, 1/3)$ からは，12 ステップで均衡解 $(\pi_1, \pi_2, \pi_3, \pi_4, \pi_5, \pi_6) = (1/2, 0, 0,$

$0, 0, 1/2)$ に収束（合意形成）する．また，初期意見分布（$\pi_1, \pi_2, \pi_3, \pi_4, \pi_5,$ π_6）＝$(1/3, 1/12, 1/12, 1/3, 1/12, 1/12)$ からは，3ステップで均衡解（$\pi_1, \pi_2,$ $\pi_3, \pi_4, \pi_5, \pi_6$）＝$(1/6, 1/6, 1/6, 1/6, 1/6, 1/6)$ に収束（合意形成）する．このように，収束までのステップ数は，初期値に依存する．

8.5　5タイプの電子会議システムの数値例による比較

　前節までに考察してきた EMS の5タイプ，E-C-1型，E-C-2型，E-O型，B-C型，B-O型のいずれのタイプのモデルも，評判がよい自動車が選ばれるようにマルコフ連鎖の推移確率行列が作られており，その意味で仮定の中に答えが組み込まれているとの批判が予想されるが，本章の目的は，評判パラメータおよび EMS のタイプの違いによって，マルチエージェント（MA）が合意形成するまでの時間がどのように影響を受けるかを考察することであり，上述の批判は本節では本質的ではないと考える．以下で，自動車の種類が $|X| = 2$ の場合と $|X| = 3$ の場合について，5タイプのモデルを合意形成までの時間（ステップ数）の尺度で比較し，その優劣を論じる．

1)　2種類の自動車（$|X| = 2$）の場合

　E-C-1型，E-C-2型，E-O型，B-C型，B-O型における合意形成までの平均収束時間（ステップ数）の比較を2種類の自動車（$|X| = 2$）について行うと，図表8-26のようにまとめられる．この図表8-26から，E-O型が評判パラメータが $p = 1/2$（$q = 1/2, w = 0$）の場合を除いて，すべてのケースで優れていることがわかる．このとき，p, q と w の関係は明確な関数関係にはないが，p が大きいことと w が大きいことは，いずれも a-自動車の評判がよいことを意味しているので，正の対応関係は存在することから，w と p, q とは同じ軸と

図表8-26　EMS の各種モデルの合意形成までの平均スッテプ数の比較（$|X| = 2$）

	$p=1/2$, $(q=1/2, w=0)$	$p=1/4$, $(q=3/4, w=0.25)$	$p=3/4$, $(q=1/4, w=0.5)$
E-C-1型	4.22	3.89	3.89
E-C-2型	3.54	3.23	3.23
E-O型	3.00	2.77 *	2.77 *
B-C型	2.00	15.00	6.00
B-O型	1.00 *	6.00	3.00

注：E-C-1, 2 に対しては p, q 値を，E-O に対しては p 値を適用し，B-C, O に対しては w 値を適用する．＊は各タイプの最小値を示す．

解釈できる.

2)　3 種類の自動車（|X| = 3）の場合

　2 種類の自動車（|X| = 2）では E-O 型と B-O 型の優劣が決まらなかったので, 3 種類（|X| = 3）の場合で E-O 型と B-O 型の比較を行うと, 図表 8-27 のようになる. この表から, E-O 型が B-O 型より評判パラメータの値のいかんにかかわらず優れていることがわかる. 以上から, 結論として「EMS において外部環境である選択肢に対する評判にバラツキがあるなしにかかわらず, 電子メール型（E 型）で, かつ選択肢に対する効用値が序数（O 型）の場合が, 合意形成までの時間が一番短く, かつ選択肢に対する評判のバラツキが大きい（評判の内面化度が大きい）ほどより早い合意形成が達成される」ことが示された. 黒板型が効率が悪い結果は, デルファイ法に関する先行研究において, その収束が遅いことが指摘されていることの傍証となるといえる（石谷＆石川, 1993）.

図表 8-27　EMS の E-O 型と B-O 型の合意形成までの平均ステップ数）の比較（|X| = 3）

	$p=q=r=1/2,$ （$w=0$）	$p=q=r=3/4,\ r=1/4,$ （$w=0.5$）	$p=q=r=3/4,$ （$w=0.25$）
E-O 型	3.00 *（注 3）	2.68 *	3.71 *
B-O 型 （注 2）	12.00(1) 12.00(2) 3.00 *(3)	7.00(注 1)　(4) 11.00(注 1)　(5)	10.00(注 1)　(4) 13.00(注 1)　(5)

注 1：95% の合意形成までのステップ数を示す.
注 2：このタイプには, w 値を適用する.
注 3：＊は各モデル中で最小値を示す.
(1)　初期意見分布(1/12, 1/12, 1/3, 1/3, 1/12, 1/12)　→合意形成(0, 0, 1/2, 1/2, 0, 0)
(2)　初期意見分布(1/3, 1/12, 1/12, 1/12, 1/12, 1/3)　→合意形成(1/2, 0, 0, 0, 0, 1/2)
(3)　初期意見分布(1/3, 1/12, 1/12, 1/3, 1/12, 1/12)　→合意形成(1/6, 1/6, …, 1/6)
(4)　初期意見分布(1/6, 1/6, …, 1/6)　→合意形成(1, 0, …, 0)
(5)　初期意見分布(0, 0, 0, 1, 0, 0)　→合意形成(1, 0, …, 0)

　以下, 5 タイプの電子会議システム（EMS）の数値例による比較についてまとめる.

　本節で, われわれは集団意思決定理論として「修正螺旋収束モデル」と「評判理論」を提案し, それらの理論から 5 つのタイプの EMS を開発した. それらの EMS の特徴は, EMS による集団意思決定に参加する各エージェントの

遭遇する多義的状況に対する各エージェントの意見（選択肢に対する効用ベクトル）が，EMS を介したエージェント間の相互作用（コミュニケーション）と選択肢（自動車）に対する評判（reputation）パラメータの影響のもとで更新（update）され，最終的に合意に至るダイナミック的側面をモデル化した点にある．

　EMS が利用される問題状況を具体的にイメージしやすいように，ここではリモート EMS による「自動車の集団購買問題」を考察した．しかし，モデルの記述は，広範な選択問題が取り扱えるように一般的である．したがって，ここでの EMS モデルの目的は，「正解」がない「自動車の集団購買問題」において，MA が EMS によって数種の自動車の中から全員一致か多数決で，MA 全体が最もよいと判断した自動車を選択・決定することである．

　本節で取り上げた 5 つのタイプの EMS は，①電子メール型（E 型：参加している MA が一度に 2 人のエージェント間のみで通信し合うタイプ）で，選択肢（自動車）に対する効用値が基数［カーディナル数］（C 型）で，エージェントの意見（効用ベクトル）の更新の仕方が 1 回の相互作用で 1 つの選択肢に対する効用値が更新される（1 型）である E-C-1 型，②エージェントの意見（効用ベクトル）の更新の仕方が 1 回の相互作用で同時に 2 つの選択肢に対する効用値が更新される（2 型）であること以外は E-C-1 型と同じである E-C-2 型，③電子メール型（E 型）で，選択肢（自動車）に対する効用値が序数［オーディナル数］（O 型）である E-O 型，④黒板型（B 型：集団意思決定過程の途中段階における MA の意見分布を黒板を通してみることができ，したがって集団全体からのフィード・バックがあり，デルファイ法に類似したタイプ）で，選択肢（自動車）に対する効用値が基数［カーディナル数］（C 型）である B-C 型，⑤黒板型（B 型）で選択肢（自動車）に対する効用値が序数［オーディナル数］（O 型）である B-O 型の 5 つのタイプである．本節で取り上げた以上の 5 つのタイプの EMS は図表 8-26, 8-27 にまとめてある．各タイプは評判（reputation）の影響があるなしでその特性を変化させる．

　電子メール型では，各エージェントは，電子メール・サーバーを介して，どのエージェントととも直接相互作用できるが，一度に 1 人の相手としか意見交換ができないと仮定している．そして，電子メール型の EMS においては，エージェント間の相互作用と評判（reputation）の影響の双方による意見更新が起

こるメカニズムを標準マルコフ連鎖を使ってモデル化した．一方，黒板型の EMS においては，電子メール型での EMS の状態数の組合せ爆発を回避するために，観測対象は各エージェントであるが，各エージェントの個々の意見更新の積み上げをせずに，MA 全体の意見分布の更新メカニズムをインタラクティブ・マルコフ連鎖を使ってモデル化した．

以上の 5 つのタイプの EMS のマルコフ連鎖モデルにおいて，エージェントの出会い方は，ランダムマッチングによるものと仮定し，各エージェントの効用ベクトルは，各エージェント間の相互作用と評判パラメータに依存して確率的に更新されるものと仮定した．このような EMS の集団意思決定のマルコフ連鎖モデルへの効用ベクトルとその更新メカニズムおよび評判パラメータの導入は，本節が最初の試みである．本節では，EMS の 5 つのタイプの違いおよび評判パラメータの値の変化によって，集団意思決定のスピードがどのように影響されるかを数値解析によって考察した．

結論として「EMS において外部環境である選択肢に対する評判にバラツキがあるなしにかかわらず，電子メール型（E 型）で，かつ選択肢に対する効用値が序数（O 型）の場合が，合意形成までの時間が一番短く，かつ選択肢に対する評判のバラツキが大きい（評判の内面化度が大きい）ほどより早い合意形成が達成される」ことが示された．この結論は，電子会議システムの設計に際して有益な知見を与えると考えられる．

今後の課題は，提案したモデルにおいては，各エージェントが同じルールに従って自分の選好を変えているという意味で同質であり，したがって交換可能と仮定していたが，今後このモデルの拡張として，各エージェントの意見更新のしやすさ，同調傾向の度合いなどのパーソナリティ変数を考慮したモデルの構築が考えられる．

8.6　電子会議システムのマルチエージェントシステムによる分析

8.6.1　はじめに

本節では，マルチエージェントシステム（MAS：multi agent simulator）（構造計画研究所, 2016）を用いて，電子会議システム（EMS）による集団意思決定（城川, 2001）をモデル化し，シミュレーションによってその特性を明らか

にすることを試みた.

議論の構成は以下のとおりである.8.6.2 項では,MAS を用いて,EMS による集団意思決定のプロセスをシミュレートする.具体的には,① 空間の広さ（50 × 50），② 意見を異にするグループに属するエージェント数，③ エージェント総数（60 人，120 人），④ エージェントの視野（0, 1, 2），⑤ 空間の種別（格子モデル，六角形モデル）の違いが合意形成までの時間に及ぼす影響，⑥ 選択肢の数が 2 の場合と 3 の場合の比較，などの視点から考察する.最後の 8.6.3 項では，本節で得られた知見，意義，拡張性について簡単に述べる.

8.6.2 電子会議システムのマルチエージェントシステムによるシミュレーション

MAS において，エージェント間のコミュニケーションは，2 次元空間上にランダムに存在する複数のエージェント同士が，エージェントの視野内に入ってきたときに行われる.つまり，ここでエージェントの視野とは他者認知の関心の広さであると考えられる.その際に，相互の序数的効用ベクトル（意見）の更新が起こる.エージェントの移動はループする（エージェントが空間の左端に来たら，右端から現れる）.図表 8-28, 8-29 は，空間の広さ（50 × 50），3 種類の自動車，視野は 1，打ち切りシェア 80% の場合の 6 タイプのエージェントの初期画面と最終画面の例である.また，図表 8-30 は，その場合の時系列である.ただし，図表 8-30 の縦軸は a-自動車，b-自動車，c-自動車それぞれを 1 位と選択したエージェントのシェアを示している.

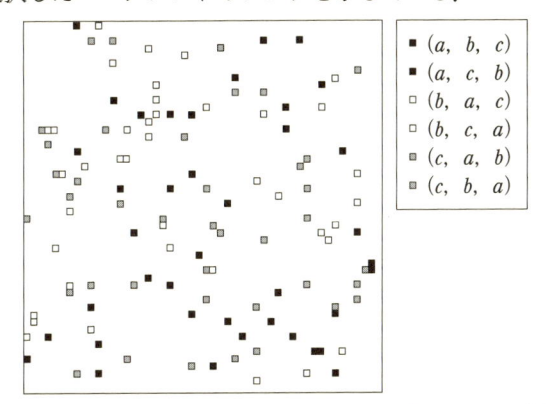

- ■ $(a,\ b,\ c)$
- ■ $(a,\ c,\ b)$
- □ $(b,\ a,\ c)$
- □ $(b,\ c,\ a)$
- ▤ $(c,\ a,\ b)$
- ▤ $(c,\ b,\ a)$

注：3 種類の自動車，エージェント総数 120 人，格子モデル，視野 1

図表 8-28 空間の広さ（50 × 50）の初期画面

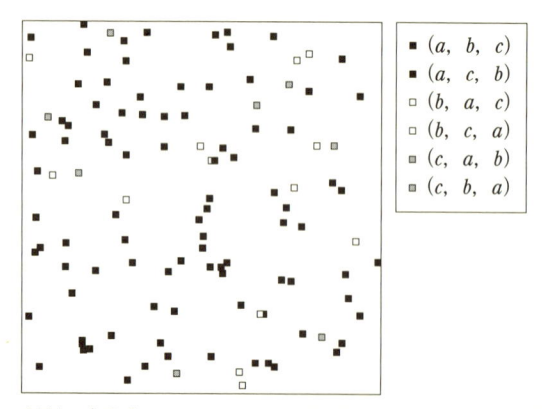

注：3 種類の自動車，エージェント総数 120 人，格子モデル，視野 1

図表 8-29　空間の広さ（50 × 50）の打ち切りシェア 80%の最終画面

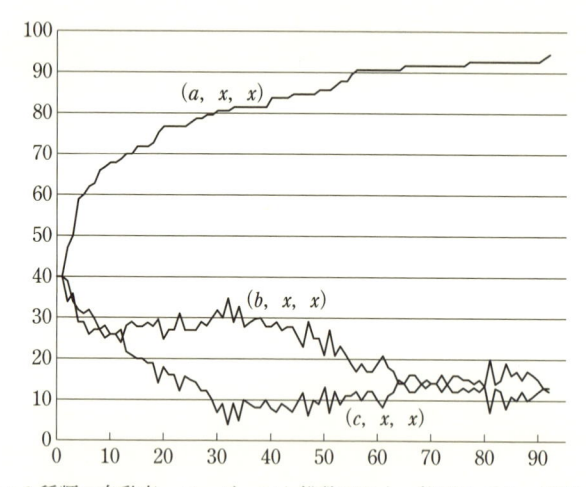

注：3 種類の自動車，エージェント総数 120 人，格子モデル，視野 1，
　　横軸-ステップ数，縦軸-エージェント数

図表 8-30　打ち切りシェア 80%の a, b, c-自動車が 1 位のシェアの時系列グラフ

(1)　2 種類の自動車（|X| = 2）のケース

　自動車の種類が |X| = 2 で自動車の集合が {a, b} の場合を考察する．各エージェントの効用ベクトルは，$a > b$（a-自動車が b-自動車より選好される）なら $(a, b)'$ と書き，逆に $a < b$（b-自動車が a-自動車より選好される）なら $(b, a)'$ と書く．$'$ は転置を示す．今，a-自動車が b-自動車より評判がよい $(a, b)'$

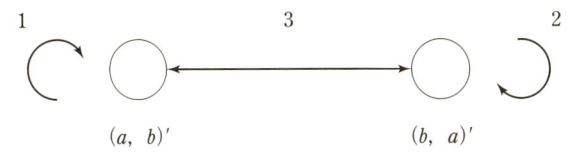

図表 8-31 電子メール型の **EMS** の各エージェント間相互作用のパターン（$|X| = 2$）

とする．その相互作用を図表8-31に示す．

図表8-31のパターン1は $(a, b)'$ と $(a, b)'$ の2人のエージェントが相互作用する場合で，その結果は両者とも意見更新はない．パターン2も同様である．パターン3は，$(a, b)'$ と $(b, a)'$ の2人のエージェントが相互作用する場合で，その結果は，$(b, a)'$ が $(a, b)'$ に意見更新する．

シミュレーションのパターンは，① エージェントの総数は60人，120人の2パターン，② 視野は0，1，2の3パターン，③ a-自動車，b-自動車をそれぞれ選好する初期エージェント数のパターンは人数差がない（同数）の（a-自動車，b-自動車）$= (30, 30)$，人数差が小の $(40, 20)$，人数差が大の $(50, 10)$，およびこれらのケースの a-自動車，b-自動車をそれぞれ選好するエージェントの人数を逆にしたパターン $(20, 40)$（これを逆小という），$(10, 50)$（これを逆大という）の5パターン，④ 空間の種別は，格子モデル，六角形モデルの2パターンの組合せである．それらの組合せの合計は60通りである．各組合せについて5回のシミュレーションを行った．シミュレーション結果は図表8-32〜35である．これらの図からわかることは，次のとおりである．①格子モデル，六角形モデルいずれにおいても，a-自動車を選好するエージェントが100％のシェアをとる（打ち切りシェア100％）までのステップ数は，a-自動車，b-自動車をそれぞれ選好する初期エージェント数の各パターンでは，人数差が逆大＞逆小＞同＞小＞大の順で小さくなる（ただし，この傾向は，視野が狭いほど明確であり，また格子モデルの方が六角形モデルよりも顕著である）．②視野が広いほど収束までのステップ数は小さい（ただし，空間の種別が六角形モデルの場合の視野が1，2で，かつ a-自動車，b-自動車をそれぞれ選好する初期エージェント数のパターンで人数差が同数の場合で，収束までのステップ数で逆転が起こっているが，これは，（2，同，6）のケースでは標準偏差が大きいためであると考えられる）．

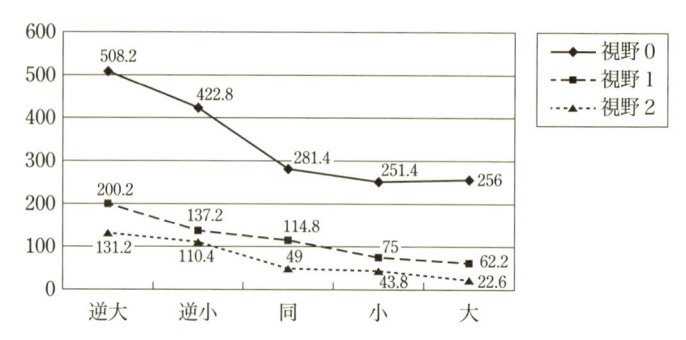

図表 8-32 **2 種類の自動車，エージェント総数 60 人，格子モデル，打ち切りシェア 100%**
の平均ステップ数

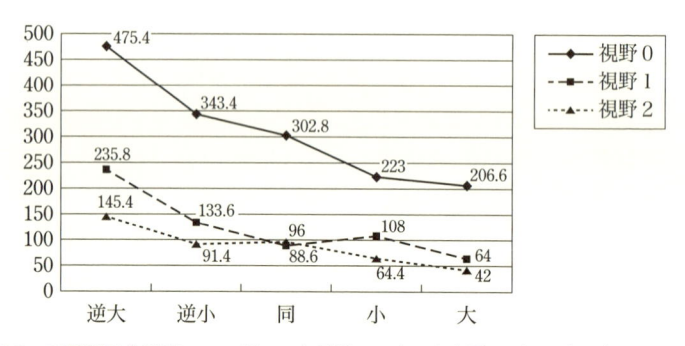

図表 8-33 **2 種類の自動車，エージェント総数 60 人，六角形モデル，打ち切りシェア 100%**
の平均ステップ数

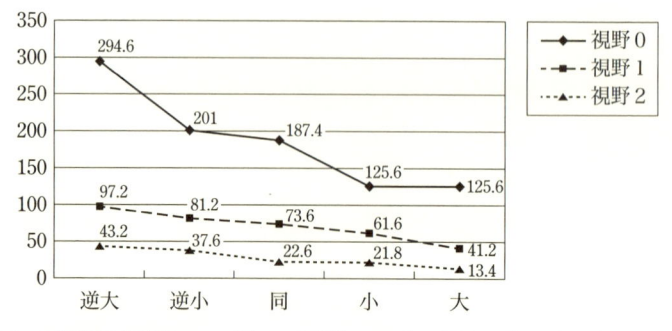

図表 8-34 **2 種類の自動車，エージェント総数 120 人，格子モデル，打ち切りシェア 100%**
の平均ステップ数

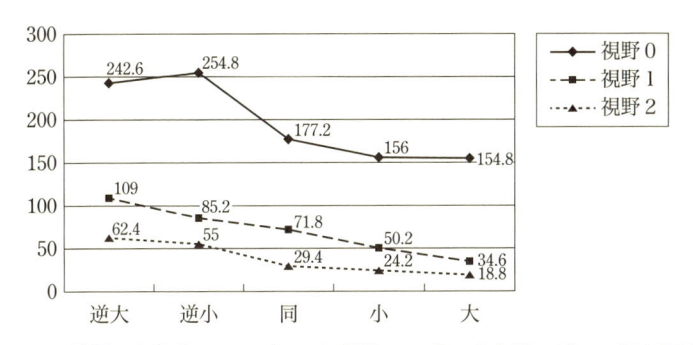

図表 8-35 2 種類の自動車，エージェント総数 **120** 人，六角形モデル，打ち切りシェア **100%** の平均ステップ数

(2) 3 種類の自動車（$|X| = 3$）のケース

本項では，自動車の種類が $|X| = 3$ で自動車の集合が $\{a, b, c\}$ の場合を考察する．各エージェントの効用ベクトルは，$a > b > c$（a が 1 番目に，b が 2 番目に，c が 3 番目に選好される）なら $(a, b, c)'$ と書く．2 人のエージェントの相互作用は図表 8-36 で示される．

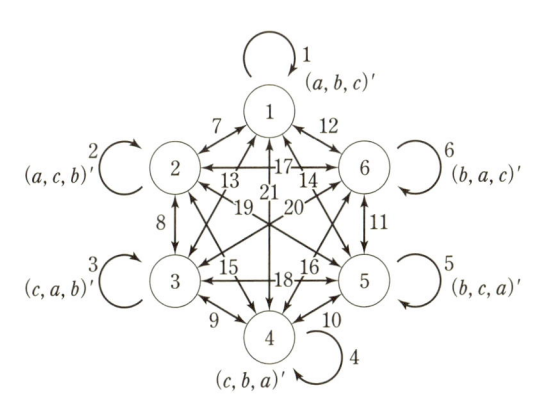

図表 8-36 電子メール型の **EMS** の各エージェント間相互作用のパターン（$|X| = 3$）

各エージェントのとりうる意見は，$1 = (a, b, c)'$, $2 = (a, c, b)'$, $3 = (c, a, b)'$, $4 = (c, b, a)'$, $5 = (b, c, a)'$, $6 = (b, a, c)'$ の 6 通りである．2 人のエージェントの相互作用の結果としての意見更新のメカニズムは，例えば，$1 = (a, b, c)'$ と $2 = (a, c, b)'$ の場合，両者の 1 番目はともに a なので両者の 2 番目の b, c が比較され，$b > c$ なので $2 = (a, c, b)'$ が $1 = (a, b, c)'$ に意見更新される．また，

$1 = (a, b, c)'$ と $5 = (b, c, a)'$ では，まず両者の 1 番目の a, b が比較され $a > b$ なので，$5 = (b, c, a)'$ は $4 = (c, b, a)'$ に意見更新される．つまり，1 回の相互作用で図表 8-37 において左右いずれかにしか推移できない．

　シミュレーションのパターンは，①エージェントの総数は 60 人，120 人の 2 パターン，②視野は 0，1，2 の 3 パターン，③ a-自動車，b-自動車，c-自動車をそれぞれ選好する初期エージェント数のパターンは人数差がない（同数）の（a-自動車，b-自動車，c-自動車）＝（20, 20, 20, 20, 20, 20），人数差が小さい（30, 30, 20, 20, 10, 10），人数差が大きい（45, 45, 10, 10, 5, 5），およびこれらのケースの a-自動車，b-自動車をそれぞれ選好するエージェントの人数を逆にしたパターン（10, 10, 20, 20, 30, 30）（これを逆小という），（5, 5, 10, 10, 45, 45）（これを逆大という）の 5 パターン，④空間の種別は，格子モデル，六角形モデルの 2 パターンの組合せである．これらの組合せの合計は 60 通りである．各組合せについて 5 回のシミュレーションを行った．シミュレーション結果は図表 8-37〜44 である．この自動車が 3 種類の場合は，2 種類の場合と異なり，a-自動車を選好するエージェントのシェアが 80% を超える前に，$(a, b, c)'$，$(b, c, a)'$，$(c, b, a)'$ の 3 種のエージェントが EMS に残る状態で均衡することが起こる（この状態を棲み分けという）．これらの図表からわかることは，次のとおりである．①打ち切りシェア 80% の場合，棲み分けの場合いずれでもいえることであるが，格子モデル，六角形モデルいずれにおいても，a-自動車を 1 位とするエージェントが 80% のシェアをとる，あるいは棲み分けまでのステップ数は，a-自動車，b-自動車，c-自動車をそれぞれ選好する初期エージェント

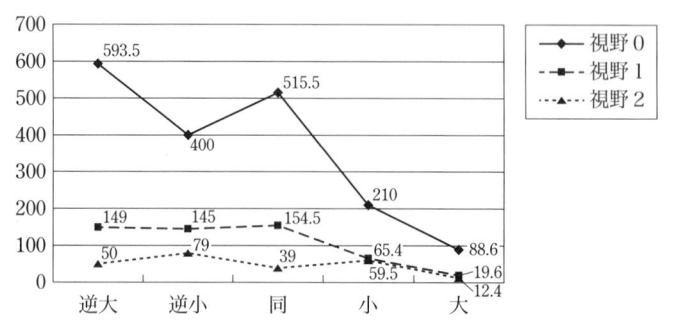

図表 8-37　**3 種類の自動車，エージェント総数 60 人，格子モデル，打ち切りシェア 80%** の平均ステップ数

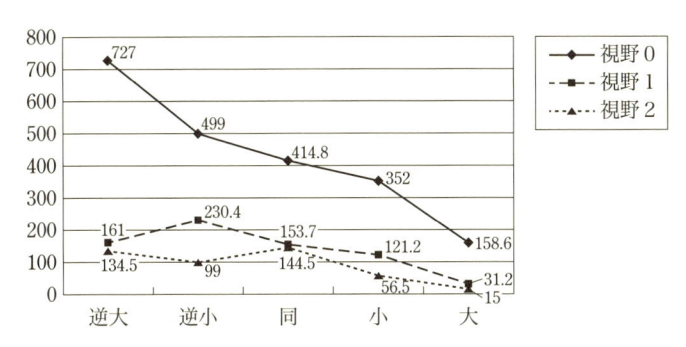

図表 8-38　3 種類の自動車，エージェント総数 60 人，六角形モデル，打ち切りシェア 80% の平均ステップ数

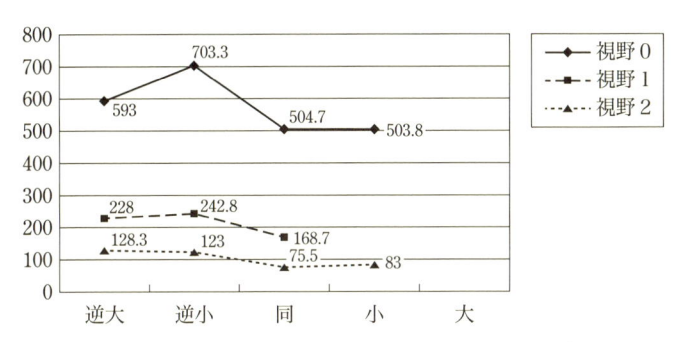

図表 8-39　3 種類の自動車，エージェント総数 60 人，格子モデル，棲み分けの場合の平均 ステップ数

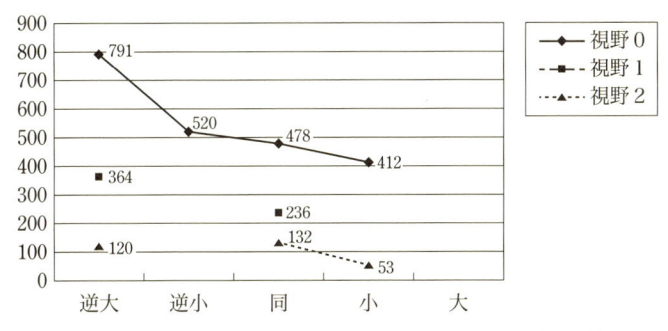

図表 8-40　3 種類の自動車，エージェント総数 60 人，六角形モデル，棲み分けの場合の 平均ステップ数

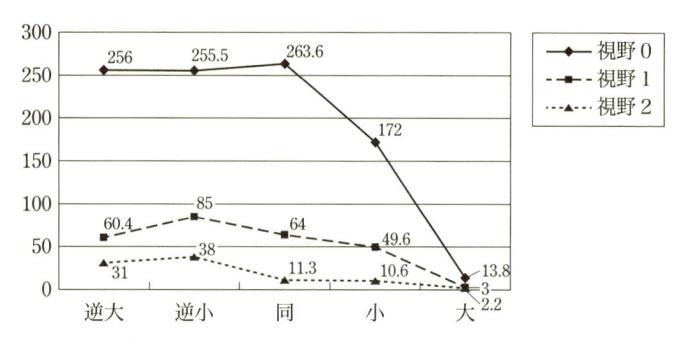

図表 8-41　3種類の自動車，エージェント総数 120 人，格子モデル，打ち切りシェア 80% の平均ステップ数

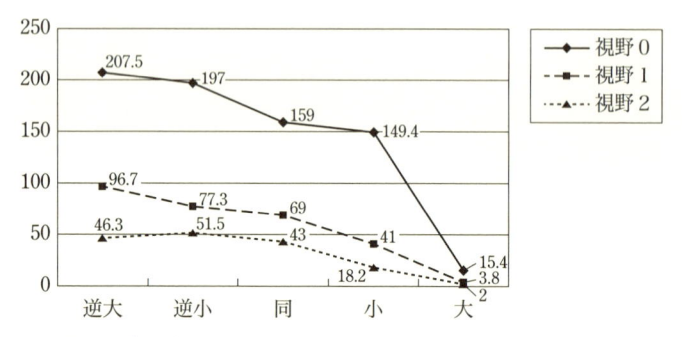

図表 8-42　3種類の自動車，エージェント総数 120 人，六角形モデル，打ち切りシェア 80% の平均ステップ数

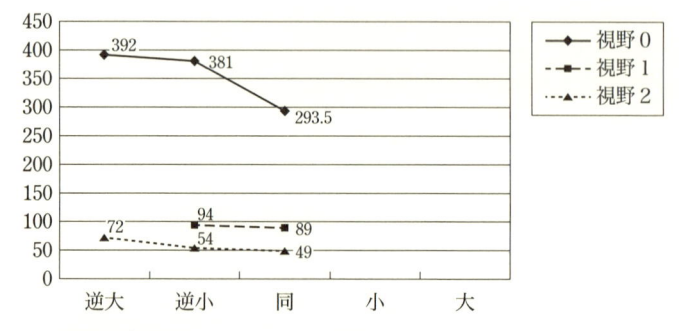

図表 8-43　3種類の自動車，格子モデル，エージェント総数 120 人，棲み分けの場合の平 均ステップ数

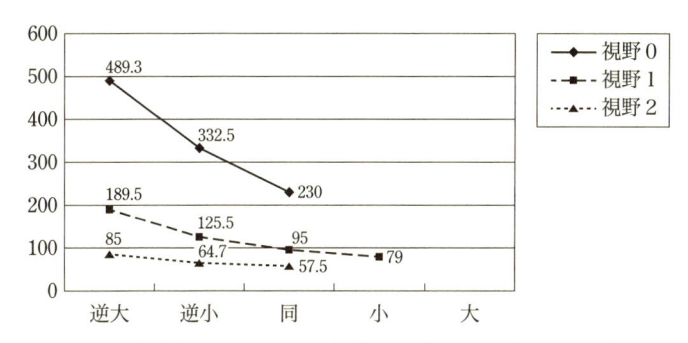

図表 8-44　**3種類の自動車，エージェント総数 120 人，六角形モデル，棲み分けの場合の平均ステップ数**

数の各パターンでは，人数差が逆大＞逆小＞同＞小＞大の順で小さくなる（ただし，この傾向は視野が広く，かつエージェント総数が 60 人の場合では明確ではない）．②視野が広いほど収束までのステップ数は小さい．③エージェント総数が大きいほどステップ数は小さい．

8.7　電子会議システムのマルチエージェントシステムによるシミュレーションの考察

　本節では，マルチエージェントシステム（MAS：multi agent simulator）を用いて電子会議システム（EMS）による集団意思決定をモデル化し，シミュレーションによってその特性を明らかにすることを試みた．具体的には，シミュレーションによって，① 空間の広さ（50 × 50），② 意見を異にするグループに属するエージェント数，③ エージェント総数（60 人，120 人），④ エージェントの視野（0，1，2），⑤ 空間の種別（格子モデル，六角形モデル）の違いが合意形成までの時間に及ぼす影響，⑥ 選択肢の数が 2 の場合と 3 の場合の比較，などの視点から分析した．シミュレーション結果は① a-自動車を第 1 位とするエージェントが 80％のシェアをとる，あるいは棲み分けまでのステップ数は，a-自動車，b-自動車，c-自動車をそれぞれ選好する初期エージェント数の各パターンでは，人数差が逆大＞逆小＞同＞小＞大の順で小さくなる，② エージェント総数（60 人，120 人）の違いでは，エージェント総数の大きい方が，早く打ち切りシェアあるいは棲み分けに達した，③ エージェントの視野（0，1，2）の違いでは，エージェントの視野が広いほど，早く打ち切りシェアあるい

は棲み分けに達した，④ 空間の種別（格子モデル，六角形モデル）の違いでは，格子モデルより六角形モデルの方が，a-自動車を第1位とするエージェントが80%のシェアをとる，あるいは棲み分けまでのステップ数において，a-自動車，b-自動車，c-自動車をそれぞれ選好する初期エージェント数の人数差が逆大＞逆小＞同＞小＞大の順で小さくなる傾向が明確に出た．選択肢の数が3種類の場合は，2種類の場合と異なり，a-自動車を選好するエージェントのシェアが80%を超える前に，$(a, b, c)'$，$(b, c, a)'$，$(c, b, a)'$ の3種類のエージェントがEMSに残る状態で均衡する棲み分けが起こった．

提案したモデルにおいては，各エージェントが同じルールに従って自分の選好を変えているという意味で同質であり，したがって各エージェントは交換可能と仮定していたが，このモデルの拡張として，各エージェントの意見更新のしやすさ，同調傾向の度合いなどのパーソナリティ変数を考慮したモデルの構築が考えられる．さらに，① 選択肢の基数（カーディナル数）集計方式の場合の同様なシミュレーション研究，② 各エージェントが，例えば20の選択肢から順位をつけないで5つだけ選び，多くのエージェントに選ばれた選択肢を最終的に選出する複数選択方式の同様なシミュレーション研究，③ 意見更新が評判によって決定論的に行われるのでなく，確率論的に行われる場合の同様なシミュレーション研究，などが考えられる．

8.8　電子会議の進化系としての Web 会議システム

アメリカの代表的な「電子会議」の1つであるミューレイ・ティーロフの設計による非営利の「電子情報交換システム」（EIES：electric information exchange system）が，電子会議の元祖的存在として知られ，1976年に全米科学財団の補助金を受け実験的な稼動を始めて，1980年の春，財団の交付期間を終え，システムは自立した．電子会議は，EIES以外にも，70年代後半に米陸軍のオンライン・シンクタンク・プロジェクト，83年にメタネット，85年にユニゾンがそれぞれ電子会議専用のネットワークサービスを開始した（会津, 1986）．

最近の電子会議システムは Web 会議（Web conferencing）システムという形で進化した．Web 会議システムとは，音声や映像，チャットなどのコミュニケーション機能と，資料やデスクトップを共有するための機能を統合した，会議や共同作業を行うためのツールである．利用者は従来のように1カ所に集

まって会議を行う必要がなくなるため、交通費や移動時間の負担が軽減できる。従来、映像を用いた同様のコミュニケーションツールとしてテレビ会議システム（またはビデオ会議システムとも呼ばれる）が存在した。従来のテレビ会議システムが1990年代以降のPCやインターネットの発達にともない、形を変えたのがWeb会議システムである。従来のテレビ会議システムとWeb会議システムの違いは、図表8-45のようになる。

図表 8-45　従来のテレビ会議システムと Web 会議システムの違い
[出典：シード・プランニング，2012，一部改変]

	従来のテレビ会議システム	Web 会議システム
端末装置	・専用装置の設置が必要	・PC に Web カメラやヘッドセットを接続 ・ソフトウェアは Web ブラウザを利用するものが多い
通信回線	・専用回線が必要	・インターネットをはじめとする IP ネットワークで利用可能
機能	・音声と動画のやりとりが中心（参加者の発言や表情を伝える）	・音声と動画のやりとりに加え、データ（会議資料）やデスクトップ（会議で操作するアプリケーション）を共有する機能も備えうる
導入コスト	・高価	・安価

Web 会議システムは、会議以外に、講演会・セミナーの中継、遠隔研修・e ラーニング、本社・支社間での遠隔会議、国際会議、拠点間の共同作業、国際会議などの利用シーンが考えられる。

さらに、最近では、クラウドコンピューティングを利用した Web 会議システムも提案されている。例えば株式会社アルファーテックの Web 会議システム「VM@alpha」（アルファーテック，2016）は、PC の共有に重点をおいたクラウド型の Web 会議システムである。このシステムは、常駐ソフトが要らないエージェントレスのため手軽に導入でき、画面インターフェイスもシンプルな構成になっている。一般的な Web 会議から、アプリケーション共有、第三者を Web 会議に参加させるゲスト機能、テキストチャット機能などを備えている。また、通信は SSL による暗号化が施されているので、セキュリティ面も保証されている。さらに、同システムの特徴として、電子黒板との連動が可能である点がある。例えば PC の PowerPoint や Excel などを電子黒板上に表

示させ，そのままの操作で扱える．プロジェクターには文字を手書きしたスクリーンを保存したり，電子黒板に文字を手書きしてデジタルデータに変換し，それをもとに検索エンジンで検索したり，表組のセル内に文字を反映できる機能がある．もちろん，図面上の手書き文字をそのまま保存することも可能である．電子黒板は，学校の授業内容を音声とともに録画して用いるとコンテンツ作りにも威力を発揮するが，ビジネスシーンでも EMS と連動させることで大いに利用可能である．例えば企画会議などで遠隔地とアイデアを出し合う際のコラボレーション機能として EMS と併用すれば，よりいっそうの効果が期待できる．一方，教育分野では，ニューヨーク工科大学のオンライン教育や MIT のプロジェクトがある．

今後の EMS の展開としては，市場調査・コンサルティング会社の株式会社シード・プランニングが 2012 年に行ったビデオ会議／Web 会議の最新市場動向調査によると，最近の電子会議は，ビデオ会議・Web 会議・音声会議，さらにはクラウドコンピューティングによるビデオコミュニケーションや，データセンターにおけるビデオコミュニケーション，タブレット端末・スマートフォンのビデオチャット（SNS［ソーシャル・ネットワーキング・サービス］を含む）が増加すると予測されている．調査の詳細をみると，2007 年にアップルが iPhone を発売し，2010 年に iPad を発売してから，携帯電話からスマートフォン，パソコンからタブレット端末への大きなシフトが起こった．ネットワークの普及，クラウド，SNS もこの 2〜3 年で急速に注目されてきている．それらを利用したネットによる映像コミュニケーションも盛んに行われ，YouTube，USTREAM などが普及した．また，SNS，「Skype」，「FaceTime」，「Google＋（プラス）ハングアウト」などの新しいビデオチャットサービスも台頭してきた．

シード・プランニングでは 2003 年から毎年，ビデオ会議（専用端末タイプ）／Web 会議（SI タイプ／ASP タイプ）／音声会議（端末／音声会議サービス）の調査を行ってきた．9 回目の調査となる今回は，国内主要メーカー・ベンダーへの訪問ヒアリングにより，製品動向，業界動向，市場動向，メーカー戦略など最新動向を収集・分析している．また，有識者に市場規模動向をヒアリングし，より正確な市場規模，メーカーシェアの分析を目指している．

最近の電子会議は，ビデオ会議・Web 会議などといわれ，図表 8-46 に示される市場規模をもっている．

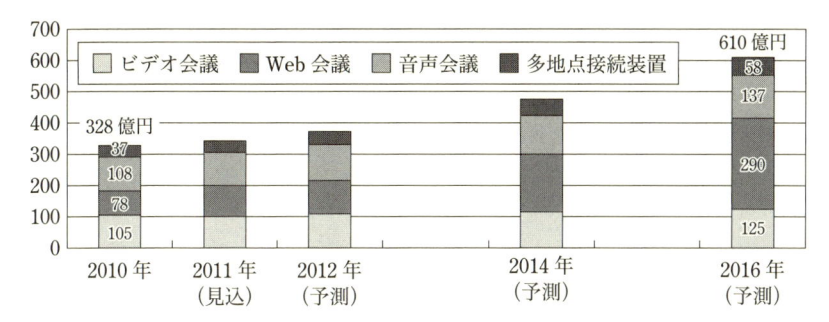

図表 8-46　ビデオ会議・Web 会議・音声会議・多地点接続装置の市場規模
[出典：シード・プランニング, 2012, 一部改変]

　ビデオ会議は年率 102〜104％の伸び，Web 会議は毎年 120〜130％の伸び率，音声会議は 103〜105％で伸び，多地点接続装置（MCU：multi-point control unit）は 106〜107％で推移する．2016 年以降は既存のビデオコミュニケーション市場の拡大に加えて，新たなビデオコミュニケーション機器・サービスが市場が立ち上がると思われる．

　業務用ビデオコミュニケーション（ビデオ会議／Web 会議／音声会議）の用途は，「会議以外の業務支援」や「業務そのもの」にも拡大し始めている．ハードウェア面の変化では，携帯電話からスマートフォン，パソコンからタブレット端末へのシフトやパソコン一体型ビデオ会議の台頭があげられる．ネットワーク環境では，クラウドコンピューティングの普及により Web 会議の ASP タイプが SaaS に，SI タイプがオンプレミスと呼ばれるようになった．また，ビデオチャットの多様化がある．以前は Skype, FaceTime が注目されていたが，今後は「Google＋（プラス）ハングアウト」が注目されていくと予想している．

　さらに，クラウドコンピューティングの普及でデータセンタービジネスを展開している企業が，付加価値としてビデオコミュニケーションサービスを行う例もある（リコーと IIJ の関係）．また，タブレット端末（iPad, Android など）の普及により，このタブレット端末によるビデオコミュニケーションサービス（デジタルサイネージ，ビデオチャットなど）の可能性も出てきた．ビデオコミュニケーションサービスが「会議室」から出てきての展開になってきた．

　これらの多様な要素をふまえて，シード・プランニングは，新たな分類による市場規模予測を行った．予測業界の関係者，有識者のヒアリングから業務用

ビデオコミュニケーション市場は 2016 年で 610 億円を予測しているが，ビデオ会議専用端末機器・ソフト以外にも，クラウドコンピューティングによるビデオコミュニケーションや，データセンターにおけるビデオコミュニケーション，タブレット端末・スマートフォンのビデオチャット（SNS を含む）が増加すると予測している．

業務用ビデオコミュニケーション市場は前述のように 2016 年で 610 億円を予測しているが，ビデオ会議専用端末機器・ソフト以外にも，クラウドコンピューティングによるビデオコミュニケーションや，データセンターにおけるビデオコミュニケーション，タブレット端末・スマートフォンのビデオチャット（SNS を含む）が増加すると予測している．シード・プラニング調査では，下記の 2 つの要素が 2015 年以降で合わせて予測された．

① 既存のビデオコミュニケーション市場（上述の市場規模予測数字）
② クラウド普及とタブレット端末・スマートフォンのビデオチャットによるビデオコミュニケーション市場（ビデオチャット）

それぞれの市場合計で，2016 年は約 2,100 億円が，2020 年には約 8,000 億円が見込まれる．また，2 つの要素の市場が統合され，新たな最近よく使われているコミュニケーション市場になる可能性がある（図表 8-47）．

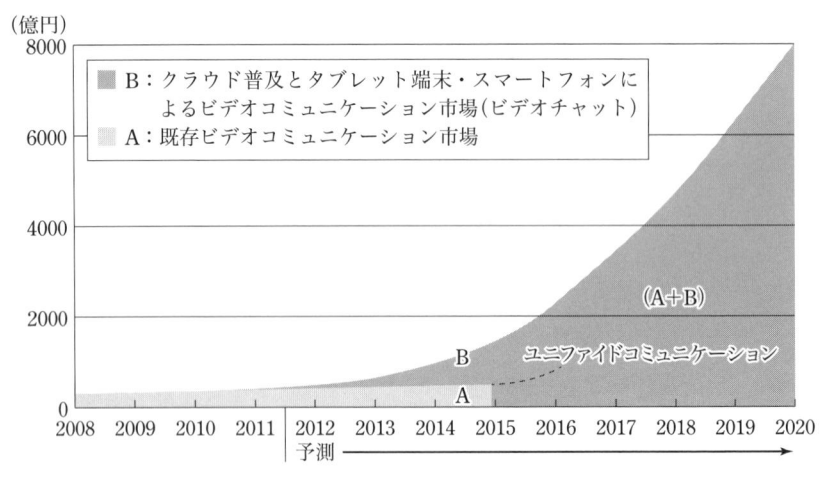

図表 **8-47** ビデオコミュニケーション市場（ビデオチャット）予測（国内）
［出典：シード・プラニング，2012］

8.9 まとめと今後の展開

本章では，8.2 節「集団意思決定の理論」で，従来この分野で行われてきたコミュニケーション理論と社会心理学的アプローチの知見をふまえて，「修正螺旋収束モデル」および「評判理論」を提示し，8.3 節「電子会議システムの構造」を決定した後，8.4 節「電子会議システムにおける合意形成のマルコフ連鎖モデル」で，両理論を電子会議システム（EMS：Electronic Meeting System）における合意形成メカニズムの解明に適用して，5 タイプの EMS のアーキテクチャーを提案した．そして，8.5 節「5 タイプの電子会議システムの数値例による比較」で，それら 5 タイプの EMS のアーキテクチャーを意思決定のスピードに関する数値解析によって比較し，その優劣を論じた．さらに，8.6 節「電子会議システムのマルチエージェントシステムによる分析」で，上の 5 タイプの EMS のアーキテクチャーが数理モデルによる厳密な解析であるのに対して，EMS を MAS によるシミュレーションによる分析を行うことにより，理論モデルとの対比を行った．シミュレーションによる分析の利点として，数理モデルに比して，多人数のエージェントに対して分析が可能である点がある．8.7 節「電子会議システムのマルチエージェントシステムによるシミュレーションの考察」で，シミュレーションを① 空間の広さ，② 意見を異にするグループに属するエージェント数，③ エージェント総数，④ エージェントの視野，⑤ 空間の種別等の違いが合意形成までの時間に及ぼす影響，⑥ 選択肢の数が 2 の場合と 3 の場合の比較，などの視点から分析した．

最後の 8.8 節「電子会議の進化系としての Web 会議システム」では，従来のテレビ会議システムと Web 会議（Web Conferencing）システムの違いについて述べ，今後の情報ネットワークがコミュニケーション型として発展することの有効性と必然性について述べた．今後の展開としては，これらの研究領域を発展させるうえで，情報ネットワークにおける，より望ましい合意形成のための条件を，現実のビデオコミュニケーションのようなインターネットのシステム上で実証的かつ理論的に研究することが必要である．

APPENDIX

A1. 電子会議システムの標準マルコフ連鎖モデル（電子メール型：E型）の基本行列法による解析

　電子メール型の EMS における意見更新は，有限次元標準マルコフ連鎖で定式化される．（Kemeny & Snell, 1962）は，集団への順応過程を本章とは異なるフレームワークで標準マルコフ連鎖を使って分析した．

　一般に，マルコフ連鎖は，もしすべての状態が他のすべての状態をコミュニケートできる（相互到達可能）なら，既約（irreducible）という．2つの状態 i と j は，もし i から j へ少なくとも1つのパスがあり，その逆も正しければ，$i \leftrightarrow j$ と書き，コミュニケートできるという．8.3.2項で記述した電子メール型の電子会議システム（EMS）モデルにおいては，はじめマルチエージェント（MA）の各自異なった意見（効用ベクトル）状態（標準マルコフ連鎖の非吸収状態に対応）が，最終的には全員一致の意見（効用ベクトル）状態（標準マルコフ連鎖の吸収状態に対応）に収束することが可能であり，したがって電子メール型の EMS の標準マルコフ連鎖は既約でない（つまり，吸収状態は他のどの状態ともコミュニケートできない）．そのように，電子メール型の EMS の標準マルコフ連鎖は，吸収状態と非吸収状態（非再帰的状態 [transient]）とから成立している．

　電子メール型の EMS の吸収をもつ標準マルコフ連鎖による分析は，次の第1段階から第5段階でなされる．

　第1段階

　標準マルコフ連鎖の推移確率行列を並べ変えて，次のような4つの部分行列を作る．

$$P = \begin{array}{c} \\ T \\ W \end{array} \begin{array}{cc} T & W \\ \left[\begin{array}{c|c} Q & R \\ \hline O & I_b \end{array} \right] \end{array} \qquad \cdots\cdots \text{(A1.1)}$$

これらの小行列は，次のような性質をもっている．今，a 個の非吸収状態（この集合を T とすると，$|T| = a$）と b 個の吸収状態（この集合を W とすると，$|W| = b$）があり，$a + b = m$ 個の状態が電子メール型の EMS の状態の集合（状

態空間）$\Sigma = T \cup W$ の要素の数である.

$Q : a \times a$ の行列で，非吸収状態から非吸収状態へ推移する確率を表す.

$R : a \times b$ の行列で，非吸収状態から吸収状態へ推移する確率を表す.

$O : b \times a$ の零行列で，吸収状態から非吸収状態へ推移する確率を表す.

$I_b : b \times b$ の単位行列で，吸収状態にとどまる確率を表す.

第 2 段階

基本行列法（Isaacson & Madsen, 1976）によって，非吸収状態の集合 T からプロセスが吸収されるまでの平均ステップ数を求める. そのためには，次のような基本行列

$$E = (I_a - Q)^{-1} \qquad \cdots\cdots (A1.2)$$

を計算する. $\mathbf{1}'$ を要素がすべて 1 の列ベクトルとすると，$\boldsymbol{\mu}' = E\mathbf{1}'$ の i 番目の要素は，プロセスが i 番目の非吸収状態から吸収されるまでの平均ステップ数である.

第 3 段階

プロセスの非吸収状態から吸収されるまでの平均ステップ数の 2 次モーメントベクトルを求める. それは，次の式で与えられる.

$$\boldsymbol{\mu}^{(2)'} = E(2\boldsymbol{\mu}' - \mathbf{1}') \qquad \cdots\cdots (A1.3)$$

ここで，$\boldsymbol{\mu}'$ は平均吸収ステップベクトルである.

第 4 段階

プロセスが，非吸収状態から吸収されるまでのステップ数の標準偏差ベクトル $\boldsymbol{SD}'$ を求める. それは，次の式で与えられる.

$$\boldsymbol{SD}' = \sqrt{\boldsymbol{\mu}^{(2)'} - \boldsymbol{\mu}^{2'}} \qquad \cdots\cdots (A1.4)$$

第 5 段階

プロセスが各非吸収状態からおのおのの吸収状態へ吸収される確率を求める. それは，ER で与えられる.

A2. 標準マルコフ連鎖モデル（電子メール型：E 型）の収束性

離散時間の吸収をもつ標準マルコフ連鎖は，

$$P^t = \left[\begin{array}{c|c} Q^t & N_t R \\ \hline O & I_b \end{array} \right] \qquad \cdots\cdots (A2.1)$$

を満たす. ここで，P^t は t-ステップ推移行列であり，$N_t = I_a + Q + Q^2 + \cdots$

$+\ Q^{t-1}$, また I_b は $b \times b$ の単位行列であり, I_a は $a \times a$ の単位行列である.

　t が無限大になるにつれて,

$$\lim_{t \to \infty} P^t = \left[\begin{array}{c|c} \mathrm{O} & ER \\ \hline \mathrm{O} & I_b \end{array} \right] \qquad \cdots\cdots \text{(A2.2)}$$

になる (Goodman, 1988). ここで, $E = (I_a - Q)^{-1}$ である.

第9章
コンピュータ支援協調作業による集団意思決定におけるコンフリクト解決

9.1 はじめに

　本章では，第4章「協調分散問題解決モデルと情報処理モデル」の4.4節の(6)「解空間の密度」で論じた部門間のコンフリクト処理のための方策とは異なる視点からコンフリクトの問題を考察する．そもそも，コンフリクト（conflict）は，個人内部で発生する葛藤や個人間ないし集団間の相互作用で発生する対立，争いなどの現象である．コンフリクトは，第4章で論じた協調分散問題解決（CDPS）モデルと同様に，コンピュータ支援協調作業（CSCW：compute supported cooperative work）の設計上でも無視できない．ここでは，CSCWのコンテキストの中でコンフリクト解決のための重要な要因を考察する．この分野の研究はまだ未開拓であり，唯一Easterbrook（1993）が，CSCWにおける協調とコンフリクトに関する成書を出版している．

　ここでは，Easterbrookの研究を中心に，他にDeutsch（1973）を参照しつつこの問題を考察する．本章のフレームワークを図表9-1に示す．図表9-1のCSCWとコンフリクト領域の重なっている部分が本章の研究領域である．つまり，CSCWの中でのアプローチとして，従来は工学的アプローチ，特に階層分析法（AHP：analytic hierarchy process，APPENDIX参照）がとられた．しかし，その工学的アプローチは，多くの場合，設計の前提条件としてコンフリクト現象が起こらないことを仮定して設計され，コンフリクトが実際に起こった際にはその対処に限界があった．そこで，本章ではコンフリクト現象をもっと一般的に論じるため社会科学的アプローチを志向し，そこで得られた知見によって，CSCWの中で起こるコンフリクト解決のために，設計上考慮すべき重要な要素の析出を試みた（城川＆住田, 2006）．

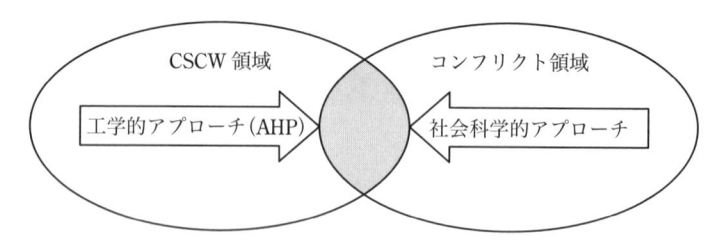

図表 **9-1** **CSCW** の設計上のコンフリクトの取り扱い

　本章の構成は，9.2 節「コンフリクトとは何か」で，「コンフリクトは相容れない活動が生ずる場合にはいつでも存在する」という Deutsh（1973）の定義を採用する．次に，Pondy（1967）の形式的組織におけるコンフリクトの分類，Thomas（1976）によるコンフリクトの分類，Patchen（1970）による取引（bargaining）の形式モデルをレビューし，特定した 4 種類のモデルおよび松尾（2002）によるコンフリクトの 3 種類の分類を取り上げている．次に，コンフリクトを扱う学問分野が広範囲にわたっていることを確認する．また，Easterbrook（1993）によるコンフリクトを扱う理論的パラダイムを紹介する．その中で，特にわれわれが興味をもっているのは，集団意思決定の理論パラダイムである．さらに，コンフリクトに関する命題として Easterbrook（1993）による，① コンフリクトの生起，② コンフリクトの効用，③ コンフリクトの進展，④ コンフリクトの管理と解決ごとのコンフリクトに関する命題を取り上げて詳細に分析し，各命題とコンフリクトの関係を図表で表示する．この図表からコンフリクト解決システムの評価と属性を環境変数，過程変数，結果変数として整理し，コンフリクト解決のために，特定のコンフリクト状況で，われわれがコントロールできる操作変数が何かを特定し，コンフリクトがいかに創造的に解消できるかの可能性を示す．9.3 節「コンフリクト解消のための技法としての『天の邪鬼法』，『複数の主張』，および『弁証法的探索』」で，弁証法をその一種として含む，集団意思決定における構造的コンフリクト（構造的議論，あるいは対話での対決）解消のための技法（道具）として天の邪鬼法とその発展の研究を概観する．9.4 節「コンフリクトにおける交渉」で，具体的な交渉の事例を通して，コンフリクトにおける交渉の有効性と問題点を検証する．9.5 節「CSCW システムの中のコンフリクト現象」で，Easterbrook（1993）による CSCW システムにおけるコンフリクトの解決を述べる．9.6 節「集団意

思決定と階層分析法（AHP）」で，コンフリクト状況において目標そのものが対立している場合には，AHP を適用して有効な分析を行うことはほとんど困難であることを解説する．9.7 節で「まとめと今後の展開」を述べる．

9.2 コンフリクトとは何か

CSCW では，期待，目標，ワークスタイルの違う人々が同一のタスクに関与することで，問題解決に費やす時間や問題意識に差異が生ずる．この差異がコンフリクトの誘因である．多くの人が，コンフリクトとして認めているものもある．例えば，ストライキ，訴訟，戦争などである．一般的に，何をコンフリクトとするかの見解には多くのものがある．ここでは，広義の定義として以下の Deutsh（1973）の定義を採用する．

「コンフリクトは相容れない活動が生ずる場合にはいつでも存在する．相容れない行為は1人の人，1つの集団，1つの国家の中に原因がある．そうしたコンフリクトは，個人内部，集団内部，国家内部のコンフリクトといわれる．あるいは，コンフリクトは，2人以上の人の，2つ以上の集団や国家の，矛盾した行為を反映している．そういったコンフリクトは，個人間コンフリクト，集団間コンフリクト，国家間コンフリクトと呼ばれる．他者の行為と矛盾した行為は，妨害，障害を起こし，干渉し，傷つけ，あるいは手段で他者の行為を起こしにくくしたり，効果を低めたりする．…コンフリクトは協力的文脈でも競争的文脈の中でも生じ得るものであり，また表面に現れているコンフリクト解決の過程は，コンフリクトの生じる文脈によって強い影響を受ける．」

9.2.1 コンフリクトの分類

Pondy（1967）の形式的組織におけるコンフリクトの分類は，以下のものである．

① 交渉モデル：乏しい資源を競争する利害関係者間のコンフリクト

② 官僚モデル：垂直的な組織階層間での上司と部下のコンフリクト

③ システムモデル：機能関係上の，とりわけ協調の問題をめぐる集団間のコンフリクト

Thomas（1976）は，コンフリクトをプロセスモデルと構造化モデルに分類した．

① プロセスモデル：コンフリクトのエピソードの中の特定の出来事の流れ

に焦点を当てている.

② 構造化モデル:「関係」の中からコンフリクト行為が形成される状況に焦点を当てる.多様な行動パターンを支援するために,状況を再構築するのを助ける.

また,Patchen(1970)は,取引(bargaining)の形式モデルをレビューし,4種類のモデルを特定した.

① 交渉モデル:2つの集団が合意に達するか否か,また合意形成の時期はいつかを予測する.

② 認知モデル:主観的効用や主観確率を含む認知要素から,集団間で相互にどのように影響を与えるかを説明する.

③ 学習モデル:学習プロセスとしての相互作用に焦点を当てる.知識創造のプロセスモデルとして,野中&竹内(1996)のSECIモデルなどがこれに当たる.

④ 反応プロセスモデル:おのおのの集団の多様な特性に従って,それぞれの行動を他の集団の最終行動への反応として記述する.対立する反応(R_1とR_2)をとろうとする2つの反応傾性(T_1とT_2)を生起することのできる刺激複合体(S)に関係している(図表9-2).

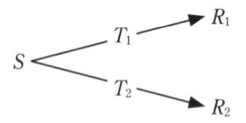

図表 **9-2** 基本的な刺激—反応・葛藤の範例
[出典:Deutsch, 1973]

マーケティング・リサーチ,特に広告調査における刺激反応モデル(ハワード=シェス・モデル)がある.Jehn & Mannix(2001)は,集団コンフリクトが集団の業績を高めるかどうかを決める最も重要な要因は,コンフリクトの種類によるとしている.また,松尾(2002)は,近年の集団コンフリクト研究をまとめ,コンフリクトを以下のように3種類に分類した.

① タスクコンフリクト:タスクに関する見方,考え方,意見の不一致

② プロセスコンフリクト:仕事を遂行する方法をめぐる不一致(役割,責任,資源配分)

③ 対人コンフリクト：メンバー間の感情的な不一致（怒り，苛立ち，敵意
など）

そして，松尾は対人コンフリクト（あるいは感情コンフリクト）およびプロセ
スコンフリクトは集団業績を低下させるとし，一方，タスクコンフリクト（あ
るいは認知的コンフリクト）は業績を高める傾向があるとした．従来の集団意
思決定のモデルでは，タスクコンフリクトが中心問題で，その際には，プロセ
スコンフリクトや対人コンフリクトはないことを前提に設計されていた．しか
し，最近は，その前提を疑問視するようになってきた．

9.2.2 コンフリクトを扱う学問分野

Easterbrook（1993）は，コンフリクトを扱う学問分野を以下のものとした．
① 社会学：いかに社会規範が変動，維持されるかの研究．社会と社会規範
についての見方の違いから，以下の3通りがある．

    (a) 個人主義的視点：社会規範は，個人が規則を設定するために，制度
に与える同意によって維持され，それの見返りとして，個人の権利や福
祉を保障する．つまり，個人→社会的規範の因果関係を前提としている．

    (b) 多元主義（集団主義）的視点：社会的規則の枠組みは，全体として
社会の"公共の利益"の中で維持される．社会規範→個人の因果関係を
前提としている．

    (c) マルクス主義的視点：社会規範は，支配階級が作り，それにより規
範を課し，異議を押さえ込む．集団（支配階級）→社会規範の因果関係
を前提としている．

② 社会心理学：社会的相互作用の認知的側面の研究．特に，小集団行為に
焦点を当てる．
③ 組織心理学：組織内のチームワークを扱い，チームのコミュニケーショ
ンと協調がいかに有効かを研究する．初期の研究では，コンフリクトは望
ましくなく，取り除くべきものと仮定していたが，ここ数十年で，コンフ
リクトは集団相互作用の不可避な性質であり，組織の中で有用な役割を果
たしていることがわかってきた（Robbins, 1974）．
④ 認知科学：行為を可能にするプロセス，システム，原理の計算モデルを
発展させてきた．最近の研究は，信用と仮定をモデル化するための論理の
構築と多重精神（multiple minds）と社会集団化の計算モデルの発展がある．

分散知能（DAI：distributed artificial intelligence）は，1つの首尾一貫した知識ベースが知能を説明するという仮定に疑問を投げかけている（Huhns, 1987）．知能は協調行動の創発的性質である．しかし，多くのDAIシステムは，同じ目的に向かって働く，慈悲深いエージェントを仮定している．しかし，現実の世界では，いかなる2人のエージェントの目的も決して完全には一致しないので，協調は起こらない（Rosenschein, 1985）．

9.2.3　理論的パラダイム

Easterbrook（1993）は，コンフリクトを扱う理論的パラダイムとして，以下のものをあげた．

① 取引理論：商取引と政策を主に扱う．
② ゲーム理論：囚人のジレンマゲーム．囚人のジレンマの検討において，どのようにして互いに不毛な衝突が避けられ，互いに有益な協力が達成されるかが示される．Axcelrod（2006）のTFT（しっぺ返し）戦略が有名である．
③ 意思決定論：多重コンフリクトの対象を扱う（Keeney & Raiffa, 1976）．
④ 集団意思決定：個の選好がいかに集団意思決定に帰結するかを研究する．

9.2.4　コンフリクトに関する命題

ここでは，Easterbrook（1993）による，①コンフリクトの生起，②コンフリクトの効用，③コンフリクトの進展，④コンフリクトの管理と解決，それぞれのコンフリクトに関する命題をあげ，そこで言及されているコンフリクトに関する文献以外にも新しい文献を含めてレビューする．

(1)　コンフリクトの生起

> 命題A　コンフリクトは不可避である．

マルクスによると，コンフリクトは社会階級間での対立の必要な帰結である．資本主義社会では，利益を生み出すために労働者の労働を買うという支配階級の目的とプロレタリアートのニーズとは相容れない．Dahrendorf（1959）によると，コンフリクトは社会に固有な現象であるが，それは主に権力（authority）の構造から生ずるとしている．つまり，すべての社会はパワーと権力における不平等の上に成立しており，他者によるあるメンバーの弾圧が起こる．

Easterbrook（1996）は，コンフリクトをイデオロギーの崩壊としてみた．イデオロギーは個人や集団の意見を反映し，社会は社会制度と一致する支配的なイデオロギーをもつ．

> 命題B 集団の結束力が高まれば，コンフリクトは減少する．

結束力（cohesive）は，われわれ意識（we-ness），つまり"集団が互いに強く結びつき，その目的や目標の追求において団結する傾向を反映するダイナミックなプロセスである"と定義される（Carron, 1982）．

結束力の正の側面として，Owen（1985）は，高い結束力をもつ集団のメンバーは低い結束力の集団よりもより満足し，より有効であり，コミュニケーションもより頻繁であり，より積極的であることを示す研究を引用した．結束力の負の側面として，過度の結束力は，本当の目的よりも結束力の存続に関心が向く場合がある．集団思考（Group-think）は，集団の結束力と意思決定の信用を維持するために，結束した集団のあるタイプの個人が，いかに多数派の意思決定からの逸脱を自己検閲するかを記述する言葉である（Janis, 1972）．

集団の結束力と集団の構成メンバーの異質性，したがってコンフリクトの水準との関係は，Collaros & Anderson（1969）によると，異質な集団（スキル，能力で）は，彼らの相互作用プロセスのはじめには，より多くのコンフリクトを経験することで示せる．そのような異質性は創造的な問題解決にとって必要（Sumita & Shimazaki, 2004a, b）だが，専門的意見のあまりに大きな違いは多少物知りと感じている人を抑制してしまう．しかも，異質集団は，"リスキーシフト"として知られている高リスクな意思決定をしやすくする（Dyson et. al., 1976）．これは，集団思考と関係がある．

> 命題C コンフリクトの生起は，集団の発展とともに変化する．

Tuckman（1965），Gemmill & Wynkoop（1991）は，集団発展の一般モデルで，集団推移の精神力学（psychodynamics）を提案している（図表9-3）．このモデルは，1次の変化—秩序的かつ漸進的—に対抗する2次の変化—無秩序かつ不連続的—に関するものである．小集団に対して，2次の変化は主要課題への態度の変移である．このモデルは否定的特質（スケープゴート）と肯定的特質（カリスマ的予言）を反映し，集団の中心的なコンフリクトを表現するた

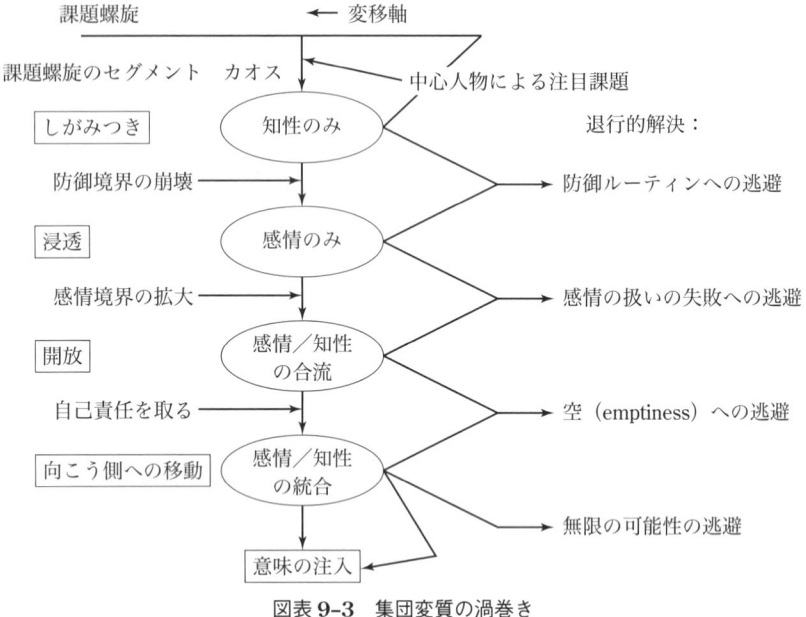

図表 **9-3**　集団変質の渦巻き
［出典：Gemmill & Wynkoop, 1991］

めに，メンバーがいかに秘密の役割を無意識に受け入れるかを説明する．これらの役割を受け入れかつ統合するプロセスは，補償として知られている．このモデルは，いくつかのフェーズと状態推移をもつ（図表9-3）．第1段階は，知性のみを含んだ"しがみつき（hanging on）"である．一度防御境界が壊れると，感情のみを含んだ"浸透（working through）"の第2段階に達する．さらに，感情境界の拡大により"開放（letting go）"の第3段階へ導かれる．この段階で知性と感情が合流する．そして，自己責任の自覚は"向こう側への移動（moving beyond）"の第4段階へ導く．この段階で知性と感情が統合される．最終的推移は，新たな意味の注入である．いくつかの推移点で集団は推移に失敗し，後戻りの解決を探すかもしれない．このモデルは，中心課題の周辺を螺旋状に回転しながら，下方の渦巻きへと収斂する．ウォーターフォール型のモデルは，後戻りの解決に向かう防衛的な力を相殺することを目的に作動する．このモデルは，集団が発展するために，どの方向に動くべきかを示すという意味で規範的である．このモデルは，ブレインメタファーで説明できると考えら

れる．大脳辺縁系の働き，食欲や性欲などの欲求や情動は，古い大脳である大脳辺縁系で起こる．大脳辺縁系は，大脳の内側にある間脳の視床下部が深く関係している．視床下部での自律神経系と内分泌系は，呼吸・循環・消化を調節している（例えば食欲は，運動によりエネルギーが消費され，血液中の糖分が減ると視床下部の満腹中枢で感知，大脳辺縁系に情報が送られ食欲が起こる）．一方，大脳新皮質（前頭葉・頭頂葉・側頭葉・後頭葉）の働きは，性格や行動，個性など高等な精神機能を司る．大脳新皮質は次の3つに大きく分けられる．① 感覚中枢（視覚・味覚・聴覚・体性感覚など），② 随意運動中枢（全身の動きを調節する），③ 連合中枢（感覚と運動の働きを統合する）である．つまり，大脳新皮質では，言語，認知・判断，創造・意欲，感情など高等な精神機能が営まれている．大脳辺縁系と大脳新皮質の関わりは，大脳辺縁系での欲求や情動を大脳新皮質の知性や理性でコントロールしているため，そこにコンフリクトが発生する．このように，新しい脳が古い脳の暴走を抑えているといえる．したがって，コンフリクトの解決は，古い脳である大脳辺縁系と新しい脳である大脳新皮質の統合によると考えられる．

> 命題 *D* 人々の間のコミュニケーションが多いほど，コンフリクトの機会が増加する．

コミュニケーションは，発展している状況内で，ある目的のためになされ，質・量とも変動する．Weinberg *et. al.* (1981) は，相互作用問題に出くわした集団の 22%に，コミュニケーション形成に関する問題が存在することを示した．このカテゴリーには，不適切なネットワーク，不明瞭なスピーチ形式，不注意な聞き取りなどによって起こる問題が入る．"多くのコミュニケーションによって，コンフリクトは減少する"，あるいは "コミュニケーションにおける曖昧さがコンフリクトを生む"などの単純な公式は多くの経験的な研究で論破されている．

以下で，帯域幅とコンフリクト発生の関係をみてみよう．対面，電子的，オーディオビジュアル，あるいはテキストのみのような異なるモードのコミュニケーションは，対面が一番濃密な相互作用を与えるが，異なる帯域幅をもつ．帯域幅が狭いほど，相互作用はより課業中心的になる．なぜなら，非言語的な仕草の欠如によって，個人間の社会的側面が伝わらないからである．コンフリ

クトの機会は，コミュニケーションの帯域幅とともに増加するか？ しかし，この命題は正しくない．高い帯域幅のメディア（例えば，対面）は，グループメンバーに，彼らの相互作用の中で，"標準機能（regulatory functions）"を使うことを可能にする．したがって，コンフリクト解決での成功率を高め（会話を止める人が少ない），脅しのような高リスクなコンフリクト戦略の使用を抑制し（Crott *et. al.*, 1980），ある人が敵を害する傾向を弱める（Milgram, 1965）．低い帯域幅のコミュニケーションのもう1つの問題は，匿名性は相対的に非個人化（個人のはっきりした性質の中性化）を導き，それがグループメンバーをより批判的にし，ゆえに，よりコンフリクトを発生させることである．この例として前述したe-メールがある．

この命題の反対命題"コミュニケーションが少ないほど，コンフリクトの発生の機会が減る"について，Pood（1980）は，合意のない競争的かつ暴力的行動は，実際にはコンフリクトではないが，コンフリクトに対するコミュニケーション的反応であるとし，コミュニケーションを減らせば，コンフリクトは強まると結論づけた．

> 命題 *E* 明確に定義された役割分担は，コンフリクトを減らす．

Baker（1981）は，小集団の労働分担に関する研究をレビューして，2つのキー概念を区別した．課題の微分化（differentiation）と専門化（specialization）であり，いずれもグループメンバーの相互依存性の尺度である．課題の微分化は，集団の規模に比例して，課題をより多くの部分課題に分ける程度のことである．一方，課題の専門化は，課題が集団の小さな部分集合によって専門的に遂行される程度のことである．後者が相互依存性のよりよい尺度である．なぜなら，課題の専門化の程度が高ければ，集団はそれぞれの課題の完成のためにより少数の個人に依存するからである．すなわち，課題の専門化の増大は，専門化された集団内の結束力を強めるが，同時に，集団間の結束力を弱め，専門化した個人あるいは集団の孤立化を促進する．しかし，明確に定義づけられた役割分担が欠如すると，誰も集団全体に注意を向けなくなり，さらに集団はコンフリクトや批判的な議論を避ける傾向となり，礼儀正しさの美名のもと退廃的になる．

> 命題 *F* 集団構造は，コンフリクトの生起に影響を及ぼす．

　集団構造は，集団の部分もしくは要素が相互に関連する仕方を指す．部分間の関係は，それらの物理的接近，それらの間に交わされるコミュニケーションの量と種類，おのおのの部分が他の部分に及ぼすパワーと権威の範囲，それらの感情的関係，下位集団間の人々の流れ，威信，教育，福祉のような有利さの相対的な機会，という条件で特徴づけられる（Deutsch, 1973）．

　まず，リーダーシップに関しての言明として，以下の2つがある．

　①　権威主義的リーダーシップは，民主的リーダーシップよりも内的欲求不満や敵意を作り出す傾向がある．

　②　ストレスが内集団の欲求不満という内的ストレスであっても，集団間コンフリクトという外的ストレスであっても，それは権威主義的リーダーシップを必要とする．

　次に，構造的不均衡の概念を説明する．普通，異なる集団構造において個人（あるいは下位集団）がもつ地位間には一致がみられる．つまり，ある構造（例えばコミュニケーション構造）において中心的地位を得ている個人は，他の構造（権力，友情，権威）においても中心的地位を得ている．これを，地位-均衡仮説という．この仮説の主張は，異なる地位構造をもつ人や，集団の序列もしくは地位が類似していない場合，不均衡が存在し，地位を等しくするのに必要な変化を引き起こす力が生ずるというものである．Exline & Ziller（1959）らは，実験的に作り出した集団で，地位階層が不一致となるように作られた集団は，一致している集団より対人間コンフリクトがより多く現れ，生産性も低かったことを示している．

　さらに，集団構造を決める一番重要な要素として権力がある．特定の状況にいる行為者（ここでは集団または個人）は，充足しようとしている目的（ゴール，望み，欠乏）を満足させることができる程度に応じて，その状況での権力（状況的な権力）をもっていると考えられる（Deutsch, 1973）．ミシェル・フーコーは，『監獄の誕生』において，権力テクノロジーとしての「規律-訓練」的権力を取り上げた．ここでの「規律-訓練」は,時間的な秩序の「規律-訓練」（これを通じて,個々人は「従順な身体」へと訓練される）とその対象を「視覚的」なものとする．つまり，「規律-訓練」を課された個々人は，「唯一の視点だけで何もかもいつでもみることを可能にする」装置を通して，矯正される（Foucault, 1975, 田村〈訳〉, 1977）．それが，有名な「パノプティコン（一望監

視装置）」である．これにより，収監者は，実際に自分がみられていようがい
まいが，「視覚性への永続的な自覚状態」を保つことにより，かくして「権力
の自動的な作用を確保する」とともに，「権力を没個人化する」ことが可能と
なる（*ibid.*, pp. 203, 204）．

　パワーとして，最近は，次のような 2 種類のパワーを区別することが一般的
である．1 つは関係概念としてのパワーである．このパワーは，相手がその人
がパワーをもっていると認めないかぎり，パワーが行使できないとするもので
ある．2 つ目は，属性概念としてのパワーである．このパワーは行為者の単独
な属性であり，これには富，身体的強靭さ，武器，知能，健康，知識，組織の
スキル，尊敬，愛情などが含まれている．

　次に，"A は B よりもパワーをもっている"という言葉で表現されるパワー
として，次の 3 つの異なる意味がある（Deutsch, 1973）．

①　環境的パワー："A は B よりも彼の全面的な環境に好ましい影響を与え
　　ることができるか，その抵抗に打ち勝つことができる"という意味のパ
　　ワー．

②　関係的なパワー："B が A との関係をもつことができる以上に，A は常
　　に B に好ましい影響を与えることができるか，A は B の抵抗に打ち勝つ
　　ことができる"という意味のパワー．

③　パーソナルなパワー："A は常に自分の望みを B 以上に満足させること
　　ができる"という意味のパワー．

　また，他の人に影響を与える 6 つのタイプのパワーが区別できる（French
& Raven, 1959；Cartwright & Zander, 1968）．

①　強制的パワー：身体的健康，富，名声，あるいは社会的地位への脅迫と
　　いったような他者に悪い影響をもたらす負の誘因となるパワー

②　報酬または交換のパワー：他の人の望むものと交換して，幸福，富のよ
　　うなものの獲得を約束する正の誘因となるパワー

③　生態的パワー：人に修正された環境が望む行動を引き起こし，望まない
　　行動を避けるよう（例えば，垣根を作ることで，兎が人の菜園を食い荒ら
　　すのを防ぐ）環境を修正することを許すという，他者の社会的環境もしく
　　は物理的環境を十分に制御することを伴うパワー

④　規範的パワー：他者が関係を制御する社会規範の結果として，ある人の

影響力を受け入れなくてはならないという義務に基づいているパワー

⑤ 準拠的パワー：態度と価値を変えるために，人が集団と同一視し集団に類似させたいという他者の望みを使うパワー

⑥ 専門的パワー：他者が人の優れた知識またはスキルを受け入れることに基づいているパワー

さらに，パワーの行使におけるコストについてみてみる．そのコストは違った種類のパワーで異なる．疎遠はコストの1種類である．たいていの疎遠は強制的パワーの使用から出る．専門的および準拠的パワーからは疎遠は生じない．

次に，低パワー集団と高パワー集団の関係についてみてみる．低パワー集団は生来的に不利益や潜在的な欲求不満を多くもつ状況に直面している．彼らは，先頭に立って計画を進めることができず，成員の間には不満が存在する．低パワー集団の状況に固有な欲求不満が，変化への欲求を起こさせる．同じことは高パワー集団では起こらない．防御は，低パワー集団がパワーの差を縮小させる努力に対しての高パワー集団による共通した反応である．

集団のパワーは，他の集団への依存度で決まる（Bacharach & Lowler, 1981）．BがAに依存しているとき，AはBよりパワーをもつ．他の発見は，よりパワー的な交渉人はより脅迫的である．しかし，この一般化は，パワー差が小さいときは，成立しない．パワーにおいて小さい差しかないとき，低パワーの交渉人は高パワーの交渉人よりも多くの脅迫をしたことになる．

(2) コンフリクトの効用

以下，コンフリクトがもつメリットを論じる．

> 命題 *G* コンフリクトは生産的である．

Deutsh（1969）は，コンフリクトは停滞を防止し，興味や好奇心を刺激し，問題の風通しをよくし，個人的・社会的変化の源となるとした．

Thomas（1976）は，個人間・集団間のコンフリクトがもつ次のような有用な機能を示した．

① コンフリクトは，退屈や緊張の欠如の状況に対して，適正な刺激を与える．

② 人々は，異なる意見，競争，敵対さえ歓迎する．

③ 異なる見解の対立は，新たな展望や可能性を拡大し，よりよい意思決定
に導く．集団意思決定では，効率的に管理されたコンフリクトは，創造性
のための必要条件である．

④ 攻撃的行動は，コンフリクトの状況では必ずしも不合理で破壊的である
とは限らない．攻撃的行動で，2つの集団は自己の役割を改善する道を探
し，相互利益の新たな状況作りや建設的成果へ導く．

> 命題 H 有効に引き出されたコンフリクトしている視点は，集団思考を減
> らす．

Janis（1972）は，集団思考を防ぐいろいろな方策を提案した．

① 集団に疑いの雰囲気を奨励する．

② 公平なリーダーをもつ．

③ 集団内にサブ集団を形成する．

④ 集団外の人と議論する．

Gero（1985）は，これらをすべて"積極的に是認されたコンフリクトを望
ましく，必要なもの"とした．参加者が協調的な雰囲気の中で議論されている
課題について彼らが反対意見をいう自由があると感じているとき，健全なバラ
ンスは集団内の緊張と集団思考の危険の間の舵取りをする．

(3) コンフリクトの進展

> 命題 I コンフリクトは，継続的に仕事を共同で行う集団のために解決さ
> れなければならない．

これは，もしコンフリクトが集団にとって有害なら，正しい．しかし，ある
解決がコンフリクトそのものよりも有害であることもある．例えば，権力闘争
における引き分けは，いずれかの集団の負けよりも望ましいかもしれない．さ
らに，命題 G で述べたように，コンフリクトは生産的でありうる．Smith &
Berg（1987）は，"仕事の継続"かコンフリクト解決かについての議論は，誤
解を生むとした．なぜなら，コンフリクトは集団の性質の一部であるからであ
る．この点を強調して，彼は集団の基本的なパラドックスを7つあげた．

① アイデンティティの保護：人々は，彼らのアイデンティティを彼らが属
している集団の多様性と考えている．また，彼らは，集団のアイデンティ

ティをそれを形成する異なる個人からなるものと考えている.

② 公開性
③ 信頼：メンバーが集団を信頼するためには，集団もそのメンバーを信頼しなければならない．ゆえに，彼らが集団を信頼する以前に，集団が彼らを受け入れ，信頼しているかどうかを知りたがる.
④ 個性
⑤ 権威
⑥ 逆行と創造性

> 命題 *J* コンフリクトは，ある集合パターンに従う.

多くのコンフリクトの理論的な枠組みでは，一連の個人的エピソードとして表現されているが，これらのモデルの経験的基礎は不明瞭である．多くの場合，記述的（あるいは規範的）モデルよりも，コンフリクトの調査によってフレームワークが提供される．例えば，Pondy（1967）は一連のエピソードとしてコンフリクトを扱う（図表9-4）.

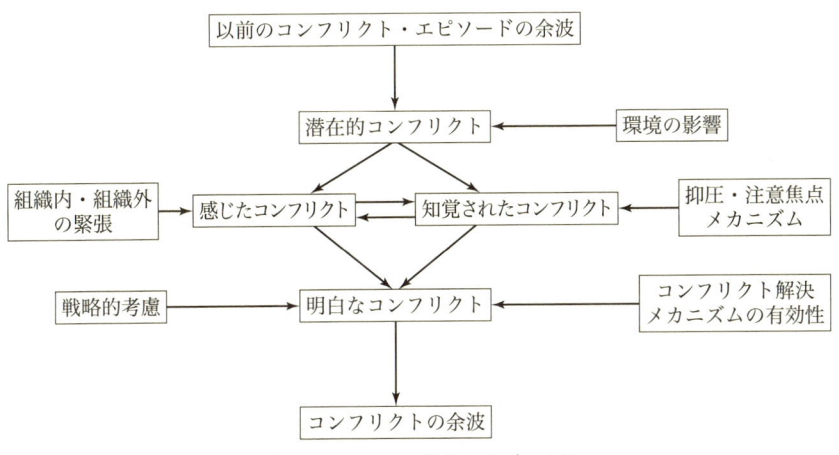

図表 9-4 コンフリクトのプロセス
［出典：Pondy, 1967］

Pondy によれば，潜在的コンフリクト（条件），知覚されたコンフリクト（認知），感じたコンフリクト（効果），明白なコンフリクト（行為），コンフリクトの余波（条件）のステージからなる．知覚されたコンフリクトと後続する行

為から潜在的コンフリクトを識別しているこのパターンは，他の研究者（例えば Robbins, 1974 ; Thomas, 1976）の同様なモデルでも採用されている．

> 命題 *K*　集団の規模は，コンフリクトの生起と解決に影響する．

　大集団では，相互作用のパターンが非常に複雑になる．そのため，コミュニケーションバリアができ，かつ，意見の違いから派閥が発生する．特に，少数意見が他のメンバーとの競合とコンフリクトから派閥を形成する（Bass, 1980）．大集団のメンバーは貢献度が低く，また彼らの貢献を抑えるので，不一致の程度が低い．大集団では，課題が要求する役割が多くの人に分散され，それぞれの役割がある人によって容易に実行される機会が増える．また，大集団では，コンフリクトを起こしやすい人の匿名性により，コンフリクトが起こらない（Bales & Borgatta, 1955）．以上から，コンフリクトの発生は，小集団で増加するといえる．それは，小集団のそれぞれのメンバーが，課題にフルに従事していることによる．しかし，このことは，必ずしもコンフリクトが破壊的であることを意味するわけではない．集団にメンバーを追加することは，コミュニケーションのパターンにおける複雑性を増すので，必ずしも集団の資源を増やすことにはならない（Brooks, 1975）．

> 命題 *L*　コンフリクトの生起は，文化に影響される．

　この問題は，文化間のコミュニケーション障壁がなくなるグローバルネットワークの見通しを考察するとき，特に重要になる．多くの研究は，文化の特徴をあげ，これらがいかにコンフリクトに影響するかを示す．例えば，Leung（1987）は，Hofstede（1980）による文化の次元を吟味し，個人主義的社会と集団主義的社会は，コンフリクト解決に対するメカニズムに対する選好で顕著な差異があることを示した．個人主義的社会（例えばアメリカ）では，独立した裁判官が最終決定をする裁定手続きを好む．一方，集団主義的社会（例えば中国）では，取引や調停を好む．この結果の説明として，Leung は，キーとなる要因として，敵意の減少をあげ，2 つの解釈を提出した．つまり，取引と調停への選好は，敵意を減少させることへの強い希望の結果であり，両社会は同じ程度に敵意の減少を希望するが，しかし，彼らがどのようにこれを達成するかで異なる．

> 命題 *M*　パーソナリティは，コンフリクトの進展にあまり影響しない．

　一般的な信念として，人々のパーソナリティは，彼らがコンフリクトを扱う仕方に強い影響を与えると考えられている．しかし，心理学的文献は，パーソナリティはあまりコンフリクトの進展に影響を与えないことを示している．

(4)　コンフリクトの管理と解決

> 命題 *N*　強力なリーダーが，コンフリクト解決には必要である．

　リーダーの選び方によっては，コンフリクトが発生する．もし人がリーダーとして大きな尊敬と高い地位の両方をもつ人を選べばコンフリクトはあまり発生しないが，もしそうでなく，かつ異なるメンバーが潜在的に最も影響力があり，また彼らが集団の課題に同じアプローチを共有していなければ，コンフリクトが発生する．強いリーダーシップの問題は，独裁的意思決定対民主的意思決定と解釈される点である．これらのスタイルのいずれが有効かに関する一般的な答えは，状況しだいではっきりしない（Howell *et. al.*, 1986）．

> 命題 *O*　コンフリクトは，もし参加者が自分の立場から議論するならば，容易に解決されない．

　彼らの立場から離れている人は，より創造的であり，ゆえにコンフリクトの早くかつよりよい解決に至る．

> 命題 *P*　はっきり意見のいえるコンフリクトは，その解決を助ける．

　コンフリクトは明確にされなければ，解決しない．Pace（1990）は，コンフリクトのパラメータを特定し，理解する集団過程を“差異化（differentiation）”といった．これはコンフリクトを明示し，そこに含まれる問題点を認識し，個人の見解を他のグループメンバーに認識させることを含む．Pace は差異の顕著な4つの特徴を示した．

　①　不一致の程度
　②　不一致が個人化される程度（個人間関係，感情，パーソナリティに埋め込まれ，課業中心の問題やアイデアに関心が向かなくなる）
　③　争いの競合度

④　中心性（不一致メンバーや集団にとってその問題がいかに重要か―これは彼らの妥協の意思に影響する）．

　コンフリクトをはっきりいうことは，解決の前奏曲である．解決しない，あるいはされないコンフリクトは，はっきりいわれていないものである．しかし，どのような条件があれば，はっきりものがいえるかを研究する必要がある．

> 命題 Q　人々は，生産的にコンフリクトを扱うように訓練できる．

　Deutsh（1969）は，コンフリクトが建設的か非建設的かは，参加者の心の状態に左右されることを示した．彼は，協力的にコンフリクトを解決しようとする互いの意思が建設的なコンフリクトに導くことを示した．命題 P で，コンフリクトについてはっきり意見をいうことが解決の前提であることを述べたが，もしこのことが正しければ，認識されたコンフリクトをはっきりいうように訓練された人々は，解決の助けになる．したがって，コミュニケーションスキルは重要である．ここでの重要な区別は，情報が共有され，問題が議論される"標準化された（regulated）"コミュニケーションと，参加者が言葉の罵り合いや敵意のある行動で他の集団を排除したり害したりすることを企てる"標準化されていない(unregulated)"コミュニケーションの違いである．ここでも，はっきり自分の意見がいえるためには，どのような条件設定をすればよいのかが問題である．

> 命題 R　困難なコンフリクトには，解決のために第三者が必要である．

　これは，de Bono（1985）による命題である．彼は，第三者の導入は必要であるとした．それは，参加者が"思考の論証モードで伝統，訓練，自己満足に陥るか，これらがコンフリクトの中での彼らの位置と一致しないがゆえに，ある思考操作ができない"状況では必要である．

　第三者の2つの役割として，①特に強力な権威ある第三者による協力的な働きかけ，②問題解決のための資源の供与，がある．第三者の介入の特徴的な種類の1つは，ファシリテーター（facilitator；Viller, 1991）である．彼は個々のメンバーが十分に参加できるように集団の議論を調整する．

　第三者の介入に関連して，「有力でない見方の管理人（custrodian）」の役割が重要である（George, 1972, p.759）．その管理人は次のことを保証する．

① さまざまな見方の主張者間に重要な資源の不均衡配分がないこと（重要な資源には，権力，影響力，能力，情報，分析的資源，交渉説得技法が含まれる）．このことは，命題 *F* で述べた，構造的不均衡とも関連する要件である．

② 議論において，トップレベルの意思決定者の介入がないこと．

③ 意見交換に十分な時間があること．

> 命題 *S* コンフリクトを扱うアプローチは，人によって異なる．

コンフリクトには多くの異なるタイプがあり，コンフリクトを明確にする手法にもいろいろある．コンフリクトに対する反応を区別するいくつかのモデルがあるが，集団間のコンフリクトに対して，Blake *et. al.*（1964）は，コンフリクト管理の戦略を決める 3 つの可能な仮定を示した．

① 不一致は不可避的で永続的である．

② 集団間の相互依存が不要なら，コンフリクトは回避できる．

③ 合意が維持される相互依存は可能である．

第一の仮定では，コンフリクトが生じた集団は排他的であるので，勝者の選択の手段が必要で，それは，紛争，第三者，破滅のいずれかの手段でなされる．第二の仮定は，協調作業から撤退するか，万事に無関心な集団を意味する．第三の仮定は，統合か妥協かへと導かれる．もう 1 つの有力なモデルでは，可能

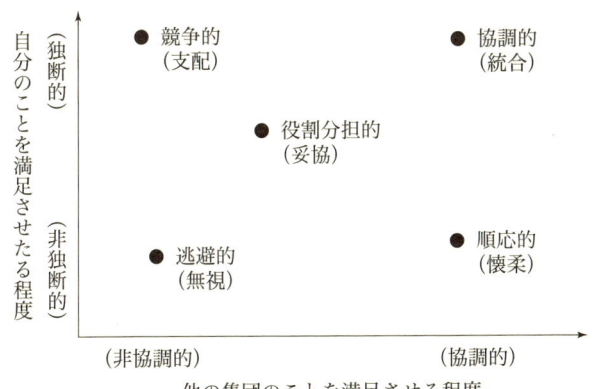

図表 **9-5** 独断と協調のモデル
［出典：Thomas, 1976］

性の2次元空間で個人が遭遇する2つの方向づけを示す（Thomas, 1976）. 縦軸は「独断（自分自身の関心事を満たす）」, 横軸は「協調（他者の関心事を満たしたいという希望)」の強度を示す（図表9-5).

① 競争的（competitive）：ある参加者は, 他者への配慮なく作業プロセスを支配することを追及する. 競争的行動や一般的に不適切とされる行為であっても, 迅速な意思決定を可能にしたり, 問題の重要性を強調したりするときには有効である.

② 協調的（collaborative）：参加者は他者との差異を理解し, 相互利益のために問題解決を追求する. 参加者の見識と積極的参加が重要なファクターであり, 妥協よりも統合が必要なときに有効である.

③ 逃避的（avoidant）：問題があまり重要でないときや, 非協力的な衝動が解決の便益よりも重要であるか, 他者との関係より情報収集が最も大切である場合に有効である.

④ 順応的（accommodative）：自分より他者の利益を優先して他者集団に大幅譲歩し, 自己犠牲もいとわない. 問題が一方の集団にとって他方よりも重要である場合がそれに相当する. そこでは, 一方の集団が損をし, 損失をミニマイズさせ, 調和や社会的信用を確立させるときに有効である.

⑤ 役割分担的（sharing）：互いの集団が妥協に達するために, いくらかの譲歩をする. いわば, 暫定的合意, 便宜的な解決といえ, 特にタイムリミットの到来や目標自体が全面対決したときには, 最も有効である.

> 命題 T コンフリクトを扱うスタイルは, 性によって異なる.

女性は, 男性よりもコンフリクト解決のために協調するのをより好む. Putnam & Poole（1987）らは, コンフリクト行為の選択における性の違いの効果を文献でレビューした. 彼らは, Jamieson & Tomas（1974）を引用し, 男性は"力"による解決法を使う傾向があり, 一方, 女性は"折衷案"による解決を好むことを見出した. 論者によって, 性差がコンフリクト解決に無関係であると論じるものもあるが, 伝統的な性の役割分担の偏見が大きな効果をもつ. 例えば, Bartos（1970）は, 交渉人は女性に対して手を焼くことが多く, さらに他の集団の性は, すべての実験で手ごわさと有意に相関している唯一の"第一印象"要因であることを発見した. 結論は, アメリカでは, 女性が従順

的な役割を演じることが期待されているということである.

最後に,以上の各命題とコンフリクトの関係を図表 9-6 で示す.

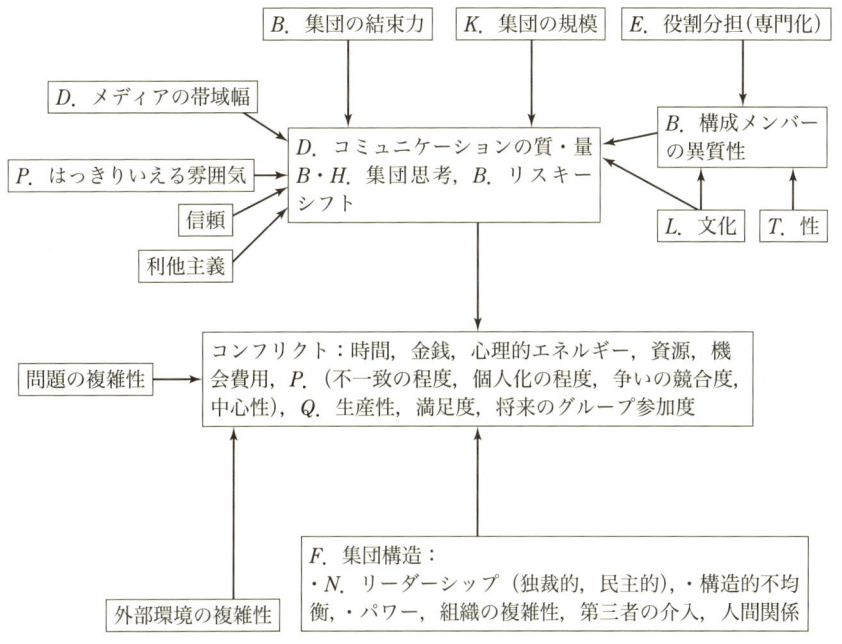

図表 **9-6** 各命題とコンフリクトの関係

図表 9-6 から,コンフリクト解決システムの評価と属性を以下のように整理できる.

○環境変数:

① 構成メンバーの異質性(属性,能力・スキル,個人的動機,経験的背景,役割分担,利他主義).

② 状況変数(文化,性,はっきりいえる雰囲気,既存の社会的ネットワーク).

③ 集団構造(リーダーシップ,構造的不均衡,パワー,集団の結束力,集団の規模,第三者の介入).

④ 技術的支援(程度,種類,メディアの帯域幅).

⑤ 問題特性(複雑性,性質,不確実性の程度).

○過程変数：
　①　コミュニケーション特性（活動の透明性，コミュニケーションの効率，情報の交換度，非言語コミュニケーション，業務直結コミュニケーション［経験や知識の移転］）．
　②　人間関係特性（協調度，独断度，役割分担）．
○結果変数
　①　コンフリクト解決に関する結果（時間，金銭，心理的エネルギー，消耗した資源，機会費用，不一致の程度，個人化の程度，争いの競合度，中心性，生産性）．
　②　集団に関する結果（満足度，将来のグループ参加度）．
　以上の議論から，コンフリクト解決のために，特定のコンフリクト状況で，われわれがコントロールできる操作変数が何かを特定し，コンフリクトをいかに創造的に解消するかの指針を得ることが可能になる．

9.3　コンフリクト解消のための技法としての「天の邪鬼法」，「複数の主張」，および「弁証法的探索」

　弁証法をその一種として含む，集団意思決定における構造的コンフリクト（構造的議論，あるいは対話での対決）解消のための技法（道具）として天の邪鬼法とその発展の研究を概観する．
　すべての組織には対立する見方が存在する．これらは異なる政治的利害によっている．奇異に聞こえるかもしれないが，異なった政治的利害者集団，あるいは戦略的問題状況について異なるパースペクティブをもつ集団の代表者が構造的コンフリクトを起こしたとき，意思決定は多くの方法で改善される．構造的コンフリクトの活用を通じて，認知的過程は改善され，情報のよりいっそうの把握や意思決定の理解がもたらさせると同時に，対立する証拠に直面して，自らの見方への疑問が呈される．対人過程や認知過程は改善され，よりいっそうの情報交換が行われるようになる．政治的要因は改善され，他の見方のよりいっそうの理解と他者情報の最終決定への一体化がもたらされる（Johnson & Tjosvold, 1983；Mason & Mitroff, 1981；Tjosvold, 1985）．このような多くの利点をもつ構造的コンフリクトを意識的に起こす役割を担う個人や集団をここでは「天の邪鬼」（DA：devil's advocacy）という．

　次に，天の邪鬼の方法による構造的コンフリクトの活用を述べる．構造的コンフリクトのための必要条件の1つは，集団メンバー間の意見あるいは見方の相違である．意思決定者間の意見の一致と組織業績の関係に関する Bourgeois（1985, p.564）の研究がある．この研究では，20の企業における99人のトップ経営者の環境不確実性と目標一致についての情報を収集した．知覚された環境不確実性についての一致と目標の一致の両方がある場合は，低い財務業績しか得られない．また，見方の多様性と企業内の環境不確実性の知覚の正確さとには，正の相関がある．この結果は，Bourgeois（1980）による以前の研究の拡張である．その研究では，12人の CEO とのインタビューおよび67人のトップ経営者による質問票への回答のデータを使って，目標についての不一致や手段についての一致は，高い業績と結びついているのに対して，目標についての一致と手段についての不一致が，最悪の業績を導くとした．全体として，諸研究は多様性と不一致が環境知覚や意思決定の質を改善することを示唆している（シェンク, 1998, p.84）．

　天の邪鬼の役割に関しては，早まった一致が仮定への挑戦や考慮される代替案の範囲を制限することになるので，それを回避するために意思決定過程に批判を導入することである（シェンク, 1998, p.85）．つまり，天の邪鬼法は，意思決定を改善するためにコンフリクトを導入することである．次に，天の邪鬼法のいくつかのバリエーションを紹介する（シェンク, 1998, pp.86-93）．

9.3.1　単純な天の邪鬼法

　Janis（1972）や Janis & Mann（1977）は，単純な天の邪鬼法の成功例としてキューバ危機におけるロバート・ケネディの役割をあげた．最高責任者は，天の邪鬼の役割を1つかそれ以上の集団に割り当てるべきであるとしている．天の邪鬼法は，提案された公式的言明とその基礎にある分析で始められるべきである．そして，一貫性のなさ，正確性の欠如，関連性のない提案を吟味し，その吟味に基づく提案の批判を準備するべきである．提案が根拠薄弱であると思われるならば，天の邪鬼は問題の再分析や代替案勧告をすべきである．はじめの提案の主張者と天の邪鬼との間の一種の対決セッションが，オブザーバーとして重要な組織の意思決定者も参加して行われる．この対決セッションに支えられて，組織の意思決定者は提案を受け入れるか，それを修正するか，はじめの提案の欠点のより完全な理解に基づくまったく新しい提案を開発するかを

行う．集団メンバーか外部コンサルタントのどちらかが，天の邪鬼の役割を演じる．集団メンバーが使われるならば，Herbert & Estes（1977 p.666）は，上位経営者になる可能性をもつ若い経営者間で，ローテーションするべきであると示唆している．

　天の邪鬼法（異議を唱えること）が"飼いならされる"（Thompson, 1968）と，その結果，批判は割り引いて聞かれ，その有効性を失うことになるので，注意が必要である．

9.3.2　複数の主張

　George（1972）は，複数の主張（multiple advocacy）が天の邪鬼法よりも優れていると述べている．複数の主張システムでは，さまざまな少数意見や有力でない見方の代表者によって，有力な政策の仮定を疑うことが奨励され，意思決定者にそうした意見や見方が提出される．単純な天の邪鬼法は，典型的には有力な政策の唯一の批判を含んでいる．複数の主張の過程において，中心となる役割は有力でない見方の管理人（custodian）の役割である（George, 1972, p.759）．管理人は次のことを保証しようと試みる．

① さまざまな見方の主張者間に重要な資源の不均衡配分がないこと（重要な資源には，パワー，影響力，能力，情報，分析的資源，交渉・説得技法が含まれる）

② 議論において，トップレベルの意思決定者が介入しないこと

③ 意見交換に十分な時間があること

9.3.3　弁証法的探索

　Mason & Mitroff（1981）は，単純な天の邪鬼法を改善するための代替的技法を開発した．この技法は弁証法的探索（DI：Dialectical Inquiry）と呼ばれ，その精緻化された形態である戦略仮定分析（SAA：strategic assumptions analysis）が，Emshoff & Finnel（1978, p.11）によって開発された．まず，弁証法的探索法では，戦略問題に対して最も異なる解を生み出す集団を形成すべく，個人を選択するための技法を含んでいる．これらの技法はまず第一に，意思決定集団におけるそれぞれの人々のパーソナリティや問題解決志向の評価を含んでいる．意思決定者を最大限に同質であり，互いに異なる集団にクラスター化する．これらの集団は，推薦された戦略，あるいは計画に対する代替案をそれが基礎をおく集団のメンバーが同意していない仮定を識別することによって

作り出される．その際，それらの集団は，推薦された戦略あるいは計画に含まれる仮定と異なる仮定に基礎をおく明白な対案を開発する．一方，天の邪鬼法は，明白な対案の開発を義務づけていない．それらに対して，SAA は，仮定についての弁証法的議論につけ加えて，仮定交渉フェーズを含む．このフェーズは，意思決定者を集団に分割し，その集団が組織のデータベースの異なる解釈に基づく2つかそれ以上の対案を生み出した後に続く．仮定交渉フェーズでは，おのおのの集団メンバーは，他のグループから，"その集団の政策を最も動揺させる仮定，その集団にとってうまくやっていくことが難しい仮定"を識別し，疑うことが要求される．共通の仮定集合に到達すべく，諸仮定は議論され，交渉される．このようにして，SAA は，対案と批判の両方を含む．

　以上3つの種類の天の邪鬼法を紹介したが，多くのフィールド実験においては，総じて，弁証法的探索が経営者の助言の狭量的効果を減らし，新しい代替案の生成に導き，そして決定への満足を増加させた．しかし，これらの結論は，試論的である．なぜなら，フィールド・スタディは弁証法的探索の効果について経営者の判断に依存しているからであり，統制条件を含んでいないからである（シェンク，1998, p.96）．

　次に，天の邪鬼法が有効になるための条件を述べる．
① 意思決定者の曖昧さ許容度（環境からの曖昧な情報を取り扱う能力）が高いこと（Schwenk, 1988）
② 意思決定者の過去の経験を有効に生かすことが必要である．
　ビックス湾侵攻の失敗によって，ケネディ大統領は，以後，彼の意思決定能力に対してより謙虚になり，天の邪鬼の言明を真剣に受け入れるようになった．一方，ベトナム戦争におけるエスカレーション決定において，ジョンソン大統領は天の邪鬼の示唆することを真剣に考慮することを促進するような類似の失敗経験をもっていなかった．
③ 組織構造あるいは文化は，天の邪鬼法が有用になるかどうかに影響を与える．つまり，単一の支配的見方があり，その見方が外部の脅威に対して防衛的な組織においては，意思決定者は天の邪鬼が示唆するような仮定を疑うことが難しい．しかし，Janis（1972）や Janis & Mann（1977）は，意思決定集団が知覚された環境の脅威に折り合うとき展開する集団思考を

防ぐために，天の邪鬼や他の技法を必要とすることを指摘している．

④　時間の圧迫は，天の邪鬼の助言がいかに真剣に受け入れられるかを決定する要因である．つまり，天の邪鬼が意見を取り扱うことは時間がかかり，天の邪鬼は，たとえ天の邪鬼を必要とする状況であっても，最終期限に直面した意思決定者によって無視される危険がある（George, 1972, p.759）.

　次に，集団意思決定の質を改善する道具的介入として，個々人のコミュニケーション・パターンの改変を試みたり，ディスカッション技術を向上させたりすることの重要性について述べる．Helmreich ら（Helmreich & Merritt, 1998；Helmreich *et. al.*, 2001；Merritt & Helmreich, 1996）は，飛行機のコックピットにおけるパイロットのコミュニケーションに関する一連の研究（CRM；crew resource management）で，そこでのコミュニケーション・パターンが文化規範に少なからぬ影響を受けていることを明らかにし，意思決定プロセスにおけるコミュニケーション・パターンの重要性について論じている．彼らが指摘するように，長幼の序のある文化規範では，地位や年齢の低い方が自己主張し，上からいわれたことに対して質問する（異を唱える）ことをよしとしない．そうした文化規範が広く共有されているところで，コミュニケーションを「円滑に進める」ことが目的であれば，この規範に従うのが最良の方法といえるだろう．しかし，それは危機的状況であれば致命的なものになりかねない．飛行機のコックピットでこの規範に従う限り，危機的状況にあることを認めようとしない機長に目下の副機長が繰り返し警告し注意を促し続けることは難しいからである．このような事態にならないためには，個人だけでなく，参加メンバーを対象としたコミュニケーション・パターンを変えるための訓練や教育が必要であり，それが集団コンフリクト解決のための有力な道具になる．

　また，最近の IT の発達により，会議を効率的かつ円滑に進めるための GDSS（group decision support system）（城川, 2001）の活用や，ファシリテーター（facilitator）の活用も有効な道具になると期待されている（岡本＆石川, 2006, pp.145-146）．ファシリテーターとは，英語の facilitate（促進する）からきた言葉で，「促進させる役割の人」という意味の言葉である．この言葉が使われる場面は，教育現場での集団学習，社会福祉分野，ソーシャルワークの現場，地域でのコミュニティー活動，ビジネス分野でのプロジェクトチームの運営や組織の活性化などがある．一般に，ファシリテーション・スキルは，会議

のための技法（道具）ととらえられることが多い．ファシリテーションの基本的なスキルとしては，①質問，発言，要約する，②話を聞く，話を引き出す，③記録する，④グループ調整をする，⑤コンセンサスを構築し，意思決定プロセスを管理する，などがあげられる（Rees, 1998）．

　ファシリテーターと弁証法的探索における天の邪鬼との違いは，ファシリテーターは，あくまで問題点を整理し，問題の本質を嗅ぎ分けて（ビジネスIQ），人の感情に働きかけて考えさせる（ビジネスEQ）ことであり，天の邪鬼のような意思決定を改善するためにコンフリクトを導入したり，代替案を提示したりはしない．この使い分けは，ケースバイケースである．

9.4　コンフリクトにおける交渉

　交渉を必要とする要素の1つであるコンフリクトにはじめて焦点を当てたのが，M. フォレットだった．J. ブラッド（社会心理学者），S. ゴールドバーグ（法学者），W. ユーリ（社会学者）によって，1970年代のアメリカの炭坑での労使コンフリクトの調査と解析から，コンフリクトのもつ3要素（パワー，権利，利益）の3階層構造を指摘した．コンフリクトの解決に実力行使に訴えることを，パワー・アプローチという．パワーが不均衡な場合は，親の権威，上司の権威，組織の規模，声の大きさなどのパワーが幅をきかせる．しかし，パワー・アプローチは，概して敗者しかもたらさない．誰に権利があるかを明確にすることを，権利アプローチという．一般的な手続きは裁判である．しかし，費用と時間をかけ，法律によってシロ，クロをつけても，本当の問題が解決されるとは限らない．ブレッドらは，効果的なコンフリクト解決手段をデザインするために4つの基準をあげた．それは，① 処理コスト（コンフリクトにとられる時間，金銭，心理的エネルギー，消耗したり破壊された資源，機会費用），② 結果への満足度，③ 当事者の関係への影響，④ コンフリクトの再発可能性，である．これらは解決の質を測る尺度でもある．処理コストが低く，満足度が高く，その後の関係が良好で，同種の問題が再発しないような結果が，優れた解決である（藤田, 2003, pp. 31–32）．

　新しい学問としての交渉学は，1970年代から実践的な認知心理学の成長によって新しいステージに入った．D. カーネマン=A. トヴェルスキーのプロスペクト理論をマネジャーの判断と行動分析に応用し実証したBazerman & Neal

(1992) は，交渉者の陥りやすい心理的な落とし穴を 7 つの意思決定のバイア
スとして指摘した．

① 行動のエスカレーション：交渉の初期段階にとった方針から離れられな
くなる傾向．交渉の進展につれて，その方針がすでに最良の選択ではなかっ
たことが明らかになっても，合理的に行動を修正することができない，ま
たはしない．一貫性を守りたいという欲求に無意識に振り回されていたり，
競争状況の雰囲気に飲み込まれていたりするケースである．

② パイの大きさが決まっているという盲信．交渉の一面にすぎない分配的
次元しかみえなくなっていることで，相手の要求（獲得分）は自分の犠牲
（損失分）を強いるものであるという決め込み．交渉を限られた資源の奪
い合いだけでしか考えない傾向．

③ 係累効果：相手が出した条件に乗ってしまい，船が錨を降ろしたポイン
トで揺れているように，相手や自分の基準点からの微調整でしかバーゲニ
ング・ゾーンを考えない傾向．

④ フレーミング：交渉の状況，結果の予測などがどのような表現で枠づけ
られるかによって，交渉者の意欲や判断が左右される．

⑤ 情報の誘惑：特定の記号や事象の思い出しやすさ，検索のしやすさ，手
に入れやすさ，またインプットのされ方が情報の内容や質に優先してしま
う．都合のよい情報は，悪い情報よりも受け入れやすい．手に入れる「べ
き」情報は，必ずしもスムーズには入ってこない．

⑥ 勝者の呪縛：相手側の認識を軽視ないし無視する傾向．単に合意にもっ
ていくことが交渉ではない．質の高い結果を出してはじめて，優れた交渉
者だといわれる．相手の視点に立って考えることの難しさと重要性である．

⑦ 自信過剰：ここまでのバイアスのいくつかが同時に作用すると，交渉者
は自らの判断や選択にいたずらに自信をもち始める．優越感を感じていた
い，楽観的でいたい，支配していたいといった欲求が幻想を膨らませ，適
切なチェックや確認を忘れさせる（藤田，2003，pp.32-33）．また，Bazerman
& Neal マン=ニール（1992）も，マネジャーのための交渉に関して示唆に
富む指摘をしている．

以下，具体的な交渉の事例を通して，コンフリクトにおける交渉の有効性と
問題点を検証する．ここで取り上げるコンフリクトの事例は，コンフリクトが

発生した状況の規模を，ミクロレベル，メゾレベル，マクロレベルの3つとして規定し，それぞれのレベルから考察される．

9.4.1　企業内の製品開発におけるコンフリクトの交渉（ミクロレベル・企業レベル）

　企業が新製品を開発し製品化する際には，基礎研究，応用研究，開発，製造，そして販売という過程を経る．特に，基礎研究，応用研究，および開発の段階を総称して，製品開発という．松本（2003）は，「製品開発組織におけるコンフリクトはどのような場面で生じるか」，「製品開発組織内で生じるコンフリクトはどのような場合に製品開発の成功に促進的に作用するか」というリサーチクエスチョンに基づき，1,467社の製品開発部門責任者への質問形式による実態調査を行った．回答数152社（回答率10.4％）であり，かつ回答企業の内訳は製造業85.4％，非製造業14.6％であった．調査の結果として，製品開発組織内のコンフリクト発生条件は，① 企業が基礎研究を重視するほど，また基礎研究の製品への応用可能性が幅広いほどコンフリクトの程度および頻度（コンフリクト測定は，意見の相違と対立という表現を採用）が大きい．② シーズ志向（プロダクトアウト）とニーズ志向（マーケットイン），あるいは機能性重視と確実性重視といった基礎研究部門と製品開発部門の製品開発の志向の違い（9.4節の図表9-9における，役割分担の違いからの集団メンバーの異質性の指標に対応する）に起因してコンフリクトが生じている．③ 製品に含まれる要素技術の調整の難しさ，顧客ニーズの複雑さ，あるいは組織の複雑さといった製品や製品開発の複雑性が高い（9.4節の図表9-9における，課業の複雑性および組織の複雑性の指標に対応する）ほど，コンフリクトの程度や頻度が大きい．特に，要素技術の調整が難しい製品では，製品の初期設計段階での議論が重要となるため，基礎研究部門と製品開発部門との間でコンフリクトが生じる．次に，コンフリクトが製品開発の成功に促進的に作用する条件は，製品のおかれている市場環境が厳しい場合や，製品開発部門内での経験や知識の移転方法として，管理職の部門間ローテーションの実施やプロジェクト成功談話の公開に積極的な企業では，前向きな議論によるタスク・コンフリクトが大きいほど製品開発が成功する．この条件は，9.4節の図表9-9での対応する指標として，業務直結コミュニケーションが該当する．

9.4.2　所沢市の環境問題におけるコンフリクトの交渉（メゾレベル・市レベル）

　埼玉県所沢市一帯の自然環境がダイオキシンという有害物質に汚染され始めていることが判明し，大騒ぎになったのは，1999 年 2 月のことである．通称「くぬぎ山」と呼ばれる市境に，産業廃棄物などを処理するため野焼きや小型焼却炉などが稼動しており，そこが汚染源であった．このような自然環境の汚染問題に対して，地元の埼玉県内の市民・環境団体・自治体・地方議会などがその解決に乗り出した．これらの異質な主体が，相互に信頼して協力するという相互依存型の意思決定により，わが国でははじめての試みであるダイオキシン規制条例の制定という問題解決に至った交渉過程を分析する．

　当時，所沢市・狭山市・川越市・三芳町の 3 市 1 町にまたがる行政域に発生した産業廃棄物焼却炉，特に許可のいらない 5 トン未満の小型焼却炉から発生するダイオキシンなどの有害物質が，周辺地域の自然環境を破壊するとともに，地域住民の健康を脅かすことで，将来に向けての市民生活を不安に陥れていた．そうした中，この地域の住民・環境団体などからの要望・要請を受け，1996 年 6 月の所沢市議会において「環境対策特別研究委員会」が議会内に設置され，1997 年 1 月までに現地視察をはじめ，十数回の会合をもった．1996 年 9 月の同議会では，産業廃棄物処理に関する「5 トン未満の焼却炉の撤去を求める決議」が全会一致で可決された．また，この広域的問題に関係する 3 市 2 町（大井町を含む）は，1996 年 9 月に埼玉県知事に，同年 11 月には厚生省・環境庁に，それぞれ問題解決のための要望書を提出し，解決の手立てを得るために努力した．ところで，廃棄物処理や大気汚染問題に関する基本的な法律として，「廃棄物の処理及び清掃に関する法律」，「大気汚染防止法」などがある．しかし，法の制定時点では，ダイオキシンによる自然環境汚染問題などは認識されておらず，的確に対処できる内容になっていなかった．そのため，1996 年 11 月の環境対策特別研究委員会で条例制定の意見が出され，同委員会はダイオキシンを規制する条例を策定し，「議員提出議案」とすることを決定した．同委員会は，プロジェクトチームを編成し，条例案策定作業に取り組んだ．その結果，① 規制数値を入れない第 1 案「基本条例」，② 規制数値を入れた第 2 案「基本条例」の両案をまとめるに至った．さらに，学識者からのアドバイスを得た後，1997 年 3 月の市議会全員協議会に諮るとともに，行政側からの協力も得て「ダ

イオキシンを少なくし所沢にきれいな空気を取り戻すための条例」案が，最終的に所沢市定例市議会に上程され，成立した．この条例案の作成過程では，「理念重視型条例」案の第1案と「規制重視型条例」案の第2案をそれぞれ検討した結果，①ダイオキシン類の規制を盛り込んだ国の法律が存在しない以上，規制数値を条例にもち込むことが困難である，②条例に罰則を規定するには，条文などについて法務省検察行政部局との詰めも必要になる，③時間的にも1997年3月定例議会に間に合わない，などの理由から，市議会に第1案を上程し，第2案については引き続き今後とも検討することとした．

　埼玉県所沢市周辺におけるダイオキシンによる自然環境の破壊を防止するという究極的目的からすれば，ダイオキシン規制条例を策定するということは，根本的な解決ではない．しかし，この事例に示されるような，「非合理的世界で，合理的に交渉する（negotiating rationally）」場合，市民と一体化して，この問題の解決に向けて努力している議会側は，交渉に先立って，自己のBATNA（best alternative to a negotiated agreement：交渉で合意形成に至らなかった場合の最善の策）として，規制条例の制定を決めていると考えられる（藤田, 2003）．9.2節の図表9-6の枠組みからこのケースのコンフリクト解決を分析すると，地元の埼玉県内の市民・環境団体・自治体・地方議会など異質な主体が，相互に信頼して協力し合い，互いにはっきりものがいえる雰囲気を作り，かつ環境調査に専門家を召集するなど役割分担もしっかりなされたことが，BATNAではあるが有効なコンフリクト解決に至った原因であると考えられる．

9.4.3　日米自動車交渉におけるコンフリクトの交渉（マクロレベル・国際間レベル）

　国際間のコンフリクト交渉は，国内でのコンフリクト交渉にはない，困難性が存在する．ここでは，日米自動車交渉の事例を取り上げ，いかに国際間のコンフリクト交渉がなされるかをみていく．日米自動車交渉は，1993年12月，包括協議が暗礁に乗り上げた．つまり，この時点で交渉は明らかに行き詰っていた．1994年1月12日，カンターアメリカ通商代表部（USTR）代表は，1988年包括貿易法スーパー301条（不公正貿易国の特定と制裁）の復活を検討中であると言明した．つまり，交渉決裂を想定し，BATNAを提示したのである．これを受けて，日本は1995年5月6日，もし対日制裁関税リストを発表すれば，日本政府はただちにWTO（世界貿易機関）に提訴すると発表した．

それは，日本がアメリカと同様に，交渉相手に対して BATNA を提示したことを意味している（熊田, 1998, pp. 21-22）．9.2 節の図表 9-6 の枠組みからこのケースを分析すると，日米の文化の違いによる構成メンバーの異質性が大きいことが，交渉を複雑なものにしていることがみてとれる．また，交渉課題がその国の経済に与える影響が大きく，したがって，両国の利害が先鋭に対立するものであることから，第三者としての WTO の介入を必要としたと考えられる．

9.5　CSCW システムの中のコンフリクト現象

本節では，CSCW システムをコンフリクトの解決の視点から述べる（Easterbrook, 1993）．

9.5.1　コンピュータ支援のコミュニケーションシステム

コンピュータ支援のコミュニケーション（CMC：computer-mediated communication）システムは必ずしもコンフリクト解決を支援しないが，その設計はそれをコミュニケーションのために使う協働者間のコンフリクトの生起と経過に影響を与える．高い帯域幅（higher bandwidth）をもつコミュニケーションチャネルがあるシステムでは，コミュニケーションの質を改善し，したがって，誤解の発生する確率を下げ，チーム構築を支援する．また，このシステムは，集団の結束力の構築によりコンフリクト生起の確率を下げ，匿名性を減らし，コンフリクトが起こったときには，ユーザーがコンフリクト管理戦略を選択する際の指針を与える．

(1)　テキストコミュニケーション（Textual Communication）

e-メールは，最もよく使われているテキストベース CMC システムである．e-メールの利点として以下のものがある．

① 　郵便や電話に比べて早い．参加者同士が同時にやりとりする必要がない．
② 　メッセージのヘッダーには，メッセージの送り手，受け手，主題，発生日，途中の会話での以前のメッセージの参照を含む．これらは，メッセージの内容をよりよく説明することにより，メッセージの受け手を助ける．
③ 　メッセージは短命でない．一度メッセージを受け取れば，それらは再読，蓄積，他者への再送が可能である．

e-メールの短所としては，不幸にも，e-メールは，コンフリクト発生の大きな源泉になることがあげられる．Kiesler *et. al.* （1984）は，e-メールのメッ

セージの送り手と受け手が電子的に分離されていることから，非個人化の効果として，それぞれのメッセージに過度に反応し，敵愾心を急激に増加させること，また，互いの行動からの距離や地位に関する情報の欠如の感覚から，確立された組織上の規範が無視されることを指摘した（Sproul & Kiesler, 1991）．これがコンフリクトの源泉になる．

テキストコンファレンス（text conferencing）は，e-メールシステムの同期的な対応物である．ほとんどすべてのCSCWシステムは，テキストコンファレンスシステムとして使える．McCarthy *et. al.*（1991）は，純粋なメッセージ送信システムでは，共通基礎知識を作ることが困難であることを見出した．それは，最小費用で基礎知識を得るために必要なものとしての"共通提示"，"可視性"，"可聴性"をもたないからである．

(2) **オーディオコミュニケーション**（audio communication）

コンピュータ支援オーディオコミュニケーションは，必ずしもテキストコミュニケーションを代替しない．両者が利用できるシステムが必要である．オーディオチャネルから送られたメッセージは，本来的に，テキストコミュニケーションシステムよりレビューしにくい．このシステムの具体例として，Wang's Digital Voice Exchange（DVX），Audio Windowsなどがある．

(3) **ビデオコミュニケーション**（video communication）

この種類のシステムはいくつかあるが，ビデオチャネルを維持するために送られるデータ量によって，高速LANにアクセスするには高価なマシンが必要であるという制約がある．このシステムの具体例として，Rank Xerox EuroPARC, CRUISERなどがある．

9.5.2 情報共有ツール

情報共有ツール（information sharing tools）は，互いの集団コミュニケーションの中での個人を支援するものである．CMCは情報伝達を重視していたが，一方，情報共有ツールは，情報の意味がより効果的にコミュニケートされる方法とユーザー間の継続的会話におけるそれぞれのメッセージの機能に重点をおいている．ゆえに，そのようなシステムは，メッセージの解釈の違いから起こる誤解の量を減らすように設計されている．このシステムの具体例として，Information Lens, NLS/AUGMENT, Coordinator, Amsterdam Conversation Environment（ACE）などがある．

Information Lens は，コンピュータ・ベースの情報伝達システムによって伝達された情報の共有とフィルタリングを支援するインテリジェントシステムである．このシステムは，フレーム，プロダクションルール，ネットワークなどの人口知能領域から基本概念を利用している．しかし，このシステムは，半構造化されたメッセージのテンプレートをユーザーに提供することで，自然言語理解の未解決問題を回避している（Malon *et. al.*, 1986）．NLS（oN-Line）は，ダグラス・エンゲルバート率いる研究者チームが1960年代にスタンフォード研究所（SRI）内の Augmentation Research Center（ARC）で設計・開発した革新的なマルチユーザー連携システムである．NLS は世界ではじめて，ハイパーテキストリンク，マウス，ラスタースキャン型ディスプレイ，関連性によって組織された情報，グラフィカルユーザインターフェース，プレゼンテーションソフトウエアなどさまざまなコンセプトを実用化した．ARPA，NASA，アメリカ空軍が資金提供した．このシステムは，1968年12月9日（The Mother of All Demos）に発売された．Coordinator は，ユーザー間の会話を強化するシステムの例を提供する．Coordinator の主な特徴は，会話テンプレートの使用であり，それは会話行為理論に基づいている．これらのテンプレートはそのシステムが強化する強固な会話構造を定義する．したがって，他のユーザーと"行為のための会話"を開くときに，彼はある種の討論終結を予測する．なぜなら，これはテンプレートの中で定義されているからである．ユーザーテストで，Coordinator に対するネガティブな反応が明らかになった．Carasik & Grantham（1988）は，これはある部分会話構造の融通のなさに起因していると批判している．例えば，彼らはそのことを次のように論じた．つまり，単に特定の記述が1つの返答を要求しているにすぎないタスクオリエンティッドグループの中での相互作用規範を，Coordinator が明確な返答を要求することで壊してしまった．このことは，コンテクストへの感度の欠如を示している．"行為のための会話"において中間ステップが必要でない参加者間の関係が所与であるとき，1つの会話はいくつかの会話行為をなすのに十分である．Coordinator の強化された構造は斬新な介入に対する参加者の潜在能力を制限する．その範囲では，それは集団過程に対する不必要な制限である．なぜなら，それは解くべき問題に利用可能な選択肢を制限するからである．Carasik & Grantham（1988）の評価は，"会話テンプレートはコミュニケーション媒体というよりも，

型の決まったジャケットにみえる"というものである. Amsterdam Conversation Environment（ACE）は，Coordinator とはかなり違ったアプローチをとっている. ACE システムの設計者（Dykstra & Carasik, 1991）は，システムよりもユーザーがコミュニケーションを構造化するという原則に忠実である. ACE は，同期的ユーザーに対してのみ設計されており，会話を支援し集団間の相互作用を刺激することを目的にしている. 利用可能な支援は，会話の構造化の強化よりも単に参加者の視点の表現や保存のためである. ハイパーテキストは会話の交換を記録する手段である. ACE の設計者は"会話空間を制度化する"システムを嫌っている. 彼らは，会話の形式化されたシステム的強化は官僚制や会話を制止する規則を導くと主張する.（Miles *et. al.*, 1993；Carasik & Grantham, 1988）.

9.5.3 概念展開ツール

Stefik *et. al.* は，概念展開ツール（concept development tools）は，コンフリクトをグループワークの中心要素と位置づけている. 設計プロセスを"目的と可能性の間の弁証法"とみなしている（1987 a, b）. このツールは，本質的にコンフリクトは生産的でありうると仮定している. この具体例として，Cognoter, Issue-Based Information System（IBIS），Distributed NoteCards などがある.

Cognoter は，例えば紙や話によるプレゼンテーションのために，自分の考えを整理する人々の集団が協力するのを助けるプログラムである. それは，協調的なリアルタイム集団問題解決のコンピュータ支援を研究する Xerox PARC で作られた経験的実験室である Colab で使用するために設計された. Cognoter は，マルチユーザーインターフェイスと構造化された会議のプロセスを提供する. アイデアの注釈つきグラフは3つの段階でグループによって構築される. それらは，①アイデア生成のためのブレインストーミング，②アイデア組織化のための順序化，および，③何が最終的に提示されるかを選択するための評価である. Cognoter の興味深い側面は，アイデアの直接的な空間操作とその順序関係，並列活動のサポート，およびアイデアの全順序に向けた段階的な進捗状況を含む（Foster & Stefik, 1986）. IBIS は，政治的意思決定過程を調整し計画を支援するための手段である. IBIS は，問題解決集団によって提起された課題の同定，構造化，および提示を行い，議論に適切な情報を提供する. IBIS は，会議のドキュメントシステムに接続するばかりでなく，他の資源も利用す

る．システムの要素は，トピック，課題，事実に対する疑問，位置，議論，モデル問題などである(Kunz *et. al.*, 1970)．NoteCards は，ハイパーテキストベースのアイデアの構造化システムである．コラボレーションの形式はドラフトパッシング，同時共有とオンラインプレゼンテーションを含む．相互の了解が協力者との間で維持されるという要件は，実質的な活動と同様に注釈や手続きの支援の必要性につながる（Randall *et. al.*, 1986）．

9.5.4 集団意思決定支援システム

集団意思決定支援システム（GDSS：group decision support systems）は，1980 年代半ばに概念が提案され，その名のとおり，集団（複数人）での意思決定を支援するシステムである．取り扱うタスクや，使用者の人数，使用環境などに合わせて，さまざまな種類の GDSS が研究開発されている．GDSS やそれが取り扱うタスクの分類については，DeSanctis らによって，メンバー間の空間的距離と集団の人数，サポートレベル，取り扱うタスクに応じて図表 9-7，図表 9-8，および図表 9-9 のように分類されている（DeSanctis & Gallupe, 1987；宇井, 1995）．

従来，GDSS のタスクとしてタスク 1，2 を中心とした研究がなされており

図表 **9-7** 距離と人数による分類
［出典：DeSanctis & Gallupe, 1987；宇井, 1995］

人　　数		集団の人数	
		少人数	多人数
集団間の空間的な距離	対面	会議室	議会型セッション
	分散	ローカルエリア意思決定ネットワーク	コンピュータメディエイテッドコンファランス

図表 **9-8**　**GDSS** のレベル
［出典：DeSanctis & Gallupe, 1987；宇井, 1995, 一部改変］

レベル	内　　容
レベル 1	集団メンバー間の情報交換の利便性向上が目的チャット，電子投票システム，共有黒板など
レベル 2	意思決定プロセスのサポートが目的AHP（Analytic Hierarchy Process）など
レベル 3	システムによるミーティングのリードが目的人工知能の使用を想定

図表 **9-9**　**GDSS** の取り扱うタスク
[出典：DeSanctis & Gallupe, 1987；宇井, 1995, 一部改変]

タスクの目的	タスクのタイプ
1. アイデアと行動計画の作成	1-1. 行動計画案の生成 1-2. アイデアの創出
2. 代替案の選択	2-1. 知的タスク（客観的に正しい代替案の選択） 2-2. 選好タスク（主観的な選好を含めて代替案の選択）
3. 解決のための交渉	3-1. 認識上のコンフリクトの解決 3-2. 動機や関心に関するコンフリクトの解決

（kigawa, 1990, 1992, 1997, 2001, 2004），今後，徐々にタスク 3 へと移行していくものとみられている（加藤, 1998）．GDSS は，ユーザーがいくつかの代替案から 1 つあるいはそれ以上の選択をするのを助ける．はじめの提案は，通常タスクの明細の一部であり，意思決定の前に作られる．しかし，一度，アイデアの生起として，意思決定プロセスの中で議論されるべき提案に対して支援がなされると，GDSS と概念展開ツールとの違いはなくなる．このシステムの具体例として Argnoter がある．

9.5.5　コンピュータ支援会議環境

CSCW における最近の発展は，カスタム設計された会議室の構築である．それには，集団意思決定，ブレインストーミングなどの専門的な会議要件を支援するためのグループウエアが付随している．コンピュータ支援会議環境（CSMEs：computer supported meeting environments）は，GDSS や概念展開ツールと同様に，コンフリクトに対する一般的な態度に基づいて設計されている．具体的な例として，都市計画（行政と市民参加）への適用，製品デザイン（製品加工業者，デザイナー，製品管理者参加）への適用などがある．このシステムの具体例として，Arizona Group Systems, Electronic Data Systems Capture Lab, CAVECAT などがある．

9.5.6　共同執筆支援ツール

CSCW の最も一般的な応用領域は，共同執筆の支援である（Sharples, 1992）．なぜなら，これは，すべての研究者や設計者にとって有用であるからである．共同執筆支援ツール（collaborative writing tools）の具体例として，ShrEdit, PREP, GroupWriter, COVE, Contexts などがある．

9.6　集団意思決定と階層分析法

Der & Forman（1992）によれば，集団による意思決定支援として階層分析法（AHP：analytic hierarchy process）を適用する場合，集団意思決定状況を次のように定義している．

　① すべての関係者が同じ目的をもっている（共通目的状況）．

　② 関係者が非共有（時には隠された）目的をもっている（非共通目的状況）．

　③ 関係者は対立する関係者の譲歩を探っている（コンフリクト状況）．

　そのうえで，以下のような意見集約の方法を指摘している．

　① コンセンサス：集団のメンバーが同じ目的をもつなら，AHP の階層構造と判定においてコンセンサスがとられる場合には AHP による分析は容易である．

　② 投票あるいは妥協：特性の判定に対してコンセンサスが得られないなら，集団は投票あるいは調停案への妥協を選ぶことがある．

　③ メンバーの示す評価値の幾何平均（GMM：geometric mean）：もし①かつ②が得られない場合には，個人判定の幾何平均が算定されうる．

　④ 集団を階層構造に組み込む：ゴールノードのもとに集団メンバーのレベルを組み込む．すべてのメンバーが同じ重要度をもつと仮定して，メンバーの重要さの効果を調べるための感度分析を行い，次にメンバーの相対的重要さを求めるための一対比較を行う．

　一方，コンフリクト状況で目標そのものが対立している場合には，AHP を適用して有効な分析を行うことはほとんど困難である．

9.7　まとめと今後の展開

　本章では，9.2 節「コンフリクトとは何か」で，Deutsh（1973）の定義を採用して，Pondy（1967），Thomas（1976），Patchen（1970），および松尾（2002）によるコンフリクトの分類を取り上げた．そして，コンフリクトを扱う学問分野が広範囲にわたっていることを確認した．次に，Easterbrook（1993）によるコンフリクトを扱う理論的パラダイムを紹介した．その中で特に，われわれが興味をもっているのは集団意思決定の理論パラダイムである．さらに，コンフリクトに関する命題として Easterbrook（1993）による，① コンフリクトの

生起，② コンフリクトの効用，③ コンフリクトの進展，④ コンフリクトの管理と解決，ごとのコンフリクトに関する命題を取り上げ詳細に分析して，各命題とコンフリクトの関係を図表で示した．この図表から，コンフリクト解決システムの評価と属性を環境変数，過程変数，結果変数として整理し，コンフリクト解決のために，特定のコンフリクト状況で，われわれがコントロールできる操作変数が何かを特定し，コンフリクトをいかに創造的に解消できるかの可能性を示した．9.3節「コンフリクト解消のための技法としての『天の邪鬼法』，『複数の主張』，および『弁証法的探索』」で，弁証法をその一種として含む，集団意思決定における構造的コンフリクト（構造的議論，あるいは対話での対決）解消のための技法（道具）として天の邪鬼法とその発展の研究を概観した．9.4節「コンフリクトにおける交渉」で，具体的な交渉の事例を通して，コンフリクトにおける交渉の有効性と問題点を検証した．9.5節「CSCW システムの中のコンフリクト現象」で，Easterbrook（1993）による CSCW システムにおけるコンフリクトの解決を述べた．9.6節「集団意思決定と階層分析法」で，コンフリクト状況で目標そのものが対立している場合には，AHP を適用して有効な分析を行うことはほとんど困難であることを解説した．

　本章で分析した各命題は，状況次第で成立したりしなかったりすることがわかった．したがって，今後の展開としては CSCW を設計するうえで，どのような状況のもとでもコンフリクト解決を容易にするシステムの設計ができるか否か，あるいはコンフリクト状況に合った目的別のシステム設計が必要かを考察する必要がある．しかし，これまでの議論から，少なくとも，事前にコンフリクトが起こりうる状況を予測することは可能であると考えられる．したがって，今後，実際にそのような予測に対処するシステムを設計し，その CSCW の有効性を実際のコンフリクト状況でテストする必要がある．

APPENDIX

　以下は，木下（1993）による．

　AHP（analytic hierarchy process）とは，Saaty（1977）による意思決定に関連する要素を階層構造によって把握する方法論である．AHP では，意思決定の全体を大きく 3 つの段階に分けて考える（図表 A-1）．

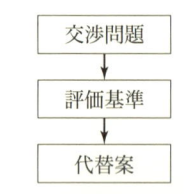

図表 A-1　AHP の分析プロセス
［出典：木下，1993］

　一番上に位置するのが，交渉者が決定する問題である．一番下が，問題の解決策としての代替案である戦略である．その間に，代替案を選択するための評価基準が位置する．

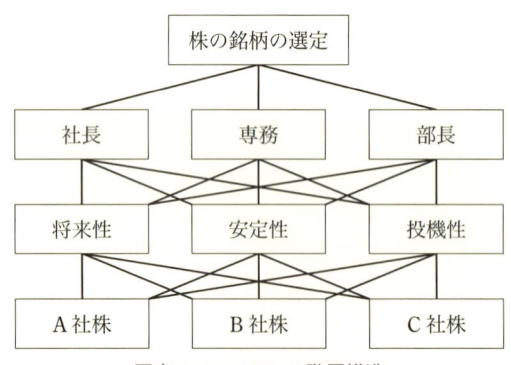

図表 A-2　AHP の階層構造
［出典：木下，1993］

　例えば，ある会社の社長は，会社の利益金の運用に関して経理担当専務と経理部長とで相談している．すなわち，利益金を財テクで運用したいのだが，3 人の意見が互いに違い，どの銘柄の株を買えばよいのか決まらない．

［第 1 段階］：この会社の幹部が考える株の銘柄選定に関する要因は，将来性・

安定性・投機性の３つである．また，この会社が選択できる株の銘柄は，A, B, C の３つである．この様子を図表 A-2 に示す．すなわち，階層の最上層（レベル 1）は総合目的である株の銘柄の選定を，レベル２は意思決定者（社長，専務，部長）を，レベル３は３つの選択要因を，そして最下層には３銘柄をそれぞれおく．

［第２段階］：まず，レベル２の３人の意思決定者が相対的にどれだけ株の選定に発言力をもっているかを調べた．このペア比較の結果を，図表 A-3 に示す．

図表 **A-3**　株の銘柄の選定に関するレベル２の各要因のペア比較
［出典：木下, 1993］

	社長	専務	部長
社長	1	3	9
専務	1/3	1	3
部長	1/9	1/3	1

すなわち，これは，株の選定に関する意思決定者の力関係を示すものである．

　次に，３人の意思決定者それぞれに対して，レベル３の各要因のペア比較を行う．それらの結果を，図表 A-4 に示す．すなわち，この結果は，各意思決定者が各要因をどれくらい重要であると判断しているかを示す指標である．

図表 **A-4**　レベル３のペア比較

社長に関するレベル３の各要因のペア比較

	将来性	安定性	投機性
将来性	1	3	5
安定性	1/3	1	2
投機性	1/5	1/2	1

［出典：木下, 1993］

専務に関するレベル３の各要因のペア比較

	将来性	安定性	投機性
将来性	1	1/5	3
安定性	5	1	7
投機性	1/3	1/7	1

［出典：木下, 1993］

部長に関するレベル３の各要因のペア比較

	将来性	安定性	投機性
将来性	1	1	1/9
安定性	1	1	1/7
投機性	9	7	1

［出典：木下, 1993］

　最後に，図表A-1に示した3つの株の銘柄を1つ上のレベル（選定要因）から比較する．これには，それらの株について詳しい情報を集め，客観的で冷静な判断が必要である．そこで，これらの3銘柄の簡単なアウトラインを説明する．まず，A株は将来性はなく投機性もないが，安定性はかなりある．B株は安定性はなく将来性もまったくないが，投機性はかなりある．C株は投機性はなく安定性もまったくないが，将来性はある．その結果は図表A-5に示すとおりである．

図表A-5　3つの選定要因に関する各代替案のペアの比較
［出典：木下, 1993］

将来性	A	B	C	安定性	A	B	C	投機性	A	B	C
A	1	2	1/3	A	1	5	7	A	1	1/9	1
B	1/2	1	1/7	B	1/5	1	3	B	9	1	7
C	3	7	1	C	1/7	1/3	1	C	1	1/7	1

［第3段階］：まず，レベル2の3人の意思決定者の発言力の重みは，固有ベクトルの計算から（図表A-1より）

$$W_1{}^T = (0.692, 0.231, 0.077)$$

つまり，発言力の重みは，社長が69%，専務が23.1%，部長が7.7%である．
　次に，各意思決定者ごとのレベル3にある各要因の重みは，固有ベクトルの計算から求められ（図表A-2より），まず社長に関しては，

$$W_2{}^T = (0.648, 0.230, 0.122)$$

となり，専務に関しては，

$$W_3{}^T = (0.188, 0.731, 0.081)$$

となり，部長に関しては，

$$W_4{}^T = (0.096, 0.105, 0.799)$$

となる．これらが，各意思決定者に関するレベル3の重みである．すなわち，社長は将来性を重んじ，専務は安定性を重んじ，部長は投機性を重んじている．さて，この例のように意思決定者が複数（この場合は3人）いる場合は，レベル3の各要因の最終的な重みは，意思決定者の力関係に依存するので，次のような計算が必要となる．レベル3の各要因の重みベクトルをWとすると，

$$W = [W_2, W_3, W_4]W_1$$

となる．この場合，

$$W = \begin{matrix}将来性\\安定性\\投機性\end{matrix}\begin{bmatrix}0.648 & 0.188 & 0.096\\0.230 & 0.731 & 0.195\\0.122 & 0.081 & 0.199\end{bmatrix}\begin{bmatrix}0.692\\0.231\\0.077\end{bmatrix} = \begin{matrix}将来性\\安定性\\投機性\end{matrix}\begin{bmatrix}0.499\\0.336\\0.165\end{bmatrix}$$

となる．したがって，この会社の合意として，レベル3における各要因の重み
は，将来性＞安定性＞投機性の順になることがわかる．

次に，レベル4の各銘柄のレベル3の各選定要因に関する重みは，固有ベク
トルの計算により以下のように求められる（表A-3より）．

将来性…$W_1^T = (0.216, 0.102, 0.681)$

安定性…$W_2^T = (0.731, 0.188, 0.081)$

投機性…$W_3^T = (0.096, 0.799, 0.105)$

最後に，以上のすべての結果をまとめて，A，B，C3銘柄の総合評価（X）
を計算すると，

$$X = [W_1, W_2, W_3]W$$

となる．この場合，

$$X = \begin{matrix}A\\B\\C\end{matrix}\begin{bmatrix}0.216 & 0.731 & 0.096\\0.102 & 0.188 & 0.799\\0.681 & 0.081 & 0.105\end{bmatrix}\begin{bmatrix}0.499\\0.336\\0.165\end{bmatrix} = \begin{matrix}A\\B\\C\end{matrix}\begin{bmatrix}0.369\\0.246\\0.385\end{bmatrix}$$

となる．このようにして，3つの銘柄の総合的な優先度が求められる．つまり，
C＞A＞Bの選好順位となる．したがって，この会社は，利益金をC株の購
入金に当て，運用すればよい．

第10章
集団意思決定における
討議倫理学と公共性

10.1 はじめに

　本章では，現在の社会経済システムの抱えている種々の問題群を解決する際に，価値観を異にする複数のステークホルダーがどのように協議し，集団意思決定における正当性を獲得する合意形成プロセスとはいかなるプロセスかを，討議倫理学と公共性の視点から議論し，具体的適用事例として地球環境政治の事例を考察する（城川, 2005）．

　本章の構成は，10.2節「公共性とは何か」で，第一に，「公」＝「国家」に対して「私」＝「市民」を位置づける考え方，第二に，「私的財」に対する「公共財」（commons）としての「公共性」という意味の使われ方，第三に，「公共性」との関連でよく用いられる用語に「公共空間」，「公共圏」，あるいは「公開性」などの使い方を紹介する．10.3節「間主観性と公共空間における会話」で，複数の人間による協議，審議の前提となる「個々の人間は，どのようにして他者を認識するのか」という「間主観性」の問題を考察する．10.4節「コミュニケーション的行為と討議倫理学」で，ハーバマースのコミュニケーション的行為の理論と討議倫理学の枠組みを示す．10.5節「コミュニケーション的行為における合意のための妥当要求」で，コミュニケーション的行為において合意が成立する場合の妥当要求としてハーバマースが示した真理性要求，規範的正当性要求，誠実性要求を述べる．10.6節「公共性と権力」で，フーコーの権力観，ハーバマースの生活世界が国家権力や資本の力としての権力に支配される現実，山田（2002）が調査インタビューを通して観察したフーコーの行為の方向性を産出する生産的な権力としての「権力作用（power effects）」を提示する．10.7節「環境政治における討議倫理学」で，グローバルな環境ガバ

ナンスあるいは地球環境レジームの形成プロセスにおいて，国家，国際機関，NGO，企業など利害が対立する多数のプレーヤーが異なる役割を演じる際に，討議倫理学が大いに貢献できることを示す．最後の 10.8 節で「まとめと今後の展開」を述べる．

10.2 公共性とは何か

「公共」という言葉は，今日の社会科学の 1 つの焦点であるといっても過言ではない．ここで，「公共性」という言葉をわれわれが一般にどのような意味で使っているかをみてみよう．

第一に，「公」＝「国家」に対して「私」＝「市民」を位置づける考え方である．この意味の「公共性」は，国家が法や政策などを通して，国民の生活向上のためになす活動を指す．例えば，公共政策や税制，社会保障や年金など政府が国民から徴収した税金による活動などで，公共経済学が対象として従来取り扱ってきたものである．第二に，「私的財」に対する「公共財」（commons）としての「公共性」という意味で使われるものである．例えば，公園や図書館などの公共施設，学校や病院，警察や消防などである．第三に，「公共性」との関連でよく用いられる用語に「公共空間」，「公共圏」，あるいは「公開性」などがある．これらに共通した特徴は，いずれも「言語空間」という意味をもっている．「公共空間」とは不特定多数の人間によって構成される言説の空間である．また，「公共圏」とはメディア（印刷・電波・電子メディアなど）を通じて互いにコミュニケーションをとるネットワーク空間である．一方，「公開性」とは，議論や審議の過程が外部に開かれることである．

本章では，この第三の「言語空間」としての「公共性」に焦点を当てる．

10.3 間主観性と公共空間における会話

本節では，複数の人間による協議，審議の前提となる「個々の人間は，どのようにして他者を認識するのか」という「間主観性」の問題を考察する．クロスリー（2003）は，フッサール，フーバー，ヘーゲルの間主観性に関する研究を通じて，次の 4 点によって，われわれを，間主観性を共有する意味をもつ還元不可能な間世界として概念化した．つまり，「第 1 点に，人間の主観性は本性上, 外的（物質）世界から切り離された私的な内的世界ではないということ.

つまり，それは感覚をもち身体をもつ存在の日常的実践の中に存在すること，そしてそれゆえ公的で間主観的であることである．第二に，主観性は，他性（alterity）の経験やその客観化の中に存在するというよりも，まず他性に対して前反省的に開かれ，それと関わりをもつことの中に存在すること．第三に，人間行為，特に発話は必然的に社会的に制度化された形態をとること，そしてこの形態は発話の有意味性にとって本質的であること．第四に，人間の多くの行為と経験は対話的な状況から生じること，すなわち個々の人間主体に還元できないシステムから生じること」（クロスリー，2003, p.56）である．

　特に，ここでは前述の第三の点，つまり，間世界内的な空間と会話に焦点を当てて論じたい．今世紀後半に，Austin, Searle, Strawson, Grice といった日常言語学派（ordinary language philosophy）の哲学者たちは，発話行為の遂行において話し手がどのように自分たちの思考内容（thoughts）を表現し（express）伝達する（communicate）かを分析する言語使用の理論に分析哲学（analytical philosophy）の手法を適用した．Austin と Searle が指摘するように，言語の使用と理解における根本的な意味の単位（the primary unit of meaning）は，文脈から切り離された命題（isolated propositions）ではなく「発語内行為（illocutionary acts）」と呼ばれるタイプの特別な発話行為である（ヴァンダーヴェーケン，1995, p.3）．Searle の観点では，発話行為の遂行において命題を世界（the world）に関係づけるために言語が用いられる基本的方法には，非常に制限された数しか存在しないことになる．発話は次のような発話内目的をもつ：①断言の発話内目的（推測，断言，報告，予測），②行為拘束の発話内目的（約束，脅迫，誓約），③指図の発話内目的（要請，質問，指令，嘆願），④宣言の発話内目的（辞任，承認，除名，省略），⑤感情表現の発話内目的（感謝，哀悼，祝福，謝罪）．

　そのような発話行為の遂行に際して，話し手はある一定の発語内効力（force）を用いて世界に関係づける．日常言語のよく知られた発語内効力標識（illocutionary force markers）は，動詞のムードと文のタイプである．例えば，平叙文は断言をする役目を果たす．同様に，疑問文は疑問を尋ねる役割を果たす．また，感嘆文は話し手の心的状態を表現するのに役立つ（ヴァンダーヴェーケン，1995, pp.5, 15-17）

　一般に，伝統的な発話行為理論は個々の発話内行為を単独な遂行として論じ

ることが多い．しかし，実際の発話行為は，明らかに言語使用において単独では遂行されない．反対に，話し手は，発話内行為を会話全体の中で遂行する．そこでは，話し手は，たいていの場合別の話し手と言葉による相互作用（verbal interaction）の最中である．したがって，何よりも，言語の使用は言語行為の1つの社会的形式（a social form of linguistic behavior）である．

　一般に，言語の使用は複数の話し手によってなされる順序づけられた発話の連鎖からできている．それらの話し手は，言葉による相互作用によって，ある問題について議論する（discussing）とか，一定の状況についてどのように対処するかをともに決断する（deciding together）とか，あるいは，交渉する（negotiating）とか，相談する（consulting）といったような共通の論証的目標（discursive goals）を達成する傾向にあるか，または，もっと単純な挨拶を交わす（exchange greeting）とか，話すことが目的で話す（talk for its own sake）かする傾向にある．そのような順序づけられた発話行為の連鎖を会話（conversation）と呼ぶ（ヴァンダーヴェーケン，1995 p.113）．しかし，われわれの目的からすると，この最後の話すことが目的で話すタイプの目的が構造化されていない談話は，本章の対象ではないと考える．

　以下で，ヴァンダーヴェーケン（1995）の「談話の論理」を概観する．談話にも，独立した発話の個々の可能な発話内目的と同様に，異なった以下のような「合致の方向」が談話の可能な会話目標を決定する．

① 言葉から世界への合致の方向：談話の中には，どの事態が現実であるかを決定する役割を担っているものがある．例えば，科学における理論的討論（theoretical debates），学校での授業などがある．そのような談話は，議論を維持している複数の話し手の間の言葉による相互行為である．

② 世界から言語への合致の方向：このタイプの談話は，話し手がこれから自らを行為拘束することとか，人に何かをすることを強く勧める（exhort）ことを決定する役割を果たす．例えば，その目的が困難な状況において実行される必要がある事項に関して，共通の決定（合意）をするための会話があげられる．世界から言葉への合致の方向をもつ会話は，真の相談（consultation）である．そこでは，1人の話し手が別の話し手に後者が最終的に自らを行為拘束するような一定の行動をとるように勧めることができる．また，別の会話には，交渉（negociations）がある．そこでは，会

話の関係者たちは，自分たちの相互の関わり合い（commitments）や義務
を相互に順序立てて説明（set out）したいと願っている．契約の署名や条
約の批准をねらった議論，売り手が販売のための商品を買い手に買っても
らうための取引交渉などがこの場合である．そのような談話を成功裡に
実行するためには，話し手は，数多くの主要な行為拘束的発話行為や指図
的発話行為を遂行しなければならない．時には，同意（agreements）や
拒絶（refusals）はこれらの言語ゲームに近い．

③　二重の合致の方向：談話の主要な目的が，宣言によって世界を宣言どお
りに変形することであるような談話がこれに当たる．つまり，宣言が首尾
よく遂行されるためには，宣言の内容とそのように世界が変形することが
二重に一致する必要がある．この種の談話を実行するためには，話し手は，
宣言をすることによって一定の行動を遂行する権限（authority）をもたな
ければならない．時には，必要とされる権限は，話し手に制度的に与えら
れている．例えば，憲法制定会議（日本の場合では国会）のみが，その談
話の結果として 1 つの国家の基本法を制定する新しい憲法を発布する
（promulgate）力（power）をもつ．また，科学においては，人は理論化
（theorization）のために，二重の合致の方向をもつ談話が必要である．ど
の文が科学的言語でよく書かれているかの宣言は，宣言の形式や省略の規
則で保証されている．同様に意味公準の規定は，これらの文の真理条件を
規定している．

④　空の合致の方向：談話の中には，主として対象物や事態のあり様に関し
て，談話に参加する人たちの一定の心的状態や心的態度を表現したり，明
示し（manifest）たりする役割を果たすものがある．つまり，感情表現の
談話では，話し手は言葉と世界の間の対応をつけようとは企てない．例え
ば，ヤジをとばしている群衆は，自分たちが嫌っている対象を困らせてや
ろうとしてヤジルのである．

われわれの関心である「公共空間」の視点からは，上の①，②，③が重要で
あり，話し手が言葉と世界の間の対応あるいは合致を目的としていない④は議
論の対象から除かれる．

次に，ヴァンダーヴェーケン（1995）が指摘している，「談話のタイプの論
理的構成要素」について述べる．ヴァンダーヴェーケンは，次のような 4 つの

談話の論理的構成要素を提案している.

① 達成の連続的様式：談話の多くのタイプでは，談話がうまく運ばれるように特別な運用規則をもっている．例えば，就職面接の際には，面接官は，求職者の資質を評価するために質問をし，求職者は自分の能力ややる気を示す意図でそれに答える必要がある．したがって，そのような面接がうまくいくためには，一定の質問と応答の連鎖が必要である．また，科学的な談話においては，適切な演繹的推論（deductive inferences）や帰納的推論（inductive inferences）をしなければならず，参加者はただ自分の意見や感想を述べるだけでは，科学的な談話とはいえない．

② 主題：談話の中には，その談話のタイプに適切な主題をもつものがある．例えば，裁判における陪審の評議（deliberation）は，被告が有罪か無罪かを決定しなければならない．談話が特別な主題をもつ場合は，いつでもその主題は談話の特性を条件づける.

③ 背景条件：談話の多くのタイプは，会話の背景において予備条件が成立する一定の文脈でのみ，うまく遂行される．例えば，憲法制定（constitutive）会議の法律制定のための談話は，その会議に参加する権限をもつ話し手によって遂行される.

④ 誠実条件：談話の多くのタイプは，一定の心理的様式（psychological modes）を備えた心的状態や心的態度をもった話し手による表現を要求する．つまり，誰かに敬意を表する（render homage）ためには，その人の成し遂げたこと（accomplishment）に対する慶び（joy）や，賛同（approval），敬意（respect）や時には誇り（pride）にも至る肯定的でかつ好意的な心的態度を表す際に，その人に世辞を行ったり（compliment），褒め言葉を送ったり（laud），時には喝采を送る（acclaim）必要がある．逆の場合では，ヤジるためには，嘲り（derision），敵意（hostility）や非難（reprobation）のような否定的な感情を表現しなければならない.

以上のような談話における構成要素は，談話を成功裡に遂行するための条件を決定する.

10.4　コミュニケーション的行為と討議倫理学

間主観性と生活世界は，ハーバマースにとって基本的なものである．ハーバ

マースは 3 つの哲学的源泉から，生活世界に関する理解を引き出してくる．それらは現象学（後期フッサールとシュッツ），ミードのプラグマティズム，そしてウィトゲンシュタインと Austin の言語哲学である．それらのうちで，ハーバマースにとってはミードが最も重要である．ミードはハーバマースに，コミュニケーションを行う者やコミュニケーションに関わる者としての社会的行為者のモデルを与え，さらにハーバマースが自分自身の理論の基礎として取り上げるコミュニケーション的行為の理論の枠組みを与えた．ウィトゲンシュタインと Austin の言語理論は，ミードの仕事と一致点をもちながらも，それをしのぐ言語と意味の哲学を与えることによって，こうしたコミュニケーションのパラダイムを洗練することに役立った．ウィトゲンシュタインの意味の使用理論は，個人意識というよりも，むしろ言語共同体という観念に依拠する言語的意味の理論をハーバマースに与えた．また，Austin の発話行為とその適切性条件によって，ハーバマースは社会的行為という考え方を再考し，そうした行為の効果に対する制度的条件を同定することができた．ハーバマースは，生活世界という概念を含む多くの概念を，フッサールやシュッツの研究から借りてきている（クロスリー, 2003, pp. 184-185）．

　ハーバマースの討議倫理学の課題の中心は，道徳規範や道徳原理の再構成，特にいわゆる道徳的観点（moral point of view）の規範的な力と連帯の関係の合理的再構成であり，その意味で，ヘーゲルが主張した正義と連帯の内的関連とカントの定言命法を，間主観性という観点から解釈することが中心となる（朝倉, 2004, p. 42）．

　ハーバマースのコミュニケーション的行為は，カントの定言命法のモノローグ的な規範の根拠づけを間主観的なものへと拡張した．カントの定言命法は，道徳的規則の普遍的妥当性を「…すべきである」という普遍的な形式のうちに示した．それは義務論的な形式である．そして，「…すべきである」義務は，「…せよ」という命令の形式で表現される．「もし…ならば」という条件つきの「仮言命法」よりも条件抜きに「…せよ」と命ずる「定言命法」の方が普遍妥当性をもつ形式である．それは，条件や状況に無関係にいついかなる場合でも，つまり例外なく普遍的な規則に従うという形式である．カントの『道徳形而上学の基礎づけ』において，「定言命法の一般的方式」として次のように定式化された．「君の意志の格律が同時に不偏的法則となることを，同時に君が欲し得

るところの,そういう格律に従ってのみ行為せよ.」という言明に示されている.
この具体的な内容は,次の3方式に示される.第一の方式:「君の行為の格律
が君の意志によってあたかも自然法則となるように行為せよ.」これは,先の
一般的方式の「普遍的法則」を「自然法則」に置き換えたものである.これに
は次の2つの形式的な条件が含まれる(久保, 2003, pp. 85-86).①自己の行為
が時間の経過のうちで反復されること,②社会のうちで自己と他者の立場が相
互に入れ替わりうること,の2条件である.つまり,カントにあっては,その
行為の原理(「格律」)が反復されるか,他人の立場からみられたとき,自己矛
盾が生じないことが問題とされる.それが自己矛盾を生ぜずに,徹底して自ら
望まれる場合に「自然法則となるかのような」普遍妥当性をもつようになる.
第二の方式:「君は君自身の人格ならびに他のすべての人格に例外なく存在す
るところの,人間性を常に同時に目的として用い,決して単に手段としてのみ
使用しないように行為せよ.」この方式は先の一般的方式の具体的表現という
よりも,定言命法そのものの形式から演繹的に導き出されている.つまり,そ
れは,定言命法が求める行為の究極目的であり,「絶対的価値」をもつ.また,
そのようなものは「尊厳」をもつ.
　また,「尊厳」をもつ唯一のものは,「道徳性と道徳的でありうる限りの人間
性」のみである.それゆえ,「人間性」を究極目的とみなさなければならない.
第三の方式:第一の方式と第二の方式の総合としての方式であり,『実践理性
批判』ではこの第三の方式のみがあげられている.「意志は自分の格律によっ
て自分自身を同時に普遍的な立法を行う者とみなしうるという仕方でのみ行わ
れるべきである.」換言すれば,自ら普遍的法則を与える者が,立法者となる
べきであるというものである.ここで,「意志の自立」という原理が成立する.
ハーバマースは,以上のカントの定言命法を普遍化原理として,対話的に転換
し,すべての人が普遍的規範として遵守すべきものとした.ハーバマースは,『事
実と妥当』(Herbermas, 1992)で,すでに『道徳意識とコミュニケーション行
為』(Herbermas, 1983, 三島,中野&木前〈訳〉, 1991)で定式化された,討議
倫理学の根幹にある討議倫理の原理(討議原理)と道徳原理の再考を行う.ハー
バマースは,「道徳」と「倫理」を区別して論じる.ハーバマースは,「道徳」
の問題が各人の私的主観性を越えて普遍性をもつ万人にとっての「正」を扱う
のに対して,「倫理」の問題はある歴史的に形成された特殊・具体的な生活世

界を共有するメンバーにとっての「善」あるいは「善き生」を扱う，という．したがって，ハーバマースの道徳原理は「論議の規則（ルール）として妥当し，実践的討論の論理学に属する」普遍化原理（U）である．この論議の規則（ルール）としての普遍化原理（U）のルーツは，カントの定言命法としての上述の第三の方式「意志は自分の格律によって自分自身を同時に普遍的な立法を行う者とみなしうるという仕方でのみ行われるべきである」にある．語用論的観点に立てば，定言命法は「一般化可能な行為規範を妥当なものとする正当化原理の役割」（ハーバマース, 1987, p.24）を果たす．このことによって，倫理の普遍化可能性は，個々の共同体や文化的特殊性や時代を超えて普遍性が獲得できる．また，ハーバマースの討議倫理の原理（討議原理）（D）は，「すべての関与者が実践的討論の参加者として，一致をみた規範のみが妥当を要求しうる」いうものである（Herbermas, 1983, 三島・中野・木前〈訳〉, 1991, p.149）．このハーバマースの討議原理は，Apel（2001, p.4）が「道徳原理としての討論原理が意味することは，根本的討議のしかるべき自己反省から，実践上問題となる見解の相違や衝突を，論証的討議によってすべて解消するという道徳的義務が帰結するということである」と述べたことに一致する．

10.5 コミュニケーション的行為における合意のための妥当要求

コミュニケーション的行為において合意が成立するのは，妥協を除けば，ある発話行為で掲げられた妥当要求がすべて受け入れられて，合理的に動機づけられた場合だけである．この場合の妥当要求にはどのような種類があるのであろうか．ハーバマースは，真理性要求，規範的正当性要求，誠実性要求をあげている．そして，それぞれの妥当要求に特定の発話行為が対応している．つまり，真理性要求には事実確認的発話行為，規範的正当性要求には規制的発話行為，誠実性要求には表自的発話行為がそれぞれ対応する．コミュニケーション的行為には常にすべての妥当要求が問題になる．ここでは，コミュニケーション的行為における合意のための妥当要求のうち，真理性要求と規範的正当性要求の違いを考察する（朝倉, 2004, p.115）．それは，この2つが討議において典型的に現れるからである．

まず，真理性要求についてみてみよう．結論から先に述べると，真理はわれ

われの合意によってその正当性が担保されるのである．もしもある事実の世界
についての言明が発話行為として述べられ，その真理性要求に異議が唱えられ
たなら，そこで話し手が事実だとみなしているものが，事実でもありそうでな
いこともあるものとして，理論的討議に移される．つまり，認識の真理性（虚
偽性）という認識の客観的妥当性は，判断の対象に即した間主観的妥当性にほ
かならない，ということである．これは，従来の真理論である「真理は，真理
であることによって，無条件に成立する」という言明とは明らかに異なる．

　次に，規範的正当性要求についてみてみよう．規範的正当性要求に関して，
それが拒否された場合，その価値評価の不一致に関して，典型的には裁判のよ
うな，公正な第三者による判定が行われる．その場合，どちらかが非を認めた
り，あるいは双方の妥協によって，共通のあるいは上位の価値判断に行き着く．
つまり，規範的正当性要求に関しても，その当否が間主観的に決定されるとい
うことである．しかし，規範的正当性要求には，客観的世界に対する真理性要
求として特徴づけられる準拠点は弱い．それは，客観的世界に対しては，実験
によってその真偽を示すという強力な手段があるが，規範的・道徳的問題にお
ける妥当性要求の場合，一般には文化的・歴史的制約が強く働き，極端なケー
スでは，個々の人間で価値評価が異なることすらある．このことは，今日の人
類に関するあらゆる問題，例えば，軍事上の安全保障（テロを含む），人口増
加の制御，人権問題，環境保護，天然資源の有効利用（エネルギー問題），世
界経済の枠組みに関する問題（グローバリズムの是非），文化遺産の保護といっ
た問題においてみられ，その解決の困難性の根本原因になっている．

10.6　公共性と権力

　ハーバマースは，生活世界はシステムによる植民地化を経験しており，それ
によって一度合意されて支配された生活領域は，次第に（コミュニケーション
的行為というよりも）ゲーム論的な戦略的行為によって支配され，それゆえま
すます貨幣や権力に基づく指令や要請に従うようになる，といっている．ここ
で，システムとは国家権力や資本の力を指している．特に国家はその市民に対
して，コミュニケーション的な仕方で行為するよりも戦略的な仕方で行為する．
つまり，国家は市民に指令を発するのであって，国家と市民との相互行為にお
ける言語的合意や相互理解を指向しているわけではない．国家の行為は権力を

基盤としている．この権力観は，権力をもつものが，もたないものを従わせるというものである．しかし，フーコーの後期の仕事においては，権力は人間関係の中から立ち現れるという，権力の間主観的理解を示した．つまり，権力は，先験的に行為主体に与えられているものではなく，他者がそれを認める限りにおいて，その作用が有効になるものである，という権力観である．フーコーが同定した権力関係の5つの相は，まさにそれである（クロスリー，2003, pp.246-253）．Foucault（1982, p.223）の第一の相は，「人が他者に作用を及ぼすことを認める差異化の体系」である．そうした差異化の体系には，法，地位に関する伝統，経済的差異，能力における差異などがありうると，フーコーは論じる．つまり，警察官だけが逮捕する権力をもち，医者だけが診察する権利をもち，教師だけが生徒に試験を課す権力をもち，裁判官だけが被告に判決を下す権力をもつ．こうした体系は，必然的に権力の間主観的見方である．つまり，この差異化の体系は，行為の異なった権利の相互承認に依存している．Foucault の第二の相は，「他者たちの行為に影響を与える人々が追求する目標の類型」に関わる（*ibid.*）．この点は，ハーバマースが指摘する「官僚制の役人は，その効果がシステム統合の達成にとって中心的であるような明示化された目標を追求する」場合に対応する．フーコーの第三の相は，「権力関係を存在させる手段（*ibid.*）があることを認める．これには，力（暴力に限らず）による脅し，経済的不均衡，監視の関係がある．これらも，やはり間主観性が指摘できる．つまり，それらの手段の意味や意義がそれらの手段を使う側と受ける側で共有されていなければならない．監視の関係においては，フーコーはあの有名なパノプティコンで例証している．パノプティコンとは，18世紀の監獄のことで，真中に監視塔があり，その内側は外からは見えないが，その塔からは監獄の各部屋がすべて見える構造をしている施設である．権力はこの監獄において間主観的に組織されている．権力が行使される側の囚人は，行使する側の監視塔にいる監視人によって常に監視されていると感じている．つまり，監視塔は，権力関係を作り出す手段・装置である．フーコーの第四の相は，「制度化の諸形式」である．権力は，制度化され安定している．家族や仕事場のような社会組織の特定の形式の中に，権力が制度化されている．フーコーの最後の相は，権力の中に現れる「合理化の度合い」に関わる．権力の諸関係や諸実践が，それらの周囲環境に適応する方法やその適応の程度と，それが組織化さ

れる方法が問題となる．フーコーが同定した権力関係の以上の5つの相は，禁止したり抑圧する権力であるが，それ以外に，山田（2002, pp.123-139）は，フーコーの行為の方向性を産出する生産的な権力としての「権力作用（power effects）」を取り上げ，調査インタビューの状況での「権力作用」を分析した．山田の調査インタビューは，長野市にあるS会というグループホームを中心とした精神障害者を支援する市民団体のリーダーに対してなされたものである．そのインタビューの会話分析を通して，山田は，調査者および対象者が暗黙に抱いている地域福祉のモデル・ストーリー（起床や消灯時間の決まっている精神病院とは違って，S会では生活について強制的な規則はなく，障害者が自己決定し自立できる生活を支援する）が支配的ナラティブ（物語）として働いていることを分析した．また，対象者が抱いているモデル・ストーリーに調査者が挑戦することによって，そこからの離脱の可能性も明らかにした．この例では，地域福祉のモデル・ストーリーがフーコーのいう行為を方向づけている「権力作用」である．

10.7 環境政治における討議倫理学

今日，地球環境と資源・エネルギーの問題は，環境と資源の有限性に基づく，グローバルな社会経済的問題となっている．その解決のための世界政府が存在しない以上，グローバルな環境ガバナンスあるいは地球環境レジームが民主主義的な合意形成のための重要な枠組みとなる．その枠組みにとって討議倫理学が大いに貢献できる．

1972年のストックホルムでの国際人間環境会議は，世界の114カ国から約1,200名の代表が出席し，会議を通じて人間環境を保全するための宣言，行動計画，制度的枠組みについての合意が形成された．この国際人間環境会議は，国連環境計画（UNEP）設立の道を開いた．UNEPの設立は，国連がグローバルな環境問題に対処するための制度的枠組みとなり，地球環境ガバナンスの制度的具体化となった．この会議の結果，多くの国で，環境をモニターし規制するための環境機関を国内に設立した．しかし，意見の対立も顕在化し，特に南北問題が重要な論点になった．

つまり，先進諸国が地球規模での環境・資源の管理を主張したのに対して，途上国は貧困こそ最大の環境問題であり，地球環境汚染の責任は先進諸国にあ

るとした．このことは，端的には，先進諸国はすでに自分たちの経済発展のために地球環境・資源の利用からの収益を回収しているが，途上国はこれから経済発展をしようとしている段階で，資源の利用を制限することには納得がいかない，という論理である．先進諸国と開発途上国の間の環境と開発をめぐる問題は，ストックホルム人間環境会議後 10 年目の 1982 年に開催された UNEP の管理理事会特別会合によって次第にその溝が埋められた．そこで採択されたナイロビ宣言は，低開発あるいは貧困と環境問題との関連性にふれながら，国家間の技術および経済的資源の公平な分配や，環境破壊を被っている途上国に対する先進諸国の支援について規定している．こうして，1970 年代と 1980 年代には，多くの国際環境協定や国際環境プログラムが策定された．このような環境レジームの形成は，国家的な多元的なプレーヤー（個人，ボランティア組織，経済界，研究機関，政府など）による多国間交渉と合意形成への努力を通じてなされた（星野, 2004, pp. 161-170）．Rosenau（1992, p. 4）のガバナンスの定義は，「統治よりも広い概念であり」，政府機関だけでなくインフォーマルな非政府機関を含んでおり，「多数によって受け入れられる場合のみ機能するルールのシステムである」というものである．このガバナンスの定義は，まさに，10.3 節で述べた，ハーバマースの討議倫理の原理（討議原理）(D):「すべての関与者が実践的討議の参加者として，一致をみた規範のみが妥当を要求しうる」を含んでいる．一方，レジーム概念はヤングなどの自由主義的な制度学派によって使われてきた．これに関しても，Rosenau（1992, p. 8）はガバナンス概念との類似性を示しながらその違いを示唆し，レジームとは，「原理，規範，ルール，手続き」が「国際関係の一定の領域で」，あるいはこれまで「争点領域」と呼ばれてきた領域で収斂しているものとされる．つまり，ガバナンスが単一の領域に限定されないのに対して，レジームは一定の争点領域に特化されるということである（星野, 2004, pp. 171-172）．

　地球環境レジームの形成プロセスには，国家，国際機関，NGO，企業など利害が対立する多数のプレーヤーが関わり，これらのプレーヤーが地球環境問題のテーマあるいはアジェンダを設定し，討議を通じてレジーム形成の主体になる．しかし，これらの 4 つのプレーヤーがレジーム形成において同じ関わり方をするわけではない．ポーター＆ブラウン（1998）によれば，これらの 4 プレーヤーの関わり合いが一様ではないだけでなく，国家的なプレーヤーにおい

てもいくつかの立場がある.

　まず国家的なプレーヤーといっても，環境問題に関して国内政治の要因が深く関わっており，決して一枚岩的な存在ではない．たとえば，アメリカのブッシュ政権が，京都議定書からの離脱を表明したが，それは共和党が環境政策に反対の立場をとっていただけでなく，ブッシュ政権が石油関連企業を有力な支持基盤にしていたのが大きな理由であったといわれている．環境レジーム形成において国家プレーヤーがとる立場は，主導国，支持国，態度保留国，拒否国の4つに分かれる（ポーター＆ブラウン, 1998, p.43）．主導国は，ある環境問題に関して最も進んだ国際的な規制を提案するために，リーダーシップを発揮する．1979年の長距離越境大気汚染条約のレジーム形成では，被害国であったスウェーデンが主導国であった．地球温暖化防止のレジーム形成では，ノルウェー，スウェーデン，フィンランド，オランダが主導国連合を形成した．地球レジームの形成において，アジェンダ設定の機能を果たしているのは国際機関である．

　国際機関は，環境レジーム形成に以下の4つの方法で影響を与えている．第一に，国際社会でどの課題を取り上げるのかを決め，地球規模での行動のためのアジェンダを決める．第二に，地球環境レジームの交渉をはじめ，これらに影響を及ぼす．第三に，さまざまな環境問題に対して，規範的な行動規則（ソフト・ロー）を作る．最後に，国際的に交渉されていない事柄について，各国の政策に影響を及ぼす．国際機関の中でも環境レジーム形成において主導的な役割を果たしているのは，国連環境計画（UNEP）である．UNEPはとりわけアジェンダの調整機能を果たしている．例えば，1976年に，UNEPの理事会はオゾン層の保護を5つの優先課題の1つに選び，国際協定の交渉が始まる5年前の1977年に，「オゾン層に関する地球行動計画」を採択していた（*ibid.*, p.51）.

　NPOの役割も近年大きなウエートを占めてきた．グリーンピーズ，FoE（Friends of the Earth），世界自然保護基金（WWF）などの国際環境NPOは，地球環境問題に関する専門的な知識をもっているだけでなく，国家的な利害を超えて行動し,時には自国の環境政策の転換に影響を与える.国際環境NPOは，以下の5つの方法で国際的なレジーム形成に影響を与えている（*ibid.*, p.66）.第一に，新しい問題を設定したり古い問題を取り上げたりすることによって，

地球環境のアジェンダに影響を与える．第二に，新しい提案をしたり，消費者のボイコット運動やキャンペーンを遂行したり，提訴したりするなど，ある問題に対し自国の政府がより進んだ動きをとるように働きかける．第三に，国際環境 NPO は，会議の前に条約全体のテキストを提案する．第四に，国際交渉へのロビー活動を展開する．第五に，条約の執行をモニターする．最後のプレーヤーである企業は自らの利益をレジーム形成に反映させる．例えば，交渉中の問題設定を企業の利益になるような形にしたり，資金を使ってロビー活動をしたりすることで，政府に働きかけてレジーム形成に影響を与える（星野, 2004, pp.172-181）．

　以上のように，グローバルな地球環境問題の解決には，利害を異にする多様なプレーヤーの間の討議を通じた合意形成が求められている．その意味でも，討議倫理学の知見が有益な貢献をする機会が以前よりも増している．

10.8　まとめと今後の展開

　本章では，現在の社会経済システムの抱えている種々の問題群を解決する際に，価値観を異にする複数のステークホルダーがどのように協議し，集団意思決定における正当性を獲得する合意形成プロセスとはいかなるプロセスかを，討議倫理学と公共性の視点から議論した．ここでの「公共性」の概念は，10.2節「公共性とは何か」において「言語空間」としての「公共性」と規定し，議論した．10.3 節「間主観性と公共空間における会話」で，間世界内的な空間と会話に焦点を当てて論じた．特に，今世紀後半の, Austin, Searle, Strawson, Grice といった日常言語学派（ordinary language philosophy）の哲学者たちによる，「発語内行為（illocutionary acts）」と呼ばれるタイプの特別な発話行為の議論を紹介した．10.4 節「コミュニケーション的行為と討議倫理学」で，ハーバマースは 3 つの哲学的源泉から，生活世界に関する理解を引き出したこと，また，それらは現象学（後期フッサールとシュッツ），ミードのプラグマティズム，そしてウィトゲンシュタインと Austin の言語哲学であること，をみた．ハーバマースのコミュニケーション的行為は，カントの定言命法のモノローグ的な規範の根拠づけを間主観的なものへと拡張したこと，およびカントの定言命法（「…せよ」という命令の形式）を普遍化原理として，対話的に転換し，すべての人が普遍的規範として遵守すべきものとしたこと，をみた．10.5 節「コ

ミュニケーション的行為における合意のための妥当要求」においては，コミュニケーション的行為において合意が成立するためには，ある発話行為で掲げられた妥当要求がすべて受け入れられ，合理的に動機づけられた場合のみであること，この場合の妥当要求として，ハーバマースは真理性要求，規範的正当性要求，誠実性要求をあげていること，そしてそれぞれの妥当要求に特定の発話行為が対応していること，つまり，真理性要求には事実確認的発話行為，規範的正当性要求には規制的発話行為，誠実性要求には表自的発話行為がそれぞれ対応すること，コミュニケーション的行為には常にすべての妥当要求が問題になること，特に，コミュニケーション的行為における合意のための妥当要求のうち，真理性要求と規範的正当性要求の違いを考察した．10.6 節「公共性と権力」では，ハーバマースとフーコーの権力観の違いをみた．ハーバマース権力観は，権力をもつ者が，もたない者を従わせるというものであり，フーコーの権力観は，権力は，先験的に行為主体に与えられているのではなく，他者がそれを認める限りにおいて，その作用が有効になるという権力観である．10.7 節「環境政治における討議倫理学」では，討議倫理学の具体的適用事例として地球環境政治の事例を考察した．この事例では，地球環境レジームの形成プロセスには，国家，国際機関（国連環境計画［UNEP］が主なプレーヤーである），NGO，企業など利害が対立する多数のプレーヤーが関わり，これらのプレーヤーが地球環境問題のテーマあるいはアジェンダを設定し，討議を通じてレジーム形成の主体になることをみた．

　今後の展開としては，集団意思決定において，討論倫理学の知見をどう取り入れてモデル化するかである．

第11章
集団意思決定の社会的構成主義による考察

11.1 はじめに

　本章は，集団意思決定を社会的構成主義の観点から再構築しようとする試みである（城川, 2007）．社会科学の領域で，近年，従来の法則定立的かつ要素還元的思考に取って代わる新しい考え方が台頭してきた．その1つに社会的構成主義（social constructivism）がある．社会的構成主義は，簡単に述べると，「現実を，そこに生きる人々が言語を用いることによって構成されたものとして理解することが可能であり，そうすることにより，現実をワン・ショットでとらえ，そこに普遍性や不変性を見出そうとする静態的な理解から脱却し，現実における生成と変容の動態性を描き出していくことが可能である」（木村, 2001）ようなアプローチである．このアプローチは，思想史的には，20世紀の科学を特徴づけるモダニズムへのアンチテーゼであるポストモダニズムとして位置づけられる．モダニズムは，「世界を人間の意識と物理的世界に切り離し，世界を唯一絶対の原理によって説明できる」（高橋, 2005, p.73）という命題に見出されるという認識に基づいている．ポストモダニズムは，モダニズムの科学的方法論に対する懐疑・反省から，「世界を法則性や客観性や究極的な真理としてみる見方から，人間の意識・言語・歴史・文化の面からみる」アプローチである．また，「社会的構成主義は，ポストモダニズムとポスト構造主義を背景としている」（高橋, 2005, p.73）ということから，レヴィ・ストロースに始まる構造主義（実存世界の諸形態の裏に潜む法則や構造をみる見方）もポストモダニズムの観点から否定される．

　Austin（1962）は，その発話行為（speech action）の一般理論において，言語は単なる記述ではなく，常に行為に内容（component）をもたらすと結論づ

けている．したがって，集団意思決定がうまく機能することによって，組織運営が効率的に遂行される．話すことと行為を分離して考えることはできない．集団意思決定では，話すこと，つまりディスコース（discourse）と行為が不可分の関係にある．しかし，集団意思決定においては，利害関係から多くの相反するディスコースが共存しており，単一の合意に達することが困難である．つまり，ある合意に達したディスコース（共通意味世界［a common meaning world］の創造）は，他のものにとってパワー／知識ディスコースの制約の中から再帰的に構成されたといえる．流動性の高い現代社会経済システムにおいては，多義的・パラドックス的な分析の必要性が高まっている．つまり，従来のような一貫性，秩序，規則性，確実性といった標準的ディスコースは脱構築され，非線形性・柔軟性をもったポストモダニズム的ディスコースに取って代わられる．集団意思決定は，共通意味世界の創造を志向したディスコースの一形態であり，さらなる他のディスコースを誘発する基礎ともなる．このようなある課題に関するディスコースの集積を通じて，利害関係にある集団間のコンフリクト解決を可能にする共通認識枠組み（frame）が生成されていく過程—共通意味世界の創造過程—が，社会的構成主義の観点から考察される．社会的構成主義とは，利益やアイデンティティの形成における社会的相互作用が強調され，討議過程における理念，価値，規範などに関するディスコースの役割に光が当てられる．そのように，社会的構成主義は，共通意味世界の構築過程が，無数の相反するディスコースのせめぎ合いの中から立ち上がってくる過程を重視する．

　本章の構成は，11.2節「社会的構成主義とは何か」で，ガーゲン（2004）による社会的構成主義の5つの中心的前提を取り上げる．次に，「社会的構成主義とディスコース」で，Burr（1995）によるディスコースの定義を示す．次に，「言語とディスコース」で，言語は社会的構成主義にとって決定的に重要な概念であることを，ダンジガー（2005）の言語の社会的構成主義のアプローチでみていく．次に，「社会的構成主義と活動理論」で，文化—歴史的活動理論（cultural-histrical activity theory）の発展における3つの理論的世代を概観する．そこでは，Engeström による3つの道具を示す．その3番目の道具である「弁証法」は，第9章で取り上げた「コンフリクト解消のための技法としての「弁証法的探索」に通じるものである．次の「社会的構成主義としてのアク

ターネットワーク理論とゴミ箱モデル」で，ミシェル・カロンのアクターネットワーク論（actor-network theory），March & Olsen（1979），あるいは Cohen *et. al.*（1972）によってなされた組織における意思決定に関するゴミ箱モデルの一連の研究を紹介する．11.3 節「新制度主義における社会的構成主義の位置づけ」で，社会的構成主義と活動理論で言及した新制度主義における研究プロジェクトに対するディマジオの 3 つの変形を述べる．11.4 節で，「まとめと今後の展開」を述べる．

11.2　社会的構成主義とは何か

11.2.1　社会的構成主義の前提

Burr（1995, 田中〈訳〉, 1997）によると，社会的構成主義の立場を特定化する唯一の特徴は存在しないとされるが，ここでは便宜的に，ガーゲン（2004, pp. 62-68）による，社会的構成主義の 5 つの中心的前提を取り上げる．

前提 1. 「世界やわれわれ自身を説明する言葉は，その説明の対象によって規定される．」

　　この第 1 前提は，部分的には，言語の対応理論―真理は，文・言明・命題などと事実との対応（correspondence）にあるとする理論―や，観察から一般命題を導出する帰納論理を打ち立てることの不可能性に基づいている．これは，現代科学論の視座では，「何でもあり」というファイアアーベントやクーンたちによる理論間の「通約不可能性（incommensurability）」―科学史家のクーンによって科学哲学的概念として使用され，諸理論間の比較が数値線上の大小関係のようにはいかず，共通の尺度によっては測れないこと―の立場によっているともいえる．

前提 2. 「世界やわれわれ自身を理解するための言葉や形式は，社会的産物である．すなわち，それらは歴史的・文化的に埋め込まれた，人々の交流の産物である．」

　　この第 2 前提によれば，社会的構成主義にとって，記述や説明はあるがままの世界の産物ではなく，人間行為の調整の産物であり，言葉は進行する関係性の文脈の中でのみ意味をもつものであるといえる．

前提 3. 「世界や自己についての説明がどのくらいの間支持されるかは，その説明の客観的妥当性ではなく，社会的過程の変遷に依存して決まる．」

　この第3前提は，デュルケム=クワイン・テーゼ—言外に補助的命題をどんどんつけ加えていくことにより，理論は，そうでなければ理論を棄却することになったであろう多量の観察にもかかわらず，支持され続ける—に基づいている．だからといって，このことは，科学者の信頼性や科学的営為の社会的価値を否定するものではない．

前提4. 「言葉の意味は，言語が関係性のパターンの中で機能するあり方の中にある．」

　この第4前提がいわんとしていることは，言葉の意味が，広範な社会生活のパターンに埋め込まれたミクロな社会的交換から生ずるということである．

前提5. 「既存の言説形式を吟味することは，社会生活のパターンを吟味することにほかならない．こうした吟味は，他の文化集団に発言力を与える．」

　この第5前提は，ある主張の「経験的妥当性」の吟味は，その中核的命題群を共有する共同体の中でのみ行われ，その共同体の外では，その吟味は困難であることをいっている．したがって，重要なのは，その困難性にもかかわらず，さまざまな中核命題群を，その外側から批判的に吟味し，そうした中核的命題群が，より広範な社会生活にいかなる影響を与えるのかを探求することである．

　社会的構成主義では，個人よりも人間関係のネットワークが強調され，伝統的な科学方法論に根ざした従来のシステム論にも異議を唱えている．

　80年代以降，社会的構成主義は，構成主義（constructivism）批判として登場した．それでは，その両者の違いは何であろうか．構成主義は，ピアジェ的構成主義といわれる．一方，社会的構成主義は，その起源をヴィゴツキーに遡ることができる．ピアジェは知識の構成を生物学的・心理学的メカニズムに求め，ヴィゴツキーは知識の構成を社会的相互作用に求めた．つまり，構成主義が，個々の学習者が自分自身の認知器官により，ものや自然を対象に，いかに知識を構成するかに関心があるのに対して，社会的構成主義は，学習に影響を与える社会・文化・他者などの社会的要因に焦点を当てている．社会的構成主義では，学習とは，人々がコミュニケーションに参加して，そこでのアイデンティティを確立する過程である．

11.2.2　社会的構成主義とディスコース

(1)　ディスコースの定義

　ここでは, Burr (1995, p.48, 田中〈訳〉, 1997, p.74) による定義を示す. 「ディスコースとは, 何らかの仕方でまとまって, 出来事の特定のバージョンを生みだす一群の意味, メタファー, 表象, イメージ, ストーリー, 陳述, 等々を指している.」あるディスコースが「真理」として受け取られ, 他のディスコースが排除されるのは相対的にパワーに関係している (高橋, 2005, p.83). また, 「ディスコースとは何よりも社会行為主体の言語活動であるが, たんなる事柄の陳述でなく, 理論化を指向した対象の記述であり (cognitive statement), 批判的吟味を遂行する限りでのコミュニケーションであり (reflexive communication), 他者に対する当為の要求 (normative assertion) である」(臼井, 2003, p.47). したがって, ディスコース分析は, 社会的構成主義の研究に大きな影響を与えている (Potter *et. al.*, 1990).

(2)　言語とディスコース

　Foucault (1972, 1976), Parker (1992), Hollway (1984) らの研究によれば, 言語の構造化はディスコースによって行われ, 言葉の意味はそれが用いられるディスコースのコンテキストによって決定されるとされる (高橋, 2005, p.80).

　言語は, 社会的構成主義にとって決定的に重要な概念である. 言語は, すでに社会的な存在である. ソシャールからラカンに至る構造主義の系譜をたどれば, 言語は他者に属する. そして, その他者に属する言語に従属することを通じてのみ, 主体は存在する. ダンジガー (2005) は, 言語と近い概念としての「カテゴリー」に関して, その社会的構成主義のアプローチをとっている. ダンジガーの視点からは, 心理学的カテゴリー (認知や情動, 学習, 動機づけ, パーソナリティ, 態度, 知能など) は, 自然種 (natural kinds) ではなく, 人工種 (human kinds) であるとした. ここで, 自然種を規定するものとして, ダンジガー (2005, p.142-150) は, 2 つの基準をあげている. 1 つ目は, 研究者 (この場合は心理学者) の努力からは独立であること. 2 つ目は, 同じ種に属している諸現象の間には本質的な類似性があることである. 1 つ目の基準によって, 心理学的カテゴリーは研究者に依存しているので, それが自然種でないことは容易にわかる. 一方, 2 つ目の基準は, 説明を要する. つまり, 2 つ目の基準は, 「自然の区分とは, 唯一の正しい表象のみを許すような種類の区分であり, そ

れ以外の表象はすべてこの唯一の真理からの逸脱である」というものである．しかし，区分自体は，それによって構成した対象しか表象することができない．このことは，用語の意義（字義：sense）と指示対象（reference）の問題を含んでいる．一般に，区分により用語の意義が決まり，同時に指示対象も確定する．「丸い机」や「白い犬」は誰にでもみえるものであり，あれがそうだと指差すことができる．しかし，「知能は知能検査が測定するものである」というとき，「知能」という用語に特定の支持対象を与えるが，知能とは本当は何かというその字義はいまだ未定である．その意味で，心理的カテゴリーは自然種ではない．社会的構成主義には，言語と実在の問題が常につきまとう．この問題に対して，次のような解釈がある．

「実証主義の立場から社会的構成主義に向けられた批判の典型は，社会的構成主義は，厳然と存在する現実を前に，ばかげた主張をしているというものである．具体的には，次のような様々な批判がある．『火のついているマッチをガソリンの容器に入れても，その結果は分からないと言うつもりか？』，『世の中に，貧困，病気，飢餓が存在しているのを，否定するのか？』，『死は，明らかに，人間存在の一部である．それが社会的構成の産物とは，まったくナンセンスだ．』，『世界が実在しないというつもりか？　世界は，社会的でっちあげの産物とでも言いたいのか？』．いずれも，社会的構成主義に対する誤解の結果である．まず，社会的構成主義は，爆発，貧困，死を否定しないし，より一般的には『世界の実在』も否定しない．しかし同時に，社会的構成主義は，それらの実在を肯定もしない．…社会的構成主義は，『それは実在するのか』という問いに対して沈黙する．…『内界』に対する『外界』の基本的記述など存在しないし，経験や物質の基本的記述も存在しない．しかしながら，『そこに何があるか』を明示化しようとした途端，われわれは言説の世界に入り込むことになる．まさにその瞬間から，社会的構成主義のプロセスが始動し，明示化の試みは，社会的構成のプロセスおよび歴史・文化の中に，分かち難く織り込まれることになる．そして，こうしたプロセスが始動すると，言語が実体化される．」（ガーゲン，2004, p.94）

このような解釈は，いいかえると，実在論における「実在は人間の存在や信念から独立である」や「知識は実在によって決定される」という単純な信念も，反実在論の「経験的証拠による決定不全性」（デュルケム=クワイン・テーゼ）

に従うことで，世界は科学者集団その他の知的・政治的・経済的な「利害関心」の社会的要因や，行為者間の交渉や説得，妥協という社会的プロセスによって因果的に「決定される」という（極端な）社会的構成主義にも同意しない（平川，1998, p.106）といえる．

11.2.3 社会的構成主義と活動理論

活動理論（activity theory）は，正確には文化-歴史的活動理論（cultural-historical activity theory）といい，その発展には 3 つの理論的世代が区別できる．

第 1 世代は，ロシアのヴィゴツキーを中心とするもので，媒介（mediation）のアイデアを生み出した．このアイデアは，ヴィゴツキーの有名な三角形のモデル，「複合的な，媒介された行為（mediated activity）」に具現化されている．それは一般に，主体（subject），対象（object），そしてそれらを媒介するアーティファクト（mediating artifact）からなる三つ組で表現される（Engeström, 1987, 山住（訳），1999, p.2）．人間はその文化的手段（文化的アーティファクト）から切り離されて理解されることはありえないという前提に立っている．ヴィゴツキーは，人間の認知活動は文化に共有された記号（特に言語）や道具を媒介にしてはじめて意識的かつ能動的な行為を生み出すのだとし，認知活動（記憶，思考，プラニングなど）はすべて社会・文化的な「状況に埋め込まれた活動（situated activity）」であるとする（広松，ほか編，1998, p.1245）．しかし，第 1 世代は，分析単位がもっぱら個人に焦点化されていたという限界があった．

この限界は，Leont'ev（1981）の仕事に強く触発された第 2 世代によって克服され，個人という主体と共同体との複合的な相互関係に焦点が合わされ，パラダイム上の重要な一歩が踏み出された．しかし，Cole（1988）は，活動理論の第 2 世代が文化的多様性に対して注意を払わなかったことを指摘し，活動理論の第 3 世代への扉を開いた．

活動理論の第 3 世代に必要なことは，対話，多様なものの見方の枠組みや声，そして相互作用する活動システムのネットワークが理解できる概念ツールを開発することである（Engeström, 1987, 山住（訳），1999, pp.3-4）．このモデルは，主体（個人）と共同体と対象を結ぶ三角形において，主体と対象（道具による媒介），主体と共同体（ルールが媒介），共同体と対象（分業が媒介）それぞれの相互関連によって人間活動を描く（Engeström, 1987, 山住〈訳〉，1999, p.79）．

Engeström は，人間活動についての実りある基礎モデルを探求するために，

次の４つの制約条件を設定した．① 活動は，本質的な統一性と質を保証する最小単位で記述しなければならない．② 活動は，進化的・歴史的変化において分析されなければならない．③ 活動は，文脈的あるいは生態学的な現象として分析されなければならない．④ 活動は，文化的に媒介された活動として分析されなければならない．Engeström は，この４つの要件を満たす人間活動の理論に必要な３つの研究的伝統をあげている．① パースに始まり，オグデン=リチャーズによって拡大され，ポパーの進化論的認識に至る，記号・意味・知識についての理論化．② ミードによって基礎づけられ，幼児のコミュニケーションや言語発達の研究の中で受け継がれている，間主観性の発生についての研究．③ ヴィゴツキーに始まり，Leont'ev において成熟した，文化-歴史学派の心理学．これらの理論すべてにおいて，媒介の概念，つまり第３項あるいは三角構造の概念が，人間活動の構成的特徴とみなされている（Engeström, 1987, 山住〈訳〉, 1999, p.24-26）．また，Engeström は，活動システムが生み出す動揺，革新，変化などの内的矛盾・コンフリクトに注目し，個人の行為と共同体との間の衝突・矛盾が不可避であるとした．しかし，それらのコンフリクトは同時に人間活動におけるダイナミクスと発展の源泉ともとらえていた．Engeström は，内的矛盾との対峙によって生じる新たな活動への胎動となる学習を「拡張による学習」と呼んだ（青木, 2005, p.194）．Engeström（1987, 山住〈訳〉, 1999, pp.84-96）は，マルクスの商品論に準拠して，商品のもつ二重性としての交換価値と使用価値から生じる矛盾が，活動の三角構造のすべての頂点に現れる，と指摘した．Engeström のコンフリクトを「拡張による学習」ととらえる視点は，第９章「CSCW による集団意思決定におけるコンフリクト解決」でも論じた．

　次の展開のために，ヴィゴツキーの最近接発達領域（zone of proximal development）について述べる必要がある．最近接発達領域についてのヴィゴツキーの有名な定義は，「最近接発達領域とは，独力による問題解決によって決定される現実の発達水準と，教師の指導の下で，あるいは自分より有能な仲間との協同による問題解決を通じて決定される潜在的な発達水準との間の［範囲］のことである」，というものである—ここでは，原文の距離を範囲とした—（Engeström, 1987, 山住〈訳〉, 1999, p.204）．ヴィゴツキーは，この考え方で，知的な能力は他人との関わり（相互作用）の中から発達するということを主張

した．Engeström（山住〈訳〉, 1999, pp.213-240）は，ヴィゴツキーの最近接発達領域を通っていく道程でとられるべきステップで，特に欲求状態のダブルバインド（矛盾）への転換の分析を，マーク・トウェインの『ハックルベリー・フィンの冒険』の事例で示している．

　拡張的学習や思考の道具としてのモデルについて考察する．近年の認知心理学の研究において，いわゆるメンタルモデルが注目されている．Rouse & Morris（1985, p.7）は，メンタルモデルとは「人間がそれを使ってシステムの目的や形式を叙述することを可能にし，システムの機能や観察されたシステムの状態を説明することを可能にし，将来的なシステムの状態を予測することを可能にするメカニズムである」と定義している（Engeström, 1987, 山住〈訳〉, 1999, p.242）．また，最近10年余りの間の新制度主義（new institutionalism）の研究プロジェクトで注目されている Denzau & North（1994）が主張するメンタルモデルとは，個人の認知システムが環境を解釈するために作り上げた内的表現を意味している．メンタルモデルは，スキーマ，フレーム，世界観，パースペクティブ，観念や視点などを含み，個人が世界を感知し定義することを助ける機能を果たす．彼らは，特に，主体間でメンタルモデルが共有されること，すなわち，「共有されたメンタルモデル（shared mental model）」の重要性を指摘している（磯谷, 2004, p.50）．しかし，メンタルモデルの道具としての機能は，個人の頭の中に静的に存在していて，外的・物質的・文化的にモデルを構成したり使用したりできない．また，メンタルモデルは，歴史的な基盤を欠いている．そこで，拡張的学習・思考においては，メンタルモデルは，機能的観点と歴史的観点から再構成する必要がある．

　機能的観点から，モデル構成と適用には3つの一般的ステップがある．第一のステップは，対象の構成から始まる．研究対象は，利用可能なその問題領域に関する先行知識の利用により主体によって構成される．このモデル構成は，アナロジーによって可能になる．理論構成における第二のステップは，抽象を意識的に外化し対象化する段階である．このステップでモデルが主体によって構成される．第三のステップは，主体がモデルを基礎として，またその助けを借りて理論を構築する．理論を具体化する際に，陳述，類型，ルールや手続きといった形式をとる．歴史的観点からの分析は，以上の機能的分析がより具体的に特徴づけられるために必要である（Engeström, 1987, 山住〈訳〉, 1999,

pp.242-250). そこで, Engeström は, モデルに加えて第二の道具（第一の道具は, 身振りと技術的ツール）の体系化に当たって, メンデレーエフの周期律の発見と, 核分裂の発見からマンハッタン計画に至る歴史的事例を分析することによって, 合計3つのタイプの道具を確認している. それらは, スプリングボード, 一般的モデル, そして社会的モデル, ないしミクロコスモスである. 以下で, 3つのタイプの道具について述べる.

スプリングボードとは, 「促進的（facilitative）イメージ, 技術, ないし社会的・会話的布置（あるいはそれらのコンビネーション）であり, 以前の文脈における鋭い葛藤, ないしダブル・バインド（二重拘束）的な特徴から, 新しい拡張的な移行的活動の文脈に誤って置かれたもの, あるいは移植されたものである. スプリングボードは典型的には, ダブル・バインド（二重拘束）の解決における一時的な状況的機能しかもたない」（Engeström, 1987, 山住〈訳〉, 1999, pp.285-286）. しかし, 実際問題として, スプリングボードはどのように見出されるのか？　ここでは, その目的のために, Engeström が取り上げている Altshuller（1984）の「S-フィールド分析」について述べる. S-フィールド分析は, 発明に関わる問題の対象が, 環境や他の対象との交互交渉を行うことにより問題を解決する際に, この2つの実体と1つの場（これが S[substance]-フィールド［field］と名づけられ, 最小の技術的なシステムの形成にとっては必要十分なものである）を特定する方法である. その際, 葛藤状態にあるペアの間にアーティファクト（道具）を介入しなければ, 問題についてのモデルは崩壊する. しかし, そのアーティファクトが具体的に何かについては, 明確な記述がない（Engeström, 1987, 山住〈訳〉, 1999, pp.341-342）.

一般的モデルについて述べる. メンデレーエフにとっての新しい一般的モデルは, 書かれた理論の形式をとり, 周期律表という図式的な形式に具体化された. 核分裂とマンハッタン計画の事例では, 一般的モデルは, 書かれた理論と数式の形式で表現された.

ミクロコスモスとは, 新しい形式の活動の前に準備的に出現する共同体のミニチュアである. ミクロコスモスは, 社会的・組織的な一般化のステップがとられるべき機が熟した後には捨てられるべき乗り物である（Engeström, 1987, 山住〈訳〉, 1999, pp.285-297）. ミクロコスモスの形成の過程では, 間主観性の発達的な性質が重要である. Fichtner（1984）は, 間主観性には発達的に連

続する 3 つの基本的な形式があることを示唆した. ① 最も未発達な形態として
の協応(coordination)形式. 個々人は共通の対象に働きかけるために集められ,
それぞれの個人は各自独立に課題の解決に努力するが, 相互交渉はない.
② 中間的な形態としての協働（cooperation）形式. ここでは, 与えられた課
題を協働して解決していこうという, 意識的で目標志向的な相互作用が持続的
に存在する. ③ 第三の形式は, 反省的なコミュニケーション（reflective
communication）である. 反省的なコミュニケーションとは, 相互作用の中で
集合的な反省作用として, あるいは集合的な主観性として, 自らの役割を自覚
的に確認していく過程であるといえる.

　Engeström（1987, 山住〈訳〉, 1999, p.324）は, 第三の道具として, 弁証法
をあげている. 拡張的思考・学習（これは, 集団的で拡張的に習得された活動
の歴史的に現れつつあるタイプと密接に結びついている）は, 抽象から具体へ
と上向する手続きである弁証法を道具として必要とする. Engeström は, ヘー
ゲルによる弁証法に準拠しつつ, 弁証法の本質を次のように述べている.「ヘー
ゲルは, 個人意識の論理形式を正しく見ていた. それは, 個人のこころの外側
にあるモノによって, 個人を取り巻き, 揺りかご以来相互作用してきた人々に
よって集団的に創造され伝達されてきた, 精神的・物質的文化全体によって,
客観的に決定される. …ヘーゲルにとって弁証法は, まさに思考の形式であり
方法であった. それは, 矛盾を解明すること, そして対象のより深いレベルに
おける理解にもとづいて矛盾を具体的に解決することを共に含む過程だった.
…弁証法的思考の実践的成果は, 個人的に調整されるのではなく, 集団的で文
化―歴史的で社会的な発展であり, 物質的な人間文化の質的変化である」
(Engeström, 1987, 山住〈訳〉, 1999, pp.309-310). ここで, Engeström は, ヘー
ゲルの弁証法が形式論理を超えている点を強調している. Engeström（1987,
山住〈訳〉, 1999, p.324）は, バフチンによる異種混合あるいは交響するポリフォ
ニーを第三の道具と結びつく社会性の特殊の形式として位置づけている. バフ
チンは, 小説を叙事詩と比較する. バフチンは, 叙事詩的世界は, 完全にでき
合いの世界観であり,「小説は, 芸術的に組織された社会的ことば（speech）
のタイプの多様性（ある場合には言語の多様性）, および個々の声の多様性と
して定義できる. …小説はすべてのテーマを交響させる. …作者のことば, 語
り手たちのことば, 挿入されたジャンル, 登場人物たちのことば, これらはす

べて異種混交（heteroglossia）を小説に導入するための基本的な構成単位にすぎない.」（Bakhtin, 1981, pp.262-263, 伊藤〈訳〉, 1996；ほか）とその両者の違いを述べている. Engeström は, 上のバフチンの分析を受けて, 文学的意識の支配的形式としての叙事詩と学習の支配的形式としての徒弟制とのあいだの類似性を指摘している. Engeström（1987, 山住〈訳〉, 1999, p.320）は, 徒弟制の「世界」は, 叙事詩の「運命」や「筋書き」と呼応し, 産業資本主義と義務教育が徒弟制にとって代わったように, 小説が叙事詩にとって代わったと, 分析している. バフチンの分析を拡張的学習と拡張的研究に適用して, Engeström（1987, 山住〈訳〉, 1999, p.323）は,「活動システムにおいてはさまざまなグループや階層の声が衝突し補完し合っている. こうした声のすべてが含みこまれ役立てられねばならない.」とした.

11.2.4 社会的構成主義としてのアクターネットワーク理論とゴミ箱モデル

Callon のアクターネットワーク論（actor-network theory）について, 次にみてみよう. Callon はイノベーション社会学センターの所長を長く勤め, 早くから技術革新を1つの社会現象としてとらえ, 実験室が否定できない社会諸力の源泉であるのはなぜか, その理由を追求してきた（金森, 2000, p.180）.

Callon（1986, pp.19-34）の編集した『科学と技術の力動性を写し取る』著書の中の「アクターネットワークの社会学, 電気自動車の場合」という論文で, 実験室内での科学の生成における社会的文脈と自然的文脈を結びつけるその手法として, アクターワールド, アクターネットワーク, 翻訳の3つの概念を提示した. アクターワールド（actor-worlds）は, フランスにおける電気自動車（VEL）の開発という文脈では, ①開発計画の元締めであるフランス電力公社（EDF）, ②新型の鉛蓄電池などを開発する電機メーカー, ③シャーシを担当するルノー, ④VEL に有利な規制を整える市町村に助成を出す関係省庁, ⑤蓄電池, 燃料電池, 電極, 触媒, 電解質, 電子などの人間を含むデバイスなどを「参加者」（アクター）といい, その中でも特に重要なアクターは EDF である. なぜなら, EDF こそが, VEL というプロジェクト全体を起動し, 周囲を巻き込み, 運動を継続するのに重要な役割をもっているからである. これらのアクターが作る世界がアクターワールドである. アクターワールドが静態的な側面を記述するとすれば, アクターネットワークは, より動的で暫定的な側面を記述する概念である. つまり, 1つのアクターは, 1つのアクターワー

ルドにも，他の多くのアクターワールドにも属しているが，特定のアクターワールドに特定の役割でコミットしている．例えば，電機メーカーは何も鉛蓄電池のみを作っているわけでなく，ルノーも VEL 用のシャーシだけを作っているわけではない．また，VEL の開発のアクターワールドには，いつ新規参入者が入ってきてアクターワールドの構造を変えてしまうかもしれない．そのように，特定のアクターは，特定のアクターワールドではある部分を，別のアクターワールドではそれとは別の側面を表すというような事態を表現するために，Callon はアクターネットワークという概念を作った．翻訳（translation）とは，アクターの役割を定義し，その役割を分配し，シナリオを書くことを意味する．VEL の開発での重要な翻訳者は EDF である．EDF はルノーを翻訳し，燃料電池や消費者を翻訳する．例えば，ルノーは普通車のメーカーだったが，EDF の翻訳によって VEL の車体を作る会社になった．翻訳者はアクター群の欲望，秘密の思考，利益関心，操作メカニズムなどを語り，しかもそれらの名のもとに語る．翻訳の仕方は，単なる交渉から誘惑，純粋な暴力に至るまで幅広いスペクトルをもつ．だが，科学技術が問題の場合，最も一般的に使われる戦略は問題化（problematisation）である．例えば，EDF はユーザーに対して，もし環境汚染を避けたければ VEL を作るべきであるといい，そのためには，電気化学的エネルギー源が長持ちしないという問題が解決されなければならないといい，その解決のための研究所を見つけなければならないなどという．そのように，一度問題が設定されると，問題が解決されるまで通過しなければならない道筋が示される．その意味で，翻訳は義務的通過点を定義する．ここで重要なことは，アクターネットワークには，中心がないということである．EDF のような翻訳センターでさえ，暫定的である．また，アクターが人間であるかものや組織であるかは重要ではない．実験室がある成果を出すことができるなら，そこで働く研究員だけでなく，そこにある装置や器具などのものにも知性があると考える（金森, 2000, pp. 180-186）．このようなアクターとしてのものにも知性があるという考え方は，ギブソンの「アフォーダンス」と同じものである（佐々木, 1996）．

　以上のアクターネットワークによる社会的構成主義のアプローチに非常に近いアプローチとして，March & Olsen（1979），あるいは Cohen *et. al.*（1972）によってなされた組織における意思決定に関するゴミ箱モデルの一連の研究が

ある．以下，田中（2004, p.76-82）に沿ってゴミ箱モデルをみていく．Cohen *et. al.* (1972) は，現実の変転極まりない集団意思決定状況を記述するのに「4つの流れ」（これらが，アクターネットワークにおけるアクターに対応する）に注目した．それら4つの流れは，①問題，②解，③参加者，④機会選択の4つである．

①問題（problem）とは，組織内外の人々の関心事である．これらは大きいものから小さいものまで種々雑多なものがある．例えば，世代交代，家族関係，組織内の派閥，地位や仕事をめぐる競争と軋轢，仕事の配分，あるいはイデオロギーなどの問題である．②解（solution）とは，必ずしも特定の問題に対応して生み出されたものとは限らない．解がわかってはじめて，解くべき問題が何であるかがわかることもある．例えば，新製品を販売してから，その商品の購買層のニーズがわかることもある．また，別の例として，「今日では一般に電話は，遠距離にある複数（多くは2人）の人間の間でのリアルタイムの対話を可能にするパーソナル・コミュニケーション・メディアであるが，19世紀後半から20世紀前半には，今日のラジオのように音楽演奏やニュースを遠距離に送信・再生するメディアとしての可能性も試みられ，ブタペストの『テレフォン・ヒルモンド』のように実際に企業化されてもいる．革命後のソ連では，電話による優先情報サービスは無線と違って情報が拡散せず統制も容易なことから，40年間にわたりラジオ放送を上回るマスメディアとして機能した．…電話は，先行メディアとしての電信をモデルとして，電話番号による交換システムと回線網によるネットワーク化という社会的なインフラ整備や，後発メディアであるラジオとの棲み分けを通じて，当初の多様な可能性の中の特定のものが選択された結果現れてきたのである」（北川ほか, 2002, p.658）．③参加者（participant）とは，いつも特定されてはおらず，常に出入りがあるものと認識されている．参加者の実質的な変化は，単に当該の選択の特定によっては決まらず，むしろ，それは参加者が限られた時間をどう他の機会との間で，配分するかに依存する．④選択機会（choice opportunity）とは，一般に選択と呼ばれる行動を生み出すと期待される場(occasion)のことである．具体的には，契約が締結されたり，雇用がなされたり，支出がなされたり，あるいは責任が配分されたり，また変化に対する措置が講ぜられたりといったことの期待される場が，選択機会と呼ばれるものである．組織には通常，こうした場を通知す

る何らかの方法が存在する．要するに，彼らによれば，「問題」は自ら表明される場，自己を解決してくれる解のありそうな選択機会を探している．「解」は自己にふさわしい問題，自己を適切に処理してくれそうな問題を追い求めている．「参加者」は自己の表出が十分に可能な場，あるいは関心のある領域にそのエネルギーと時間とを投入する．そして，このような問題，解，参加者の出会う場，それが「選択機会」だというのである．このモデルを比喩的に，彼らは「ゴミ箱モデル」といっている（Cohen *et. al.*, 1972）．

　このような考え方は，社会的構成主義の流れから出てきた「実践としての科学」（Pickering, 1992）において，結果的にできあがった科学ではなく，探索途上にあり，多くの敵対相手と同盟相手—それらには人間的なものだけでなく対象や装置など非人間的・物質的なものも含まれる—に囲まれつつ，進行するプロセスの中に身をおくという方法論的態度にも通じる．この立場は，科学的実践を認知的なものと社会的なものの相互作用系ととらえ，知識の決定に関して，決定要因については「多元決定性」の観点を固辞し，時間要因については「事前的な過小決定性」と「事後的な過剰決定性」を区別し，前者に自らを位置づけることである．ここで，「多元的決定性」とは，科学知識や技術的成果を認知的／社会的／文献的／装置的／物質的／時間的なそれぞれの次元の全体的相互作用系としてとらえることである．「事前的な過小決定性」と「事後的な過剰決定性」に関しては，ラトゥールによる科学上の論争の「決着前」と「決着後」という事前／事後の時間的様相の区別と両者の相補性の指摘がある．科学者が自らの仕事の遂行中は，事前的には決定的決め手に欠け（事前的な過小決定性），論争相手に対しても自らに対しても相対主義的にならざるを得ない．一方，科学者間で合意に達するのに時間はかかるが，結局は自然が決着をつけてくれる（事後的な過剰決定性；平川, 1998, p.105）．

11.3　新制度主義における社会的構成主義の位置づけ

　社会的構成主義と活動理論で言及した新制度主義における研究プロジェクトを DiMaggio は，3 つの変形に分類した．

　DiMaggio（1998）によれば，合理的行動新制度主義（RANI：rational behavior new institutionalism）は経済学から始まり，社会的構成主義新制度主義（SCNI：social constructivism new institutionalism）は社会学に起源をもち，さらにコン

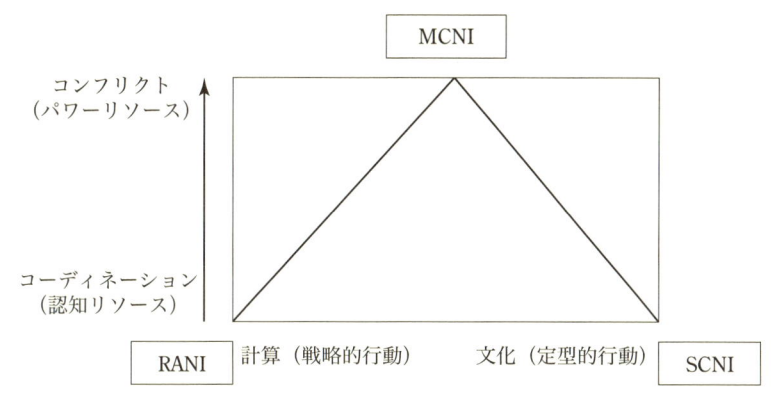

図表 11-1　3つの新制度主義：コンフリクト vs. コーディネーション／計算 vs. 文化
［出典：Nielsen, 2001, p.507, 図 1；磯谷, 2004, p.51, 図 2-1］

フリクト仲介新制度主義（MCNI：mediated conflict new institutionalism）は政治学に密接な関係をもつものとされる．合理的行動新制度主義（RANI）は制約（あるいはルール）としての制度の概念化に，社会的構成主義新制度主義（SCNI）は文化的・認知的枠組みとしての制度の概念化に，それぞれ対応している．また，コンフリクト仲介新制度主義（MCNI）は，国家やその他の制度が異なる利害をもつ集団間のコンフリクトをどのように構造化し，仲介するかという点で注目される（磯谷, 2004, pp.50-51）．

　さらに，Nielsen（2001）は，新制度主義の3つの変形の間の差異のみならず，その関係を図表 11-1 のように表した．図表 11-1 の水平軸は「計算 vs. 文化」軸であり，合理的行動新制度主義（RANI）は計算を強調し，経済主体の行動は制度が各経済主体に課す制約の範囲内で行われる戦略的なものとみなされる．これに対して，社会的構成主義新制度主義（SCNI）は，人々の行動をルーチン化されたものとみなし，経済主体の意思決定状況の解釈において，個人の認知的枠組みが果たす役割を強調する．コンフリクト仲介新制度主義（MCNI）は，これら2つの中間に位置し，個人と集団を利己的で自己の利害に基づいて行動する経済主体とみなすが，そうした利害は制度によって構成されもすると考える．図表 11-1 の垂直軸は，「コンフリクト vs. コーディネーション」軸であり，合理的行動新制度主義（RANI）と社会的構成主義新制度主義（SCNI）はともに，経済行動のコーディネーション問題に関する制度の役割を強調する．

しかし，両者は個人の認知レパートリーの概念において異なっている．合理的行動新制度主義（RANI）における個人にとっては，制度の存在とその内容を知っていることが暗黙の前提になっているのに対して，社会的構成主義新制度主義（SCNI）の個人にとって，制度の存在やその内容を知っていることは必ずしも不可欠ではない．これに対して，コンフリクト仲介新制度主義（MCNI）は，制度化と制度変化の源泉として，コーディネーション問題よりも利害の対立を強調する．そして，制度の創発と変化の説明においても，個人と集団の認知リソースよりもパワーリソースが重視される（磯谷, 2004, p.51-52）．また，代表的な新制度主義的研究を生み出してきた Armstrong（1995, p.167）は，その目的を次のように要約した．

「制度主義研究者（institutional writers）の中心的な関心は，…意思決定過程が形作られる際の諸制度の役割を理解することにある．ここでは，"諸制度"とは，機関行為主体（institutional actors）間の相互行為を形成し，自らに割り当てられた諸機能へと機関行為主体を方向づけていくような，ルール，規範，信念，レトリック，イデオロギー，手続きとして定義することができる．」

新制度主義の主なねらいは，ある何らかの集団意思決定の合意（共通意味世界の創造）をもたらすアクターの戦略的な行為や選好の形成に対して，制度がいかにインパクトを与えるかを認識することである．一方, 社会的構成主義は，それとはねらいが異なり，集団意思決定の合意（共通意味世界の創造）に至るまでの過程の動態的な示唆を与えるものである．

岡本＆石川（2006, pp.119-170）による，新制度主義からの集団意思決定の分析は，集団意思決定の代表である会議に焦点を絞って，会議の結果を左右する制度的要因および会議参加者の心理的要因を特定すべく，シミュレーション分析を行っている．その結果，会議の結果に影響を与える制度的要因は，① 決定ルール，② 集団サイズであり，心理的要因は，発話態度が特定された．① 決定ルールは，全員一致ルールか過半数ルールなど表決で最終判断を下す際の規則であり，案件の採択率に対して，話し合いのプロセスよりも直接的な影響を与える．② 集団サイズに関しては，集団サイズが大きくなると，集団で結論を出す際に，個々人が最初に抱いていた意見よりも極端になるという，いわゆる，極化現象（Stoner, 1968）がみられる．また，発話態度に関しては，他の人が自分と同じ意見を表明したら，すぐにそれと同じ意見表明をする者（追随者），

成り行きをみながら意見表明するかしないかを決める者（日和見主義者）の多
寡が，案件の採択率に影響を与える．

11.4　まとめと今後の課題

　本章では，11.2 節「社会的構成主義とは何か」で，ガーゲン（2004）によ
る社会的構成主義の 5 つの中心的前提を取り上げた．次に，「社会的構成主義
とディスコース」で，Burr（1995）によるディスコースの定義を示し，次に，「言
語とディスコース」で，ダンジガー（2005）の言語の社会的構成主義のアプロー
チを説明し，次に，「社会的構成主義と活動理論」で，文化-歴史的活動理論
（cultural-historical activity theory）の発展における 3 つの理論的世代を概観し
た．そこでは，Engeström による 3 つの道具の 3 番目の道具である「弁証法」
（第 9 章で取り上げた「コンフリクト解消のための技法としての『弁証法的探
索』」）を再考した．次の「社会的構成主義としてのアクターネットワーク理論
とゴミ箱モデル」で，Callon のアクターネットワーク論（actor-network
theory），March & Olsen（1979），あるいは Cohen *et. al.*（1972）によってな
されたゴミ箱モデルの一連の研究を紹介した．11.3 節「新制度主義における
社会的構成主義の位置づけ」で，社会的構成主義と活動理論で言及した新制度
主義における研究プロジェクトに対する DiMaggio の 3 つの変形を述べた．
　本章は，集団意思決定を社会的構成主義の観点から再構築しようとする試み
である．集団意思決定は，共通意味世界の創造を志向したディスコースの一形
態であり，さらなる他のディスコースを誘発する基礎ともなる．このようなあ
る課題に関するディスコースの集積を通じて，利害関係にある集団間のコンフ
リクト解決を可能にする共通認識枠組み（frame）が生成されていく過程―共
通意味世界の創造過程―を，社会的構成主義の観点から考察した．社会的構成
主義とは，利益やアイデンティティの形成における社会的相互作用が強調され，
討議過程における理念，価値，規範などに関するディスコースの役割に光が当
てられる．そのように，社会的構成主義は，共通意味世界の構築過程が，無数
の相反するディスコースのせめぎ合いの中から立ち上がってくる過程を重視す
る．
　今後の展開は，これらの分析および道具を，欧米とは異なる文化背景をもつ
日本においても有効性を発揮するように改良することである．

参考文献

第1章

会津泉（1986）：『パソコンネットワーク革命』，日本経済社．

今井賢一＆金子郁容（1988）：『ネットワーク組織論』，岩波書店．

今田高俊（1988）：'自己組織性と進化'，組織科学，**21**（4），pp.2-11．

Judkins, P., West, D. & Drew, J.（1985）: *Networking in Organizations*, Gower.

Kemeny, J.G. & Snell, J.L.（1962）: *Mathematical Models in the Social Sciences*, Boston：Ginn．甲田和衛，山本国雄＆中島一（1996）：『社会科学における数学的モデル』，培風館．

金井壽宏（1988）：'創造性を喚起する企画者ネットワーク'，pp.26-38，DHB June-July.

狩野素郎（1960）：'集団の構造的強度測定論：Graph 理論と位相数学の結合による'，教育，社会心理学研究，pp.57-65．

城川俊一（1988）：'情報ネットワークとコミュニケーション'，オペレーションズ・リサーチ，**33**（11），pp.566-571

Lipnack, J., Stamps, J.（1982）: *Networking*．正村公宏監修：『ネットワーキング』，社会開発統計研究所訳，プレジデント社，1984年．

日本経済新聞（PR版）（1988）：'海を隔てて国際会議 !?'―日経テレフォーラム―，1988.9.28.

野中郁次郎（1988）：'情報の組織的創造の方法論'，清水博監修，情報とシステム-2―『解釈の冒険』，pp.456-485，NTT出版．

支援機関・関連団体リンク集（2015a）：J-Net21．
　http://j-net21.smrj.go.jp/well/qa/entry/112.html

支援機関・関連団体リンク集（2015b）：J-Net21．
　http://j-net21.smrj.go.jp/srch/lookup.do?requestMode=1&categoryID=6

白樫三四郎（1988）：'組織とコミュニケーション'，オペレーションズ・リサーチ，**33**（11），pp.556-560．

寺本義也（1988）：'ネットワーク組織とパワー'，組織科学，**21**（1），pp.2-14．

梅棹忠夫（1988）：『情報の文明学』，中央公論社．

山田善靖（1988）：‘集団意思決定支援システム’，オペレションズ・リサーチ，**33**（3），pp. 124-128.

第2章

Alchian, A. A. (1969): 'Information costs, Pricing, and Resource Unemployment,' Economic Inquiry, **7** (2), pp. 109-128.

青井和夫監修，小林幸一郎＆梅沢正編（1988）：『組織社会学』，サイエンス社，pp. 140-145.

Balestri, A. (1982): 'Industrial Organization in the Manufacture of Fashion Goods, The Textile District of Prato,' M, Phil. the sis, Univ. of Lancaster.

Grochla, E. (1977): *Unternehmungsorganization* (2. Aufl.), Rowohlt Taschebuch Verlag.

Guetzkow, H. (1965): 'Communications in Orgnizations.' In:March, J. (ed.), *Handbook of Organizations*, Rand McNally and Company, pp. 542-550.

Hayek, F. A. (1948): *Individualism and Economic Ordre*, The University of Chicago Press.

今井賢一編，川村尚也訳（1989）：『プロセスとネットワーク』，NTT出版，pp. 195-203.

Katz, D. & Kahn, R. (1966): *The Social Psychology of Organizations*, John Wily, pp. 235-239.

城川俊一（1993）：‘信頼性の高い情報ネットワークの設計’，情報科学論集，第24号，東洋大学情報センター．pp. 25-29

城川俊一（1994）：‘組織の相互作用と情報’，情報科学論集，第25号，東洋大学情報センター．pp. 1-4

Malone, T. W. & Smith, S. A. (1988): 'Modeling and Performance of Organizational Structures,' *Operations Research*, **36** (3), pp. 421-435.

宮沢健一（1988）：『制度と情報の経済学』，有斐閣．

文部科学省（2012a）：‘国際水準の研究環境及び基盤の充実・強化’：http://www.mext.go.jp/component/b_menu/other/__icsFiles/afieldfile/2012/09/20/1325571_11.pdf

文部科学省（2012b）：‘革新的ハイパフォーマンス・コンピューティング・イ

ンフラ（HPCI）の構築について': http://www.mext.go.jp/a_menu/kaihatu/jouhou/hpci/1307375.htm

中谷巌（1991）:'日本型産業システムの世界的位置付け'，川鉄21世紀財団設立記念シンポジウム報告『21世紀の新しい産業パラダイム―日・米・欧・アジアからの視点』.

西山千明（1991）:『新しい経済学』，PHP研究所，pp.294-298.

Simon, H.A.（1978）: *The Science of the Artificial*, 2nd ed. MIT Press.（ハーバード A. サイモン（1987）:新版『システムの科学』，パーソナルメディア.

Stigler, G.J.（1962）: 'Information in the Labor Market,' *Jour. of Political Economy Supplement*, Oct., No.5, part2.

八幡一秀（2002）:'イタリアの中小企業政策と産地比較'，紀要（日本大学経済学部経済科学研究所），**32**，pp.265-279.

第3章

ダビドゥ，ウィリアム＆マローン，マイケル（1995）:『バーチャル・コーポレーション』，徳間書店.

ゴールドマン，S.L.，ネーゲル，R.N.＆プライス，K.（1997）:『アジル・コンピィティション』，日本経済新聞社.

Kanter, R.M.（1990）: *When Giants Learn to Dance*, Simon & Schuster.

城川俊一（1998）:'企業間情報ネットワーク―仮想的組織を中心として―'，経済研究年報，東洋大学経済研究所 pp.23-40.

松岡功（2010）:'SAPが垣間見せたクラウド時代のパートナー戦略'，http://www.itmedia.co.jp/enterprise/articles/1004/12/news009.html

校條浩（2011）:'今こそ注目すべきシリコンバレー・エコシステム'，http://blogs.itmedia.co.jp/menjo/2011/11/post-bce5.html

Miles, R.E., & Snow, C.C.（1978）: *Organizational strategy, structure, and process*. New York: McGraw-Hill.

ミルグロム・ポール，＆ロバーツ・ジョン，（1997）:『組織の経済学』，NTT出版.

末松千尋（1997）:'情報システム活用の観点からのシリコン・バレー型組織と日本型組織のカルチャー比較'，経営情報学会誌，**6**（3）.

山谷正己（2012）:'半世紀かけて根付いた起業文化―活発な"新陳代謝"が繁

栄のエンジン—', インプレス, シリコンバレー最前線, 2012 年 5 月 16 日:
http://it.impressbm.co.jp/e/2012/05/16/4376

第 4 章

Allen, T.J. & Cohen, S.I. (1969): 'Information Flow in Two R&D Laboratories,'
Administrative Science Quarterly, vol. 14, pp. 12–19.

Corey, R. & Star, S. (1971): *Organization Strategy*, Boston: Division of Research,
Harvard Business School.

Engelmore, R. & Morgan, Y. (eds.) (1988): *Blackboard Systems*, Addison Wesley,
pp. 353–386.

Galbraith, J. R. (1977): *Organization Design*. Reading, MA.: Addison–Wesley.

Gibson, J.L., Ivancevich, M. & Donnelly, J.H. (1976): *Organizations: Structure*,
Process and Behavior, Business Publicatioms.

石田亨 (1990):'分散人工知能の技術と応用', 人工知能学会誌, **5** (4),
pp. 441–448.

Janssens, D. & Rozenberg, G. (1986): 'Basic Nations of Actor Grammers.' In:
Ehrig, E., Nagl, M., Rozenberg, G & Rosenfeld, A. (ed.) *Graph Grammers and*
Their Application to Computer Science, pp. 280–298.

城川俊一 (1991):'協調分散問題解決モデルと情報処理モデルの対比', 日本
経営情報学会誌, **2** (1), pp. 45–51.

Lawrence, P.R. & Lorsch, J.W. (1967): *Organizational Environment, Managing*
Differentiation and Integration, Harvard Univ.

Simon, H.A. (1977): *The New Science of Management Decision*, revised ed.,
Prentice Hall.

Steeb, R., Cammarata, S., Hayes–Roth, F.A., Thorndyke, P.W. & Wesson, R.B.
(1981): 'Distributed lntelligence for Air Fleet Control', In: Bond, A.H. &
Gasser, L. (eds.) (1988): *Readings in Distributed Artificial Intelligence*,
Morgan Kaufmann, pp. 90–101.

Weick, K.E. (1979): *The Social Psychology of Organizin*. 2nd ed. Reading MA.:
Addison–WesIey.

Wofford.J.C., Gerloff, E.A. & Cummins, R.C. (1977): *Organizational Communi-*

cation: *The Keystone to Managerial Effectiveness*, New York: McGraw-Hill, Inc., pp.347-350.

横尾真＆石田亨（1990）：'ATMS を用いた分散制約充足問題の解法'，情報処理学会論文誌，**31**（1），pp.106-114.

第5章

Alexander, J.C. *et al.*（1987）: *The Micro-Macro Link.* University of California Press.　石田幸夫ほか訳（1998）:『ミクロ―マクロ・リンクの社会理論』，新泉社.

Arrow.K.J.（1951 1st ed., 1963 2nd ed.）: *Social Choice and Individual Values.* New Haven: Yale university Press. K., 長名寛明訳（1986）:『社会的選択と個人的評価』，日本評論社.

Asch, S.E.（1956）: 'Studies of independence and conformity: Aminority of one against a unanimous majority.' *Psychological Monographs*: General and Applied, **70**（9），pp.1-70. Whole No. 416.

Asch, S.E.（1982）: *Social psychology.* Englewood Cliffs. NJ: PrenticeHall.

Bavelas, A.（1950）: 'Communication Patterns in Task-Oriented Groups.' *Journal of the Acustical Society of America.* vol.22, pp.725-730. In D.Cartwright and A.Zander.（eds.）. *Group Dynamics*: *Research and Theory*, 3rd ed.（New York: Harper & Row. Publisher. 1968）, pp.503-511.　三隅二不二＆佐々木薫訳編（1970）:『グループ・ダイナミックスII』，誠信書房，pp.805-818.

Burnstein, E. & Vinokur, A.（1973）: 'Testing Two Classes of Theories about Group Induced Shift in Individual Choices.' *Journal of Personality and Social Psychology*, **9**, pp.123-137.

Burnstein, E.（1982）: 'Persuasion as Argument Processing.' In H.Brandstatter, Davis, J.H. and Stocker-Kreichgauer, G.（eds.）, *Group decision-making.* London: Academic Press.

French, John R.P.Jr.,（1956）: 'Formal Theory of Social Power.' *Psychological Review*, Vol.63, pp.181-193.

藤永保編（1981）：新版心理学辞典，平凡社.

ハラリー，F./瀬谷正敏訳，（1962）:『フレンチの社会的勢力説における意見

の一致を規定する条件』，カートライト編／千義浩監訳，1962，所収．

泰中啓一（1994）：'選挙とマスコミの数理'，パリティ，**9**（2），pp. 57-63.

Hogg, M. A.（1992）: *The Social Psychology of Group Cohesiveness–From Attraction to Social Identity–,* London, Harvester Wheatsheaf.　廣田君美・藤澤等監訳：『集団凝集性の社会心理学―魅力から社会的アイデンティティー』，北大路書房，1994年．

池田善太郎（1997）：『組織の社会学』，ミネルヴァ書房．

香取真理（1997）：『複雑系を解く確率モデル』，講談社．

Kiesler, C. A. & Kiesler, S. B.（1969）: *Conformity.* Reading, MA : Addison-Wesley.

Kigawa, S.（1997）: 'A Markov chain Models in GDSS'，経済論集，**22**（2），東洋大学経済研究会，pp. 1-19.

城川俊一（1999）：'情報ネットワークにおける合意形成'，経済研究年報，第24号，東洋大学経済研究所，pp. 23-73.

今野紀雄（1995）：『確率モデルって何だろう』，ダイヤモンド社．

Leavitt, H. J.（1951）: 'Some Effects of Certain Communication Patterns on Group Performance,' *Journal of Abnormal and Social Psychology*, No. 46, January, pp. 38-50.

Lott, A. J. & Lott, B. E.（1965）: 'Group Cohesiveness as Interpersonal Attraction: A Review of Relationship with Antecedent and Consequent Variables,' *Psychological Bulletin*, **64**, pp. 259-309.

Lukes, S.（1977）: *Essays in Social Theory,* New York: Columbia university Press.

前川守（1997）：『社会の動きをとらえる』，100万人のコンピュータ科学5：社会編：岩波書店．

Pettigrew, A. M.（1973）: *The Politics of Organizational Decision Making,* Tavistock,London.

Shaw, M. E.（1976）: *Group dynamics: The psychology of small group behaviour,* New Delhi: Tata McGraw-Hill（revised edn, New York: McGraw-Hill, 1981）.

清水博（1996）：『生命知としての場の論理』，中公親書．

Tajfel, H., Flament, C., Billig, M. G. & Bundy, R. F.（1971）: 'Social Categorization and Intergroup Behaviour.' *European Journal of Social Psychology*, **1**, pp. 149-177.

Thibaut, J.W. & Kelley, H.H. (1956): *The social psychology of groups*. New York: Wiley.

富永健一 (1997):『経済と組織の社会学理論』. 東京大学出版会.

Turner. J.C. (1982): 'Towards a Cognitive Redefinition of the Social Group.' In Tajfel, H. (ed.), *Social identity and intergroup relations*. Cambridge: Cambridge University Press. and Paris: Editions de la Maison des Sciences de l'Homme. pp.15-40. Reprinted in Cahiers de Psychologie Cognitive. 1981, 1, Franco Angeli Libri.

ターナー, J.C. (1995):『社会集団の再発見−自己カテゴリー化理論』, 誠信書房.

Turner, J.C., Hogg, M.A., Oakes, P.J. & Smith, P.M. (1984): 'Failure and Defeat as Determinats of Cohesiveness.' *British Journal of Social Psychology*, **23**, pp.97-111.

Turner, J.C. & Oakes, P.J. (1986): 'The Significante of the Social Identity Concept for Social Psychology with Reference to Individualism, Interactionism and Social Inference.' *British Journal of Social Psychology*, **25**, pp.237-252.

Wetherell, M.S., Turner, J.C. & Hogg, M.A. (1985): 'A Referent Informational Influence Explanation of Group Polarization.' Unpublished paper, *Unversity of St Andrews and Macquarie University*.

第6章

Aldrich, H. E. (1999): *Organizations Evolving*, Sage Publications.

青島矢一&武石彰 (2001):'アーキテクチャという考え方', 藤本隆弘・武石彰・青島矢一編『ビジネス・アーキテクチャ—製品・組織・プロセスの戦略的設計』, 有斐閣.

青島矢一&武石彰 (2004):'アーキテクチャという考え方', 藤本隆弘他編『ビジネス・アーキテクチャ』, 有斐閣, 所収.

Asanuma, B. (1989): 'Manufacturer-Supplier Relationship in Japan and the Concept of Relation-Specific Skill,' *Journal of the Japanese and International Economics*, **3**, pp.1-30.

Baldwin, C.Y., Kim, B. & Clark, K.B. (2000): *Design Rules*: *The Power of*

Modularity, Cambridge, MA: MIT Press.

チェスブロウ，ヘンリー（2007）：『オープンビジネスモデル　知財競争時代のイノベーション』，翔泳社．

Chesbrough, H.W.（2003）: *Open Innovation*: *The New Imperative for Creating and Profiting from Technology*, Harvard Business School Press.　大前恵一郎訳（2004）：『Open Innovation-ハーバード流イノベーション戦略のすべて』，産業能率大学出版部．

Christensen, C.M.（1997）: *The Inovation's Dilemma*, Harvard Business School Press.　玉田俊平太監修，伊豆原弓訳：『イノベーションのジレンマ―技術革新が巨大企業を滅ぼすとき』，翔泳社，2001 年．

Christensen, C.M., Verlinden, M. & Westerman, G.（2002）: 'Disruption, Disintegration and the Dissiption of Differnentiability,' *Industrial and Corporate Change*, **5**, pp.955-993.

中馬宏之（2002）：'『モジュール設計思想』の役割―半導体露光装置産業と工作機械産業を事例として―'，藤本隆弘，武石彰 & 青島矢一編『ビジネス・アーキテクチャ―製品・組織・プロセスの戦略的設計』，有斐閣．

Fine, Charles H.（1998）: *Clockspeed*: *Winning Industry Control in the Age of Temporary Advantage*, Reading, MA: Peruseus Books.

藤本隆弘（1998）：'アーキテクチャー：競争力確保の重要要素に'，『日本経済新聞社』，経済教室，3 月 23 日．

藤本隆弘（2002）：'日本型サプライヤー・システムとモジュール化―自動車産業を事例として'，青木昌彦・安藤晴彦編『モジュール化―新しい産業アーキテクチャの本質』，東洋経済新報社．

藤本隆弘（2003）：『能力構築競争―日本の自動車産業はなぜ強いか』，中央公論新社．

藤本隆弘（2004）：『日本のもの造り哲学』，日本経済新聞社．

藤本隆弘 & 延岡健太郎（2003）：'日本の得意産業とは何か：アーキテクチャと組織能力の相性'，RIETI Discussion Paper Series 04-J-040.

福澤光啓（2008）：'製品アーキテクチャの選択プロセス―デジタル複合機におけるファームウィアの開発事例―'，組織科学，**41**（3），pp.55-67.

波多野徹編著（2006）：『技術競争力白書―技術開発の構造化戦略とナレッジ

ネットワーキング』，PHP 研究所．

林栄模＆ト得圭（2006）：'オープン・イノベーションの拡散'，サムスン研究所 CEO Information，第 575 号．http://www.serijapan.org/

伊藤恵子（2002）：'自動車産業の系列と集積―『工業統計調査』マクロ・データによる生産性の実証分析'，日本経済研究，No.46，pp.103-130．

加護野忠男（1999）：『「競争優位」のシステム―事業戦略の静かな革命』，PHP 研究所．

片平秀貴（1997）：『パワー・ブランドの本質―企業とステークホルダーを結合させる第五の経営資源』，ダイヤモンド社．

城川俊一（2008）：'知の創造プロセスと SECI モデル'，経済論集，**33**（2），東洋大学経済研究会，pp.27-37．

城川俊一（2009）：'アーキテクチャにおける統合化とモジュール化'，経済論集，**34**（1・2），東洋大学経済研究会，pp.89-102．

Kline, S.J. & N.Rosenberg（1986）:'An overview of innovation,' in R.Loandau and N.Rosenberg（eds.）. *The Positive Sum Strategy: Harnessing Technology for Economic Growth*, Wahington DC: National Academy Press.

國領二郎（1999）：『オープン・アーキテクチャ戦略』，ダイヤモンド社．

近能善範（2001）：'バブル崩壊後における日本の自動車部品取引構造の変化'，横浜経営研究，**22**（1），pp.37-58．

近能善範（2003）：'自動車部品取引の『オープン化』の検証'，経済学論集，東京大学経済学会，**68**（4），pp.54-86．

ヒューストン・ラリー，＆サッカブ・ナビル，（2006）：'P&G：コネクト・アンド・ディベロップ戦略'，*Diamond Harvard Business Review*, 2006 年 8 月号．

百嶋徹（2007）：'オープンイノベーションのすすめ―イノベーション創出における外部連携の重要性―'，ニッセイ基礎研 REPORT 2007.8，ニッセイ基礎研究所．

延岡健太郎（1996）：『マルチプロジェクト』，有斐閣．

延岡健太郎（1999）：'日本の自動車産業における部品調達構造の変化'，国民経済雑誌，**180**（3），．pp.57-69．

野中郁次郎＆竹内弘高（1996）：『知識創造企業』，梅本勝博訳, 東洋経済新報社，（『The Knowledge-Creating Company』の邦訳）．

Polanyi, M. (1966): *The Tacit Dimension, Garden City*, N.Y., Doubleday & Co. 佐藤敬三訳：『暗黙知の次元―言語から非言語へ』，紀伊国屋書店，1980 年.

李中熙 (2007): '韓国におけるオープン・イノベーションの発展と知的財産経営の現状, 上・下', 日経 BP 知財, Awareness, http://chizai.hikkeibp.co.jp/chizai/etc/20070320.html, http://chizai.hikkeibp.co.jp/chizai/etc/20070326.html.

佐々木朋美 (2007): '韓国 S-LCD, 第 8 世代 LCD パネルの量産および出荷を前倒しでスタート', マイコミジャーナル　8/28, http//journal.mycom.co.jp/news/2007/08/027.

関満博 (2003):『「現場」学者中国を行く』, 日本経済新聞社.

遠山亮子 (2002): '知を創造するための空間', 北陸先端科学技術大学院大学知識科学研究科監修『ナレッジ・サイエンス』, 第 1 章第 3 節「場」, http://www.kousakusha.com/ks/index.html.

植田浩史 (2005): '企業間関係：サプライヤー・システム', 工藤章ほか編『現代日本企業 1　企業体制（上）内部組織と組織間関係』, 有斐閣.

Ulrich, K.T. (1995): 'The Role of Product Architecture in the Manufacturing Firm.' *Research Policy*, **24**, pp.419-440.

渡辺幸男 (2003): '『グローバル経済』下での国内製造業中小企業の存立展望と中小企業政策への含意', 大原社会問題研究所雑誌, 第 540 号.

山崎良兵 (2016): '米国流, イノベーションの"駆け込み寺"―英ケンブリッジ発, 大企業と二人三脚で生む革新―', 技術経営, http://techon.nikkeibp.co.jp/atcl/column/15/198610/010400052/?P=1)

第 7 章

Allison, S,T. & Messick, D.M. (1987): 'From Individual Inputs to Group Outputs and Back Again,' in *GroupProcesses* (Hendrick, C. ed.), pp.111-143, Newburg Park, CA: Sage.

Ashby, W.R. (1952): *Design of a Brain.* John Wiely, NewYork.

Baron, R.S., Kerr, N.L. & Miller, N. (1992): *Group Process, Group Decision, Group Action*, Buckingham Open University Press, pp.94-98.

Bavelas, A. (1952): 'Communication Patterns in Problem-Solving Group.' In

Cybernetics, (Heinz von Foster ed.), Josiah Mach Jr. Foundation, NewYork.

Bond, A.H. & Gasser, L. (eds.). (1988): *Reading in DAI*, Chapter 1, Morgan Kaufman Publishers, San Mateo, CA.

Bui, T.S. & Sivasankaran, T.R. (1990): 'Relation Between GDSS Use and Group Task Complexity: An Experimental Study,' *Preceedings of the Hawaii International Conference on System Science*, 3, pp.9-78, 1990.

Dahl, R. (1957): 'The Concept of Power.' *Behavioral Science*, **2**, pp.201-215.

Davis, R. & Smith, R. (1983): 'Negotiation as a Metaphor for Distributed Problem Solving.' *Artificial Intelligence*, **20**(1), pp.63-109.

Deni, A.R., Valacich, J.S. & Nunamaker Jr., J.F. (1990): 'An Experimental Investigation of the Effects of Group Size in an Electronic Meeting Environment,' *IEEE transaction on Systems, Man and Cybernetics*, **20** (5), Sep-Oct, pp.1049-1057.

DeSanctis, G. & Gallupe, R.B. (1985): 'Group Decision Support Systems; A New Frontier,' *Data Base* **16**(2), Winter, pp.3-10.

Galbraith, J.R. (1977): *Organization Design*, Reading, MA：, Addison-Wesely.

Goodwin, P. & Wright, G. (1991): *Decision Analysis for Management Judgment*, Chichester, John Wiely.

Isaacson, P. & Madsen, R.W. (1976): *Markov Chains, Theory and Applications*, John Wiely, pp.95-97.

Kerr, N.L. (1992): 'Issue Importance and Group Decision Making,' in Worchel, S., Wood, W. & Simpson, L. (eds.): *Group Process and Productivity*, SAGE, pp.68-88.

Kerr, N.L., Davis, J.H., Meek, D. & Rissman, A.K. (1975): 'Group Position as a Function of Member Aititudes: Choice Shift Effects From the Perspective of Social Decision Scheme Theory,' *Journal of Personality and Social Pschology*, **31**, pp.574-593.

Kigawa, S. (1990): 'A Markov Chain Analysis of A Computer Supported Information Network System: One Approach to Model of Building Consensus in Electronic Brainstorming.' *Journal of the operations Research Soc. of Japan*, **33** (3), September, pp.207-227.

Kigawa, S.（1992）：'Integrating Preference Evaiuations in GDSS,' *International Conferenceon Economics/Management and Information Technlogy*, Proceedings, pp.395–398.

Kigawa, S.（1997）：'A Markov Chain Models in GDSS', 経済論集，**22**（2），東洋大学経済研究会，pp.1–19.

Lawrence, P.R. & Lorsch, J.W.（1967）：*Organization and Environment,* Cambridge, MA: Harvard Graduate School of Business Administration.

Marchi, J.G. &.Simon, H.A.（1993）：*Organization*, 2nd ed., Blackwell. 高橋伸夫訳（2014）：『オーガニゼーション 第2版，現代組織論の原典』，ダイヤモンド社.

Morgan, G.（1986）：*Image of Organization.* Sage, London.

Maturana, H. & Varela, F.（1980）：*Autopoiesis and Cognition*: The Realization of the Living. Reidl. London.

Pribram, K.（1971）：*Language of the Brain.* Englewood Ciffs, NJ: Prentice Hall.

Polanyi, M.（1951）：*The Logic of Liberty*, London.

Simon, H.A.（1965）：*The Shape of Automation*, Harper & ROW, NewYork.

Simon, H.A.（1997）：Administrative Behavior; A Study of Decision–Making Processes in Administrative Organization.–4th ed. The Free Press. 二村敏子，高尾義明，西脇暢子&高柳美香訳（2009）：『新版 経営行動，経営組織における意思決定過程の研究』，ダイヤモンド社.

Warfield, J.N.（1995）：'Spreadthink: Explaining Ineffective Groups,' *System Reserch*, **12**(1), pp.5–14.

第8章

会津泉（1986）：『パソコンネットワーク革命』，日本経済社.

アルファーテック（2016）：VM@alpha.
　　http://www.alphatech.jp/~alpha/product.html

Coleman, J.S.（1990）：*Foundations of Social Theory*, Cambridge, The Belknap Press of Harvard University Press.

Conlisk, J.（1976）：'Interactive Markov Chains', *Journal of Mathematical Sociology*, **4**, pp.157–185.

Conlisk, J.（1992）: 'Stability and Monotonicity for Interactive Markov Chains.' *Journal of Mathematical Sociology*, **17**, pp.127-143.

Cowen, T.（1989）: 'Are All Tastes Constant and Identical? A Critique of Stigler and Becker.' *Journal of Economic Behavior and Organization*, **11**(1), pp.127-135.

Cowen, T.（1993）: 'The Scope and Limits of Preference Sovereignty.' *Economics and Philosopy*, **9**, pp.253-269.

Dance, F.E.X.（1967）: 'A helical model of communication,' in Dance, F.E.X.（ed.）, *Human Communicatio Theory,* Holts, David and Winston.

Dixit, A. & Naledbuff,B.（1980）: *Thinking Strategically*, New York: W.W.Norton. 曾野隆・嶋津裕一訳:『戦略的思考とは何か―エール大学式「ゲーム理論」の発想法』, TBS ブリタニカ, 1991 年.

Ellis, C.A., Rein, G.L. & Jarvenpaa, S.L.（1989-90）: 'Nick Experimentation: Selected Results Concerning Effectiveness of Meeting Support Technology,' *Journal of Management Systyms*, Winter, **6**（3）, pp.7-24.

Engelmore R. & Morgan T.（1988）: Blackboard Systems, Addison-Wesley.

Epstein, J.M. & Axtell, R.（1996）: *Growing Aritificial Societies Social Science From The Bottom Up*, The Brookings Institution. 服部正太＆木村香代子訳:『人工社会―複雑系とマルチエージェント・シミュレーション―』, 共立出版, 1999 年.

Gibbons, R.（1992）: *Game Theory for Applied Economist*, Princeton, NJ: Princeton University Press.

Goodman, R.（1988）: *Introduction to Stochastic Models*, Reading, MA: Benjamin/ Cummings, pp.158-160.

Haddadi, A.（1995）: *Communication and Cooperation in Agent Systems*, Springer Verlag Lecture Notes in AI, NO.1056.

浜日出夫 (1997):「「共通価値」から「信頼」へ―秩序問題のパラダイム転換―'. 駒井洋編『社会知のフロンティア―社会科学のパラダイム転換を求めて―』, 新曜社, pp.83-106.

泰中啓一（1994）:'選挙とマスコミの数理', パリティ, **9**（2）, pp.57-63.

Isaacson, D. & Madsen, R.W.（1976）: *Markov Chains, Theory and Applications*,

John Wiely, pp. 95-97.

石谷久＆石川眞澄（1993）：『社会システム工学』，浅倉書店，pp. 34-36.

Jaimes, S. S., Rosaria, C. & Gilbert, N.（Eds.）（1998）: 'Multi-Agent Systems and Agent-Based Simulation,' *First International Workshop*, MABS'98, Paris, France, July, Proceedings, Springer.

Karni, E., & Schmeidler, D.（1989）: 'Fixed Preferences and Changing Tastes.' *American Economic Review*, **80**(2), pp. 262-267.

Kemeny, J. G. & Snell, J. L.（1962）: *Mathematical Models in the Social Sciences*, Ginn & GO., Boston.　甲田和衛，山本国雄＆中島一訳，『社会科学における数学的モデル』，培風館，1966 年.

Kigawa, S.（1990）: 'A Markov Chain Analysis of A Computer Supported Information Network System: One Approach to Model of Building Consensus in Electronic Brainstorming.' *Journal of the Operations Reseach Soc. of Japan*, **33**(3)，September, pp. 207-227.

Kigawa, S.（1997）: 'A Markov Chain Models in GDSS'，経済論集，**22**（1），東洋大学経済研究会，pp. 1-19.

城川俊一＆伊藤昭浩（2000）：'電子会議システム（EMS）の MAS によるシミュレーション'，第 2 回　KK-MAS コンペティション 構造計画研究所，http://mas. kke. co. jp/event/mas_competition2/result/08_paper. pdf.

城川俊一（2001）：'電子会議システム（EMS）における集団意思決定のモデル化について―5 種類の EMS のマルコフモデルの数値解析による比較―'，経営情報学会誌，**10**（1）.

構造計画研究所（2016）：http://www.kke.co.jp/

Kreps, D. & Wilson, R.（1982）: 'Reputation and Imperfect Information,' *Journal of Economic Theory*, **27**, August, pp. 253-279.

Lai-lai Tung & Turban. E.（1998）: 'A Proposed research framework for distributed group support systems,' *Decision Support Systems*, **23**, pp. 175-188.

Lewin, K. *et. al.*（1937）: 'Patterns of Aggressive Behaviour in Experimentally Created Social Climates,' *Journal of Social Psychology*, **10**, pp. 269-299.

Mankin, D. *et. al.*（1996）: *Teams and Technology*, Boston Harvard Business School Press.

Matras, J.（1967）: 'Social Mobility and Social Structure: Some Insights from the Linear Model.' *American Sociological Review*, **32**, pp. 608-614.

Melvin, F. S.（eds.）（1996）: Negotiation Processes: Modeling Frameworks and Information Technology, Kluwer Academic Publishers.

Milgram, P. & Roberts, J.（1992）: *Economics, Organization & Management*, Prentice Hall.　奥野政寛ほか訳:『組織の経済学』, NTT 出版, 1997 年.

Milner, R.（1989）: *Communication and Concurrency*, Prentice Hall.

Peleg, B. & Yaari, M. E.（1973）: 'On the Existence of a Consistent Course of Action When Tastes Are Changing.' *Review of Economic Studies*, **40**, pp. 391-401.

Pruitt, D. G.（1971）: 'Choice Shifts in Group Discussions: An Introductory Review.' *Journal of Personality and Social Psychology*, **30**, pp. 339-360.

Rasmusen, E.（1989）: *Games and Information*, Oxford: Basil Blackwell Ltd., 細田守紀・村田省三・有定愛展訳:『ゲームと情報の経済分析 I, II』, 九州大学出版会, 1990 年.

Rogers, E. M. & Kincaid, D. L.（1981）: *Communication Networks*, Free Press.

Rogers, E. M.（1986）: *Communication Technology*; The New Media in Society, Free Press.　安田寿明訳:『コミュニケーションの科学』, 共立出版, 1992 年.

ルーマン, N（1993）:『社会システム理論（上）』, 恒星社厚生閣.

Schramm, W.（1976）: 'How Communication Works,' in J. A. DeVito（eds.）. *Communication*: *Concepts and Processes*, Revised and Enlarged, Prentice Hall, Inc., p. 16.

シード・プランニング（2012）:'ビデオ会議・Web 会議の最新動向と将来予測 2011 年' シード・プランニング.
http://www.seedplanning.co.jp/press/2012/2012032201.html

田中正司（1991）:『市民社会理論の原型―ジョン・ロック論考』, お茶の水書房.

ターナー, J. C.（1995）:『社会集団の再発見-自己カテゴリー化理論』, 誠信書房.

Vogel. D. R. *et. al.*（1989-90）: 'Electronic Meeting System Experience at IBM,' *Journal of Management Information Systems*, Winter, **6**（3）, pp. 25-43.

Weidlich, W. & Haag, G.（1983）: *Concepts and Models of a Quantative Sociology: Dynamics of Interacting Populations*, Springer Verlag.　寺本英ほか訳：『社会学の数学モデル』，東海出版，pp.1-58，1986 年.

Weatherall, A. & Nunamaker, J.（1997）：『組織を進化させる電子会議』，富士通ブックス.

山川剛（1987）：『会議革命』，ビジネスアスキー.

第9章

Axcelrod, R.（2006）: *The Evolution of Cooperation*; Reviced Edition, Basic Books.

Bacharach, S.B. & Lowler, E.J.（1981）: *Bargaining: Power, tactics, and outcomes.* Greenwich, CT: JAI Press.

Baker, O.M.（1981）: 'The Division of Labor Interdependence, Isolation, and Cohesion in Small Groups,' *Small Group Behavior*, **12**(1), pp.93-106.

Bales, R.F. & Borgatta, E.F.（1955）: 'Size of Group as a Factor in the Interaction Profle,' In: Hare, AP., Borgatta, EF., and Bales, RF.（eds.）: *Small Groups: Studies in Social Interaction.* Knopf, New York.

Bartos, O.J.（1970）: 'Determinants and Consequences of Toughness,' In: Swingle, P.（eds.）, *The Structure of Conflict.* Academic Press, New York.

Bass, B.M.（1980）: 'Team productivity and individual member competence,' *Small Group Behavior*, **11**(4), pp.431-504.

Bazerman, M.H. & Neal, M.A.（1992）: *Negotiating Rationally.*　奥村哲史訳：『マネージャーのための交渉の認知心理学：戦略的思考の処方箋』，白桃書房，1997 年.

Blake, R.R., Shepard, H.A. & Mouton, J.S.（1964）: *Managing Intergroup Conflict in Industry.* Gulf, Houston.

Bourgeois, L.J.（1980）: 'Performance and Consensus,' *Strategic Management Journal*, **1**, pp.227-248.

Bourgeois, L.（1985）: 'strategic goals, perceived uncertainty, and economic performance in volatile environments', Academy of Management Journal, **28**, pp. 442-459.

Brooks, F.P.（1975）: *The Mythical Man-Month. Essays on Software Engineering.*

Reading, MA: Addison-Wesly.

Carasik, R.P. & Grantham, C.E. (1988): 'A Case Study of CSCW in a Dispersed Organization,' *Proceedings CHI'88*. ACM Press. pp. 61-66.

Carron, A.V. (1982): 'Cohesiveness in Sport Groups: Implications and Considerations,' *Journal of Sport Psychology*, **4**, pp. 123-138.

Cartwright, D. & Zander, A.F., (eds.) (1968): *Group dynamics: Research and theory*, 3rd ed. New York: Harper and Row.

Collaros, P.A. & Anderson, L.R. (1969): 'Effect of Perceived Expertness upon Creativity of Members of Brainstorming Groups,' *Journal of Applied Psychology*, **53**(2), pp. 159-163.

Crott, H.W., Kayser, E & Lamm, H. (1980): 'The Effects of Information Exchange and Communication in an Asymmetrical Situation,' *European Journal of Social Psychology*, **10**, pp. 149-163.

Dahrendorf, Ralf. (1959): *Class and Class Conflict in Industrial Society*. Stanford: Stanford university.

de Bono, E. (1985): *Conflicts: A Better Way to Resolve Them*. Penguin, Harmondsworth.

Der, R.F. & Forman, E. (1992): 'Group Decision Support with the Analytic Hierarchy Process,' *Decision Support System*, **8**, pp. 99-124.

DeSanctis, G. & Gallupe, R.B. (1987): 'A Foundation for the Study of Group Decision Support Systems,' *Management Science*, **33** (5), pp. 589-609.

Deutsch, M. (1969): 'Conflicts: Productive and Destructive,' *Journal of Social Issues,* **25**(1): pp. 7-41.

Deutsch, M. (1973): *The Resolution of Conflict-Constructive and Destructive Processes -*. Yale Univ. Press, London.　杉田千鶴子訳：『紛争解決の心理学』，ミネルヴァ書房，1995 年.

Dykstra, E.A. & Carasik, R.P. (1991): 'Structure and support in cooperative environments: the Amsterdam Conversation Environment,' *Int. J. Man-Machine Studies*, **34**(3), pp. 419-434.

Dyson, J.W., Godwin, P.H. & Hazlewood, L.A. (1976): 'Group Composition, Leadership Orientation, and Decisional Outcomes,' *Small Group Behavior*, **7**

(1), pp. 114-128.

Easterbrook, S. (1993): *CSCW: Co-operation or conflict?*, Springer-Verlag.

Easterbrook, S. (1996): *Coordination breakdowns: How flexible is collaborative work? In CSCW: Requirements and Evaluation*, P. Thomas. Ed., Springer, pp. 91-106.

Emshoff, J.R. & Finnel, A. (1978): 'Defining Corporate Strategy: A Case Study Using Strategic Assumptions Analysis,' *Working paper*, no. 8-78, *Wharton Applied Research Center*, Philadelphia, October.

Exline, R .V. & Ziller, R.C. (1959): 'Status Congruency and Interpersonal Conflict in Decision-Making Groups,' *Human Relations*, **12**, 147-162.

Foucault, M. (1975): Surveiller et punir: naissance de la prison, Paris: Gallimard. 田村俶訳（1977）:『監獄の誕生：監視と処罰』, 新潮社.

藤田忠（2003）:『交渉ハンドブック』, 日本交渉学会編, 東洋経済新報社.

Foster, G.M. & Stefik, M. (1986): 'Cognoter: Theory and Practice of a Collaborative Tool,' *Proceeding, CSCW '86 Proceedings of the 1986 ACM conference on Computer-supported cooperative work*, pp. 7-15, ACM New York, NY, USA. http://dl.acm.org/citation.cfm?id=637072

French, John R.P.Jr. & Raven, B. (1959): 'The Bases of Social Power,' In D.Cartwright, (ed)., *Studies on social power*, Ann Arbor: University of Michigan.

Gemmill, G. & Wynkoop, C. (1991): 'The Psychodynamics of Small Group Transformation,' *Small Group Research*, **22**(1), pp. 4-23.

George, A. (1972): 'The Case for Multiple Advocacy in Making Foreign Policy', *American Political Science Review*, **66**, pp. 751-785.

Gero, A. (1985): 'Conflict Avoidance in Consensual Decision Processes,' *Small Group Behavior*, **16**(4), pp. 487-499.

Helmreich, R.L. & Merritt, A.C. (1998): *Culture at Work in Aviation and Medicine*: *National, organizational, and professional influences*, Aldershot, U.K: Ashgate. pp. 53-105.

Helmreich, R.L., Wilhelm, J.A., Klinect, J.R. & Merritt, A.C. (2001): 'Culture, Error and Crew Resource Management,' In Salas, E., Bowers, C.A. & Edens, E. (eds.), *Improving Teamwork in Organizations*: *Applications of resource management training.* pp.305-331, Hillsdale, NJ: Erlbaum.

Herbert, T.T. & Estes, R.W. (1977): 'Improving Executive Planning by Formalizing Dissent: The Corporate Devil's Advocate,' *Academy of Management Review*, **2**, pp.662-667.

Hofstede, G. (1980): *Culture's Consequences*: *International Differences in Work-Related Values*, Sage, Beverly Hills, CA.

Howell, J.P., Dorfman, P.W. & Kerr, S. (1986): 'Moderating variables in leadership research,' *Academy of Management Review*, **11**, pp.88-102.

Huhns, M.N (ed.) (1987): *Distributed Artifical Intelligence.* Morgan Kaufmann, Los Altos, CA.

Jamieson, D.W. & Tomas, K.W. (1974): 'Power and Conflict in Student-Teacher Relationships,' *Journal of Applied Behavioral Science*, **10**, pp.321-336.

Janis, I.L. (1972): *Victims of Group-Think*: *A Psychological Study of Foreign-Policy Decisions and Fiascoes*, Houghton Miffin, Boston, MA.

Janis, I.L. & Mann, L. (1977): *Decision Making*: *A Psychological Analysis of Conflict, Choice, and Commitment.* New York: Free Press.

Jehn, K.A. & Mannix, E.A. (2001): 'The Dynamic Nature of Conflict: A Longitudinal Study of Intragroup Conflict and Group Performance,' *Academy of Management Journal*, **44**(2), pp.238-251.

Johnson, D. & Tjosvold, D. (1983): 'Constructive Controversy' In Tjosvold, D. & D. Johnson. (eds.), *Conflict in Organizations.* New York: Irvington.

加藤直孝 (1998): '合意形成プロセスにおける参加者の視点情報の共有に基づく意志決定支援システムの研究', 北陸先端科学技術大学院博士論文.

Keeney, R.L. & Raiffa, H. (1976): *Decisions with Multiple Objectives*: *Preferences and Value Tradeoffs*, Wiley, New York

Kiesler, S., Siegel, J. & McGuire, T.W. (1984): 'Social Psychological Aspects of Computer-Mediated Communication,' *American Psychologist*, **39**(10), pp.1123-1134.

Kigawa, S. (1990): 'A Markov Chain Analysis of a Computer Supported Information Network System—One Approach to a Model of Building Consensus in Electronic Brain Storming—,' *Journal of the Operations Research*

Society of Japan, **33**（3），pp. 207-227.

Kigawa, S.（1992）: 'Integrating Preference Evaluation in GDSS,' *International Conference on Economics/Management and Information Technology 92. The Japan Society of Management Information,* August 31-September 4, Tokyo Japan, pp. 359-398.

城川俊一（1997）: 'The Markov Chain Models in GDSS', 経済論集，**22**（2），東洋大学経済研究会，pp. 1-19.

城川俊一（2001）: '電子会議システム（EMS）による集団意思決定―5 種類の EMS のマルコフモデルの数値解析による比較―'，経営情報学会誌，pp. 43-79.

Kigawa, S.（2004）: 'The Group Decision-Making By The Electronic Meeting System（EMS）.' *Proceedings, The fifth International Symposium on Knowledge and Systems Sciences, International Society for Knowledge and Systems Sciences Japan Advanced Institute of Science and Technology.*

城川俊一 & 住田友史（2006）: '電子会議システムによる集団意思決定―コンフリクト解決を中心に―'，経済論集，**22**（2），東洋大学経済研究会，pp. 191-224.

木下栄蔵（1993）: 『問題解決型意思決定法―AHP 手法と応用技術』，総合技術センター.

Kunz, W. & Rittel, Horst W.J.（1970）: 'Issues as Elements of Information Systems,' *Working Paper,* No. 131, http://www.cc.gatech.edu/fac/ellendo/rittel/rittel-issues.pdf

Leung, K.（1987）: 'Some Determinations of Reaction to Procedural Models for Conflict Resolution: a Cross-National Study,' *Journal of Personality and Social Psychology,* **53**, pp. 265-308.

Malon, T., Grant, K. R. & Turbank, F. A.（1986）: The Inforamation Lens: An Intelligent System for Information Sharing in Organizations, *Association for Conputing Machinery.*

Mason, R.O. & Mitroff, I.I.（1981）: *Challenging Strategic Planning Assumptions.* New York: Wiley.

松本行浩（2003）: '製品開発におけるコンフリクトの所在と規定因'，神戸大

学大学院経営学研究科，ディスカッションペーパー．

松尾睦（2002）：『内部競争のマネジメント―営業組織のイノベーション』，白桃書房．

McCarthy, J.C., Miles, V.C & Monk, A.F. (1991): 'An Experimental Study of Common Ground in Text-Based Communication,' In: Robertson, S., Olson, G. & Olson, J. (eds.), *Proceedings of the Human Factors in Computing Systems Conference*, CHI-91, New Orleans. ACM, New York, pp.209-215.

Merritt, A.C. & Helmreich, R.L. (1996): 'Human Factors on the Flightdeck: The Influence on National Culture,' *Journal of Cross-Cultural Psychology*, **27**(1), pp.5-24.

Miles, V.C., McCarthy, J.C., Dix, A.J., Harrison, M.D. & Monk, A.F. (1993): 'Reviewing designs for a synchronous-asynchronous group editing Environment,' In *Computer Supported Collaborative Writing* (ed.), M. Sharples, Springer-Verlag, pp.137-160.

Milgram, S. (1965): 'Some Conditions of Obedience and Disobedience to Authority,' *Human Relations*, **18**(1), pp.57-75.

野中郁次郎＆竹内弘高（1996）：『The Knowledge-Creating Company』，梅本勝博訳，『知識創造企業』，東洋経済新報社．

岡本浩一＆石川正純（2006）：『会議の科学』，新曜社．

Owen, W.F. (1985): 'Metaphor Analysis of Cohesiveness in Small Discussion Groups,' *Small Group Behavior*, **16**(3), pp.415-424.

Pace, R.C. (1990): 'Personalized and Depersonalized Conflict in Small Group Discussions an Examination of Differentiation,' *Small Group Research*, **21**(1), pp.79-96.

Patchen, M. (1970): 'Models of Co-operation and Conflict: a Critical Review,' *Journal of Conflict Resolution*, **14**(3), pp.389-407.

Pood, E.A. (1980): 'Functions of Communication: an Experimental Study in Group Conflict Situations,' *Small Group Behavior*, **11**(1), pp.76-87.

Pondy, L.R (1967): 'Organizational Conflict: Concepts and Models,' *Administrative Science Quarterly*, **12**, pp.296-320.

Putnam, L.L. & Poole, M.S. (1987): 'Conflict and Negotiation,' In: Porter LW.

(eds.) *Handbook of Organizational Communication*: *An Interdisciplinary Perspective*. Sage, Beverly Hills, pp. 549-599.

Randall, H. T., Lucy, A. S. & Frank, G. H. (1986): 'Supporting Collaboration in Notecards,' *Proceeding, CSCW '86 Proceedings of the 1986 ACM conference on Computer-supported cooperative work*, pp. 153-162., ACM New York, NY, US, http://dl.acm.org/citation.cfm?id=637089&preflayout=flat

Rees, F. (1998): *The Facilitator Excellence Handbook: Helping Peaple work Creatively and Productively Together*, Jossey-Bass/Pfaiffer.　黒田由貴子訳 (2006):『ファシリテーター型リーダーの時代』，ピー・ワン・インターナショナル，.

Robbins, S. P. (1974): *Managing Organizational Conflict*: *A Non-Traditional Approach*. Prentice-Hall, Englewood Cliffs, NJ

Rosenschein, J. S. (1985): *Rational interaction*: *Co-operation among Intelligent Agents*, PhD thesis, report STAN-CS-85-1081, Department of Computer Science, Stanford University, CA.

Saaty, T. L. (1977): 'A scaling method for priorities in hierarchical structures,' *Journal of mathematical psychology*, **15**, Academic Press, pp. 234-281.

Sharples, M. (eds.) (1992): *Computer Supported Collaborative Writing*, Springer-Verlag, London.

Schwenk, C. R. (1988): The Essence of Strategic Decision Making. D. C. Heath and Company.　山倉健嗣訳：『戦略決定の本質』，文眞堂，1998 年.

Smith, K. K. & Berg, D. N. (1987): 'A Paradoxical Conception of Group Dynamics.' *Human Relations*, **40**(10), pp. 633-657.

Sproul, L. & Kiesler, S. (1991): 'Two-Level Perspective on Electronic Mail in Organizations,' *Journal of Organizational Computing*, **2**(1), pp. 125-134.

Stefik, M., Foster, G., Bobrow, D. G., Kahn, K., Lanning, S. & Suchman, L. (1987a): 'Beyond the Chalkboard; Computer Support for Collaboration and Problem Solving in Meetings,' *Communications of the ACM*, **30**(1), pp. 32-47.

Stefik, M., Bobrow, D. G., Foster, G., Lanning, S. & Tatar, D. (1987b): 'WYSIWIS Revised: Early Experiences with Multiuser Interfaces,' *ACM Transactions on Information Systems* (*TOIS*), **5**(2), pp. 147-167, ACM New

York, NY, USA.

Sumita, T. & Shimazaki, M. (2004a): 'Breeding Knowledge-Value by Communication among Multi-Agents.' *Proceedings, The fifth International Symposium on Knowledge and Systems Sciences, International Society for Knowledge and Systems Sciences Japan Advanced Institute of Science and Technology.*

Sumita, T. & Shimazaki, M. (2004b): 'Focusing Sharing a Problem by Communication among Multi-Agents.' *Proceedings, The fifth International Symposium on Knowledge and Systems Sciences, International Society for Knowledge and Systems Sciences Japan Advanced Institute of Science and Technology.*

Thomas, K. (1976): 'Conflict and Conflict Management,' In: Dunnette MD (eds.) *Handbook of Industrial and Organizational Psychology*, pp.889-935, Rand McNally College Publishing Co. Chicago, IL

Thompson, J.C. (1968) 'How could Vietnam happen? An autopsy,' *Atlantic Monthly,* April, pp.47-53.

Tjosvold, D. (1985): 'Implications of Controversy Research for Management,' *Journal of Management,* **11**, pp.21-37.

Tuckman, B.W. (1965): 'Developmental Sequence in Small Groups,' *Psychological Bulletin*, **63**, pp.348-399.

宇井徹雄 (1995):『意思決定支援とグループウェア』, 第2章グループサポートシステムの発展, 共立出版, 東京.

Viller, S. (1991): 'The Group Facilitator: a CSCW Perspective', In: Bannon L, Robinson M and Schmidt (eds.), *Proceedings of the Second European Conference on Computer Supported Cooperative Work* (*EC-CSCW '91*), Amsterdam, September. Kluwer, Dordrecht.

Weinberg, S.B., Rovinski, S.H., Weiman, L. & Beitman, M. (1981): 'Common Group Problems: a Field Study,' *Small Group Behavior*, **12**(1), pp.81-92.

第 10 章

Apel, K. O. (2001): 'Diskursethink als Ethik der Mit-Verantwortung von den Sachzwängen der Politik, des Rechts und der Marktwirtschaft', in: Karl-Otto

Apel und Holger Burckhart (Hrg.), *Prinzip Mitverantwortung, Grundlage für Ethik und Pädagogik,Königshausen & Neumann, Würzburg*, S. 69-95.　香川哲夫＆松本大理訳：カール・オットー・アーベル，'政治，法，市場経済による外的強制を前にした共同―責任の倫理学としての討論倫理学'，http://www.hucc.hokudai.ac.jp/~k15696/home/phileth2/apel.pdf.

朝倉輝一（2004）：『討議倫理学の意義と可能性』，法政大学出版局.

クロスリー，N.（2003）：『間主観性と公共性』，西原和久訳，新泉社.

Foucault, M. (1982): 'The Subject and Power,' in Dreyfus, H. & Rainbow, P. (eds.), *Mechel Foucault: Beyond Structuralism and Hermeneutics*, Brighton, Harvester, pp. 208-26.

Herbermas, J. (1983): *Moralbewußtsein und kommunikatives Handeln*, Frankfurt am Main: Suhrkamp.　三島憲一，中野敏男＆木前利秋訳（1991）：『道徳意識とコミュニケーション行為』，岩波書店.

ハーバマース，J（1987）：'基調講演：道徳性と人倫―カントに対するヘーゲルの異議は討議倫理学にもあてはまるか'．河上倫逸, M・フーブリヒト編『法制化とコミュニケーション的行為』，未来社.

Herbermas, J. (1992): *Fuktizität und Geltung*, Frankfurt am Main: Suhrkamp.

星野智（2004）：'環境政治とデモクラシー'，星野智編著，『公共空間とデモクラシー』，中央大学出版部.

城川俊一（2005）：'社会経済システムの編成原理としての討論倫理学と公共性'，経済論集，**30**(3)，東洋大学経済研究会.

久保陽一（2003）：『ドイツ観念論への招待』，放送大学教育振興会.

ポーター，G.＆ブラウン，J.（1998）：『入門地球環境政治』，細田衛士監訳，有斐閣.

Rosenau, J. (1992) 'Governance, Order and Chang in World Politics,' In: *Governance without Government: Order and Change in World Politics*, Cambrige.

ヴァンダーヴェーケン，D.（1995）：『発話行為理論の原理』，久保進訳注，松柏社.

山田富秋(2002)：'相互行為と権力作用―批判的エスノメソドロジーの実践―'，伊藤勇，徳川直人編，『相互行為の社会心理学』，北樹出版.

第 11 章

Altshuller, G. S. (1984): *Creativity as an exact science*: *The theory of the solution of inventive problems*, New York: Gordon and Breach Science Publishers.

青木克生 (2005):‘組織学習のおける実践ベース・アプローチ’, 岩内亮一ほか,『ポストモダン組織論』, 同文舘出版, 第 8 章.

Armstrong, K. A. (1995): 'Regulating the Free Movement of Goods: Institutions and Institutional Change,' in J. Show and G. More (eds.), *New Legal Dynamics of European Union*, Clarendon Press.

Austin, J. (1962): *How to Do Things with Works*, Oxford University Press.

Bakhtin, M. M. (1981): *The dialogic imagination*, Austin: University of Texas Press. 伊藤一郎訳:『小説の言葉』, 平凡社ライブラリー, 1996 年;川端香男里ほか訳:『抒情詩と小説』, 新時代社, 1982 年.

Burr. V. (1995): *An Introduction to Social Constructionism*, Routledge. 田中一彦訳:『社会的構成主義への招待―言説分析とは何か―』, 川島書店, 1997 年.

Callon, M. (1986): 'The Sociology of an Actor-Network: The Case of the Electric Vehicle,' Callon, M., Law, J. & Rip, A. (eds.), *Mapping the Dynamics of Science and Technology, Sociology of Science in the Real World*, The MacMillan Press.

Cohen, M.D., March, J.G. & Olsen, J.P. (1972): 'A Garbage Can Model of Organizational Choice,' *Administrative Science Quarterly*, **17**(1), March, pp.1-25.

Cole, M. (1988): 'Cross-Cultural Research in the Socio-historical Tradition', *Human Development*, **31**, pp.137-151.

ダンジガー, K. (2005):『心を名づけること―心理学の社会的構成―, 上・下』, 勁草書房.

Denzau, A.T. & North, D.C. (1994): 'Shared Mental Models: Ideologies and Institutions,' *Kyklos*, **47**, pp.3-31.

DiMaggio, P.J. (1998): 'The New Institutionalism: Avenues of Collaboration,' *Journal of Institutional and Theoretical Economics*, **154**(4), pp.696-705.

Engeström, Y. (1987): *Learning by Expanding: An Activity-Theoretical Approach to Developmental Research*, Orienta-Konsulfit. 山住勝広ほか訳:『拡張によ

る学習』，新曜社，1999 年．

Fichtner, B.（1984）: 'Co-ordination, Co-operation and Communication in the Formation of Theoretical Concepts in Instruction,' In M. Hedegaard, Hakkarainen, P. & Engeström, Y.（eds.）, *Learning and teaching on a scientific basis,* pp. 207-228. Arhus: Aarhus Universitet, Psykologisk institut.

Foucault, M.（1972）: *The Archaeology of Knowledge.* Tavistock.

Foucault, M.（1976）: *The History of Sexuality: An Introduction*, Penguin.

ガーゲン，K. J.（2004）:『社会構成主義の理論と実践—関係性が現実をつくる』，永田素彦＆深尾誠訳，ナカニシヤ出版．

平川秀幸（1998）:'知識政治哲学序論，'現代思想，特集：サイエンス・ウォーズ，**26**(13)，青土社 pp. 102-115.

広松渉ほか編（1998）:『岩波哲学・思想事典』，岩波書店．

Hollway, W.（1984）: 'Gender Difference and the Production of Subjectivity.' In Henriques, J., Hollway, W., Urwin, C., Venn, C. & Walkerdine, V.（eds.）, *Changing the Subject*: *Psychology, Social Regulation and Subjectivity.* Methuen.

磯谷明徳（2004）:『制度経済学のフロンティア—理論・応用・政策』，ミネルヴァ書房．

金森修（2000）:『サイエンスウォーズ』，東京大学出版局．

城川俊一（2007）:'集団意思決定の社会的構成主義による考察'，経済論集，**32**(2)，東洋大学経済研究会，pp. 61-81.

木村純子（2001）:『構造主義の消費論』，千倉書房．

北川高嗣ほか（2002）:『情報学事典』，弘文堂．

Leont'ev, A. N.（1981）: *Problems of the development of the mind*, Moscow: Progress. 松野豊＆西牟田久雄訳:『子どもの精神構造』，明治図書，1987 年．

March, J. G. & Olsen, J. P.（1979）: *Ambiguity and Choice in Organizations*, 2nd ed., Bergen: Universitetsforlaget.

Nielsen, K.（2001）: 'Institutional Approaches in the Social Sciences: Typology, Dialogue, and Future Challenges,' *Journal of Economic Issues*, **35**(2), pp. 505-516.

岡本浩一＆石川正純（2006）:『会議の科学』，新曜社．

Parker, I.（1992）: *Discourse Dynamics: Critical Analysis for Social and Individual*

Psychology. Routledge.

Pickering A.（ed.）（1992）: *Science as Practice and Culture*, the Univ. of Chicago Press.

Potter, J., Wetherell, M., Gill,R. & Edwards,D.（1990）: 'Discourse: Noun, Verb or Social Practice?,' *Philosophical Psychology*, **3**(2), pp.205-217.

Rouse, W. & Morris, N.M.（1985）: 'On Looking into the Black Box: Prospects and Limits in the Search for Mental Models,' *Center for Man-Machine Systems Research*. Georgia Institute of Technology. Report no.85-2.

佐々木正人（1996）:『アフォーダンス―新しい認知の理論』, 岩波書店.

Stoner, J.A.F.（1968）: 'Risky and Cantious Shifts in Group Decisions : the Influence of Widely Held Values', Journal of Experimental social Psychology, **4**, pp.442-459.

高橋正泰（2005）: 'ポストモダニズムと組織のディスコース', 岩内亮一ほか（2005）『ポストモダン組織論』, 第4章, 同文館.

田中政光（2004）:『イノベーションと組織選択』, 東洋経済新報社.

臼井陽一郎（2003）: 'EC 環境立法の展開と共通意味世界の構成：社会構成主義の観点から', 新潟国際情報大学, 情報文化学部紀要, 第6号.

事項索引

欧数字

Amsterdam Conversation Environment 255
Apple 106
Argnoter 257
Arizona Group Systems 257
ARPA 254
ATMS 51
B2B 44
BATNA 251
BDI 152
Cambridge Consultants 112
Capture Lab 257
CAVECAT 257
Cognoter 255
Coordinator 254
CRM 38
DEC 109
Distributed NoteCards 255
DSS 53
Electronic Data Systems 257
ERP 38
Ethernet 106
e-メール 252
Facebook 104
FoE 277
GDSS—の数学モデル 128, 131
Hadoop 44
HP 109
HPCI 13
html 109
http 109
IBM 109
Information Lens 254
intel 109
Issue-Based Information System 255
Java 109
LAN 56
Linux 109
Mathematica 166
Microsoft 109
NASA 254
NLS 254
OEM 26, 40
OJT 101

PARC 106
PC 109
Philips 112
SaaS 37
Samsung 110
SCM 38
SECI モデル 100
SNS 43, 104, 152
Sun 109
S-フィーフド分析 289
TFP 成長要因 122
Twitter 104
UX 102
Web 会議
　—システム 153, 212
　—の市場規模 215
WTO 251
Xerox 106
Xerox PARC 255
Y 字型 87

あ行

アイデンティティ
　—の保護 234
　知覚的— 156
アイデンティティ理論 71
　社会的— 71
曖昧さ許容度 245
赤字財政政策 15
アーキテクチャー
　製品— 100, 113
　組織— 113
　組織間— 122
　組織間関係の— 113
アーキテクチャー化
　疑似オープン・— 123
アクター 291
　—システム 56
　—ネットワーク 291
　—ネットワーク論 291
　—モデル 49, 55
　—ワールド 291
　外部— 50
アーティファクト 286, 289
アナロジー 102

アフォーダンス　292
アベノミクス　12
天の邪鬼法　242
アメリカ空軍　254
アライアンス　26
争いの競合度　237
安全保障　273
暗黙知　41, 101
意見　171
　─更新　164
　─シフト　85, 153, 155
意思決定
　─過程　132
　─支援システム　128
　─プロセス　57
　─ルール　132
　─論　226
　業務的─　58
意思の自立　271
異種混合　290
一般（不）可能性定理　88
一般可能性定理　62
一般的モデル　289
イデオロギー　227
イナクメント　56
イノベーション
　─成功率　108
　オープン・─　100, 104
　クローズド・─　104
　プロセス・─　100
　プロダクト・─　100
意味の使用倫理　270
インキュベータ　44
インスタントメッセージングサービス　44
インセンティブ
　─強度　33
　─の設計　157
　─報酬モデル　33
　─両立的　34
インターネット　61
インターフェース　113
　グラフィカル・ユーザー─　106
インタラクティブ
　─・マルコフ連鎖　170
　─な構造　163
インテグラル化　113
イントラネット　108
インフラストラクチャー　41

ウォーターフォール型のモデル　228
受取アクター　50
映像コラボレーションツール　104
エクスペリエンスデザイン　102
エコシステム　41
エージェント　49
　─の出会い方　168
エスノメソドロジー　155
エネルギー問題　273
遠隔意思決定システム　131
オウトポイエシス　148
オーディオコミュニケーション　253
オートポイエシス論　165
オープン・システム　53, 165
オープン化　113
音声会議の市場規模　215

　　か行

外界　285
会議
　国際人間環境─　275
　どこでも─　160
会議環境
　コンピュータ支援支援─　257
解空間の密度　59, 221
外集団　71, 157
　─類似条件　84
解除理論　156
階層的な解法　51
階層分析法　221, 258
外的ストレス　231
概念展開ツール　255
外場　94
外部情報　15
開放　228
会話 行為のための　254
価格機構　14
課業の複雑性　249
確実同値額　32
学習拡張による　287
学習理論　65
核分裂の発見　289
確率　168
格律　271
仮説　51
仮想的組織　27
課題の微分化　230
価値最大化原理　30

価値創造　105
価値理論　156
活動理論　286
過程変数　242
カテゴリー　284
過渡的状態　97, 136
ガバナンス　276
カルテル　53
環境
　―管理　53
　―的パワー　232
　―の不確実性　54, 243
　―変数　241
　―問題　275
　―レジーム　276
関係の概念　155
関係子　67
関係的契約　32
関係の組み換え　153
感じたコンフリクト　235
間主観性　155, 265, 289
間主観的妥当性　273
感染過程　95
完全競争　14
カンバン・システム　16
議員提出議案　250
機会中心主義　37
機械的組織　54
機関行為主体　296
企業特殊的　37
基数　168
基数的効用　132
規制重視型条例　251
規制的発話行為　272
基礎研究　249
基礎方程式　95
帰納的推論　269
帰納的統一　64
規範　79, 164
規範的
　―影響　75
　―正当性要求　264, 272
　―パワー　232
基本行例定理　136
キヤノン　107
吸収状態　136
境界連結者　55
共感的信頼　75

凝集力　156
競争的　240
競争優位　26
協調　240
　―的　240
　―分散問題解決モデル　221
共通
　―意味世界　281
　―鶉意味世界　281
　―価値　166
　―認識枠組み　281
共同
　―化　101
　―執筆支援ツール　257
京都議定書　277
業務的
　―意思決定　58
　―経路　54
共有
　―されたメンタルモデル　288
　―メモリー　50
局所状態関数　49
規律－訓練的権力　231
均衡理論　14
鎖型　87
組合せ論的爆発　147
クライアント（サーバー）　42
クラウドコンピューティング　37
クラスター　57
グラフィカル・ユーザー・インターフェース　106
グリンピース　277
グループ
　―ウェア　128
　―ダイナミックス　155
　―分け　71
クローズ化　113
クローズド・イノベーション　104
グローバリズムの是非　273
グローバル　26
　―な視点　59
　―ネットワーク　108
計画問題の複雑性　59
経験知　101
経験的妥当性　283
経済
　―財　14
　―人　64
　―的最適化　11

　—の知識化　100
形式知　101
形式論理　290
契約の不完備性　32
係累効果　248
系列　122
系列を超えた取引　123
ゲシュタルト　65
ゲシュタルト心理学的　144
結果変数　242
ゲーム理論　226
権威　235
　—主義的リーダーシップ　231
言語　284
　—ゲーム　268
　—哲学　270
　—の構造化　284
現象学　270
限定合理性　14, 146
現場にいる人　14
権利　247
　—アプローチ　247
権力　149, 226, 274
　—作用　264, 275
　—テクノロジー　231
コア・コンピタンス　26, 124
合意　272
　—形成　164
　—形成メカニズム　152
行為拘束的発話行為　268
公開性　235, 264
交換可能　77
交換のパワー　232
公共　72
　—空間　264
　—圏　264
　—性　264
工作機械　116
格子空間　94
公衆の意見　157
交渉　267
交渉学　247
構成主義　283
構造主義　280, 284
構造的
　—コンフリクト　242
　—不均衡　231
高速ネットワーク・プロトコル　106

公的自己意識　89
行動のエスカレーション　248
効用　132
　—最大化仮説　132
　—ベクトル　164
　—ベクトルの型　168, 171, 189, 193
　—ベクトル更新のメカニズム　189, 194
効率性原理　29
合理的
　—行動新制度主義　294
　—に交渉する　251
国際環境
　—NPO　277
　—協定　276
　—プログラム　276
国際機関　277
黒板型　165
黒板モデル　50
国連環境計画　275, 277
コーシャス志向　85
個人
　—主義的社会　236
　—主義批判　65
　—の自己知　73
　—の自己知覚　81
コースの定理　29
個性　235
コーディネーション問題　296
コピー機　107
個別化　64
コミットメント理論　156
ゴミ箱モデル　292
コミュニケーション
　—回路　92
　—過程　13
　—システム　252
　—スキル　238
　—・パターン　246
　—・プラットホーム　151
　—・プロトコル　49
　—・ルールの設計　87
　—理論　154
　垂直的—　20
　水平的—　20
　テキスト—　252
　反省的な—　290
コメント作成セッション　161
コモディタイズ　116

コラム構造　71
コンタクト・プロセス　94
コンティンジェンシー・モデル　52
コンテキスト　66, 284
コンピュータ
　―支援　252
　―支援会議環境　257
　―支援協調作業　221
　スーパー―　17
コンフリクト　149, 223, 187
　―解決　59, 221
　―解決様式　59
　―仲介新制度主義　294
　―仲介新制度主義　295
　―における交渉　247
　―に関する命題　226
　―の管理と解決　237
　―の効用　233
　―の進展　234
　―の生起　226, 236
　―の分類　223
　―の余波　235
　知覚された―　235
根本的な意味の単位　266

　さ行

差異化　237
最近接発達領域　287
在庫　15
最終成果物　160
最小多様性の原理　144
サーバー（クライアント）　43
サービス・コンソーシアム　26
産学共同組織　112
自我　66
時価総額　108
しがみつき　228
時間志向　58
字義　285
事業部制構造　53
事業モデル統合能力　121
刺激(S)-反応(R)　65
刺激反応モデル　224
資源
　―の価値　10
　スラック―　53
自己
　―言及的　70

―充足単位　53
―ステレオタイプ化　73
―ステレオタイプ化　82
―組織化　67
―組織化　145
―中心的自己　68
―非分離的自己　70
自己カテゴリー
―化理論　61
―化理論　71
―理論　153
―理論　155
事後的な過剰決定性　294
資産効果　29, 32
指示対象　285
事実との対応　282
指示的経路　54
視床下部　229
自身過剰　248
システム
―アプローチ　144
―による植民地化　273
―場　104
―論　283
―論的分析　165
シーズ志向　249
自然環境汚染問題　250
自然種　284
事前的な過小決定性　294
自然的文脈　291
自然法道徳論　157
社会
―規範化過程　79
―システム　165
―心理学的アプローチ　62, 152
―心理学的活動　79
社会的
―アイデンティティ理論　71
―意思決定図式　133
―影響　74, 77
―影響の分析　75
―価値　84
―カテゴリー化　71
―協同　74, 75
―形式　267
―厚生関数　88
―構成主義新制度主義　294
―構造主義　280

―自己概念　72, 156
―資本　41
―同調　66, 79
―比較　80
―比較理論　84, 156
―文脈　291
ジャスト・イン・タイム・システム　16
周期律表　289
自由財　14
囚人のジレンマゲーム　72
修正螺旋収束モデル　152, 154
集団
　―疑集性　74
　―規範　63, 65
　―極性化　76
　―性　63
　―的自動車購入問題　131
　―内同調　65
　―発展　227
　異質な―　227
　課題設定―　87
　最小―　71
集団意思決定　128, 152, 226
　―システム　256
　―の理論　153
周波数分割多重アクセス　58
主我　66
主観性　265
主観的
　―妥当性　77
　―不確かさ　77, 78
循環型　88
準拠集団成員性　79
準拠枠組み　66
順序的効用　132
順応的　240
状況的な権力　231
状況理論　145
勝者の呪縛　248
小集団研究　155
小説　291
情報
　―化社会　13
　―共有ツール　253
　―交換相互作用　152
　―コスト　13
　―処理能力　52
　―処理モデル　221

―戦略　58
　―的依存　76
　―的価値　79
　―の共有　159
　―の経済学　14
　―の誘惑　248
　―プロセッシング・パワー　92
情報的影響　75
　準拠―　77, 82
情報的過程
　準拠―　77
浸透　228
信頼　235
信頼性　13
心理学的カテゴリー　284
真理性要求　264, 272
推移行列　135
推論　51
スケジューラ　50
スタートアップ　43
スタンフォード研究所　254
図と地　144
ストックオプション株　43
スピンアウト　27, 42
スプリングボード　289
すり合わせ　115, 117
斉一性への圧力　78
成員性　63
生活空間　66
生活世界　264, 270, 273
制御における不確実性　55
誠実性要求　264, 272
政治的意思決定過程　255
精神力学　227
成長戦略　12
製品開発組織　249
製品多角化戦略　57
世界自然保護基金　277
絶対的価値　271
絶対的業績指標　35
絶対的パフォーマンス水準　119
絶対的リスク回避度　32
説得的議論　80
世論　94
善　272
全員一致　86
選挙のモデル　93
線形報酬関数　33

選好順序　132
センサーデータ　55
潜在的コンフリクト　235
選択葛藤問題　80
選択能力　121
専門化　230
戦略仮定分析　244
戦略的意思決定　58
相互
　―収束モデル　154
　―反映性　155
相互作用
　―主義　65
　―主義者　66
操作場　104
創出場　103
創造性
　逆行と―　235
相対的
　―業績指標　35
　―プロトタイプ性　81
相転移現象　95
組織
　―アーキテクチャー　113
　開放系としての―　144
　―コミュニケーション　19
　―心理学　129
　―設計　146
　―能力　100, 120
　―の経済学　157
　―のヒエラルキー　20
　―の複雑性　249
　―有効性　53
組織間
　―アーキテクチャー　122
　―関係のアーキテクチャー　113
　―相互作用　13
即興劇　67
ソニー　111
ソフト・ロー　277
ソリューション　109
尊厳　271

　た行

第3のイタリア　16
帯域幅　229
ダイオキシン　250
第三者の導入　238

対人過程　242
退陣的平均化理論　76
対日制裁関税リスト　251
大脳新皮室　229
大脳辺縁系　229
タイプの反応尺度　86
対話　102
対話場　103
高い帯域幅　252
多角化戦略　121
多極システム　149
多元的決定性　294
多元－無知理論　156
多水準間移行過程　164
多数決　86
多数決・比例図式　134
タスク　49, 256
　―・コンフリクト　249
他性　266
多地点接続装置の市場規模　215
脱工業化社会　13
脱個人化　73
脱個人化過程　77
妥当要求　272
妥当要求―合意のための　264
ダブルバインド　288
探索　15
単純な天の邪鬼法　243
談話の論理　267
地位－均衡仮説　231
チェイン・リンクモデル　105
知覚的アイデンティティ　156
知覚の正確さ　243
地球温暖化防止　277
地球環境汚染　275
地球環境政治　264
地球環境レジーム　275
知識
　―経営施策　100
　―源　50
　―創造　103, 105, 107
　―の体系化　100
　―ベース　58
知能　226, 285
知の環　151
チーム
　研究開発―　102
　プロジェクト―　53

着メロ共有サービス　44
中心性　238
治癒過程　95
長距離越境大気汚染条約　277
調整費用　30
調整メカニズム　57
直接効果　97
直販制度　107
賃金の下方硬直性　15
通約不可能性　282
提案開発セッション　160
定型的問題　52
定言命法　270
ディシジョン・ルーム　130
定常状態　97
ディスコース　281, 284
適切な演繹的推論　269
適切な議論の理論　156
出口戦略　41
デザイン・イン　16
デザイン・ルール　120
データ
　—収集のタイミング　55
　—収集歩　55
　—センター　38
　—の質的評価　55
　—の不確実性　54
　センサー—　55
データベース
　大規模—　102
デュルケム＝クワイン・テーゼ　283
テレコンファランス　131
デレビ電話　104
電子
　—情報交換システム　212
　—的な蓄積　159
　—的ブレインストーミング方式　161
　—投票　159, 162
電子会議
　—室　129
　—の構成　158
　—の特徴　159
　同室・同期型の—　158
　リモート・非同期型の—　158
電子会議システム
　—（EMS）の数値例　200
　—の構造　158
電子メール

　—型　165
　—型の EMS　205, 207
テンプレート
　—会話　254
討議
　—原理　271
　—倫理学　264, 270
統合の度合い　56
投資の特異性　37
同調研究　79
動的均衡理論　148
道徳　271
道徳的観点　270
逃避的　240
投票セッション　162
道理原理　271
独断　240
匿名性　230
匿名入力　159
徒弟制　291
取引費用　27
取引理論　226

な行

内界　285
内集団　71, 157
　—規範　84
　—合意　79
　—類似条件　84
内的ストレス　231
内部即興劇場　70
内面化　101
ニーズ志向　249
日常言語学派　266
日米自動車交渉　251
日本型サプライヤー・システム　122
ニューロン　147
人間性　271
認知
　—構造の更新　153
　—システム　288
　—的過程　242
　—的相互作用　79
　—リソース　296
ネゴシエーション　59
ネットワーク
　—構造　166
　仲介—　108

333

アクター— 291
完全結合— 149
グローバル— 108
ローカル・ディシジョン・— 131
ネットワーク論
アクター— 291
ネットワーク・プロトコル
高速— 106
脳としての組織 128, 145
能率 58

は行

場 103
媒介 286
—の概念 287
バイパーテキストベース 256
配分投票方式 162
破壊的技術 116
場所中心的観点 67
場所中心的自己 68
パーソンナルなパワー 232
バーチャル・コーポレーション 27
バーチャル製品 27
ハックルベリー・フィンの冒険 288
発見的技術 58
発語内行為 266
発語内効力 266
発語内効力標識 266
発話行為 266, 280
場の空気 103
パノプティコン 231, 274
場の理論 66
派閥 236
パフォーマンス・レベル 118
パブリック・スクリーン 130, 158
バリュー・プロポジション 109
パワー 232, 247
—・アプローチ 247
—の問題 11
—リソース 296
環境的— 232
関係的な— 232
規範的— 233
強制的— 232
交換の— 232
準拠的— 233
情報プロセッシング・— 92
生態的— 232

パーソンナルな— 232
報酬の— 232
反実在論 285
半導体露光装置 116
バンドワゴン現象 89
反応の相対的配列 82
ピアジェ的構成主義 283
非階層的な解法 51
比較業績評価方式 35
ビジネス
—インテリジェンス 37
—モデル 106, 107
非政府組織 61
ビックス湾侵攻 245
ビット・マップ・スクリーン 106
必要情報量 52
ビデオ会議 104
—の市場規模 215
ビデオコミュニケーション 253
—市場予測 216
非特殊的 37
批判 283
評価器 55
表現的発話行為 272
表出化 101
標準機能 230
標準的ディスコース 281
評判 39, 157
—の法 157
—パラメータ 164
—理論 152, 155
比例図式 134
ファームウェア・アーキテクチャー 122
ファシリテーター 131, 238, 246
ファブレス 124
ファンドリー 124
不一致
—が個人化される程度 238
—の程度 237
深い探索 59
不確実性 52
複雑性処理能力 120
複数選択方式 162
複数の主張 242, 244
フーコーの権力観 264
不定型的問題 52
部分の非独立性 65
普遍化原理 272

プライベート・リスト方式　161
プラグマティズム　270
ブランド構築能力　121
プリンシパル・エージェント問題　40
ブレインストーミング　158, 255
ブレインメタファー　228
プログラム
　　フォント制御―　106
プロセス
　　―・イノベーション　100
　　―計算　152
　　―モデル　145
プロダクト・イノベーション　100
プロトタイプ　81
プロトタイプ性　85, 157
　　相対的―　81
文化　236
　　―的アーティファクト　286
　　―プール　80
文化-歴史学派の心理学　287
文化-歴史的活動理論　286
分散型自動車モニターシステム　50
分散航空管制モデル　52
分散制約充足問題　51
分散知識システム　147
分散知能　226
分析哲学　266
ペアーエージェント選択　168
平均場近似　95
並列入力　159
ベトナム戦争　245
弁証法　242, 290
弁証法的探索　242, 244
ベンチャー
　　―・キャピタル　31, 105
　　―企業　27, 105
　　ジョイント・―　26, 40
報酬のパワー　232
法則定立的　280
方法論的個人主義　63
方法論的全体主義　63
母集団　50
ポスト構造主義　280
ポストモダニズム　280
ボーダ投票システム　133
ホッブズ問題　157
ホモ・エコノミクス仮説　88
ポルトモダニズム的ディスコース　281

ホログラム的システム　147
翻訳　291

　　ま行

マグネトロン　110
マトリックス投票方式　162
マルクスの商品論　287
マルコフモデル　90
マルコフ連鎖モデル　153, 163
マルチエージェントシステム　152
マルチエージェントシステム（MAS:multi agent
　　simulator）　202, 211
マルチプロジェクト総合能力　121
満足化基準　146
マンハッタン計画　289
見方の管理人　238, 244
ミクロ・マクロ・リンク　163
ミクロコスモス　289
民主主義的リーダーシップ　231
民主主義の制度　62
向こう側への移動　228
無の状態　68
命題　266
明白なコンフリクト　235
メインフレーム市場　109
メタ・コントラスト　81
メタファー　102, 144
メッセージ　49
メッセージ通信　49
メールアドレス　49
メンタルモデル　288
メンデレーエフの周期律　289
目標の操作可能性　58
モジュール化　113
モダニズム　280
モデル・ストーリー　275
もの作り　117
もの作り能力　124
問題化　292

　　や行

役割分担　230
有機体としての組織　128, 144
有機的組織　54
寄集め設計　115
要求パフォーマンス水準　119
要素還元的思考　280
予測範囲　55

ら行・わ

ライセンス契約　40
ランクづけによる投票方式　162
リアルタイムの知の創出　68
　　権威主義的主義的―　231
　　民主主義的―　231
利益　247
利益分配金　40
利害の対立　296
リコー　107
リスキー志向　85
リスキーシフト　227
リスク
　　―・プレミアム　32
　　―回避的　32

　　―中立　32
リーダー　237
リーダーシップ　231
　　―理論　156
リッカート　86
理念重視型条例　251
理論的パラダイム　226
臨界値　95
倫理　271
類似性理論　156
レーザープリンタ　106
連結化　101, 109, 110
連結の経済学　15
ロイヤリティー契約　40
論証的目標　267
輪型　87

人名索引

Alchian, A. A.　14
Aldrich, H. E.　125
Alexander, J. C.　64
Allen, T. J.　55
Allison, S. T.　132
Altshuller, G. S.　289
Anderson, L. R.　227
Apel, K. O.　272
Armstrong, K. A.　296
Arrow, K. J.　62, 88
Asanuma, B　122
Asch, S. E.　66, 77
Ashby, W. R.　144
Austin, J.　280
Axcelrod, R.　226
Axtell, R.　152
Bacharach, S. B.　233
Baker, O. M.　230
Bakhtin, M. M.　291
Baldwin, C. Y.　114
Bales, R. F.　236
Balestri, A.　16
Baron, R. S.　133
Bartos, O. J.　240
Bass, B. M.　236
Bavelas, A.　87, 149
Bazerman（ベイザーマン）,M. H.　247
Berg, D. N.　234
Blake, R. R.　239
Bond, A. H.　147
Borgatta, E. F　236
Bourgeois, L. J.　243
Brooks, F. P.　236
Bui, T. S.　129
Burnstein, E.　80
Burr, V.　281, 282, 284
Callon, M.　291, 292, 297
Carasik, R. P.　254, 255
Carron, A. V.　227
Cartwright, D.　232
Chesbrough, H. W.　105～107, 109
Christensen, C. M.　116
Cohen, M. D.　282, 292-294, 297
Cohen, S. I　55
Cole, M.　286

Coleman, J. S.　164
Collaros, P. A.　227
Conlisk, J.　188, 189
Corey, R.　57
Cowen, T.　164
Crott, H. W.　230
Dahl, R.　149
Dahrendorf, Ralf.　226
Dance, F. E. X.　154
Davis, R.　147
de Bono, E.　238
Deni, A. R.　129
Denzau, A. T.　288
Der, R. F.　258
DeSanctis, G.　129, 130, 256, 257,
Deutsch, M.　221, 224, 231, 232
DiMaggio, P. J.　294, 297
Dixit, A.　157
Dykstra, E. A.　255
Dyson, J. W.　227
Easterbrook, S.　221, 222, 225～227, 252, 258,
　259
Ellis, C. A.　152
Emshoff, J. R.　244
Engelmore, R.　50, 56, 168
Engeström, Y.　281, 286～291, 297
Epstein, J. M.　152
Estes, R. W.　244
Exline, R. V.　231
Fichtner, B.　289
Fine, Charles H.　113, 115
Finnel, A.　244
Forman, E.　258
Foster, G. M　255
Foucault, M.　231, 274, 284
French, John R. P. Jr.　91, 232
Galbraith, J.　52, 56, 57
Galbraith, J. R.　146
Gallupe, R. B.　256, 257
Gallupe, R. B.　129, 130
Gasser, L.　147
Gemmill, G.　227, 228
George, A.　238, 244, 246
Gero, A.　234
Gibbons, R.　157

Gibson, J. L.   58
Goodman, R.   220
Goodwin, P.   132
Grantham, C. E.   254, 255
Grochla, E.   20
Guetzkow, H.   20
Haag, G.   152
Haddadi, A.   152
Hayek, F. A.   14
Helmreich, R. L.   246
Herbermas（ハーバマース）, J.   264, 270〜272, 276, 279
Herbert, T. T.   244
Hofstede, G.   236
Hogg, M. A.   81
Hollway, W.   284
Howell, J. P.   237
Huhns, M. N   226
Isaacson, D.   219
Isaacson, P.   136
Jaimes, S. S.   152
Jamieson, D. W.   240
Janis, I. L   227, 234, 243, 245
Janssens, D.   49
Jehn, K. A.   224
Johnson, D.   242
Judkins, P.   6
Kahn, R.   19
Kanter, R. M.   26
Karni, E.   164
Katz, D.   19
Keeney, R. L.   226
Kelley, H. H.   64
Kemeny, J. G.   218
Kemeny, J. G.   2
Kerr, N. L.   133, 134
Kiesler, C. A.   76
Kiesler, S.   252, 253
Kiesler, S. B.   76
Kigawa（城川）, S.   2, 3, 13, 27, 48, 61, 89, 100, 134, 152, 161, 162, 164, 202, 221, 246, 257, 264, 280
Kincaid, D. L.   154
Kline, S. J.   105
Kreps, D.   157
Kunz, W.   256
Lai-lai Tung   152
Lawrence, P. R.   57〜59, 145

Leavitt, H. J.   87
Leont'ev, A. N.   286, 287
Leung, K.   236
Lewin, K.   155
Lipnack, J.   10
Lorsch, J. W.   57〜59, 145
Lott, B. E.   64
Lott. A. J.   64
Lowler, E. J.   233
Lukes, S.   63
Madsen, R. W.   136, 219
Malon, T.   254
Malone, T. W.   19
Mankin, D.   151
Mann, L.   243, 245
Mannix, E. A.   224
March, J. G.   146, 282, 292, 297
Mason, R. O.   242, 244
Matras, J.   170, 188
Maturana, H.   148
McCarthy, J. C.   253
Melvin, F. S.   152
Merritt, A. C.   246
Messick, D. M.   132
Miles, R. E.   39
Miles, V. C.   255
Milgram（ミルグロム）, P.   27, 29, 30, 32, 34〜36, 39, 157
Milgram, S.   230
Milner, R.   152
Mitroff, I. I.   242, 244
Morgan T.   168
Morgan, G.   144
Morgan, Y.   50, 56
Morris, N. M.   288
Naledbuff,B.   157
Neal（ニール）, M. A.   247
Nielsen, K.   295
North, D. C.   288
Nunamaker, J.   159, 160, 162
Oakes, P. J.   71
Olsen, J. P.   282, 292, 297
Owen, W. F.   227
Pace, R. C.   237
Parker, I.   284
Patchen, M.   222, 224, 258
Peleg, B.   164
Pettigrew, A. M.   91

Pickering A. 294
Polanyi, M. 101, 149
Pondy, L. R 222, 223, 235, 258
Pood, E. A. 230
Poole, M. S. 240
Potter, J. 284
Pribram, K. 146
Pruitt, D. G. 156
Putnam, L. L. 240
Raiffa, H. 226
Randall, H. T. 256
Rasmusen, E. 157
Raven, B. 232
Rees, F. 247
Robbins, S. P 225, 236
Roberts (ロバーツ), J. 27, 29, 30, 32, 34〜36, 39, 157
Rogers, E. M. 153, 154
Rosenau, J. 276
Rosenberg, N. 105
Rosenschein, J. S. 226
Rouse, W. 288
Rozenberg, G. 49
Saaty, T. L. 260
Schmeidler, D. 164
Schramm, W. 154
Schwenk, C. R. 245
Sharples, M. 257
Shaw, M. E. 76
Shimazaki, M. 227
Simon, H. A. 14, 58, 146
Sivasankaran, T. R. 129
Smith, K. K. 234
Smith, R. 147
Smith, S. A. 19
Snell, J. L. 2, 218
Snow, C. C. 39
Sproul, L. 253
Stamps, J. 10
Star, S. 57
Steeb, R. 54〜59
Stefik, M. 255
Stigler, G. J. 14
Stoner, J. A. F. 296
Sumita, T. 227
Tajfel, H. 71
Thibaut, J. W. 64
Thomas, K. 236

Thompson, J. C. 244
Tjosvold, D. 242
Tomas, K. W. 240
Tuckman, B. W. 227
Turban. E 152
Turner (ターナー), J. C. 62, 66, 71〜75, 77, 80, 83, 84, 152, 156, 157
Ulrich, K. T. 113
Varela, F. 148
Viller, S. 238
Vinokur, A. 80
Vogel. D. R. 152
Warfield, J. N. 144
Weatherall, A. 159, 160, 162
Weick, K. E. 56
Weidlich, W. 152
Weinberg, S. B. 229
Wetherell, M. S. 84〜86
Wilson, R. 157
Wofford. J. C. 54
Wright, G. 132
Wynkoop, C. 227, 228
Yaari, M. E. 164
Zander, A. F. 232
Ziller, R. C. 231
会津泉 9, 212
青井和夫 19
青木克生 287
青島矢一 113, 117〜121
朝倉輝一 270, 272
池田善太郎 91
石川正純 246, 296
石川眞澄 200
石田亭 50〜52
石谷久 200
李中熙 110
磯谷明徳 288, 295, 296
伊藤昭浩 152
伊藤恵子 122
今井賢一 4, 14, 16
今田高俊 4
林栄模 110
ヴァンダーヴェーケン, D. 266-268
宇井徹雄 256, 257
植田浩史 123
臼井陽一郎 284
梅棹忠夫 4
岡本浩一 246, 296

ガーゲン，K. J.　281, 282, 285, 297
加護野忠男　121
片平秀貴　121
サッカブ，ナビル　108
加藤直孝　257
香取真理　95
金井壽宏　7
金森修　291, 292
金子郁容　4
狩野素郎　3
城川（Kigawa）俊一　2, 3, 13, 27, 48, 61, 89, 100, 134, 152, 161, 162, 164, 202, 221, 246, 257, 264, 280
北川高嗣　293
木下栄蔵　260〜262
木村純子　280
久保陽一　271
クロスリー，N.　265, 266, 270
校條浩　42
國領二郎　115
ゴールドマン，S. L.　28, 31, 35
近能善範　123
今野紀雄　95
佐々木朋美　110
佐々木正人　292
清水博　67〜71
白樫三四郎　3
末松千尋　31
住田友史　221
関満博　123
高橋正泰　280, 284
武石彰　113, 117〜121
竹内弘高　101, 102, 224
ターナー（Turner），J. C.　62, 66, 71〜75, 77, 80, 83, 84, 152, 156, 157
田中正司　157
田中政光　293
ダビドゥ，ウィリアム　27, 28
ダンジガー，K.　281, 284, 297
中馬宏之　116
寺本義也　10
遠山亮子　103
富永健一　64, 73, 88
中谷巌　15

西山千明　15
ニール（Neal），M. A.　247
ネーゲル，R. N.　28, 31, 35
野中郁次郎　4, 6, 9, 101, 102, 224
延岡健太郎　121, 123
卜得圭　110
泰中啓一　93, 97, 152
波多野徹　124
ハーバマース（Herbermas），J.　264, 270〜272, 276, 279
浜日出夫　157
ハラリー，F.　91
百嶋徹　109
ヒューストン，ラリー　108
平川秀幸　286, 294
広松渉　286
福澤光啓　121
藤田忠　247, 248, 251
藤永保　63
藤本隆弘　113〜115, 121〜123
プライス，K.　28, 31, 35
ブラウン，J.　276, 277
ベイザーマン（Bazerman），M. H.　247
星野智　276, 278
ポーター，G.　276, 277
前川守　89, 90
松尾睦　222
松岡功　39
松本行浩　249
マローン，マイケル　27, 28
宮沢健一　15
ミルグロム（Milgram），ポール　27, 29, 30, 32, 34〜36, 39, 157
八幡一秀　16
山川剛　158
山崎良兵　112
山田富秋　264, 275
山谷正己　42〜44
山田善靖　9
横尾真　51
ルーマン，N.　165
ロバーツ（Roberts），ジョン　27, 29, 30, 32, 34〜36, 39, 157
渡辺幸男　123

著者紹介

城川俊一 （きがわ しゅんいち）
東洋大学経済学部・大学院経済学研究科 教授．博士 (経済学)．
1972 年 芙蓉情報センターリサーチャー，1974 年 法政大学工学部経営工
学科助手，1986 年 関東学園大学経済学部 助教授を経て，1992 年より現職．
主な著書に『情報環境の経済学』（日本評論社，1996 年），『複雑系として
の社会経済システム − 情報論・システム論的展開 −』（学術図書出版社，
1998 年），『社会経済システムとその改革 −21 世紀日本のあり方を問う −』
（NTT 出版，2003 年）など多数．

情報ネットワークによる組織の意思決定

2017 年 1 月 31 日　初版第一刷発行

著作者　｜　城川　俊一　© Shun-ichi Kigawa, 2017

発行所　｜　東洋大学出版会
〒112-8606　東京都文京区白山 5-28-20
電話 (03) 3945-7563
http://www.toyo.ac.jp/site/toyo-up/

発売所　｜　丸善出版株式会社
〒101-0051　東京都千代田区神田神保町 2-17
電話 (03) 3512-3256
http://pub.maruzen.co.jp/

組版　株式会社 明昌堂　／
印刷・製本　大日本印刷株式会社
ISBN978-4-908590-02-3 C3034